清初西洋传教士满文档案译本

中国第一历史档案馆　中国海外汉学研究中心　合编
安双成　编译

中外文化交流史文献丛书

大象出版社
·郑州·
中原出版传媒集团
大地传媒

图书在版编目(CIP)数据

清初西洋传教士满文档案译本 / 安双龙编译.— 郑州 : 大象出版社,2014. 5
ISBN 978-7-5347-7134-7

Ⅰ. ①清… Ⅱ. ①安… Ⅲ. ①传教士—研究—中国—清前期 Ⅳ. ①B979.2

中国版本图书馆 CIP 数据核字(2014)第 040367 号

中外文化交流史文献丛书

清初西洋传教士满文档案译本

中国第一历史档案馆　中国海外汉学研究中心　合编

安双成　编译

出 版 人　王刘纯
责任编辑　李光洁
责任校对　钟　骄
封面设计　王莉娟

出版发行　大象出版社(郑州市开元路 16 号　邮政编码 450044)
发行科　0371-63863551　总编室　0371-65597936
网　　址　www.daxiang.cn
印　　刷　新乡市电科印务有限公司
经　　销　各地新华书店经销
开　　本　787mm×1092mm　1/16
印　　张　22
字　　数　368 千字
版　　次　2015 年 2 月第 1 版　2015 年 2 月第 1 次印刷
定　　价　50.00 元
若发现印、装质量问题,影响阅读,请与承印厂联系调换。
印厂地址　新乡市荣校路 195 号
邮政编码　453003　　电话　0373-3713559 3712457

总序一①

任继愈

中国是世界文明古国之一。世界知道中国，不自今日始，回溯历史，中外文化交流共有五次高潮。② 文明交流的深度、广度也是近代超过古代。

中外文化交流，也循着文化交流的规律。一般情况下，文化水平高的一方会影响文化水平低的一方。文化水平低的一方则比较容易成为接受者。古代中国与周边国家的交流，往往是施与者，这种情况一直持续到明代中期。其间也有双方文化水平相当，接触后发生冲突，然后各自吸收有用的，并使它为己所用的情况。这种水平相当的交流，往往要经过相当长的时期，才能收到互相融会、双方受益的效果。进入近代，中国科技领域在国际不再领先，往往借助外来文化补充自己的不足。明代中期，如天文、历算往往学习西法，这就是中国接受外来文化的又一个实例。

文化交流、交融、吸收、互补，也是不可避免的现象。只有国力充实、文化发达、科学先进的情况下，才可以从交流中采取主动，吸取其可用者为我所用。当国势衰弱，文化停滞，科学落后时，往往在交流中处于被动地位，甚至失去对外来文化选择的主动权，成为完全被动的接受者。鸦片战争以后，在长达百年的这一段时间里，输入中国的外来文化，有些是我们主动吸收的，也有些是中国所不愿接受的，也有些是被迫引进的。

历史告诉人们，当前世界经济已经一体化，世界上一个地区出现了经济危机，全世界都会受到震动。文化方面虽然没有达到这样紧密程度，却也有牵一发而动全身的趋势。当前文化交流的条件大大超过古代，传递手段之迅捷，古人无法想象。因此，文化交流的责任也远比古代社会沉重。“国际汉学研究书系”负担着21世纪中外文化交流的艰巨任务。

为了涵盖古今汉学进展的全面状况，本书系分为三个系列：

---

① 这是任继愈先生为北京外国语大学海外汉学研究中心与大象出版社联合组织出版的“国际汉学研究书系”丛书所写的总序。

② 第一次在汉朝，公元前1世纪，开通了丝绸之路；第二次在唐朝，7～8世纪；第三次在明朝，14～15世纪；第四次在清末鸦片战争前后，19世纪；第五次在五四运动前后，20世纪初到现在。

一、西方早期汉学经典译丛（翻译）；

二、当代海外汉学名著译丛（翻译）；

三、海外汉学研究（著作）。

“汉学”这一名称，国内外学术界多数人认同，也有少数学者有不同意见。我们不准备用很多精力界定这个名词，我们只是把过去和现代人们已发表的和正在从事研究的这一类译著汇集起来，总之，都属于中国文化这个大范围之内的学术著作。正如“现代新儒家”这个名字的内容，海内外学术界也有不同的理解和使用标准。因为它属于中国文化这个领域，本书系也将包括这类译著是同样的道理。

我们愿借这个领域，作为联系海内外研究古今中国文化的桥梁，为人类精神文明略尽绵薄之力，我们的初衷就算达到了。

我们这套书系，本着对社会负责，对历史负责，对人类未来负责的心愿，向全世界介绍中国文化，同时也向中国展示健康的、高品位的世界文化。即将到来的 21 世纪，是信息爆炸的时代，也是总结历史成果的时代。我们以科学的良心，如实向世界推进文化交流，我们介绍古代先驱者的业绩，在当代人中，沟通各国文化的精华，展望人类未来的光明前景。

只有在健康、光明、理性、科学为主干的文化指引下，人类才可以避免失误，走向和平。每一个经历过世界大战的过来人，深知和平的可贵，战争的罪恶。我们从事文化事业的、正直善良的学者，出版这套书系，期望其社会效益不限于书斋以内，更寄希望于提高全人类的文化素质，泯除非理性的强权暴行，引导社会走向和平、光明的大道。为中华民族积累精神财富，为世界人民增加友谊与理解。

总序二

张西平

“国际汉学研究书系”出版已经十五年了，当年是任继愈先生写的总序，先生已经驾鹤西去，他对“国际汉学研究书系”的关心和指导至今仍是我们考虑这套书的出发点。

近三十年来，国内学术界对海外汉学（中国学）的研究已经取得了长足的进步，研究大大深入了。学术界已经充分认识到，中国人文社会科学走向世界，展示自己的学术成果，扩大自己的学术影响力，第一步就是要了解国外中国文化的研究（汉学或中国学）的历史与现状，唯有如此，才能迈出走向世界的坚实步伐。

同时也应看到，海外中国学与中国近现代的中国学术进展紧密相连。从晚明时开始，在全球化的初期，中国已经被卷入世界的贸易体系之中，关于中国的知识、文化、历史、典籍已经开始被这些来华的传教士、外交官、商人研究。从那时起，中国的知识已经不完全归中国学者独有，开始有了另一套讲述中国文化和学术的新的叙述，这就是海外中国文化研究（汉学或中国学）。而且在 1814 年的法国，他们已经把中国研究列入其正式的教育系统之中，在西方东方学中开始有了一门新学问——汉学。更为引起我们注意的是，1905 年中国废除科举制度，经学解体，中国知识的叙述系统发生了根本性变化，目前我们这一套人文社会科学体系，完全是从西方传过来的，其中很大一部分是经由苏联传来的。作为后发性现代化国家，自己的知识系统的独立发展已经中断了，而帮助我们建立这套现代学术体系的人中，西方汉学家起到很重要的作用。在这个意义上，如果不了解国外的中国文化研究（汉学或者中国学），我们就搞不清我们自己的近代知识系统的形成与变迁。

更为重要的在于今天中国崛起后，我们希望走出百年欧风美雨对我们的影响，重建中国的学术体系，如果做到这一点也必须了解域外中国文化研究，不这样，我们自己的近代到当代的学术历史就搞不清，中国学术的当代重建也是一句空话。

中国学术已经在全球范围内展开，为了让中国学术回到世界学术的中心，为了重建好自己的学术系统，我们都必须了解海外的中国文化研究（汉学或中国学）。

如何展开海外中国学的研究呢？以下三点是很重要的。

首先，要了解各国中国学研究的历史与传统。每个国家对中国的研究都有自己的历史和传统。所以，摸清其历史和传统应该是与其对话的基本要求，不然会闹出笑话。近三十年来中国学术界在这方面已经取得了初步的成果。《国际汉学》、《世界汉学》、《汉学研究》已经成为重要的学术阵地，"海外中国学书系"、"国际汉学研究书系"、"列国汉学史"等多种系列丛书在学术界受到了欢迎。我们对各国的中国文化研究传统有了一个初步的了解。

其次，要注意海外中国文化研究的学术背景和文化背景。西方的中国研究是在西方的学术背景下展开的，他们的基本理论、框架、方法大都是西方的，因此，在把握这些国外的中国研究时，特别是西方的中国学时要特别注意这一点，万不可以为，他们讲述的是中国的知识和内容，就按照我们熟悉的理论和方法去理解他们。对待域外的中国文化研究应从跨文化的角度加以分析和研究。这是一个基本的出发点。

最后，积极与海外中国学展开学术互动，建立学术的自信与自觉。在当前的世界学术话语中，无论人文学术或者社会科学的研究，占主导地位的是西方的学术话语。由于长期以来，国内学术界未在国际学术领域展开，中国研究，这个原本属于我们掌握话语权的研究领域，在国际范围起主导作用的仍是西方的中国学研究者，这在社会科学研究领域十分明显。近年来有所好转，但基本格局尚未扭转。因此，我们走向世界的第一步是了解海外的中国文化研究，同时，我们所面临的第一波的学术论争也可能是和西方的汉学家们之间展开的。在解释中国文明与文化，在解释当代中国的发展上，西方中国学研究领域已经形成了一整套的理论和方法，这些理论和方法中有些对我们很有启发，值得我们深思，有些则明显是有问题的，这就需要我们和他们展开学术性的讨论。所以，在与国外汉学家们打交道时，文化的自信和自觉是一个基本的立场。

世界的重心在向东方转移，走出"西方中心主义"是一个大的趋势，西方文明和中国文明一样都是地域性的文明，同时都具有普世性的意义，一切理论都来自西方的看法肯定是有问题的。在中国文化研究上更不应如此。因此，在世界范围内展开中国文化研究，熟悉国际范围内的中国文化研究成果，学习汉学家们的宝贵经验，理解他们在跨文化背景下中国文化研究的特点的同时，纠正他们中一些汉学家在知识论和方法论上的问题，与其展开学术的对话。这是更新我们的学术和推动中国学术走向世界的重要任务之一，这是我们面临的双重任务。这是全球化时代中国学术走向世界的必由之路，也是中国学术重建的必由之路。

国外中国文化研究的存在，表明中国的学术已经是一个世界性的学术，我们只有在世界范围内展开与海外中国学界的对话与合作，才能逐步拥有在世界学术领域中的发言权；我们只有在世界范围表达我们中国学术的理想、立场、传统与文化，才能在当下这个“三千年未有之大变局”的背景下，真正重建中国当代学术体系和理论，开创属于我们这一代人的学术事业。

我们应该看到海外中国文化研究是在中西文化交流背景下展开的，从事海外中国文化研究的主体是汉学家，由此，我们在“国际汉学研究书系”再版之际对丛书做了适当的调整，本书系分为三个方面：

一、中西文化交流史翻译与研究系列。旨在介绍西方出版的中西文化交流史著作，同时展示国内对中西文化交流史的研究。近代以来的中西文化交流史涉及中国和西方的社会与文化思想变迁，它们构成了西方汉学的发生和中国明清思想文化裂变的基础。这是一批具有双边文化特点的著作，是研究全球化初期中国和西方文化关系的基础。

二、国际汉学经典译丛。旨在翻译和整理西方汉学历史名著，可以说，这方面已经形成了自己的风格与特点。目前国内西方汉学早期历史的重要著作基本是我们组织翻译的。我们将继续继承这个传统，将翻译的范围逐步扩大到能涵盖西方各国汉学历史的名著。

三、汉学家传记翻译与研究系列。汉学家是国际中国文化研究的重要力量，系统地展开对重要汉学家研究，系统整理和翻译重要汉学家的传记，可以为读者提供一个海外中国文化研究的更为生动、具象的画面。

“江山代有才人出，各领风骚数百年。”我们期盼国内外年轻的学者们加入到“国际汉学研究书系”的写作和翻译中来，在这里书写汉学研究的新篇章，我期待着你们。

张西平

2013 年岁末于游心书屋

编译说明

在中西文化交流过程中，从一定意义上来讲，在中国传教的西洋传教士们曾起到过一定的促进作用。但由于文化背景上的差异，不时发生中西文化大碰撞事件，从而引发谁都不愿意看到的各种教案。在这些教案中，最为典型的案例，当属清康熙年间所发生的两起震动朝野、轰动海内外的中西文化大碰撞事件。其中一起事件，是发生于清顺治末康熙初年由安徽歙县布衣杨光先状告当时朝廷命官汤若望一案。汤若望、杨光先对簿公堂，各自详尽阐述天文历法、宗教信仰、人文史地、礼仪民俗等多个方面的观点。在这起事件中，汤若望等三十名西洋传教士受到审理，李祖白等五名朝廷官员被处死，许缵曾等多名官员受到降职、革职处分，他们的亲属被发配到宁古塔，同时禁止在各省建堂传教。另一起事件，则由于西洋传教士挑起中国“礼仪之争”而导致部分传教士被驱逐出中国大陆。礼仪之争，本是在中国传教的西洋传教士之间发生的关于如何对待中国礼仪习俗的争论。最初为传教士之间的争论，后来发展成为教派与教派、教派与罗马教廷之间的争执，并由罗马教廷做出裁决，还派出教皇特使铎罗大主教来华宣布教廷裁决。由于礼仪之争中涉及如中国的“祭祖”“祀孔”等传统礼仪习俗，因此代表当时中国最高权益的康熙皇帝不得不站出来说话，公开表明立场观点，并在传教士中实行了“绿卡”制度，即由总管内务府给那些尊重中国礼仪习俗、永远不回西洋的传教士签发了以《千字文》排列序号的满汉文合璧“信票”。凡来内务府领取“信票”者，即准许在中国长久居住传教。凡不来领取“信票”的传教士，则令驱逐出境，其中包括教皇特使铎罗大主教在内，都被驱逐到澳门。从此传教士的传教活动受到很大限制，中西文化交流再度受到创伤。

为了向国内外研究中西文化交流史的专家、学者提供第一手档案史料，为了更好地了解和研究康熙年间所发生的两起中西文化大碰撞事件，以及它们对中西文化交流所产生的负面影响及在此期间传教士们在中国的生活状况、工作活动等情况，特从尘封多年的清代满文档案中选出了有关档案文件，并编译成书，公布于世。由于这本书内所收录的档案史料的时间段界定为清顺治、康熙两朝，而其余时间段的传教士档案史料均不收录，是以本书定名为《清初西洋传教士满文档案译本》(以下简称《译本》)。

该《译本》中共收录七十三份鲜为人知的档案文件,约有三十多万字,均选译自中国第一历史档案馆所藏内阁全宗满文密本档、满文票签档、满文题本、礼科史书、内务府行文档、宫中满文朱批奏折等多种类满文档案,且均为首次翻译或“批红”并首次公布的档案文件。

该《译本》中收录的所有档案文件,均按照具文时间先后顺序进行编排。每一份档案文件,都由编译者加拟标题。每份档案文件的具文时间,原在文件末尾,现移至文前标题之下,以便读者检索。每份满文档案的翻译文字,一般均为全文,个别与主题无关者,或原文残缺者,或因其他原因而缺失译文者,皆于圆括号内注明或“省略”,或“残缺”,或“缺失”等字样。原文内的皇帝朱批字,即于方括号内注明系为“朱批”或“批红”二字。满文档案中的个别人名、地名、名词术语等,凡一时无法查核者,皆用汉语拼音字母加以注明或音译。文件的具文时间不详者,均经考证之后,在括号内加以注明。倘或无法确定月份和日子者,即用“?”来表示。每份文件末尾,都注明该档案文件的出处。以上各情,希望读者多加留意。

该《译本》今天得以出版问世,多蒙北京外国语大学海外汉学研究中心的张西平教授、张明明先生,中国第一历史档案馆的吴元丰、张玉先生,曾给与了很大的帮助和支持;大象出版社承担了此书的出版任务,谨在此一并表示感谢。由于本人水平所限,在编译过程中难免有不妥之处,深望诸位读者批评指正。

安双成

2013 年

目　录

1.钦天监监正汤若望题为辞官事题本

顺治三年八月？日

钦天监监正汤若望谨题,为请旨事。

微臣恭遇圣主,殚竭愚忠,编造新历奏览。微臣本无冀希晋级之念,皇上于臣前本章中策励臣务必晋爵为卿,微臣何敢受此殊荣。若蒙圣主深思熟虑之后能以罢免,则臣之鸿福矣。

为此谨题。

[批红]:汤若望毋得再三推辞。各衙门知道。

选译自"满文票签档"卷213

2.钦天监监正汤若望题为本年十二月十六日寅时始月食事题本

顺治三年八月？日

钦天监监正汤若望谨题,为请旨事。

微臣按新历推算得,本年十二月十六日戊子,自寅时始月食至卯时毕。乞请敕部转行各省,于十二月十五日夜起守候月食,共同寻找为宜。

为此谨题。请旨。

[批红]:着礼部知道。

选译自“满文票签档”卷213

3.钦天监监正汤若望题为该监各官学习西洋历法良好等事本

顺治十一年四月十三日

敕锡通玄教师、太常寺卿、管钦天监监正事臣汤若望谨题,为属员习法已晰,赡生未敷,伏祈圣恩抚恤,以苏寒微,以尽职掌事。

恭照皇上特用新法,推造时宪历日,已成一代巨典。自臣掌管监务以来,十年于兹。昨岁三月内,内三院传礼部传奉上传谕:钦天监学习西洋历法各官,务要遵守学习,毋得疏懒。钦此。钦遵,遂于去岁八月内,考试属员,学精新法者已多。今岁三月内,又考试学习者,亦皆谙晓。其天文、漏刻之官,亦习新法。观候天象、选择供事监官,共计五十四员,各尽其职。然臣既责以专力本业,而各官家口数人,俸薪周养不给,且以连值时限,睹其窘乏无倚,不得不为之请恤也。倘蒙皇上俯怜世业寒官,不拘米布银两,听候圣恩垂恤,以济涸辙。再有请旨,如在监译写历日满洲官毕车器、黄兔二员,历年辛勤,亦乞皇恩垂恤。臣以职掌有关,谨冒昧控恳。伏乞钦定敕部赏给,举皆焚顶再造洪慈靡报矣。臣不胜激切瞻仰待命之至。

为此具题。谨题,请旨。

[批红]:着察议具奏。礼部知道。

选译自“顺治朝残题本”

4.户部尚书觉罗郎球题为赐给汤若望茔地所占土地、房屋、果木树数目事题本

顺治十二年六月初五日

少保兼太子太保、户部尚书觉罗郎球等谨题,为赔偿园内果木树事。

据乾清宫宣使兼内管监掌印佟吉饬交得,少保兼太子太保、议政大臣费扬武传奉旨,曾奏请给汤若望茔地,敕令佟吉详细询问所求之地后具奏。钦此。钦遵谕旨前往查看得,在利玛窦墓地、汤若望房屋两侧有常阿岱亲王包衣佐领王国栋所管园头王照宗房屋六间、地九垧,包衣佐领达木布自家园子之房屋八间、地一垧,康郡王包衣佐领董奎所管园头扬文理园地二垧,以上共有房屋十四间、地十二垧,位于京城平则门外二里之地。等因,于三月二十五日缮写绿头牌具奏。奉旨:着交户部换给。钦此。钦遵,饬交到部。

臣部遵奉谕旨,即派员外郎瓦翰前往该地点数房屋,丈量地亩,以便换给。在十二垧地中,有三垧半地种植果木树,其中常阿岱亲王、康郡王家所有小臭李子树四十七株、关外小梨树十九株、关内小梨树十六株、大苹果树一株、小苹果树二十七株、大李子树一株、大桃树九十七株、小桃树八十六株、大沙果树十八株、小沙果树一百又二株、大杏树五十九株、小杏树五十二株。以上大小树木共五百二十五株,房屋六间。据包衣佐领达木布、塔尔布称,以上树木皆为王爷家所种植。是以,为偿还给王爷家,查京城西直门外三里之地有一 yuan tong an 庙,其北墙院内有五垧地,种有桃树六十八株、核桃树十五株、柿子树六株、沙果树七十三株、李子树五十三株、杏树一百三十八株、黑枣树一百五十五株、梨树一株,以上共有树木五百又九株,而无房屋。顺治元年,将此庙、寺、庵内和尚所有果木树均收归于部。于是,即询问于和尚:何人将此树木给与尔?和尚本诚言称:当时前来查园子之部官员并未查,我和尚亦未曾陈报。等语。既然如此,拟援照部例将此和尚所有树木、土地偿还王爷家。至于庙内房屋,于例不应收归。故将该偿还之十四间房屋,所余不及七垧地,拟由部酌情偿还于王爷家。至于和尚之五垧地,拟于该庙周围选地酌情偿还于和尚。

臣等未敢擅便。谨具奏闻。请旨。

少保兼太子太保、尚书觉罗郎球，右侍郎觉罗额尔德，启心郎巴格，郎中固巴什，员外郎瓦翰。

选译自"户科题本"

5.钦天监监正汤若望题为随赴琉球国册封监官黄道龙在闽阻困事题本

顺治十四年十月二十九日

敕锡通玄教师、加通政使司衙门通政使、使用二等顶戴腰带、又加一级、钦天监掌印臣汤若望谨题，为随派该员赴遐壤，而每日供给不足，请敕下当地官员酌加供给，以期广大盛典事。

前日，臣因年迈力衰之故，具本题请免除印务，但皇上体恤如故，未准私请。臣闻上谕之后，实甚惶悚之际，猝有随往琉球国册封之天文科五官灵台郎黄道龙派人至臣前呈称：自抵福建以来，知县每日仅给银一钱，而任何物品价甚昂贵，主仆数人嗷嗷待哺。等语。微臣披阅之余，不胜感叹。我国于顺治十一年六月册封琉球国时，议拟天文科官员随同前往，故由臣衙门派博士朱廷舒同往之。朱廷舒由于疲劳过度而病故。科官员、部官员又奏请补派妥员，故又派出灵台郎黄道龙前往。不料黄道龙长途跋涉，方抵福建，即遇海贼猖獗，久阻于闽。该科正当愁于人少之际，猝有苦苦哀求一文达于臣处。几经深思，本监官员虽为职衔较低，但作为使臣而奉差之人，理应受以恩宠。看得，前有朱廷舒病故，后有黄道龙饥困，贫官机遇已尽，已到如此地步。凡册封外国者，乃国家之巨典，对奉差官员之饮食、住宿等项，地方官员理当供给无误。凡奉差官员、随从官员等，均为王室效力，决不可视为与己无涉。在彼米如珍珠，草如桂木之地，一日为主仆数人仅给银一钱，使致嗷嗷待哺，实难忍受。伏乞皇上轸念天文科奉差官员，特谕该地官员酌加食用什物，以济万里之外受困使节。如此，豢养官吏之德意，无不远播于遐壤，无不惠及于小吏。

缘系每日供给属员不敷事理，臣等未敢擅便，谨题。请旨。

［批红］：着礼部议奏。钦此。

选译自“礼科史书”卷47

6. 兵部尚书明安达礼等题为禁海后陆续回澳夷船可否纳税事密本

康熙元年十二月二十五日

兵部尚书加一级臣明安达礼等谨题，为谨遵禁海严旨事。

广东巡抚卢兴祖具题，据海盐道呈称，以该臣看得，夫广东者，乃属滨海，水多，可通番人。香山县所属濠镜澳者，乃夷人会集处所。先是夷商渡海来此贸易，而市泊司每年可得二万二千两余税银，以资军饷。船回澳后，由市泊司官吏会同香山县掌印官量船纳税，每年汇计报部，以筹为军饷。如今严禁船只通行，市泊司此项税收减少，正当将此情形核查具奏期间，该道又报称，自五六月以来，有夷人九只船陆续回澳。等因，报请定夺。倘若一概加以驱逐，则人与船无处可去。倘若照旧比量纳税，则此澳位于界地之外，故而不可不据实奏闻于皇上。伏乞皇上明断可否比量纳税。一俟速行前来，务必遵照实行。为此谨具密题，请旨。康熙元年九月二十九日题，十二月初三日奉旨：各部议奏。钦此。钦遵，密封到部。

臣等看得，据广东巡抚卢兴祖具本内称，夫广东属濠镜澳者，乃夷人会集处所。先是夷人渡海来此贸易时，其额征钱粮银为二万二千两余，如今已下令禁止船只海上通行，而自五六月以来，有夷人九只船陆续回澳，可否照例比量纳税。等语。查得，濠镜澳已划归于界地之外，其海上来此船只，可否比量纳税，乃属户部之事。据此，请敕谕户部重新议拟之。

臣等未敢擅便，谨具密题。请旨。

[批红]：依议。

选译自“满文密本档”卷132

7.刑部题为审理传布天主教及置闰、立春、依西洋新法等案事密本

康熙三年十二月？日

（上残）

讯汤若望、安文思、利类思、南怀仁：在尔之教中，仅准男子入教，或男女皆可入教？

供称：不分男女，皆可入教。

讯许之渐：据尔为《天学传概》作序内称，相传开天辟地以来，即有天主教，云云。天主教载于中国何史？

供称：闻得前有利玛窦，今于京城内又有天主堂，故而言之。在序中亦写有原闻此言，朦胧依稀，似无凭证等词。在史册上载有敬天事天之词，其中道理贴近。至天主之原委，确无凭证。等语。

讯许之渐：据尔前供，尔在国子监往来上朝时，一日偶至东堂观赏歇息，相识利再可，利再可遂求尔为其作序，即照敬天之理而作序，云云。今阅尔所作之序，则言敕建东堂，着再可利子、景明南子管理，余愿与彼同游。仁真李子与余言语相投，遂将所著之书交与利子，并求余为之作序，故而作序概述之，云云。据此看来，尔原已入彼教，共同商拟作序，并编造《天学传概》一书，颁行属实矣。彼利子、仁真李子者，又系何人？

供称：小的从无加入彼教，亦无共同编造。该利子者，指利再可。仁真李子者，指李祖白也。所谓"愿与彼同游"，言语相投者，皆为文人所用修饰之词也。等语。

讯汤若望、利类思等：许之渐加入尔教与否？

供称：许之渐不曾入教。等语。

讯许之渐：据尔作序言称，该教于汉唐传入中国者，载于何史？

供称：小的仅照《天学传概》内容作序而已，并不知载于何史。等语。

讯许之渐：据尔前供，尔系国子监助教，往来上朝时，偶至东堂观赏歇息，相识利再可，利再可遂求尔为其作序，即照敬天之理作序，云云。尔身为国子监助教，却于今年正月间所作序内署名为监察御史许之渐。由此可见，

尔等伙同颁行《天学传概》属实矣。

供称：小的原系监察御史，故而署以监察御史。至颁行《天学传概》之事，小的原不知晓。等语。

讯许之渐：尔为《天学传概》作序之后，杨光先得知此事，即致书与尔，言《天学传概》非佳作，乃妖书，然而尔却不行举揭。此事怎讲？

供称：杨光先于三月二十五日投书进见，声言指控汤若望，因小的作序，恐受株连，故令小的详拟一文，以便为小的开脱，云云。小的深知在《天学传概》一书中并无谬论，且小的所作序内亦无半字之谬，故未举揭。等语。

讯李祖白：据尔所著《天学传概》载称，上帝乃天地之主，故曰天主，实我至要真学，渊源悠久，云云。此言出自何史？

供称：中国史乘不载，小的仅依据天主学西洋传教士所传而编著。等语。

讯汤若望、南怀仁、利类思、安文思：李祖白供称，仅依据传教士所传而编著，云云。尔等所谓上帝为天主，实我至要真学，渊源悠久，何以见得？

供称：天主二字，乃利玛窦来中国之后所命名者矣，而我西洋人谓之为斗司。斗司二字，即有万物之根本之意。上帝乃万物之根本，故名天主。天主与上帝无异。而至要真学者，则为敬天者矣。自开天辟地以来，莫不有敬天者，故曰渊源悠久。等语。

讯李祖白：在尔教中，并不称上帝为天主，然于尔所著《天学传概》一书中，则称天主耶稣于西汉元寿年间降生在如德亚国伯利恒，云云。又见尔等所绘画像中，将天主耶稣及另外二人，皆谓为贼，俱被钉死。对此等降生于西汉时期，又被钉死于木架上之人，尔等竟敢谎称为上帝、天主，实我至要真学，渊源悠久，云云。此事怎讲？

供称：中国人称上帝，西洋人称天主，虽称谓各异，但意义雷同。概而言之，皆为天地之主。耶稣者，系西汉元寿年间天主之再生之身。再，该被钉死于木架上者，乃耶稣替人受难，救赎人罪者矣，故而谓为至要。时因恶徒诬陷谋叛，将彼钉死于木架上，且于两侧钉死二贼，以示凌辱。倘若欲明其事，可问西洋传教士便知。等语。

讯汤若望、南怀仁、利类思、安文思：尔等令著之该书内称，天主耶稣于西汉元寿年间降生在如德亚国伯利恒，云云。又见尔等所绘画像中，谓尔天主耶稣及另外二贼，俱被钉死。据李祖白供，时因恶徒诬陷谋叛，被钉死于木架上，云云。尔等何以称降世于西汉时期，又因谋叛而被钉死于木架上之耶稣为上帝、天主?

供称:天主特为世人造天地万物,劝人行善升天。若人有罪,各自难释,不能升天,故由天主上帝转化成人,降生于世。由此可见,耶稣既有天主之性,又有世人之质,以世人之质受难而死,以天主之性利济于人。况该降生于西汉时期,又被钉死于木架上者,确非上帝,乃已上帝转化成人,再生于世,特受难救赎者矣。此并非人之所逼而为,乃已之所愿也。犹如成汤,因旱祈雨,己作供奉牺牲,伊身为圣王,而如此受罪,非但其威望不减,而至德益彰,为万世所赞誉矣。天主降生,亦为如斯,替受万民之罪,亦如供奉牺牲,被钉死于木架上,以济于民。可见,伊之崇尚不减,而仁德益彰焉矣。时因恶徒诬陷,罗织谋叛罪名,是于木架上钉死属实,原非谋叛。等语。

讯李祖白:据尔所著《天学传概》载称,创世纪三千七百又一年,天主于希讷山上立有二碑,以志十戒。后于一四九七年,天主教于世上盛兴。又,天主降生于如德亚国伯利恒,名曰耶稣,在世三十三年,奇迹颇多,可使死者复活,瞽者复明,狂风恶浪止则止,妖魔鬼怪退则退,云云。此等之事,载于中国何史?尔何以如此编造?

供称:此等之事,皆载于教之文内,非载于中国史籍。等语。

讯李祖白:此等之事,若皆载于教之文内,何不注明引自何教,反而编如耳闻目睹?其用意何在?

供称:写教文时,务必查阅教内其他书籍,实无注释之必要。该《天学传概》一书中,并无编造之处,可问西洋传教士便知。等语。

讯李祖白:据尔所著该书载称,因阐明戒律,制定新规,是以众心诚服,命名此教为崇学,云云。尔何以谓为制定新规,以服众心?又何人命名此教为崇学?

供称:天主降生之前,曾有十戒,即劝人敬主、慈祥。自天主降生之后,始阐明十戒中之道理,故曰阐明戒律。天主降生之前,已经供奉天主,并为入教者举行礼仪。天主降生之后,其供奉之物定为面食及酒,又制定为入教者举行礼仪,即以洁水洗礼前额,以示洁净,故曰制定新规。彼时教内众人之心,皆悉倾服。天主所以降生,乃为尊崇、慈悯世人之故焉,故有教徒称之为崇学。等语。

讯李祖白:据尔所著该书载称,考之史册,推之历年,在中国为伏羲氏,乃中国之初人,实如德亚之苗裔。自西徂东,天学固其所怀来也。生长子孙,家传户习,此时此学之在中夏,必倍昌明于今之世矣,云云。尔依照中国何史册而谓伏羲为如德亚之苗裔？尔何以言此学在中国必倍昌明于今世矣？

供称：中国史册不载伏羲为如德亚国之苗裔，但就理而言，在天地之间既有最初人，中国亦有最初之人。天地间之最初人，必有居住之地，但在中国不见传。据西洋传教士言，最初人生于如德亚国，后因生齿日繁，遂分布至天下，云云。西洋国初人所生日期，即为中国之伏羲时期，故言伏羲来自如德亚。天地间之初人，皆尊崇天主教，而中国之初人既来自如德亚国，亦必尊崇天主教。天主即为上帝，况"四书""五经"中多有上帝之称谓，此乃中国初人之所传矣。汤若望、利类思亦如此而言，并非小的独撰。最古之人皆尊崇上帝，故而风尚淳朴，人心坦诚，以致世代相好，此乃倍加昌明者矣，殊异于秦汉。等语。

讯李祖白：查尔之供词，皆系任意遐想编造，实为无稽之谈。自古并无如此相传，皆为尔所编造之无有之事。尔又有何言？

供称：据中国通鉴载称，伏羲前为混沌初开，而西洋史亦为皆然。此乃所查之史册，前供皆系教内教士所传之言，并无编造之处。等语。

又讯：既然如此，尔何以得知西洋国史册？

供称：皆系西洋人告知于小的。等语。

又讯：既然如此，尔何不写为西洋人之言，而写为史册？此事怎讲？

供称：不但此一句为伊等所传之言，而此书中之道理，亦皆为伊等所传之言。等语。

讯李祖白、汤若望、南怀仁、利类思、安文思：据尔等所著《天学传概》载称，昭受上帝，申命用休。又称，上帝无常。又称，览天耿命，悯恤天下之民，为君为师，辅佐上帝。又称，命鉴天下。又称，上帝临汝，无二汝心。又称，乐天者保天下，畏天者保其国，顺天者存，逆天者亡，云云。此类辞句虽载于经卷，皆谓帝王奉天之命，以治天下之至意也。将此引载于该书中，意为何也？据此观之，尔等岂非暗中朋比协谋，惑众入教，以起异心乎？据实招供！

李祖白供称：在经书中所载帝、天者，即与"天主"二字同，故而引用之。在经书中所谓帝、天者，虽指古之帝王奉天之命，以治天下，然小的所以引用，则有"帝、天"二字之故矣，是以引寓为"天主"二字罢了，并非惑众入教，以起异心，更无他意。等语。

汤若望供称：小的们令李祖白撰写《天学传概》一书时，经与李祖白商议天主教情形之后，即令编造属实。至于书内所用修饰之词，皆由李祖白引而用之,并写成后给与小的们阅看。书中所引修饰之词,有者可懂,有者不懂。据李祖白言,该引自经书中之天、帝之词,与天主同,且其中之理亦为相同,故而引用之,云云。小的们认为,该《天学传概》一书中所载“帝、天”二字,既与天主相同,则可以照旧颁行,但并无暗中朋比协谋,惑众入教,以起异心之事。等语。

南怀仁、利类思、安文思所供与汤若望同。

讯李祖白:尔编造无稽之谈,又编写大话颁行,由此观之,必有他情,朋比属实。尔竟称因有“天、帝”二字,故而引寓为天主。如此谎供可乎?

供称:经书所载“帝、天”二字,与天主同,故而引用,并无朋比,亦无谎骗,况于该书内亦无他情。等语。

讯李祖白:据尔所著《天学传概》载称,吕秦时期,古之书籍史册俱被焚毁,从而不见天学之真谛。噫嘻!后至西汉元寿年间,天主降生,救赎世人,圣徒多莫来中国传授。此事载于西汉史册。云云。尔言此教早已有,后至吕秦时被焚。此事有何证据?尔又言西汉年间天主降生,徒弟多莫来中国传授。记载此事之史册,今又在何处?

供称:据西洋传教士言称,中国之初人来自如德亚,故而载称中国太古时候曾有天主教,自秦始皇焚书之后,此教也失传。经书所载上帝者,即指天主。西汉时期天主降生,派多莫来中国传教。此系传教士之言,记载于《天主教要》卷内,而中国书籍并不记载。等语。

讯李祖白:据尔供称,此系传教士之言,记载于《天主教要》卷内,云云。据阅《天主教要》一卷,并不记载此事,诚然记载于教文内,何不注明引自何种教文?显而易见,纯属编造,又有何言可供?

供称:《天主教要》一卷,仅载其要,并不全载。而此言载于他书中,可问传教士便知。多莫来中国传教之事,亦系西洋人所言,中国史册不载。等语。

讯汤若望、南怀仁、利类思、安文思:据李祖白供称,西汉元寿年间天主降生,派圣徒多莫来中国传教,此皆系传教士之言,云云。此事怎讲?

供称:天主降生至今,已有一千六百六十四年,彼时恰为西汉元寿年间,派圣徒多莫来中国传教。以上之事,皆载于我西洋书籍之内,故而告知李祖白编写之。等语。

讯李祖白:每次审讯尔时,皆言天主教不载中国史册,而按照天主教内教文记载,或照西洋人所传而编写,云云。尔明知中国史册不载,却又声言天主教乃全世界之正理，并编写该书，以期全世界之人皆入天主教。岂非此为异心乎？据实招供！

供称：教内所传之事，虽中国史册不载，但就事而论之，皆合于人心，故而谓为全世界之正理。诚人皆照正理而行，则如遵行教理矣，并无谋叛之意。等语。

讯李祖白：据尔所著《天学传概》载称，一堂近在宣武门，位于城西，一堂位于东华门旧灯市街南。天学若在京城，可以成为四方之观。京城各堂一经翻新，四方教区绅民益加尊崇。时，中丞佟惠伯、廉察许河沙笃信至之，做官所到之处，捐输银两，修建教堂，供奉天主，俸禄不己用，而用于天主，云云。尔尊称此异教为天学，以为四方之观者，何耶？再，佟惠伯、许河沙做官所到之处，捐银所建者，又为何处之堂？伊等身居何职？今在何处？

供称：京城者，乃四方之大观也。为京城教堂，世祖皇帝赐给碑文、匾额，并且赏银修理，从而传扬在外，教民诚欢诚忭，更加尊教。佟惠伯者，指佟国器，佟国器信教而未入教。伊原任巡抚，今已革职。许河沙者，指许缵曾，现任河南省按察使，已入教。伊等捐输俸银与西洋人修教堂。以上情形，皆从利类思、安文思、南怀仁处听来。至于其银两送与何处教堂，小的不知。尊称天主教为天学者，乃明朝崇祯皇帝。崇祯皇帝曾赐与汤若望一匾额，曰钦褒天学，故而谓为天学。等语。

讯利类思、安文思、南怀仁：据李祖白供称，佟国器、许缵曾捐输己银给西洋人修教堂，此事由尔等知晓，云云。此二人捐输己银所修者，皆系何处教堂？

供称：佟国器未入教，许缵曾已入教。我等闻得，此二人捐输己银给西洋人修建外教堂，但已不记系何人所言，亦不知修建何处教堂。想必佟国器捐修福建教堂，许缵曾捐修四川教堂。等语。

讯汤若望：尔令李祖白所著该书载称，佟国器、许缵曾做官所到之处，捐输银两，修建教堂，供奉天主，云云。伊等所修者为何处教堂？

供称：佟国器捐银与在闽西洋人，以修福建教堂。许缵曾捐银与在川西洋人，以修四川教堂。佟国器未入教，许缵曾已入教。等语。

讯汤若望、利类思、安文思、南怀仁：佟国器既未入尔教，则于尔等所著该书中，何以书写佟国器之名？

供称：佟国器虽未入我教，但伊捐银与我西洋人修建教堂，故而书有伊之名。等语。

讯李祖白、汤若望、南怀仁、利类思、安文思:据尔等所著该书载称,己丑年经奏请后,因南怀仁熟通历法而带进来。时,奉命进入内地者尚有十余人。我朝开创天下,得以划一,公卿辅佐皇上,京城内外,乃至省城要地,乡邑僻壤,皆有西土之士聚集,传授所学,以为世之桥梁,指明正理,扼制邪学,严束下人之心,辅佐皇上之文,使汤虞三世之典,重见于今之世,云云。尔等诚以西洋之教,严束下人之心,辅佐皇上之文,使汤虞三世重见于今之世,何不题闻施行,反而擅自颁行?且尔等在省城要地,乡邑僻壤,皆派去西洋人,冀期天下人皆入尔之异教。由此观之,此举岂非起异心者乎?朋比协谋者乎?再,尔等所谓传授所学,以为世之桥梁,指明正理,扼制邪学者,又指何教?

李祖白供称:天主之教者,乃劝人行善瘅恶矣。倘或作恶犯法,天主必问其罪。故而以此严束下人。今上有公卿辅佐皇上,振兴皇上之文,下则以天主教劝人行善瘅恶,使世人感戴皇上之德,且又惧怕死后治以一定罪名,因而亦自然不敢作恶。倘若如此,全可与汤虞三世相比矣。西洋人之传教,仅劝人行善、敬天、恤民而已,并无欺惑。该《天学传概》一书,专讲天主教为正理。因汤若望、利类思令小的执笔,故而写之,并交给伊等。至伊等曾否题闻,小的不知,俱为伊等传教士之事。倘若有人前来问教,即给此书阅看,并无擅自颁行。天主之教,仅劝人行善而已,实无另起异心、朋比协谋。所谓己丑年者,误也,实为己亥年矣。所谓扼制邪学者,即指无为、白莲等教。等语。

汤若望供称:天主教之情形,世祖皇帝曾降旨过问,小的已多次口奏,但不曾具本题闻是实。虽然如此,但《天学传概》一书仅仅劝人行善而已,倘若人人皆能行善,岂非汤虞三世再见乎?至外省各堂之传教情形,亦曾向世祖皇帝口奏,并无惑众朋比谋叛之事。又经奏请之后,曾带来南怀仁等十余人,其中五人已死,南怀仁留在此处,其余人皆在外省教堂。至于在何处教堂,已不记得。我等与李祖白商议大概情形之后,令其执笔编写是实。再,所谓扼制邪教者,即指无为、白莲等教。等语。

南怀仁、利类思、安文思供称:据汤若望言称,已曾面奏此情,而小的们不曾面奏。余供与汤若望同。等语。

讯李祖白:据尔所著该书载称,在江南之苏、松二府,浙江之武林,江西之南昌、建昌、南赣,湖广之武昌,福建之福州、建宁、延平、汀州,四川之重庆、保宁,皆建新教堂,由西土之士居住,云云。此等教堂,均系何人所建?

供称:小的并不知此等教堂均系何人所建。据利类思言,由佟国器、许缵曾捐银与西洋人修建教堂,但不知系何处教堂。在上述各地所建新教堂一事,均由利类思告知小的。等语。

讯利类思:在武林等地所建十三座新堂之事,均由尔告知李祖白。此十三处教堂,确系何人所建?

供称:福建教堂,盖由佟国器捐银所建。四川教堂,盖由许缵曾捐银所建矣。其余各地教堂,新修新建皆有,但不知何人修建。等语。

又讯利类思:此十三处教堂,系何年所建?

供称:不知何年所建。其中三处教堂系新建,其余在明朝已有,而在我朝翻修。等语。

讯利类思:据尔及李祖白皆供,此十三处教堂系新建,并令李祖白写入该书中。今尔却巧供福建堂盖由佟国器所建,四川堂盖由许缵曾所建矣。其余各地教堂,新修新建皆有,但不知何人修建,云云。显而易见,此十三处教堂皆为新建属实。此十三处教堂究系何人何年所建?今在何处?据实招供!

供称:所谓新建十三处教堂中,有三处属于新建,而其余皆属翻新,但不知系何人于何年新建。等语。

讯汤若望、利类思、安文思、李祖白:据尔等所著该书载称,所有带来书画共七千余种,各儒士来而忘归,齐心协力,伏案翻译,犹如水流日出,无穷尽矣,云云。翻译西洋书者何意?尔等与何人言明后进行翻译?参与翻译者皆系何人?今在何地?

供称:此等书籍,皆由我西洋人所带来。其存放于东堂之书籍,系安文思奉差至香山澳后,返回时所带来。翻译此等书籍,乃为劝人行善敬天起见矣。参与翻译者,皆系我西洋人。等语。

讯汤若望、南怀仁、利类思、安文思:据尔等发给入教者之《天主教要》一书载称,凡世人入教,皆按教规祷祝经文,以洁水洗礼,则如天主亲手洗礼,染污皆除,其罪可赦,使之成为圣教内一员,名曰奇里司当,云云。由此观之,尔等借以若有入教,各罪皆赦,使之成为圣教内一员为名,在各省要地皆设教堂,惑众朋比属实。所谓奇里司当者何意?

供称:人要改恶向善,务必虔诚力释,以神水洗前额,天主必赦其罪。譬如身上沾有污物,一经水洗,则去而洁之。魂灵有咎,以神水力释,天主则赦其罪。此乃天主降生之后所留下教规。所谓奇里司当者,指信奉天主教之人，即我西洋之言语。我等并无惑众朋比之异心。等语。

讯汤若望、南怀仁、利类思、安文思：据尔《天主教要》一书载称，凡入圣教之人士，宜应不时省察，若犯教规，须虔诚力释，定心移善，在神父萨泽尔多得跟前，如实告知所犯之事，听从教诲，以求解脱。萨泽尔多得必祷祝经文，替天主赦罪，云云。据此观之，确为惑众之邪教也。神父萨泽尔多得者，又指何人？

供称：凡入教之人，若犯有罪，理应虔诚力释，保证不再作恶，并如实向神父萨泽尔多得说明所犯之事，则由神父进行教诲，赦免罪过。倘若偷人之物，神父必令赔偿。又须诵天主经文，方赦其罪。此事皆为劝人向善，并非惑众之邪教也。再，神父萨泽尔多得者，即指传教士也。等语。

讯汤若望、南怀仁、利类思、安文思：尔等自称神父萨泽尔多得，欺哄所有入教男女将所犯之事告知于尔等，由尔等替天主赦免其罪，以此蛊惑入教之男女。尔等可有何供？

供称：我等倘若仅念经文、修庙、赦免其罪，则可谓为邪教。然而，我等并非如此，而尽行教诲伊等虔诚改过行善，以释己罪。若有偷人之物，必劝赔偿。若有饮酒兴乱，必劝戒酒。倘若人无虔诚之心，亦无悔悟之意，天主决不赦。神父者，即如掌管灵魂之父矣，诲人以不淫邪，不窃盗。神父从不欺哄他人，亦不蛊惑男女作乱。等语。

讯汤若望、南怀仁、利类思、安文思：据尔《天主教要》一书载称，凡入圣教之人病重，务求萨泽尔多得念经，将神油涂抹于五处。临终之前，若行涂抹仪式，天主必悯而宥之。如是，或可速去其病，或可驱逐鬼祟，云云。因此在各省要地兴修教堂，惑众入教，以结人心。尔等如实招供！

供称：人临终前，若能得以涂抹神油，天主或去其病，或给忍耐之心，以去鬼祟。此乃天主之遗典，但仅给男人涂抹，不给女人涂抹，因为此仪式不甚要紧。所谓将神油涂抹于五处者，即涂抹于口、鼻、眼、耳、手矣。此五处皆为犯罪部位，故而涂油，并无惑众入教以结人心之事。等语。

讯汤若望等：所谓神油者，实指何油？

供称：西洋产一果，名鄂里法。此果榨则出油，可供于天主堂诵经用，故曰神油。等语。

讯汤若望、南怀仁、利类思、安文思：在尔《天主教要》一书内，对所有西洋语均作注释，惟独对毕斯波、萨泽尔多得、弥撒等西洋语不作注释，显而易见，其中必有隐情。

供称：毕斯波者，指主教人。萨泽尔多得者，指传教人。弥撒者，指祭祀。在《天主教要》一书中有记载已有八十余年，当初有否注释，不得而知，其中实无隐情。等语。

讯汤若望、南怀仁、利类思、安文思：为闰七月一案，曾讯问周胤，据供凡入尔教之人，均不得为祖先烧纸，云云。仅就不准教徒为祖先烧纸一事而言，确为邪教无疑。

供称：天主教无烧纸仪式，故入我教之人死后，并不烧纸，而赈济穷人，念经。赈济穷人，必救灵魂，以期能到极乐世界。人死，则肉体灭，而魂不死。魂无形体，不食不衣，故不烧纸。此并非邪教。等语。

讯李祖白：据尔前供，西洋人传教，仅劝人行善敬天恤民而已，并无欺惑，云云。据尔教之《天主教要》一书载称，以洁水洗额，染污皆除，其罪可赦。以神油涂抹五处，或去其病，或去鬼祟，云云。又西洋传教人自称为神父，令入教男女将各自所犯之事告知神父，神父可以祷告天主赦罪，云云。且又不准教徒为祖先烧纸。由此观之，尔教实为欺惑他人之邪教，尔所著《天学传概》一书确为妖书，尔必有别情而著如此之书矣。今尔又有何言可供？

供称：所谓以洁水洗额，以神油涂抹五处者，乃为仪式。举行此仪式时，务必于心中十分虔诚方可。若无悔改之举，即便行此仪式，亦将无济于事。灵魂者，无形矣，故谓为神。传教之人，即救人之灵魂，故谓为神父。若祖父死去，可以为之念经，祷祝天主保佑，得以升天。又行赈济穷人。若为死人烧纸，实无裨益，故不准烧纸。由此可见，天主教并非邪教，所著《天学传概》一书中，确无别情。等语。

讯李祖白：据尔供称，若为死人烧纸，实无裨益，故不准烧纸，云云。但自古以来，均为天地诸神死人进香烧纸，而尔却蛊惑世人行不孝不敬，不为祖先烧纸，此为何耶？

供称：人死后仅存灵魂，而钱财者仅为肉体所用之物，且所烧者亦仅为纸钱，实无裨益，故不准教内人烧纸。至于天地诸神，为人者理应尽心敬仰，但烧纸确实无用。自古烧纸者，皆因今人相传所致矣。故于本教内不准行此仪式。等语。

讯李祖白：据杨光先致许之渐书内称，世祖碑天主教之文有曰，夫朕所服膺者，尧舜周孔之道；所讲求者，精一执中之理。至于玄笈、贝文，所称道德、楞严诸书，虽尝涉猎，而旨趣茫然，况西洋之书，天主之教，朕素未览阅，焉能知其说哉？大哉，圣谟，真千万世道统之正脉，后虽有圣人，弗能驾世祖斯文而上之也。盖祖白之心，大不满世祖之法尧舜，尊周孔，故著《天学传概》，以辟我世祖而欲专显天主之教也。以臣抗君，岂非明背本国，明从他国乎？云云。此事怎讲？

供称：《天学传概》一书，乃遵照世祖所撰碑文内载诸凡人众，宜应永为尊敬效法之至意而写成，即讲事神尽虔，岂敢抗君？等语。

据此，又经讯杨光先，则供称：中国尧舜周孔之道，殊甚精密，故而世祖敬尊讲求，此乃正道矣。彼天主耶稣者，乃叛国无君之贼，全以将钉死于木架上之画像为凭证，实如中国之白莲、闻香邪教矣。白莲、闻香先事圣后叛乱，而天主教传布天下，收纳教徒百万，意欲何耶？李祖白系中国人，理应恪遵周孔之道，然而却为西洋人著书，声言东西万邦为邪教之子孙，"六经""四书"为邪教之余论，以此泯灭世祖法尊周孔之道也。此非以臣抗君，以彰邪教，又为何耶？无法无天者，莫过于此也。虽巧言如簧，亦难辩白。等语。

讯汤若望：据杨光先所呈《正国体呈》载称，一月之内有一节气，有一中气，此常月之法也。有一节气而无中气，则以上半月为上月之中气，下半月为后月之节气，此置闰之法，夫人而尽知也。新法于十八年闰七月十四日酉时正初刻交白露，八月节。十四日以前作七月用，十四日以后作八月用，此有节气而无中气之为闰，此法之正也。忽又于十二月十五日申时正三刻交立春，正月节。此月有节气而无中气，与闰七月之法同，是一岁而有两闰月之法矣。且实闰十月，而新法谬闰七月，云云。此事怎讲？

供称：某月中气若见于下月内，则某月无中气，仍属下月之中气，故置上月为闰。顺治十八年七月之后一月，应为八月，但八月之中气仅见于下月初，是以置七月之后一月为闰七月。至十二月之中气，既见于十一月三十日，又怎可以置十一月为闰？所谓中气者，即指进入宫宿矣。每月皆有各自宫宿，不可有误。十一月之后一月，已入十二月宫宿，而七月之后一月，尚未进入八月宫宿。是以，置七月为闰月者，无所质疑矣。杨光先所言以十月为闰者谬也。等语。

又经审讯钦天监监副周胤，以及历法上署名官员春官正宋可成，夏官正李祖白，中官正刘有泰，秋官正宋发，冬官正朱光显，五官保章正尹凯、张文明，五官灵台郎张其淳，五官挈壶正杨宏量，五官司历戈继文、鲍英齐等人，据周胤、宋可成、李祖白、刘有泰、宋发、朱光显、张文明、尹凯供称：顺治十八年闰七月，乃有节气而未入中气，是以置闰。十一月三十日，已入十二月中气，是以不置闰。由此可见，十月不可置闰。小的们皆系入天主教之人。等语。

据戈继文、鲍英齐供称：小的们按照式样制版，至于推历法之是与非，不得而知。等语。

张其淳供称：小的隶属天文科，仅观测天象。至于推历法，各有职守，从不过问。等语。

杨宏量供称：小的隶属漏刻科，职任占验山陵风水。至于推历法，小的不知晓。等语。

讯汤若望：据杨光先所呈《正国体呈》载称，一月有三节气，则又更异于有闰有不闰之法矣。至于冬至之刻至立春之刻，应有四十五日八时弱，而新法只四十四日一时三刻，将立春之刻躐在前一日六时三刻，是不应立春之日而立春，应立春之日而不立春，云云。此事怎讲？

供称：旧法平分节气，以十五日为限，此与天数不合。新法则按天度推算，或十四日，或十五日，或十六日置一节气，多寡不一。杨光先所言自冬至之刻至立春之刻，应有四十五日八时弱者，乃平分而不合天数之旧法矣。伊之所谓应立春之日，恰为不应立春之日。诚若新法有误，日月交食又何以吻合？又节气日数多寡不一，一月有三节气者，则因十四日恰遇一节气所致矣。几经考察，一月内有三节气者甚多，譬如某月初十日进一节气，二十五日又进一节气，此即二节气矣，自初一日至初九日，仍非上月之节气乎？如此推之，仍为三节气矣。等语。

又经审讯周胤、宋可成、李祖白、刘有泰、宋发、朱光显、张文明、尹凯等人，则供称：新法按天行之度推算，而天行迟疾不一，故节气有十四日者，有十五日者，有十六日者。一月有三节气者，则因十四日有一节气所致矣。等语。

又经讯杨光先，则供称：夫历法者，一定不移矣，不得任意侵紊。常月之历，一月有一节气，有一中气。而闰月之历，一月有一节气，而无中气。此乃自古一定不移之规律。就当今《大清时宪历》而论，顺治十八年闰七月一月内，有节气而无中气，于十二月一月内，亦有节气而无中气。如此言之，此岂非一岁内有二闰之法乎？自尧舜至今，从无一月之内有三节气之法，可问制作羲和历法之官员自古有无此法。历来制作历法，莫过于唐袁天纲、李淳风、僧一行。伊等均按尧舜旧法，一月置一节气，置一中气，分归六段，每一段计为五日七刻二十八秒十二微五十纤。半月分为三段，计十五日二时五刻十七秒七十微八十三纤。一月分为六段，计三十日五时二刻二秒八微三十三纤。此乃万世不变之常规。汤若望并不知按赤道定节气，仅用黄道太阳躔宫之法而定节气。故其所谓十四、十五、十六日有一节气者，不通矣。按平行古法定节气，自然以十月为闰月矣，而立春较新法可提前二日，此仅其中之梗概情形而已。光先谓汤若望不通，而汤若望则自以为是，虽邀赴考三千进士，亦难断定其中之是与非。请传曾制作历书各官前来，讯问自宋元以来可用十五日二时五刻之法，或用十四、十五、十六日有一节气之法，便可明了。简言之，制作历书各官慑服于汤若望之淫威，谁人敢言其非！如今研鞫，仍有惧而不言者，足见其威并非一般。尧舜羲和旧法，从无舛错，然汤若望谓之为有误，又有何人敢言？再过五六年，当知晓尧舜历法之人死去后，旧法必将绝迹矣。等语。

据此，又饬令钦天监之周胤、宋可成、刘有泰将按平行旧法推算人员俱行带来，旋即伊等带推算平行旧法博士何其毅、周世泰、薛文秉、臧文宪、左云登、薛文华、张光辉、周彤、何洛叔、周世瑞等前来。

讯何其毅等十人：旧法可用十五日二时五刻之法，或用十四、十五、十六日之法？

供称：按旧法平分节气，杨光先即用旧法推算。新法以十四、十五、十六日为一节气，皆由五官官员所为。小的们每年仅察星官，依照圭尺测算而已，他事概不知晓。再，刘有泰、朱光显、戈继文亦系推算旧法之人。等语。

又讯：既然如此，顺治十八年以七月为闰者是与否？

供称：按旧法推之，顺治十八年以十月为闰者是。至于新法以七月为闰者是与否，皆系五官官员之事，小的们并不知。等语。

讯戈继文：据何其毅等供称，尔为推算旧法之人，顺治十八年以七月为闰者是与否？

供称：按旧法推之，顺治十八年以十月为闰。小的不曾推算新法。等语。

讯刘有泰、朱光显：据何其毅等供称，按旧法推之，顺治十八年以十月为闰者是。又供称尔等亦曾推算旧法。据尔等供称，以十月为闰者非。此事怎讲？

刘有泰供称：按新法推之，以七月为闰。至于旧法，小的不曾推算。可否以十月为闰，小的亦不知。小的原为明朝博士。等语。

朱光显供称：按新法推之，以七月为闰。按旧法推之，以十月为闰。小的不曾经历此事。等语。

据此，又质问何其毅等十一人。据何其毅等供称：刘有泰、朱光显原为推算旧法之人，却供不知旧法，可乎？此二人皆知旧法是实。等语。

讯刘有泰：曾饬令尔带推算旧法之人前来，但尔明知旧法，却不禀报，亦不带朱光显、戈继文前来。据尔供称，曾为博士，但不知以十月为闰。以此观之，顺治十八年闰七月者必有谬误，故行掩饰巧供。如实招供！

供称：曾饬令周胤、宋可成、刘有泰等带推算旧法之人前来，故由周胤传朱光显、戈继文前来。伊等是否前来，小的不知。小的与推算旧法之十人一同前来。小的因传伊等前来，故未开列小的姓名。至于以七月为闰者，皆按西洋新法推算而得之，但不知新法中之道理，并非巧饰。周胤亦为推算旧法之人。等语。

讯周胤：据刘有泰供称，尔亦为推算旧法之人。顺治十八年以七月为闰者是与否？

供称：按新法推之，顺治十八年以七月为闰者是与否，小的不知，皆为五官官员所为。按旧法推之，以十月为闰者是。小的原为推算旧法之人。等语。

讯周胤：曾饬令尔带推算旧法之人前来，但尔明知旧法而不行禀报，亦不开送刘有泰、朱光显、戈继文姓名前来。由此观之，顺治十八年以七月为闰者，必有谬误，故行巧饰属实。如实招供！

供称：前因饬令小的带推算旧法之人前来，故小的即传伊等前来，至于该三人来与否，小的不知，小的患疾难行，故而未来。小的曾掌管制作历书，现今亦掌管制作历书，不管推算之事。新法以七月为闰者是与否，小的不知。按旧法以十月为闰者是。小的年迈有疾，岂能隐瞒，实无巧饰。等语。

讯周胤：据尔前供，顺治十八年闰七月有节气，而无中气，故而置以闰月，十月不可置为闰月。小的系入教之人，云云。今又供称，顺治十八年以七月为闰者是与否，小的不知。按旧法以十月为闰者是，云云。此事怎讲？

供称：小的前供俱按五官官员所言而供之。小的年已七十有三，且又昏聩，未能听清，故按伊等所言而供之。小的委实不知新法，又何以置何月为闰？旧法以十月为闰者是实。小的确曾入过教，因不准教徒烧纸，而小的曾为祖先烧过纸，又娶有四房妻室，故被开除教门。小的现未入教。等语。

讯汤若望：据周胤供称，小的确曾入过教，因不准教徒烧纸，而小的曾为祖先烧过纸，又娶有四房妻室，故被开除教门，云云。此事如何？

供称：周胤确曾入教，而我教内不准烧纸，至于周胤是否曾为祖先烧过纸，小的不知。小的亦不曾开除伊出教门。等语。

据此，又讯周胤、汤若望。

据周胤供称：小的曾入天主教，因给祖先烧纸，败坏教门教规，故弃铜像，不复去教堂，纯属私自脱出教门。前供内开除小的出教门者舛误矣。等语。

汤若望供称：周胤原入我教，是否为其祖先烧过纸，是否扔弃铜像等物，小的不知。今仍自称为教徒。等语。

讯周胤：据汤若望供称，尔不曾脱出教门，仍为教徒，云云。尔出教门，有何人知晓？

供称：小的脱出教门，无人知晓。等语。

讯杨光先：据尔供称，顺治十八年应以十月为闰，而以七月为闰者误也，云云。尔以为新法推算有误，或旧法推算有误？

供称：按旧法推算之，以七月为闰者误也。等语。

讯杨光先：尔著《正国体呈》载称，利玛窦谋袭日本国之事，闻于海船商人之口，云云。该告知尔之商人系何人？今在何处？

供称：该告知此事于小的者，姓王，字启成，侯宁县人氏，今住苏州。该人于顺治十六年题请派人至日本国，规劝日本国不与郑成功贸易，以断郑成功之粮米来源，则郑成功必立灭也，等因具题。故交刑部议拟徒罪遣回。该人已有六七旬，是否尚在，不得而知。此事可问闽者投诚人员内曾赴日本国者，便可了然。等语。

讯杨光先：尔著《正国体呈》载称，《大清时宪历》面题书依西洋新法五字，故于本年五月内曾具疏纠参，疏虽不得上达，而大义已彰于天下，云云。尔于何年具疏？因何不得上达？

供称：小的于顺治十三年来京，十五年见到钉死耶稣之画像，故知天主教为耶稣教，从此即有弹劾之念。其所书"依西洋新法"五字，犹如奉彼国之正朔，显然欺我君、蔑我朝之巨罪，故于十六年五月具投礼部。礼部言此归通政使司衙门办理之事，六部从无代人具疏之例，云云。故未受理。十七年五月二十三日，小的又摘出"依西洋新法"五字一事，并与《辟邪论》一文一同具呈通政使司衙门。据通政使司衙门言称，近三日内连续祈雨，可于二十六日前来。故小的于二十六日再至通政使司衙门，则称皆系礼部承办之事，不能具疏，云云。将本章退给小的，故而不得上达。等语。

据江南徽州府歙县之民杨光先供称，按照《大清时宪历》里面所写依西洋新法五字及《辟邪论》，拟写本章，于顺治十七年五月二十三、二十六日具投通政使司衙门，但未受理，退还原呈，云云。据此，将退还杨光先原呈及不曾受理官员姓名，即行咨查通政使司衙门。九月十三日，通政使司衙门咨复内开，查顺治十七年五月档册，杨光先于二十三、二十六两日并无前来该衙门具投。该两日办事官员，即为通政使加一级觉罗雅布兰，通政使白允谦，左参议蔡应贵，右参议加一级黄贵，黄道兴，右参议裴喜都，主事加一级白清额、梁拱宸等，等因到部。

据此，又讯杨光先：经咨查通政使司衙门，据咨复内开，查顺治十七年五月档册，杨光先于二十三、二十六两日并无前来该衙门具投，云云。尔所谓具投通政使司衙门，但原呈被退还者何耶？

供称：小的前去具投时，由雅通政使、白通政使二位大人坐堂，两旁就坐官员甚多，但不知其姓名。其中一人曰，今日祈雨，停视事三日，可于二十六日前来，云云。小的于二十六日又前去，某通政使退还原呈，曰大臣已阅。尔所言者，皆为天文历法之事，此事归于礼部承办，可至礼部投呈，云云。以上并非谎言，由雅、白二位正卿及两旁就坐各官皆知，可问伊等便知。因未曾受理，故而无案可查矣。等语。

据此，讯原通政使司正卿今左都御史觉罗雅布兰：据杨光先供称，伊将《大清时宪历》里面所写“依西洋新法”五字及《辟邪论》等事，缮拟本章，于顺治十七年五月二十三日至通政使司衙门投呈，据通政使司衙门言称，近三日内连续祈雨，可于二十六日前来。当二十六日前来时，又称此事归礼部承办，并将原呈退还，云云。尔等何以不承办，反而驳回？

供称：曾记得杨光先来我衙门呈称，为历法事。故曰诚为历法事，则归礼部承办，可至礼部投呈。礼部若不受理，则将不受理缘由加以注明，再来我衙门投呈，等因驳回。自此再未前来。等语。

又据右参议加一级黄道兴、右参议裴喜都、原主事现司业加一级白清额、右参议加一级梁拱宸供称：皆与左都御史觉罗雅布兰所供同。等语。

讯杨光先：据原通政使司正卿觉罗雅布兰等供称，曾记得杨光先来我衙门呈称为历法事。故曰诚为历法事，则归礼部承办，可至礼部投呈。礼部若不受理，则将不受理缘由加以注明，再来我衙门投呈，等因驳回。自此再未前来，云云。自此之后，尔可曾再至通政使司衙门投呈乎？

供称：仅于顺治十七年五月二十三日前去通政使司衙门投呈，因退还原呈,故未再去。等语。

据此,饬令礼部郎中拜虎,员外郎五十一、石文玉查,据杨光先供称,为依西洋新法等事,曾于顺治十六年五月内具呈礼部,云云。尔等可去查核档册!等因去后。旋即伊等查报,经查,并无具呈,等因前来。

讯杨光先:据尔供称,为依西洋新法等事,曾于顺治十六年五月内具呈礼部,云云。经查档册,并无具呈之事。尔所谓具呈者何耶?

供称:当时,渥尚书、王尚书在后堂,小的即去投呈,王尚书曰,封奏之事,则归通政使司衙门办理,六部从无代人封奏之例,尔可去查看,六部确有代人封奏之例,尔可再来,全照此例代尔封奏,云云。故将原呈等事退回小的。曾记得,顺治十六年五月间,小的为历法事呈请题疏,因六部从无代人具奏之例,故将原呈退回。因时日已久,已不记其中详情。等语。

讯杨光先:据尔供称,该所书"依西洋新法"五字,犹如奉彼国之正朔,显然欺我君、蔑我朝之巨罪,故于十六年五月具投礼部,云云。经阅尔之呈文,并无"依西洋新法"等字。尔谎称依西洋新法等字一并具呈者何耶?

供称:前称该所书"依西洋新法"五字,犹如奉彼国之正朔,显然欺我君、蔑我朝之巨罪者,乃于十七年五月内具呈通政使司之言辞,而于礼部并无具呈依西洋新法一事,前供具呈礼部者,乃为历法舛误等事。等语。

讯杨光先:尔著《正国体呈》载称,顺治十八年实闰十月,而新法谬闰七月,云云。又载称,顺治十七年十二月初三日具投礼科未准,云云。此事怎讲?

供称:顺治十七年十二月初三日,小的将《正国体呈》具投礼科,虽已承接,但未准行。等语。

据此看得,江南徽州府歙县之民杨光先供称,因顺治十八年历书谬闰七月,应实闰十月。故于顺治十七年十二月初三日具投礼科,云云。据此,将该呈文及承接官员姓名,已咨行礼科即刻查送本司。于九月十三日咨复内开,查本科顺治十七年十二月档册,并无杨光先呈文,等因到司。

讯杨光先:经咨查礼科,于顺治十七年十二月档册内并无尔之呈文。尔所供曾具投礼科者何耶?

供称:小的于顺治十七年十二月初三日至五凤楼南礼科投递,时有科员延康及另两名科员在场,不知姓名,岂敢谎称?等语。

据此,为传原礼科官员延康及两名科员前来,于康熙三年九月十五日派笔帖式五十八、李成才至礼科与给事中廖丹言此事,返回后禀称将查送前来。十六日，礼科笔帖式德布得依前来告称，该科并无延康其人。等语。

讯杨光先：据尔供称，于顺治十七年十二月初三日具投礼科，科员延康在场，云云。因此，已传延康到案，据礼科声称并无延康其人。尔所供曾递呈礼科科员延康者何耶？

供称：已经记不清该员姓名，故而一时误写，目前亦记不起该员姓名。于顺治十七年十二月初三日在该科办事之人，即为承接呈文官员无疑。小的若不到该科具投，何敢谎供具投？当时确有三位官员在场。等语。

据此，又咨饬该科开送顺治十七年十二月初三日在礼科办事之官员姓名前来，等因去后。旋据礼科查送呈称：顺治十七年十二月初三日有左给事中徐兴在科校勘所有抄录文本，至于其余官员是否在科，无凭可稽，不便开送。等因，于十月初四日开送前来。

据此，讯原礼科左给事中今兵科总给事中徐兴：据江南徽州府歙县之民杨光先供称，因顺治十八年历书谬闰七月，应实闰十月，故于顺治十七年十二月初三日具投礼科。虽已承接呈文，但未准行，云云。此事怎讲？当日尚有何人在场？

供称：本科从无承接讼状以弹劾之例。当初，小的职任左给事中，仅校勘所有抄录文本，并不承接讼状，亦不知何人承接。因时隔久远，已不记得尚有何人在场。等语。

讯杨光先：礼科原设有左右给事中，而据左给事中徐兴供称，顺治十七年十二月初三日无人来礼科具投，云云。但尔却谎供曾来具投者何耶？

供称：小的于顺治十七年十二月初三日在礼科等候，时有科员等自五凤楼门内走出，有一员身高而气色好，又有一员略矮而气色亦好，尚有一员则身细，伊等均步入科衙门内饮酒，小的前去投递，有一身高科员承接呈文后，尚未阅毕，即曰，本科衙门从无受理呈文之例，云云。时有一在旁侍立之随从呵斥小的，故而出来。小的当日具投是实，不敢谎供。等语。

八月二十一日，太监徐谦手持一书前来诉称：此乃杨光先所著《始信录》，其中有处讥刺我朝。等语。

经阅看该书，书面贴有黄纸，上面写“为编明史以佐证事”几字。杨光先所著《始信录》序载称，明帝封其为大将军，云云。又载称，编明纪者数家咸书先生，云云。又著序者自称逸民。思之，凡私编明史者，俱行正法。今杨光先于明史内有名分，所写明白，并与编明史者结交勾通。且逸民者，显然非我之民。明史一案，干犯法纪，故有徐谦持书举揭。

据此,讯杨光先:此《始信录》一书是否尔著而颁行?讯毕出示该书。

杨光先供称:此书系小的著而颁行是实,但并无讽刺我朝。小的所有章疏及给许之渐书内所言《辟邪论》,乃斥责西洋人之文章,已刊行五千册,以上统称为《始信录》是实。等语。

讯杨光先:王泰征为尔作序,又颁行《辟邪论》一文,据《始信录序》内称,编明纪者数家咸书先生劾温首揆、陈吏垣获谪杖戍事,云云。徐谦称尔与编明史者结交勾通,云云。此事怎讲?王泰征今在何处?

供称:朝廷诛壮逆之明史,诛其言语之不伦,非诛明史二字。从来前朝之史,皆由新朝修之。如汉史魏修,魏史晋修,晋史隋修,隋史唐修,唐史宋修,宋史元修,元史明修,明史应该我朝修。新朝修前朝史,考其一代政令之得失,善者取,以法于后世;不善者取,以戒于后世。此历代修史之意。因明朝天启、崇祯无实录,加以朝报散失,无凭稽考,故未举行。所以田间留心古今政事之士,著有明纪史略,谓为野史。朝廷开局纂修之史,谓为正史。正史出而野史自然不存。顺治十五年冬,自江南来一风水先生,名江傲者,系小的同县人,伊带来《古今史略》一书,给与小的。该书载称,新安卫千户杨光先劾国老温体仁、给事中陈启新,舁棺上疏,廷谪杖戍辽西等三十字。故小的讥斥编史者未将小的尊圣学之六百三十四言编入史中,而收劾权要之细事于史中,足见其见识何等之浅贱也。是以,小的作《始信录序》载称,编史者未免有史才,而无史识之叹。后有正史,必以予言以归,云云。此乃朝廷一经编有正史,所有野史自然不存之意。且《古今史略》一书中,并无乱言,此书今在,全可查阅。《始信录序》作于顺治十八年夏。至于王泰征者,乃小的表侄,而序系小的所作,署王泰征之名,非王泰征所作。小的作序后寄与王泰征,欲署其名,可伊不允。当年四月间,河间府推官罗桑琦赴任时,在天津卫见小的,声称王泰征言不署其名。此二人皆系歙县之民,可问罗桑琦便知。据传《古今史略》一书著作者,乃一江湖上戴笠老人,小的尚且不知其姓名,焉能与伊往来?今汤若望等明知难逃谋叛、造传妖书之罪,故以明史之辞诬告小的,此乃下水拉人之计耶。可以问徐谦,若谓小的与写明史之人相勾通,可于何时何地见小的与该人往来?该人姓甚名谁?长相如何?倘若徐谦必知该人,何不早日举揭?自小的呈告伊等谋叛、造传妖书之后,伊才呈告。显而易见,此乃诬陷矣。等语。

讯杨光先:据尔供称,该序系尔所作,而署以王泰征之名。然于该序中称王泰征为逸民者何耶?

供称:所谓逸者,倘若明朝官员在我朝被起用,则谓为我朝官员,若不被起用而废之,则谓为小民。王泰征在明朝职任礼部主事,因在我朝未被起用,故而写为逸民,并无他意。等语。

讯徐谦:据尔供称,杨光先与写明史人结交勾通,云云。如此言之,尔必知杨光先与写明史人结交勾通之事。写有杨光先姓名之史,今在何处?据实招供!

供称:《始信录序》内载称,编明纪者数家咸书杨光先为先生。杨光先及作序人不与编明史人勾通,何以得知杨光先之所作所为?小的仅持该书呈告杨光先而已,并未眼见其勾通之事。至于写有杨光先姓名之明史,可问杨光先便知,小的不曾见明史。等语。

讯徐谦:据尔声称,在《始信录》中有讽刺我朝,云云。经阅《始信录》一书,并无讥刺我朝,此事怎讲?

供称:据杨光先著《辟邪论》载称,诸大邦国苟闻此道,则诸大邦国皆禽兽矣,而况习守之哉,云云。其中"习守"二字,即骂教徒也。再者,其苟闻此道,皆禽兽矣者,即骂众人也。以上言辞,确实蛊惑人心、且又干犯法纪。等语。

讯杨光先:据徐谦供称,在《辟邪论》一文中载称,诸大邦国苟闻此道,则诸大邦国皆禽兽矣,而况习守之哉。其中"习守"二字,即骂教徒也。再者,其苟闻此道,皆禽兽矣者,即骂众人也。以上言辞,确实蛊惑人心,且又干犯法纪,云云。此事怎讲?

供称:据彼教《天学实义》一书载称,吾国天主,即汉语上帝也。苍苍之天,乃上帝之所役使者。或东或西,无头无腹,无手无足,未可为尊。况于下地,乃众足之所踏践,污秽之所归,安有可尊之势,云云。此乃天主教所谓无天无地者矣。谋叛而被钉死者,此无君主者矣。耶稣父名约瑟,却称无父而生者,此无父矣。将孔子牌位弃于粪坑者,此无师矣。天、地、君、亲、师五伦尽废,又怎可谓为自西徂东诸大邦咸习守之?是以,小的将其圣人而率天下之人于无君无父者,谓为无也。其东西万邦咸尊天地,尽忠于君者,谓为孝也。此等邪教,又有何邦何人习守之?如此无天、地、君、亲、师之教,从来未所有闻。故而小的所言诸大邦国苟闻此道,则诸大邦国皆禽兽矣者,即彼教为原非正教而加以斥责之辞。况为君而祭天地太庙,供奉孔子,此皆尊天、地、君、亲、师者也。我朝未闻有此无天、地、君、亲、师之邪教。彼教所谓诸大邦国咸习守之者,即以天主教蛊惑人心、干犯法纪也。彼何以用小的斥责邪教之言辞,反谓小的为蛊惑人心,干犯法纪耶?等语。

讯汤若望、利类思:据杨光先供称,彼教《天学实义》一书载称,苍苍之天,乃上帝之所役使者。或东或西,无头无腹、无手无足,未可为尊。况于下地,乃众足之所踏践,污秽之所归,安有可尊之势,云云。又称耶稣父名约瑟,云云。此事实与否?

供称:该《天学实义》一书中,确有此等言辞。该书系利玛窦在中国所著之作。据该书中注释,天者非天主,乃天主之宫殿,故不可以敬天之理而敬之,宜以敬宫殿之理而敬之。天者乃指宫殿,故曰无首无腹、无手无足。此等言辞,在我教之其他经文内亦有所载。再,耶稣父名约瑟一事,亦须解释。约瑟、玛利亚曾誓以终守童身,而玛利亚所生耶稣者,并非男女结合而生矣,乃天主降世而生矣。外国之人皆视约瑟、玛利亚为夫妻,实则非夫妻矣。此事皆载于天主经内,可查《圣经》便知。等语。

十月十三日,臣等二部会同具题,为请旨事。钦天监监副周胤等七员制作历书之官,皆称已入汤若望之教。等因,供认不讳。据此,理合议拟。再,据汤若望等供称,在彼之一教堂内,一年有二百余人入教,云云。内外近三十堂,若估计入教人数,则为甚多矣。至于汤若望等人,自称彼教为天学,故而新造《天学传概》一书,并颁行五六十册。杨光先于顺治十六年斥汤若望等之教会为邪教,并作《始信录》颁行,亦有五千余册。只因加入汤若望教内者,以及当时领收该书之人,又领收杨光先所作《始信录》之人,皆为甚多,或否查议,伏乞上裁。臣等未敢擅便。为此谨具密题。请旨。本日奉旨:着查议周胤等七员。余免查。钦此。

本日,又由臣等二部会同具题,为请旨事。江南歙县之民杨光先呈告案内,有太监徐谦反诉杨光先。据称杨光先所作《始信录序》内载,编明史者数家咸书先生,云云。又称杨光先与编明史人结交勾通,云云。据杨光先供称,所作该书内并无讥刺我朝之言辞。又称作序后署王泰征之名。风水先生江傲所带来《古今史略》一书今尚在,全可查阅,云云。只因徐谦声称杨光先与编明史人有勾通,故请敕下该抚派妥员速解带史前来人江傲、作序人王泰征来京,以便当面讯问。又汤若望等令李祖白所造《天学传概》一书内,写有佟国器、许缵曾之名,伊等做官所到之处,捐输银两,修建教堂。据汤若望供称,许缵曾修堂入教。据此,拟以革职,请敕下该抚速解京城,以便讯问修堂入教情事。至于佟国器,虽未入教,亦有修堂之事,亦请敕下该抚速解京城,以便讯问。为此谨具密题。请旨。本日奉旨:江傲、王泰征免解。余依议。钦此。

奉此，臣等会议，江南歙县之民杨光先诉称，钦天监掌印汤若望等编造《天学传概》妖书，声言万邦君主皆为伊教之子孙，而来中国者为伏羲氏，云云。此岂非叛我朝而降彼国者乎？等语。汤若望供称，并无叛逆之事，等因，坚不供认。但伊声言伏羲氏来自如德亚国，最初人降生于如德亚国，其后生齿日繁遂分布至天下。天主教经内所谓天下初人，即为天主之人。即便中国之人，亦为天主之人。今阅中国书籍，自伏羲氏始有人。故称伏羲氏来自如德亚国，等语。经讯著书人李祖白，则供称，此等言辞在中国史乘不载，等语。由此可见，汤若望所言中国之初人实如德亚之苗裔者，纯系编造自古史乘不传之事属实，此乃其一。

据杨光先诉称，济南等地有二十七堂，京城有三堂，共为三十堂。香山澳布有邪教同伙，踞为巢穴，接纳海上往来之人，等语。据汤若望供称，外省教堂自万历年间即有之。在香山澳之西洋人，是否接纳海上往来之人，并不知晓，亦未踞为巢穴。据杨光先供称，因住于香山澳之西洋人过多，于天启年间驱逐出去，崇祯年间复又前来，踞为巢穴。据利类思等供称，在香山澳皆住有西洋人。汤若望亦供称，自弘治以来，西洋人即来住香山澳，至今仍供给钱粮，等语。以此观之，在外省各堂皆有西洋之人，在香山澳皆住有西洋之人，此岂非以香山澳为栖居之所乎？此乃其二。

据汤若望供称，小的不曾修外堂，其他教堂修与否，小的亦不知，等语。据杨光先供称，济南等地十八堂，在我朝翻新之，确系西洋人所修，等语。汤若望又供称，扬州等地十三堂，乃由西洋人在我朝重修是实，并非小的令伊等修建，等语。据此，反诘汤若望，外省教堂诚非尔令伊等修建，尔又何以得知重修？当初审时，尔不曾如实招供，今经杨光先举揭之后，尔才供为西洋人修建，此乃其三。

据杨光先供称，汤若望借历法以藏身金门，窥伺我朝机密，若非内勾外连，谋为不轨，何故布党于京省十三处要害之地，造传妖书，以惑天下之人？等语。汤若望供称并无借历法以藏身金门，造传妖书，以惑人心之事。而住各省教堂之西洋人，亦仅散给铜像等物，况非小的令伊等如此而为，亦无自相往来之事。新作《天学传概》一书，亦不曾散给伊等，云云。但汤若望从香山澳带来南怀仁等十五人，皆安置于外省各堂。据与汤若望同堂之南怀仁、东堂利类思等供称，外省各堂若有人路过本堂，则可相见，故给济南、上海、常熟三处教堂，已曾寄去新编该书。其余各堂，因无便人，不曾寄去是实，等语。初审汤若望时，则供称由南怀仁等颁行新书，而今却供并不知同堂南怀仁是否颁行新书者何耶。况外省各堂之人，诚然不按汤若望之意传教，又何以于新书内编写“天学若在京城，可以成为四方之观，京城之各堂一经新修，四方教区之绅民益加尊崇”等言辞？据此观之，外省各堂人皆按汤若望之言散给铜像属实，此乃其四。

据杨光先诉称，目今僧道香会，奉旨严禁，彼独敢抗朝廷，每堂每年六十余会，且为如期集会，散给会期，以为凭验，等语。汤若望供称，凡入我教之人，各给《天主教要》一册及铜像、绣袋、会期。一年收徒二百余人，一月四会，讲演天主之教。每会各交钱一二千，以为资助穷人。我教并非邪教，只因目今严禁邪教，唯恐有人不辨真伪，以致视我教为邪教，故而罢会，等语。倘若彼教并非邪教，何以罢会？此乃其五。

再，据汤若望供称，所以编写《天学传概》一书，则因杨光先于顺治十六、十七年间声言我教为邪教，并作书颁行，故汤若望等亦作书声明该教为正教，以此回答杨光先，等语。诚然为回答杨光先而作书，何以时过四五年之后，于去年冬才写该书颁行？且所写该书中并无解释杨光先所言邪教一事。据潘尽孝供称，自得知欲写该新书，即行劝告，又规劝孙佑本等，云云。由此可见，因有别情而编写并颁行属实。所谓为回答杨光先而编写者非也，此乃其六。

据杨光先诉称，于《大清时宪历》封面敢写“依西洋新法”五字，以明示我朝奉西洋之正朔，等语。汤若望供称，于《大清时宪历》封面所写“依西洋新法”之字，则于顺治元年、二年进呈历书时，将旧历亦带进呈览，内阁令掌印官戈承科书写历书封面字，小的便将其改写为“依西洋新法”字样交与戈承科照写，等语。对此一案，仅有内阁修改后发出之黄纸记载，并无记录在案，且涂抹“刊刻”二字之后，在旁改写依西洋之字样。虽系内阁修改后发出，但仍不知修改官员、发出官员姓名。经查汤若望之笔录，则开称与推算《大统历》《回回术》人员共同观测日食，惟西洋法吻合，云云。由此可见，仅含依西洋法修厘历书而已，并无令书写“依西洋新法”之事。再，又讯问在清字历书封面何不写“依西洋新法”之字，则供称写与不写清字，皆为满洲官员之事，云云。据此，经讯笔帖式，则供称在清字《大清时宪历》封面上未钤盖方印，云云。又讯李祖白，在清字历书封面上何不书写“依西洋新法”之字？则供称在清字历书封面上未钤盖方印，故而不写，云云。仅为此事又问李祖白时，则供称汤若望未问此事于小的，云云。当讯问此事于汤若望时，则供称曾过问此事于李祖白是实，云云。李祖白亦供称，当时小的尚无官职，又何以得知？云云。倘若该“依西洋新法”之字，确由内阁修改发出，何不在历年进呈御览之汉字历书封面上书写，而仅书写于历年颁行天下之汉字历书封面上？此乃其七。

汤若望等在《天学传概》一书中编造省城要地，乡邑僻壤，皆有西土之士聚集，传授所学，以为世之桥梁，指明正理，扼制邪学等言辞，并加颁行。汤若望诚将天主教情形，曾多次口奏，则于此前多次审讯，何不陈情？此乃其八。

汤若望等所作该书载称，昭受上帝，申命用休。又称，上帝无常。又称，览天耿命，悯恤天下之民，为君为师，辅佐上帝。又称，命鉴天下。又称，上帝临汝，无二汝心。又称，乐天者保天下，畏天者保其国，顺天者存，逆天者亡，云云。汤若望供其为该书中修饰之辞，皆由李祖白引而用之，有者可懂，有者不懂，云云。李祖白亦供称，“帝、天”二字，与“天、主”二字同义，其理相似，故而照旧刊行，云云。此等言辞虽载于经书内，皆指帝王奉天之命，治理天下之事。如此言辞，却被引而用于西洋异教书中，此乃其九。

据汤若望供称，天主为世人创造天地万物，劝人行善，死后升天。人若有罪，各难自释，不能升天。故天主上帝在西汉时期转化为人，再生于世。所谓被钉死者，并非上帝，乃上帝入人性而复生，自身受难，并非人之所逼而为，乃己之所愿也，云云。又供称，时有恶徒诬陷天主耶稣以谋叛罪名，钉死于木架上是实，等因，供认不讳。汤若望将西汉时期降生，因谋叛而被钉死于木架上之耶稣其人，尊称为天主者，实属不该，此乃其十。

据汤若望供称，所以著书，乃为劝人行善敬天，云云。又供称，天者，乃天主之宫殿，为天主所役使者，故不可以敬天之理而敬之，云云。但彼教不准教徒为祖先烧纸者，殊甚不该，此乃其十一。

据散发给入教者之《天主教要》一书载称，凡世人入教，皆照教规专用洁水，洗礼前额，念经祷祝，则如天主亲自洗礼，染污皆除，其罪可赦，云云。经讯汤若望，则供称，凡人改恶从善，必取神水洗额，天主方赦其罪。倘若灵魂有罪，必用神水力释，天主亦赦其罪，等因，供认不讳。由此观之，伊推崇其教，欺人惑众属实，此乃其十二。

又据《天主教要》一书载称，教徒若犯教规，务必虔诚力释，在神父萨泽尔多得面前如实陈述所犯坏事，请求宽恕，听从教诲，则萨泽尔多得念经祷祝，代天主以宽恕其罪，云云。经讯汤若望，则供称，教徒若有犯罪，务必虔诚力释,乞求神父宽恕,再不从恶,则神父念诵天主遗经,宽恕其罪。神父萨泽尔多得,即我传教人,等因,供认不讳。由此观之,伊等自称神父,肆行欺惑属实,此乃其十三。

又据《天主教要》一书载称,凡有教徒患疾,务请萨泽尔多得念经,将神油涂抹于五处。临终前举行涂抹仪式,天主必悯而宥之,或病可愈,或鬼祟可去,云云。经讯汤若望,则供称,凡教徒临终前涂抹神油,天主必治愈其病,或去鬼祟,但只涂用于男子。此仪式不甚要紧,故不给女子涂抹,等因,供认不讳。伊等编造如此谎言,以惑他人入教属实,此乃其十四。

据此,将通微教师、通政使司通政使加二级又加一级、钦天监掌印汤若望拟以革职,交刑部议。

利类思、安文思、南怀仁,虽与“依西洋新法”五字、在外教堂传教、修建教堂等案无涉,但参与编写《天学传概》一书,推崇彼教,编造莫须有之事并颁行。又散发给教徒以铜像、绣袋、《天主教要》一书、会期等物。又派取钱财,一月四会讲教。又将降生于西汉时期,并因谋叛而被钉死于木架上之耶稣其人,尊称为天主、上帝。又声言天者即天主之宫殿,为天主役使者,不可以尊天主之理而敬天。再,又其《天主教要》一书载称,以洁水洗额,其罪可赦,云云,以此欺惑。凡有人病重后,用神油涂抹于五处。又不准教徒为祖先烧纸。以上各情,皆与汤若望同。

又利类思、安文思倡议编写《天学传概》一书,又经与汤若望商议之后,令李祖白执笔编写。

据此,将利类思、安文思、南怀仁拟交刑部议。

太监徐谦,在前几次提审时,所供皆与传教士利类思等相同。当讯问其从何年开始传教时,则供系入教之人,而非传教士,云云,此乃其一。

再,徐谦自入西洋教之后,曾散发《天学传概》一书,又给入教之人发铜像、绣袋、《天主教要》一书、会期等物,并派取钱财,一月四会讲教,等等,均为属实,此乃其二。

又徐谦反诉杨光先所作《始信录》讥刺我朝。又称杨光先所作《始信录序》内称编明纪者数家咸书先生,云云。又称凡为私编明史者,均已正法,然杨光先与编明史人结交勾通,云云。据杨光先供称,小的所作《始信录》并无讥刺我朝。小的同县风水先生江傲所带来《古今史略》一书中记载小的劾国老温体仁、舁棺上疏、谪戍辽西事,而不载小的尊圣学之事。故小的作《始信录序》一文,而署王泰征之名。此文今在,全可查核,云云。查《始信录》一文,并无讥刺我朝。查《古今史略》一书,其七函虽载杨光先劾国老温体仁、异棺上疏之事,但其余各函内并无谬言。经讯徐谦,则供称仅持该书具诉杨光先而已,至于勾通之事,不曾眼见,亦未见明史,云云。徐谦虽诉杨光先,但不知情,盖因杨光先诉讼徐谦之故,徐谦反诬告杨光先也,此乃其三。

据此,将太监徐谦拟交刑部议。

銮仪卫正六品加一级治仪正潘尽孝供称,小的自得知编写《天学传概》一书之后,即行劝阻。又知晓汤若望等散发该书,以及铜像、绣袋、会期等物属实,并非小的亲自散发,云云。但伊前供,曾传天主教是实,等因,供认不讳。汤若望亦供称,潘尽孝与南怀仁曾传天主教,云云。由此可见,潘尽孝与南怀仁散发该书,以及铜像等物属实。

据此,潘尽孝系武职,拟交兵部议。

正五品夏官正又加一级李祖白供称,编写《天学传概》一书,乃为劝人敬天行善也。天主之教,乃举世之正理,而西洋人先悟其理,后至中国传教,云云。伊又供称,此等言辞,在中国史乘均不载,云云。汤若望等供称,天者,乃天主之宫殿,为天主役使者,故不可以尊天主之理而敬天,云云。但李祖白却谎供,所以编写该书,乃为敬天,云云,此乃其一。

据李祖白供称,曾为汤若望所住天主堂敕建一碑,其背面写有"事神尽虔"等字,所以编写该书,以为尽虔事神。世祖皇帝所撰碑文今在,足以为凭,云云。该赐给汤若望所住教堂之敕书末尾,虽有"事神尽虔"四字,但敕书内又称,路过彼堂视之,其神像酷似彼国之人。问所供何书,答以天主教言。夫朕所服膺者,尧舜周孔之道,所讲求者,精一执中之理。至于玄笈、贝文所称道德、楞严诸书,虽尝涉猎,而旨趣茫然,况西洋之书、天主之教,朕素未览阅,焉能知其说哉,云云。可见,仅褒扬汤若望善于推算天文而降敕,并非令彼传天主之教,收纳教徒,编造西洋异教书焉。李祖白创编并颁行西洋异教无稽之谈,反而巧供并无严禁天主之教,此乃其二。

李祖白作书称上帝为天主。伊虽供称按照天主教书编写而成,中国称作上帝,西洋国称作天主,称谓不一,其意相同,云云。但又供称此事不载中国史乘,云云。彼教之《天主教要》一书中,并不载称上帝为天主。又汤若望供称,西洋国人原称其为斗司,而天主二字,由利玛窦来中国之后所命名者矣,云云。而李祖白谎供西洋国人称其为天主。又将西汉元寿年间降生,因谋叛而被钉死在木架上之耶稣其人,尊称为上帝、天主,并编写于新书中,此乃其三。

李祖白作书载称，天主耶稣降生于如德亚国伯利恒，能使死者复活，瞽者复明，狂风恶浪止则止，妖魔鬼怪退则退。吕秦时期，古之书籍史册俱被焚毁，从而不见天学之真谛。噫嘻！后至西汉元寿年间，天主降生，救赎世人，圣徒多莫来中国传授，此事载于西汉史册，云云。然而伊又供称，此事皆载于彼教内经文，而中国史册不载。其圣徒多莫救赎世人，来至中国传授等情，皆由传教士所言，云云。经讯汤若望等人，则供称确有多莫其人曾经传教，但并无救赎世人，来至中国传教。李祖白装作耳闻目睹，编造为救赎世人，来至中国传授，并称载于西汉史册，以此引诱众人加入彼教属实，此乃其四。

据李祖白载称，考之史册，推之历年，在中国为伏羲氏，乃中国之初人，实如德亚之苗裔。自西徂东，天学固其所怀来也，云云。据伊供称，初人生于如德亚国，其后分散至天下，云云。又供称，中国史册不载伏羲氏为如德亚之苗裔，云云。李祖白借以西洋人之言，肆意编造自古史乘不传之事，以惑天下愚人皆入彼教，并专著该书发行属实，此乃其五。

据李祖白作书载称，昭受上帝，申命用休。上帝无常。览天耿命，悯恤天下之民，为君为师，辅佐上帝。上帝临汝，无二汝心。乐天者保天下，畏天者保其国，顺天者存，逆天者亡，云云。据伊供称，在经书中所载帝、天者，即与天主二字同义，故引而用之，云云。此等言辞虽载于经书之中，但皆指古之帝王奉天之命，治理天下也。伊身为中国之人，在西洋异教书中却引而用此大话，确为不当，此乃其六。

据李祖白作书载称，天学若在京城，可以成为四方之观。京城各堂一经翻新，四方教区之绅民益将尊崇，云云。伊又擅自称彼教为天学，此乃其七。

据李祖白作书载称，于省城要地，乡邑僻壤，皆有西土之士聚集，传授所学，以为世之桥梁，指明正理，扼制邪学，云云。此皆因恐有世人不加入彼异教而如此编写者属实，此乃其八。

又据李祖白供称，灵魂者，无形矣，故谓为神。传教之西洋人，即救人之灵魂，故谓为神父。如若祖父死去，可以为之念经，祷祝天主保佑，得以升天。人死后仅存灵魂，而钱财者仅为肉体所用之物，且所烧者亦仅为纸钱，实无裨益，故不准教内之人烧纸。至天地诸神，为人者理应尽心敬仰，但烧纸确实无用，故不准教内举行此仪式，云云。但自古以来，历代世人皆为天地诸神祖父母尽孝尽忠，进香烧纸，而伊声言为天地诸神祖父母进香烧纸实无用。然又尊称汤若望等人为神父者，殊甚不当，此乃其九。

李祖白身为钦天监官员，却入彼教，此乃其十。

据此，将李祖白拟以革职，交刑部议。

国子监助教许之渐虽未入教，但伊供称，偶至东堂观看歇息时，利类思索求作序，小的不知天学者何意，或为一种道理，故而作序，云云。查《天学传概》一书，则载中国人为如德亚国之苗裔。又称西汉元寿年间所生耶稣为上帝、天主，并多处编造莫须有之事。伊明知自古不传此等言辞，反而为之作序，此乃其一。

又据许之渐供称，在序中亦写有原闻此事，朦胧依稀，似无凭证等言语，云云。伊声言天主原委似无依凭，然又编造自开天辟地即有天主教，等等，此乃其二。

又许之渐供称，小的原任监察御史，故而署为监察御史，云云。伊身为现任助教，却于今年正月间所作序内署监察御史，此乃其三。

又杨光先称《天学传概》一书为妖书，并写给许之渐一文，而伊不行举揭，此乃其四。

据此，将许之渐拟以革职。

正四品食俸左监副又加一级周胤，虽供称曾加入彼教，只因为祖先烧纸，即被开除出教，云云。但无人知晓伊已退出彼教情形。据汤若望供称，周胤确曾入教，不曾被开除，云云。周胤身为官员，却入天主之教。据此，将周胤拟以革职。

正五品春官正又加一级宋可成，正六品中官正刘有泰，正五品秋官正又加一级宋发，正五品冬官正又加一级朱光显，正八品五官保章正尹凯、张文明，伊等皆入彼教，供认不讳。伊等身为官员，却加入天主之教，故将宋可成、刘有泰、宋发、朱光显、尹凯、张文明俱行拟以革职。

杨光先诉称，汤若望所谓中国人实如德亚国之苗裔者，岂非背叛我朝者乎？若非窥伺朝廷机密，何于十三省要地修建教堂，颁发书籍，接纳教徒，以惑天下人之心？云云。而汤若望虽不供认背叛本朝、窥伺机密等事，但其余各事皆与杨光先具告相吻合。据此，拟将所谓背叛、窥伺等事毋庸议外。又杨光先给许之渐一文内称，世祖碑天主教之文有曰，夫朕所服膺者，尧舜周孔之道。所讲求者，精一执中之理。至于玄笈、贝文所称道德、楞严诸书，虽尝涉猎，而旨趣茫然，况西洋之书、天主之教，朕素未览阅，焉能知其说哉？大哉，圣谟，真千万世道统之正脉，后虽有圣人，弗能驾世祖斯文而上之也。盖祖白之心，大不满世祖之法尧舜，尊周孔，故著《天学传概》以辟我世祖而欲专显天主之教者，岂非以臣抗君乎？云云。杨光先斥责李祖白而所作之文虽是，但其以臣抗君等言辞，有所牵强过甚。杨光先声言《始信录序》乃己之所作，称誉明崇祯封其为大将军，又因劾国老温体仁而得以扬名，垂留史册。杨光先斥汤若望教为邪教，并将依西洋新法等事，具呈通政使司，而通政使司驳回，令其可赴礼部投诉，若不受理，可将不予受理缘由一并注明呈诉，但杨光先不赴礼部投诉，而擅作《始信录》，颁行五千余册。

据此，将杨光先交刑部议。

原通政使司通政使、现左都御史觉罗雅布兰等供称，曾记得杨光先来我衙门呈称，为历书事。于是，臣等曰，若为历书事，则归礼部办理，可至礼部投诉，若不受理，可将不予受理缘由一并注明，再来我衙门投诉，等因驳回。自此再未前来，等语。觉罗雅布兰等职任通政使，却不辨明是非，即行驳回，令其可赴礼部投诉，理合议拟。但查此系顺治十八年正月初九日赦前之事，拟以免议。

再，杨光先于顺治十七年十二月初三日具呈礼科，声称顺治十八年历书谬闰七月。据礼科咨称，经查该科档册，并不载杨光先具呈一案，当日由左给事中徐兴校勘所有抄录文本，等因前来。经讯徐兴，则供称仅抄录所有抄录文本，并不承接呈文，况该科从无承接呈文后弹劾之例，云云。杨光先则称当日具呈是实，只因时日已久，不曾记得当日在科官员姓名，云云。然此系顺治十八年正月初九日赦前之事，故拟毋庸查议。

再，杨光先于顺治十六年为依西洋新法等事具呈礼科之后，将其原本章及册子一并退回一案，经讯原尚书渥赫、王崇简，则供称，曾记得杨光先为历书事具本呈请题疏，因六部从无代人具题之例，故将原呈退回。因时日已久，不记实情，等语。

又杨光先原呈《摘谬论》一卷，现由臣等二部会议，拟另议疏。

再，汤若望等供称，在各省教堂之西洋人，仍在传教，接纳教徒，等语。故请密敕各部督抚缉拿西洋人押解至京，以交刑部议。

再，理应拆毁汤若望所在天主堂，惟钦命赏银与汤若望修堂，且又赐给碑文。据此，拟仍留存教堂，仅毁天主画像。又利类思等供称，伊等所在教堂，亦系钦派佟吉购房赐给，虽为如此，伊等已拆原赐房屋而重建教堂。据此，拟将利类思等所在教堂，又阜成门外教堂，一并交工部拆毁之。

再，拟将汤若望、利类思等所在两处教堂内现有西洋教画像、书籍，以及《天学传概》书版，俱行焚之。

再，虽已钦免查议入教人员，但已散发给伊等之铜像、绣袋、会期、《天主教要》、《天学传概》等，理应俱行查收，送交礼部毁之。若系外省者，可饬交该督抚严训查收，以销毁之。至于在省之天主堂，西洋教内画像、书籍等物，亦应交该督抚以毁之。

再，居住于香山澳之西洋人，伊等来至中国年久，仍供给钱粮一案，又西洋人是否擅自出入疆界一案，若仍留住该地是否妥帖一案，请密敕广东督抚核拟议奏，时另议之。

再，佟国器、许缵曾二人，待送达时，拟另议奏。

再，杨光先所呈《正国体呈》载称，顺治十八年实闰十月，而新法谬闰七月，云云。据汤若望供称，顺治十八年应以七月为闰，所谓以十月为闰者，乃杨光先之谬，云云。杨光先言，按旧法置闰，应以十月为闰，可问推算旧法之人便知，云云。当讯推算旧法之周胤等人，则称按旧法推之，应闰以十月，云云。推算新法之李祖白等人则称，应闰以七月者无谬，云云。据此，今既推行新法，拟毋庸议。

臣等未敢擅便，谨具密题。请旨。康熙三年十一月十一日具题，本月十九日奉旨：杨光先诉讼邪教等案，既皆属实，可免交刑部议。在省之西洋人，着免缉拿，可送到京城议奏。拆毁天主堂一案，俟本案议结日，着再请旨。余皆依议。书画等物并发。钦此。钦遵。于本月二十日密封到部。

讯汤若望、李祖白、利类思、安文思、南怀仁、徐谦：除尔等在吏、礼二部会审时所供者之外，今尚有何供？

汤若望供称：我朝初定鼎时，小的曾为家事具疏，该疏内开有请准行天主教等言辞，时颁给一清字告示。小的奉命掌印之时，于辞疏内又开称，自西来东之时，原为传天主教起见等言辞。又于历书面所写“依西洋新法”五字者，乃掌印官戈承科之事。伊赴内阁奏定之后，具疏呈部。此等之事，皆系伊之所为。在汉字《大清时宪历》书封面书写该五字，而清字《大清时宪历》书封面不书写该五字者，亦系伊之所为，时因小的尚未掌印，仅呈进历书清样。等语。

汤若望、利类思、安文思、南怀仁供称：杨光先言小的们谋叛。诚若谋叛，必有兵马钱粮也。兵马钱粮今在何处？小的们远离家乡故土九万里，且又无妻子兄弟，西洋人在中国已有八十年矣，生于西洋，死于中国。今诬陷谋叛，有何凭证？况小的们所著书中，仅劝人敬君，竭尽忠孝，交纳钱粮而已，岂存谋叛之意？等语。

汤若望、利类思、安文思、南怀仁又供称:杨光先指控小的们编造妖书。所谓妖者、邪者,实为何事?若蒙一经指出,方得明白。等语。

汤若望、利类思、安文思、南怀仁又供称:杨光先指控小的们传邪教。凡为邪教者,乃行于一乡一村隐避区所矣。今西洋国之三十余人,无不在教内者,岂可谓为皆属邪教?等语。

汤若望、利类思、安文思、南怀仁又供称:圣主并无禁教,对传教者亦不曾问罪,何况入教之人,应更无罪也。等语。

李祖白供称:除小的前供外,再无他供。等语。

徐谦供称:东堂乃钦命赐银购房所建,西堂亦系钦命赐银所建,更何况赐有碑文、匾额,以上皆系表彰教法之圣意矣。圣意从未禁止,故而小的欣然入教,此又何罪之有?等语。

徐谦又供称:为天主之教,世祖皇帝令修天主堂,赐汤若望以通微教师之称,又赐碑匾,况皇上常临天主堂,颂扬此教。今杨光先悖逆前皇上,肆意诬告。杨光先编造《始信录》等篇章,颁行天下,蛊惑人心。倘若此教违法,则六部大臣九卿科道何不具疏?时至今日,仍无具疏片言只字,而杨光先却编造诬陷。尚无上谕禁人入教,而徐谦入教何罪之有?恳请明断。此乃徐谦之确供。等语。

讯汤若望:据尔供称,小的曾为家事具疏,该疏内开有请准行天主教等言辞,时颁给一清字告示,云云。尔具疏时,可曾奉有钦批?该颁给尔之清字告示内言有何事?

供称:小的于顺治元年五月十一日具疏,于十二日内阁颁给一清字告示,即恭贴于我教堂门前。至于本内奉批,小的不知。告示内言辞,亦不记得,今告示尚在。等语。

经阅看告示,则有“勿迁其家”等两行字,贴于板上。告示已不成模样,且于年月之下亦无钤印。经查原疏稿,则开有以传天主圣教为本等言辞。

讯汤若望:据尔供称,掌印之时,于辞疏内又开称,自西来东之时,原为传天主教起见,云云。尔具疏时,可曾奉有钦批?

供称:小的具呈辞疏,钦命不准。具疏年月,均开列于该疏之内。该辞疏内,将天主教情形亦明白具陈于皇上,但并未禁止。等语。

经查辞疏称,乃顺治十四年十月初七日之事,写有传天主教等言辞。

汤若望又供称:皇上褒扬小的,赐名通微教师,又赐通微佳境堂额,恭悬于天主堂门。倘若天主教为邪教,何以赐此隆恩?等语。

讯汤若望:所以赐尔通微教师之名,通微佳境匾额,乃希冀尔行善矣,而非令尔编造涂神油、神水于人,使污染可除、病疾可愈、鬼祟可去等言辞。由此观之,尔岂非行邪教、接纳教徒、蛊惑人心者乎?

供称:所以涂神油、神水,乃天主降生之后,我西洋各国行教一千三百年中共同奉行之教规。自来中国之后,仍奉行此仪式,并无蛊惑人心之情弊。神油可解小罪,或病可愈。等语。

讯南怀仁、利类思、安文思:尔等编造涂神油、神水于人,使污染可除、病疾可愈、鬼祟可去等言辞,岂非行邪教、接纳教徒、蛊惑人心者乎?

伊等供称:小的们所供与汤若望同。等语。

又汤若望、利类思、安文思、南怀仁供称:邪教者,乃私行阴传,而小的们则明行明传,且有书焉,人人可阅。邪教乃夜聚晓散,而小的们则于白昼当众讲演。教之邪与正,在其戒律中泾渭分明,而在天主教之戒律中,规定尊天主、尊君主、尊父母,而戒贪淫杀人等事,此皆爱天主而悯人者矣,毫无悖理之处。又教之邪与正,全在于传教者为何人,行迹如何而论。小的们在中国传教,已有八十余年,从无不正不洁之行为,况无人谓小的们为行恶。小的们皆系攻读书籍、明理讲道之人,不至于难辨邪与正。邪教则乱国,而自传西洋教以来,道不拾遗,夜不闭户,一千三百年来仍如此,足见天主教实无害,而于国有益。中国幅员广大,且又佛教、回教皆有,而何以不可有天主教?涂神油等,乃天主降生以来所遗仪式,以示天主之宠爱。因世人不曾见天主之宠爱,故以此表示而已,即如皇上赏赐人以加级、冠带、朝服矣。若论此等之物,本无啥威,皆赖于天主之威望,亦赖于世人之虔诚。人若虔诚而悔改前非,一用此物,便有裨益。唯教内甚要者,乃恪守天主十戒。凡与天主有关联之物,均称之为神物。所谓中国、外国之名称谓,皆系后人所分别者矣。在太古时期,人烟稀少,从不分此为中国,彼为外国。若论中国,必有初人,自有来源。今阅西土经史、中国史册,伏羲氏来自如德亚、中国所在之同一洲,而西洋者,则属欧罗巴洲,并非与中国同一洲。杨光先何以谓中国为西洋之苗裔?西洋之初人,亦来自如德亚、中国所在之同一洲,尚且亦可以谓西洋人为此处之苗裔矣。今有舆图可供佐证。等语。

又汤若望、利类思、安文思、南怀仁供称:杨光先虽指控小的们尊敬被钉死于十字架上之耶稣为天主,但伊并不知天主降生之后替人受难、救赎人类之恩德。耶稣死后三日复活,四十日升天,此事皆载于书籍中。杨光先仅言耶稣受难情形,而不言复活、升天二情形,仅信耶稣受难,而不信复活、升天,不知是为何意。各教皆有各自教规，天主教有神牌、神油等，犹如和尚有洁水，道士有符咒，喇嘛有约册。伊等传此物于人，而不谓为蛊惑人心，可见小的们传神牌等物于人，亦非为蛊惑人心矣。和尚等笃信转生，曰人可变为驴马，因而驴马均不得使用，又何以知道此驴马非其先世五服亲属、师徒、朋友？今之世人，每日骑乘驴马，从不相信伊等所言。伊等到处布教，不受禁止，而天主教仅讲正理，不讲转生之事，然又何谓天主教为邪教？杨光先指控我教为邪教，实不知伊所言邪教者，系为教内何事。愿请赐教！等语。

又兵部为前事密咨，准礼部为前事密咨内开，康熙三年十一月十一日具题，本月十九日奉旨：杨光先诉讼邪教等案，既皆属实，可免交刑部议。在省之西洋人，着免缉拿，可送到京城议奏。拆毁天主堂一案，俟本案议结日，着再请旨。余皆依议。书画等物并发。钦此。钦遵。密封到部。旋讯銮仪卫正六品加一级治仪正潘尽孝：尔除在吏、礼二部所供外，尚有何供？供称：除在吏、礼二部所供外，再无他供。等语。臣等议得，潘尽孝虽供自得知汤若望等欲写《天学传概》一书后，即行劝阻，又知道汤若望等散给该书及铜像等物属实，小的并非亲自散给人，云云。伊前供曾传天主教，等因，供认不讳。汤若望亦供认潘尽孝与南怀仁二人传天主教。由此可见，潘尽孝与南怀仁散发该书、铜像属实。据此，将潘尽孝拟以革职，交刑部议。康熙三年十一月二十八日密题。本月三十日奉旨：依议。钦此。钦遵。于十二月初二日密封到部。

准此，讯潘尽孝：除尔在吏、礼二部会审时所供之外，尚有何供？

供称：除在吏、礼二部会审时所供者外，别无可供。等语。

镶黄旗哈勒哈齐佐领下子爵博第家人渥色来部禀称：我家太监徐谦原在外面卖烟，今闻得与汤若望有牵连而被缉拿。徐谦系我家里人，故来禀报。等语。

据此，又讯徐谦：尔可否博第家人？

供称：小的系投充博第家人是实。小的住宣武门外卖烟为生，一年内或一次，或二次去主人家中。等语。

讯子爵博第：徐谦可否尔之家人？

供称：太监徐谦系小的父多尔济达尔汗诺颜在世时投充之人。徐谦原住外面经商，一年来家中一二次，系小的家人是实。等语。

讯博第之兄头等侍卫杜勒玛：太监徐谦可否博第家人？

供称：多尔济达尔汗诺颜乃小的伯父。小的原在翁牛特博多和王处行走,经伯父多尔济达尔汗诺颜奏请,将小的带回于此。自小的来此之后,屡见太监徐谦来其主人家中,自称投充人。等语。

讯佐领哈勒哈齐:太监徐谦可否博第家人?

供称:博第隶属外察哈尔曾吉都佐领下,而于小的佐领下兼理钱粮事务。博第家奴甚多,太监徐谦是否博第家人,小的不认得。等语。

讯太监徐谦:尔有主人,何不前审时供认?

供称:小的获罪后,惟恐牵连主人,故未供认。等语。

臣等质审得,准吏、礼二部合词具疏内称,汤若望声言中国之初人,实如德亚之苗裔。伊编造如此自古史乘不载之事,著书颁行。再,外省教堂内皆有西洋人,又于香山澳皆住有西洋人,此岂非以香山澳为栖居之所乎?再,外省教堂诚非按照汤若望言所修所建,又何以得知翻新?且初审汤若望时,其并不如实招供建堂之事,经杨光先举揭之后,才供认西洋人所建。再,外省教堂之人,诚非按照汤若望之意传教,又何以在彼新书内编写天学若在京城,可以成为四方之观。京城各教堂一经翻新,四方教区之绅民益将尊崇等言辞?据此观之,外省教堂之人必按汤若望言散发铜像等物属实。再,汤若望供称,天主教一月四会,讲演天主教。每会每人交纳钱一二千,以为资助穷人。天主教并非邪教,只因今年闻得已禁止邪教,惟恐有人不辨真伪,以致视我教为邪教,是以罢会,云云。倘若彼教并非邪教,何以罢会?再,汤若望供称,所以编写《天学传概》一书,则因杨光先称我教为邪教,并著书颁行,故而编写新书,以声明我教为正教,并加颁行,云云。诚然针对杨光先所言而著该书,何以时过五六年之后,于去年冬才写该书颁行?况所写该书中并无解释杨光先所言邪教一事。显而易见,因有别情而编写该书并颁行,其所谓为解释杨光先所言而编写者非也。再,“依西洋新法”五字,确由内阁修改后发出,何不写于历年进呈御览之汉字历书及所释译之清字历书封面之上,而仅书写于历年颁行天下之《大清时宪历》封面上?再,汤若望将省城要地,乡邑僻壤,皆有西土之士聚集,并传授所学,以为世之桥梁,指明正理,扼制邪学等言辞,编写于《天学传概》一书内,并加颁行。又声言将天主教情形曾多次口奏世祖皇帝,云云。汤若望果将传教情形多次口奏皇上,在此前多次审讯时,何不陈述?再,汤若望等所著该书载称,昭受上帝,申命用休。上帝无常。览天耿命,悯恤天下之民,为君为师,辅佐上帝。命鉴天下。上帝临汝,无二汝心。乐天者保天下,畏天者保其国。顺天者存,逆天者亡,云云。此等言辞虽载于经卷,皆谓帝王奉天之命,以治天下之意也。如是大话,却引而用于西洋异教书中。再，汤若望供称，天主上帝在西汉时期转化为人，再生于世。所谓在十字架上被钉死者，确非上帝，乃上帝入人性而复生，自身受难，并非人之所逼而为，而己之所愿也，云云。又供称，当初有恶徒诬陷天主耶稣以谋叛罪名钉死于十字架上是实，等因，供认不讳。汤若望将西汉时期降生，又因谋叛而被钉死于十字架上之耶稣其人，尊崇为天主者，实属不该。再，汤若望供称，所以著书，乃为劝人行善敬天，云云。又称，天者乃天主之宫殿，为天主所役使者，故不可以敬天之理而敬之，云云。彼不准教徒为祖先烧纸者，殊甚不该。再，汤若望供称，凡世人入教，皆按教规专用洁水，念经祷祝，洗礼前额，则如天主亲洗，染污皆除，其罪可赦，等因，供认不讳。由此观之，彼推崇其教，欺人惑众属实。再，汤若望供称，神父者，即管灵魂之父母，诲人以不行邪恶，不行盗窃。神父萨泽尔多得者，即为传教人，等因，供认不讳。由此观之，伊等自称神父，肆行欺惑属实。再，汤若望供称，凡教徒临终前涂抹神油，天主必治愈其病，或去鬼祟，但只涂抹于男子，此仪式不甚重要，故不给女子涂抹，等因，供认不讳。伊等编造如此谎言，以惑他人入教属实。又利类思、安文思、南怀仁，伊等虽与依西洋新法、在外教堂传教、修建教堂等案无涉，但编写《天学传概》一书，推崇彼教，编造莫须有之事，加以颁行。又散给教徒以铜像、绣袋、《天主教要》一书、会期等物。又派取钱财，一月四会讲教。又将西汉时期降生并因谋叛而被钉死于十字架上之耶稣其人，尊称为天主上帝。又声言天者即天主之宫殿，为天主所役使者，不可以尊天主之理而敬天。又其《天主教要》一书载称，以洁水洗额，可赦其罪，云云，以此欺惑世人。又自称神父，可替天主宽恕入教男女所犯之罪，云云，以此欺惑入教之人。又称凡有人病重之后，用神油涂抹于五处，云云。又不准为祖先烧纸。以上各情，皆与汤若望同。又利类思、安文思倡议并与汤若望商议之后，令李祖白执笔编写《天学传概》一书。等因疏称。

该疏内又称，李祖白供称，所以编写《天学传概》一书，乃为劝人敬天行善，云云。但汤若望供称，天者，乃天主之宫殿，为天主所役使者，故不可以尊天主之理而敬天，云云。可见李祖白所称劝人敬天者，乃谎供也。又李祖白供称，为汤若望所在天主堂敕建一碑，其背面写有“事神尽虔”等字，云云。编写该书虽为尽虔起见而为，但又敕书内开，夫朕所服膺者，尧舜周孔之道。所讲求者，精一执中之理。至于玄笈、贝文所称道德、楞严诸书，虽尝涉猎，而旨趣茫然，况西洋之书、天主之教，朕素未览阅，焉能知其说哉，云云。可见，仅褒扬汤若望善于推算天文而降旨也，并非使其传天主之教、接纳教徒、编著西洋异教之书焉！李祖白创编并颁行西洋异教无稽之谈，反而巧供并无严禁天主教。又李祖白供称，该书乃照天主教书籍编写而成，中国称为上帝，西洋国称为天主，称谓不一，旨意相同，云云。但汤若望等供称，西洋国人原称其为斗司，而天主之称谓，则由利玛窦来中国之后所命名者矣，云云。可见，李祖白谎供西洋国称其为天主。又将西汉元寿年间降生，并因谋叛而被钉死于十字架上之耶稣其人，尊崇为上帝天主，编写新书，殊甚不该。又李祖白所写该书载称，天主耶稣降生于如德亚国伯利恒，能使死者复活，瞽者复明，狂风恶浪止则止，妖魔鬼怪退则退。吕秦时期，古之书籍史册俱被焚毁，从而不见天学之真谛。噫嘻！后至西汉元寿年间，天主降生，救赎世人，圣徒多莫来中国传教，此事载于西汉史册，云云。李祖白装作耳闻目睹，编造救赎世人，来至中国传教等情节，并称载于西汉史册，以此引诱众人加入彼教属实。又李祖白所写该书载称，考之史册，推之历年，在中国为伏羲氏，乃中国之初人，实如德亚之苗裔，自西徂东，天学固其所怀来也，云云。但李祖白又称，中国史册不载伏羲氏为如德亚之苗裔，云云。自古史乘不传之事，李祖白借西洋人之言，肆意编造，以惑天下愚人加入彼教，并专著新书颁行属实。又李祖白所写该书载称，昭受上帝，申命用休。上帝无常。览天耿命，悯恤天下之民，为君为师，辅佐上帝。上帝临汝，无二汝心。乐天者保天下，畏天者保其国。顺天者存，逆天者亡，云云。此等言辞虽载于经卷之中，但皆指古之帝王奉天之命，以治天下也。李祖白身为中国人，而在西洋异教书中引用如此大话，确为不该。又李祖白所写该书载称，天学若在京城，可以成为四方之观。京城各堂一经翻新，四方教区之绅民益将尊崇，云云。伊擅自称彼教为天学。又李祖白所写该书载称，省城要地，乡邑僻壤，皆有西土之士聚集，传授所学，以为世之桥梁，指明正理，扼制邪学，云云。此皆因恐有世人不加入彼之异教而如此编写颁行属实。又李祖白供称，灵魂者，无形也，故谓为神。传教之西洋人，即救人之灵魂，故谓为神父。钱财者，仅为肉体所用之物，且烧纸者，实无裨益，云云。自古历代之世人，皆为天地诸神祖父母尽孝尽忠，进香烧纸，而李祖白却称为天地诸神祖父母进香烧纸，确属无用。然又尊称汤若望等人为神父者，殊甚不该。等因疏称。

该疏内又称，太监徐谦在前几次提审时，所供皆与利类思等相同。当讯其从何年开始传教时，则供为入教人，而非传教士，云云。又徐谦自入西洋教之后，已散发《天学传概》一书，又给入教人发放铜像、绣袋、《天主教要》一书、会期等物，并派取钱财，一月四会讲教等，均为属实。又徐谦反诉杨光先所作《始信录》讥刺我朝。又称《始信录序》内载，编明史者数家咸书先生，云云。又称凡编明史者，均已正法，然杨光先与编明史人结交勾通，云云。据杨光先供称，所作《始信录》中并无讥刺我朝。小的江南同县风水先生江傲带来《古今史略》一书，内载小的劾国老温体仁，舁棺上疏，谪戍辽西，而未载小的尊圣学，故小的作《始信录序》，署王泰征之名，况此书今在，全可查核，云云。查《始信录》一书，并无讥刺我朝。查《古今史略》一书，其七函内虽载杨光先劾国老温体仁、舁棺上疏之事，但其余各函内并无谬言。经讯徐谦，则供称仅持该书诉讼杨光先而已，至勾连之事，不曾眼见，亦未见明史，云云。徐谦虽诉杨光先，但不知情，盖因杨光先诉讼徐谦之故，徐谦反诬告杨光先也。等因疏称。

又准兵部具疏内称，潘尽孝虽供自得知汤若望等欲写《天学传概》一书后，即行劝阻，又知道汤若望等散给该书及铜像等物属实，小的并非亲自散给人，云云。伊前供曾传天主教，等因，供认不讳。汤若望亦供认潘尽孝与南怀仁二人传天主教，云云。由此可见，潘尽孝、南怀仁二人颁发该书、铜像属实。等因疏称。

准此，汤若望、利类思、安文思、南怀仁虽供曾为家事呈请准行天主教，又辞疏内称自西来东，原为传天主教起见。此事曾禀明皇上，并无禁止。我天主教内有神牌、神水等物，犹如和尚有洁水、道士有符咒、喇嘛有约册焉。伊等行教，不加禁止，而我天主教仅讲正理，何以谓为邪教？凡为邪教者，则行教于乡村隐蔽处所。今西洋三十余人无不在教内者，何以言此众人皆传邪教？云云。但汤若望之具疏内并无奉旨准行天主教，而伊等编造自称为神父萨泽尔多得，给入教者发放铜像等物，又用洁水洗礼，祷祝经文，以此比喻为天主洗礼，污点可除，各罪皆赦。凡教徒临终前，涂抹神油，或治病疾，或去鬼祟，以此惑众。一月四会讲教，每会每人派取一二千钱。教内不准为祖先烧纸。又耶稣天主降生于如德亚伯利恒。在中国为伏羲氏，乃中国之初人，实如德亚之苗裔，自西徂东，天学固其所怀来也。省城要地，乡邑僻壤，皆有西士之士聚集，传授所学，以为世之桥梁，指明正理，扼制邪学。天学若在京城，可以成为四方之观，京城各教堂一经翻新，四方教区之绅民益将尊崇。昭受上帝，申命用休等言辞，命名为《天学传概》，擅自颁行。由此观之，汤若望、李祖白、利类思、安文思、南怀仁、徐谦、潘尽孝共谋建邪教，又编新书，蛊惑众人属实。经查律例，凡为师巫诈降逆神，书符咒水，自称师巫，或称供奉弥勒佛、白莲社、明尊教（音）、白云宗（音）借以行骗，以乱忠义。又画像进香，借此聚众，夜聚晓散，名曰供奉道义，实则行惑民者，首犯拟绞监候，从犯各杖一百流三千里。据此，汤若望为首犯属实，拟以立绞。李祖白、利类思、安文思、南怀仁、潘尽孝为行邪教之从犯属实，拟将李祖白、潘尽孝杖一百流三千里。该二人本居官职，理应收赎，只因获罪重大，故不准赎，各杖四十流宁古塔。利类思、安文思、南怀仁，拟俱杖四十流宁古塔。太监徐谦，亦应照从犯例治罪，但徐谦又诬陷杨光先以死罪，故将徐谦援照诬陷人死罪未斩例，又因其为满洲家人，审拟枷号三月鞭笞一百。

臣等未敢擅便，谨题。请旨。

［批红］：着三法司核拟具奏。

选译自“满文密本档”卷137

8.礼部尚书祁彻白等题为审讯许缵曾入教并捐银修堂事密本

康熙三年十二月十九日

礼部等衙门尚书臣祁彻白等谨具密题,为请旨事。

臣等为前事疏称,江南歙县之民杨光先具告汤若望案内,汤若望等授意所写《天学传概》一书内,专写佟国器、许缵曾二人居官所到之处,捐输银两,修建教堂。对此一案,据汤若望等供称,许缵曾修建教堂,已曾入教,云云。据此,将许缵曾拟以革职,请敕下该抚速解京城,以便讯问其修堂、入教之事。至佟国器,虽未入教,但有修堂之事,亦请敕下该督速解京城,以便讯问。等因,康熙三年十月十三日具题。当日奉旨:依议。钦此。钦遵,即行密咨河南巡抚。旋由河南巡抚张自德革除许缵曾职任,押解按察司,于康熙三年十一月十九日解送到部。

据此,讯许缵曾:据汤若望、利类思等新编《天学传概》一书内称,尔居官所到之处,捐输银两,修建教堂,供奉天主,而俸银不已用,却用于天主,云云。汤若望等供称,尔已入教,修建教堂,云云。尔居官所到之处,何以修建教堂?尔所修建者,又为何处教堂?

供称:小的外祖父乃明朝国老徐光启,伊曾入天主教。小的幼年时,外祖父将小的带至伊家中抚养。小的一岁时,外祖父将小的抱至天主堂洗礼入教。以上情形,小的长大后才闻知。外祖父故去后,小的十七岁时,进入学府,得中生员。自进入孔夫子学府之后,即退出天主教,再不供奉天主。小的于顺治六年居官。小的亦有妻室。小的家供奉诸神,此事人人皆知。顺治十七年九月间,小的被题补为川东道,到任伊始,即随李总督从戎。时许诺如若官兵得胜而归,人马无恙,则自愿捐输银两,做一好事。后来官兵果然得胜,小的亦凯还保宁,恰遇西洋人请求募捐,小的即给五十两银是实,并非为彼建教堂,系西洋人私自所建。除此之外,别无捐银建堂。等语。

讯许缵曾:尔果未建堂,今年汤若望等所作《天学传概》一书中,何以写尔居官所到之处,捐输银两,修建教堂,供奉天主,俸银不已用,而用于天主?尔巧供并无建堂,只因西洋人请求募捐,仅给五十两银者,可耶?如实招供!

供称:小的居官四川时,曾随同出征,返还后因西洋人请求募捐,仅给五十两银是实,并无为西洋人建堂。汤若望等于该书中所写言辞,以及伊等所供小的入教之事,或许为伊等之所闻,小的并不知。小的捐银是实,但并无建堂,此非巧供。等语。

讯许缵曾:尔诚然退出彼教属实,汤若望等于今年所作《天学传概》一书中,何以写尔之姓名,又何以供尔为入教?尔供十七岁时得中生员,即退出该教者,纯属巧辩!务必如实招供!

供称:小的于十七岁得中生员后,即分出外祖父家中,从而退出该教是实,并非巧辩。在该书中仅写小的捐输银两,并未写入教。伊等所供小的入教者,不知以何为凭,不得而知。此皆小的实供。等语。

据此,经与汤若望等对质,据汤若望、南怀仁供称:许缵曾原在教内属实,而今是否败坏教规,小的们不得而知。闻得许缵曾捐输银两之后,我西洋人已修建四川保宁、重庆两处教堂。等语。

李祖白供称:在《天学传概》一书内所写许缵曾捐银建堂,又所供许缵曾入教等事,皆从西洋传教士汤若望等处听来后写之,供之,小的实不知情。等语。

安文思、利类思供称:小的们曾闻得许缵曾入教是实,后又闻得伊已纳妾,是否仍在教内,不得而知。小的们尚闻得许缵曾捐输银两之后,才修建保宁、重庆天主堂。等语。

许缵曾供称:小的得中生员之后,即于家中供奉祖先。顺治六年做官之后,当年即娶妾室。小的今若仍在彼教内,伊等必供小的仍在教内,无须推诿不知。至于捐输银两一事,小的仅给银两而已,并不知伊等建堂与否。等语。

臣等会议,许缵曾虽供年幼时入过教,十七岁得中生员后,即退出天主之教。做官后又娶妾室。在四川保宁因西洋人请求募捐而给银五十两是实。西洋人私自建堂,而非小的建堂,云云。但汤若望等前供,许缵曾入教后,修建四川教堂。今经问讯,汤若望等仍供许缵曾入教属实,今是否败坏教规,不得而知。据闻许缵曾捐银在川西洋人修建保宁、重庆教堂,云云。况许缵曾诚然退出彼教,则于今年汤若望等所编造《天学传概》一书中,何以专写许缵曾姓名,并言许缵曾捐输银两,修建教堂,俸银不己用,而用于天主?据此观之,许缵曾入教属实,故将许缵曾拟以革职。

臣等未敢擅便,谨具密题。请旨。

[批红]:依议。

选译自"满文密本档"卷137

9.礼部尚书祁彻白等题为审理置闰、节气、时刻、中星说、立春、《摘谬论》等案事密本

康熙四年正月十三日

礼部尚书臣祁彻白等谨具密题,为遵旨质审具题事。

臣部先与吏部会同为前事疏称,讯汤若望:据杨光先《正国体呈》载称,一月之内有一节气,有一中气,此常月之法也。有一节气而无中气,则以上半月为上月之中气,下半月为后月之节气,此置闰之法,夫人而尽知也。新法于十八年闰七月十四日酉时正初刻,交白露,八月节。十四日以前作七月用,十四日以后作八月用,此有节气而无中气之为闰,此法之正也。忽又于十二月十五日申时正三刻,交立春,正月节。此月有节气而无中气,与闰七月之法同,是一岁而有两闰月之法矣。且实闰十月,而新法谬闰七月,云云。此事怎讲?

供称:某月中气若见于下月内,则某月无中气,仍属下月之中气,故置上月为闰。顺治十八年七月之后一月,应为八月,但八月之中气仅见于下月初,是以置七月之后一月为闰七月。至十二月之中气,既见于十一月三十日,又怎可以置十一月为闰?所谓中气者,即指进入宫宿矣。每月皆有各自宫宿,不可有误。十一月之后一月,已入十二月宫宿,而七月之后一月,尚未进入八月宫宿。是以,置七月为闰月者,无所质疑矣。杨光先所言以十月为闰者谬也。等语。

又经讯钦天监监副周胤,以及历法上署名官员春官正宋可成,夏官正李祖白,中官正刘有泰,秋官正宋发,冬官正朱光显,五官保章正尹凯、张文明,五官灵台郎张其淳,五官挈壶正杨宏量,五官司历戈继文、鲍英齐等人,据周胤、宋可成、李祖白、刘有泰、宋发、朱光显、张文明、尹凯供称:顺治十八年闰七月,乃有中气而未入中气,是以置闰。十一月三十日,已入十二月中气,是以不置闰。由此可见,十月不可置闰。小的们皆系已入天主教之人。等语。

戈继文、鲍英齐供称:小的们仅按式样制版,至于推历法之是与非,则不得而知。等语。

张其淳供称:小的隶属天文科,仅观测天象而已。至于推历法,各有职

守,从不过问。等语。

杨宏量供称:小的隶属漏刻科,职任占验山陵风水。至于推历法,小的不晓得。等语。

讯汤若望:据杨光先《正国体呈》载称,一月有三节气,则又更异于有闰有不闰之法矣。至于冬至之刻至立春之刻,应有四十五日八时弱,而新法只四十四日一时三刻,将立春之刻趱在前一日六时三刻,是不应立春之日而立春,应立春之日而不立春,云云。此事怎讲?

供称:旧法平分节气,以十五日为限,此与天数不合。新法则按天度推算,或十四日,或十五日,或十六日置一节气,多寡不一。杨光先所言自冬至之刻至立春之刻,应有四十五日八时弱者,乃平分而不合天数之旧法矣。伊之所谓应立春之日,恰为不应立春之日。诚若新法有误,日月交食又何以吻合?又节气日数多寡不一,一月有三节气者,则因十四日恰遇一节气所致矣。几经考之,一月内有三节气者甚多,譬如某月初十日进一节气,二十五日又进一节气,此即二节气矣,自初一日至初九日,仍非上月之节气乎?如此推之,仍为三节气矣。等语。

又经讯周胤、宋可成、李祖白、刘有泰、宋发、朱光显、张文明、尹凯等人,则供称:新法按天行之度推算,而天行迟疾不一,故节气有十四日者,有十五日者,有十六日者。一月有三节气者,则因十四日有一节气所致矣。等语。

据此,又经讯杨光先,则供称:历法者,一定不移矣,不得任意侵紊。常月之历,一月有一节气,有一中气。闰月之历,一月有一节气,而无中气。此乃自古一定不移之规律。就当今《大清时宪历》而论,顺治十八年闰七月一月内,有节气而无中气,于十二月一月内,亦有节气而无中气。如此言之,此岂非一年内有二闰之法乎?自尧舜至今,从无一月之内有三节气之法,可问制作羲和历法之人自古有无此法。历来制作历法,莫过于唐袁天纲、李淳风、僧一行。伊等均按尧舜旧法,一月置一节气,置一中气,分归六段,每一段计为五日七刻二十八秒十二微五十纤。半月分为三段,计十五日二时五刻十七秒七十微八十三纤。一月分为六段,计三十日五时二刻二秒八微三十三纤。此乃万世不变之常规。汤若望并不知按赤道定节气,仅用黄道太阳躔宫之法而定节气。故其所谓十四、十五、十六日有一节气者,不通矣。按平行古法定节气,自然以十月为闰月矣。立春较之新法可提前二日,此仅其中之梗概情形而已。光先谓汤若望不通,而汤若望则自以为是,虽邀赴考三千进士,亦难断定其中是与非。请传曾制作历书各官前来,讯问自宋元以来可用十五日二时五刻之法，或用十四、十五、十六日有一节气之法，便可明了。简言之，制作历书各官慑服于汤若望之淫威，谁人敢言其非！如今研鞫，仍有惧而不言者，足见其威并非一般。尧舜羲和旧法，从无舛错，然汤若望谓之为有误，又有何人敢言？再过五六年，当知晓尧舜历法之人死去后，旧法必将绝迹矣。等语。

据此，又饬令钦天监之周胤、宋可成、刘有泰将按平行旧法推算人员俱行带来，旋即带推算平行旧法博士何其毅、周世泰、薛文秉、臧文宪、左云登、薛文华、张光辉、周彤、何洛叔、周世瑞等前来。

讯何其毅等十人：旧法可用十五日二时五刻之法，或用十四、十五、十六日之法？

供称：按旧法平分节气，杨光先即用旧法推算。新法以十四、十五、十六日为一节气，皆由五官官员所为。小的们每年仅观察星官，依照圭尺测算而已，他事概不知晓。再，刘有泰、朱光显、戈继文亦系推算旧法之人。等语。

又讯：既然如此，顺治十八年以七月为闰者是与否？

供称：按旧法推之，顺治十八年以十月为闰者是。新法以七月为闰者是与否，皆系五官官员之事，小的们并不知道。等语。

讯戈继文：据何其毅等供称，尔系推算旧法之人，顺治十八年以七月为闰者是与否？

供称：按旧法推之，顺治十八年以十月为闰。小的不曾推算新法。等语。

讯刘有泰、朱光显：据何其毅等供称，按旧法推之，顺治十八年以十月为闰者是。又供称尔等亦曾推算旧法。据尔等前供，以十月为闰者非。此事怎讲？

刘有泰供称：按新法推之，以七月为闰。至于旧法，小的不曾推算。可否以十月为闰，小的亦不知。小的原为明朝博士。等语。

朱光显供称：按新法推之，以七月为闰。按旧法推之，以十月为闰。小的不曾经历此事。等语。

据此，又讯何其毅等十一人。据何其毅等供称：刘有泰、朱光显原为推算旧法之人，却供不知旧法，可乎？此二人皆知旧法是实。等语。

讯刘有泰：曾饬令尔带推算旧法之人前来，但尔明知旧法，却不禀报，又不带朱光显、戈继文前来。据尔供称，曾为博士，但不知以十月为闰。以此观之，顺治十八年闰七月者必有谬误，故行掩饰巧供。如实招供！

供称：曾饬令周胤、宋可成、刘有泰等带推算旧法之人前来，故由周胤传朱光显、戈继文前来。伊等是否前来，小的不知。小的与推算旧法之十人一同前来。小的因传伊等前来，故未开列小的姓名。至于以七月为闰者，皆按西洋新法推算而得之，但不知新法中之道理，并非巧饰。周胤亦为推算旧法之人。等语。

讯周胤：据刘有泰供称，尔亦为推算旧法之人。顺治十八年以七月为闰者是与否？

供称：按新法推之，顺治十八年以七月为闰者是与否，小的不知，皆为五官官员所为。按旧法以十月为闰者是。小的原为推算旧法之人。等语。

讯周胤：曾饬令尔带推算旧法之人前来，但尔明知旧法而不行禀报，亦不开送刘有泰、朱光显、戈继文姓名前来。由此观之，顺治十八年以七月为闰者，必有谬误，故行巧饰属实。如实招供！

供称：前因饬令小的带推算旧法之人前来，故小的即传伊等前来。至于该三人来与否，小的不知。小的患疾难行，故而未来。小的曾掌管制作历书，现今亦掌管制作历书，不管推算之事。新法以七月为闰者是与否，小的不知。按旧法以十月为闰者是。小的年迈有疾，岂能隐瞒，实无巧饰。等语。

讯周胤：据尔前供，顺治十八年闰七月有节气，而无中气，故而置以闰月，十月不可置为闰月。小的系入教之人，云云。今又供称，顺治十八年以七月为闰者是与否，小的不知。按旧法以十月为闰者是，云云。此事怎讲？

供称：小的前供俱按五官官员所言而供之。小的年已七十有三，且又昏聩，未能听清，故按伊等所言而供之。小的委实不知新法，又何以置何月为闰？按旧法以十月为闰者是实。等语。

臣等会议得，杨光先所作《正国体呈》载称，顺治十八年实闰十月，而新法谬闰七月，云云。汤若望等供称，顺治十八年应置闰七月，所谓应闰十月者，乃杨光先之谬也，云云。杨光先称，按旧法应闰十月为是，可问推算旧法之人便知，云云。经讯问推算旧法之人周胤等人，则称按旧法应闰十月，云云。经讯问推算新法之李祖白等人，则称以七月为闰者无误矣，云云。据此，今即颁行新法，拟毋庸议，等因，于康熙三年十一月十一日密题。本月十九日奉旨：依议。钦此。钦遵在案。

又于康熙三年十一月二十五日，侍郎布颜、扎布海，主事穆展、富德等奉旨：杨光先指控顺治十八年历法实闰十月，谬闰为七月一案，又中星说一案，可着杨光先与汤若望对质，孰是孰非，研鞫具奏。钦此。钦遵。

又讯汤若望、杨光先：尔等前供，杨光先言顺治十八年应闰十月，而汤若望言应闰七月。此事怎讲？

汤若望供称：每月皆有节气、中气，因太阳行迟疾不一，或十四日，或十五日，或十六日行一节气。若无中气之月，则置以为闰。按新法推之，八月无中气，故置闰七月。至十一月，按新法推之，仍有中气，故不置闰十月。等语。

杨光先供称：按旧法推之，一月内一节气为十五日二时五刻余，一中气为十五日二时五刻余，故十八年置闰十月。新法以十四日为一节气，十五日为一节气，十六日为一节气，且其气盈不合理，故曰谬也。等语。

讯汤若望：据尔前供，所谓中气者，即指进入宫宿矣。每月皆有各自宫宿，不可有误。十一月之后一月，已入十二月宫宿，而七月之后一月，尚未进入八月宫宿，是以置闰七月者，无可质疑矣，云云。何谓宫宿进入与否？

供称：太阳即为日，可自此宫进入彼宫。每月皆有节气、中气。若无中气之月，则置为闰月。顺治十八年七月之后一月，太阳未入八月宫宿，故置为闰七月。十一月之后一月，太阳已入十二月宫宿，故不置为闰月。八月，太阳不在八月中气之内，故八月无中气。十二月，太阳已在十二月中气之内，故十二月有中气。等语。

讯汤若望、杨光先：据杨光先前供，自冬至之刻至立春之刻，应有四十五日八时弱，而新法只四十四日一时三刻，将立春之刻趱在前一日六时三刻，是不应立春之日而立春，应立春之日而不立春，云云。据尔前供，新法则按天度推算，或十四日，或十五日，或十六日置一节气，多寡不一。杨光先所言自冬至之刻至立春之刻，应有四十五日八时弱者，乃平分而不合天数之旧法矣。伊之所谓立春之日，恰为不应立春之日，云云。此事怎讲？

杨光先供称：平分古法者，乃羲和、尧舜所立之法，后有孔孟核实，又有汉宋元朝之士袁天纲、李淳风等众人厘正之。自冬至之刻至立春之刻，应有四十五日八时，自古沿用已有数千年，其节气交替等皆合于理。今汤若望不仅以新法紊乱上国之道统，且又不甚合于节气。等语。

汤若望供称：新法所定立春等节气，实合于天理，可查新法所定春分、秋分便知。在春分、秋分之日，太阳恰在赤道之上，天下昼夜一样，春分正午，太阳位于京城地面东五十度。今新法所定春分、秋分之日，太阳委实在赤道之上，天下昼夜一样，正午时刻之太阳，确实位于京城地面东五十度。等语。

讯汤若望：据尔供称，杨光先所言自冬至之刻至立春之刻，应有四十五日八时弱者，乃平分而不合天数之旧法矣，云云。那么，平分而不合天数之缘由为何耶？

供称：太阳所行轨道与黄道中不一，故推春分至秋分，较之秋分至春分多七八日。此乃太阳在天上自春分至秋分比自秋分至春分，其所行之度多所致矣。总之，杨光先将黄道春分至秋分与秋分至春分行度，俱行平分为一样多，故与天数不合。等语。

讯汤若望：推算历法与日月交食法同否？

供称：推日月五星者，即推其位于天上之经纬度分，而推日食时，不仅推算上下交差、时间交差、节气交差，又推算与之有关各项数据，即推算日食之多与寡，以及日食之时刻等项，殊异于推历法。等语。

讯汤若望：据尔供称，推日月交食，殊异于推历法，云云。然尔前供，杨光先所谓立春之日，恰为不应立春之日，诚若新法有误，日月交食又何以吻合？云云。此事怎讲？

供称：推算历法、七政历，即推日月五星在天上所行经纬度分。而推日月交食，亦必先推天上所行经纬度分。就此而言，推日月交食与推历法同。是以言称若于历法内节气经纬度分有误，则又日月交食经纬度分何以吻合？除推经纬度分外，又推日月交食、初亏、复圆等项，名目繁多，不同于推历法，故而又称殊异。等语。

讯杨光先：推算历法与日月交食同否？

供称：小的仅知旧法而已，不知日月交食法，故不敢妄言。等语。

讯汤若望：按西洋法推历始于何年？此前于中国可有按西洋法所推之历？

供称：按西洋法推历，始于顺治元年，二年颁行。此前在中国无有按西洋法所推之历。如一昼夜，按旧法将一百刻分为十二时，尚有余数，极为纷繁，难以计算。按新法将九十六刻分为十二时，每时八刻，并无余数，不难计算。太阳行一昼夜，或以百刻计算，或以九十六刻计算，均不增减，而在于计算之难易。等语。

讯汤若望：据尔供称，原用百刻计算，今新法改用九十六刻计算，则为便于计算起见。或用百刻，或用九十六刻计算，均为一样，并不增减，云云。自古有否将百刻减少为九十六刻之例？

供称：自古西洋法皆用九十六刻，至于中国算法曾否用九十六刻，小的不知。等语。

讯汤若望：自古推算历法，年代久远之后，可有再推算之例？

供称：自尧舜至明崇祯二年，曾修历法达七十次。所以修正，则因算法与天行不合而为矣。等语。

讯杨光先：按西洋法推历，始于何年？此前于中国可有按西洋法所推之历？

供称：明万历之前，在中国无西洋人，亦未曾用其历。我朝自顺治三年始才用其历。按旧法一日为百刻，分为十二时，每时为八刻三十三秒三十三微三十三纤三芒。新法不知算秒微纤等数，故将一时改分为八刻。一日为九十六刻者，乃彼之法矣。等语。

又讯杨光先：既然如此，自古可有使用九十六刻之例乎？以九十六刻计算时，日夜天数可否减少？

供称：自古不用九十六刻，而用百刻计算。伊等用九十六刻计算，仅为便于计算而已，日夜天数并不增减。等语。

讯杨光先：自古所推之历，年代久远之后，可有再推之例？

供称：历书经过六十六年又八月之后，务必修正一次。此乃经过六十六年又八月之后岁差一度之故矣。自尧舜至元郭守敬修正历书，已修五十余次。因黄道之宫经过六七十年之后，其宽窄不一，节气与赤道不甚相吻，故而经过六七十年之后必修正一次。修正之法，皆以历书为主。自元郭守敬修正以来，直至明朝曾否修正，不见书传，故不敢妄供。等语。

讯汤若望：据杨光先所作《中星说》载称，以太阳之宿，居于四正宫之中，星日马宿列于午宫之中，房日兔宿列于卯宫之中，虚日鼠宿列于子宫之中，昴日鸡宿列于酉宫之中，此尧典之所记载，历代遵守四千余年，莫之或议可云不足法乎？今西洋人汤若望尽更羲和之掌故而废黜之，云云。此事怎讲？

汤若望供称：宗动天自东往西移动，上列十二宫，皆自古不变者矣。众星天自西往东移动，只其移动甚迟，每岁各行五十一秒，渐渐日久，方有感觉。各星宿在向东移动，久而久之，自然与宗动天错开，故曰岁差。此天理矣，自然如此，非人能主宰者矣。查恒星历法，其中道理与羲和之法全可相辅，怎可谓之为非矣！明末礼部尚书顾希筹（音）赐匾褒扬有辅羲和法之功，足可以此为证。所谓子、午、卯、酉四宫，则为不动者矣。星、房、虚、昴四宿，则为可动者矣，动则不在原处焉！历代史册亦有记载，全可核查。等语。

讯杨光先：据尔所作《中星说》内称，羲和所定星、房、虚、昴四宿，汤若望尽更而废黜之,云云。经讯汤若望,则供称,子、午、卯、酉四宫,则为不动者矣。星、房、虚、昴四宿,则为可动者矣,动则不在原处焉!历代史册亦有记载,全可核查,云云。尔之所言尽更者何耶?

供称:满天星宿皆拱天而不动,惟独七政日、月、金、木、水、火、土可动。若言二十八宿动而不在原处,则足见伊不知天象矣。二十八宿动与否,可问推算旧法官员,或验测浑天仪便知。等语。

讯汤若望:据尔供称,宗动天自东往西移动,众星天自西往东移动,只其移动甚迟,每岁各行五十一秒,渐渐日久,方有感觉。各宿在向东移动,久而久之,自然与宗动天错开。星、房、虚、昴四宿,则为可动者矣,动则不在原处焉!云云。据杨光先供称,星、房、虚、昴四宿,则为拱天而不动者矣,云云。此事怎讲?

汤若望供称:倘若各宿不往东移动,每岁不行五十一秒,何以尧时冬至太阳在虚,今时冬至太阳在箕,而虚东移五十度?

杨光先供称:二十八宿及群星皆随天而行,一日过一度,久而久之,即为三百六十五日三时弱。比较太阳差一分五十秒,此岁差矣。又经过六十六年又八月之后,天比太阳退一度。西洋人知此理,故言天东行甚迟,人所不懂。伊等不知太阳与人君相当,尧时太阳在子宫虚七度,时至我大清国,太阳在寅宫箕三度。此乃天退五十余度之缘由,并非天东行。再过八九千年,冬至太阳可在午宫星日马度上行走,岂入丑宫初度初分耶?并无此理!等语。

据此,又讯推旧法博士何其毅、左云登、周彤、薛文秉、周世瑞、何洛叔、周世泰,司历戈继文:星、房、虚、昴四宿可随天而动乎?或与七政一同自西往东移动乎?

供称:二十八宿内星、房、虚、昴四宿在天不动,天动则动。七政日月五星,自西往东移动。等语。

讯推新法博士孙佑本、焦应举、贾文英、宋科力、鲍英华、刘应昌、徐瑚、臧文宣、张广祥等:星、房、虚、昴四宿可随天而动乎?或与七政一同自西往东移动乎?

供称:据新法表内载,日月五星之度分,每年加五十一秒而推之,向东稍移。等语。

讯杨光先:尔之《正国体呈》内载称,所以著《摘谬论》,以正其谬历,云云。尔可否按旧法推而谓之为谬乎?或按新法推而谓之为谬?

供称：按旧法推而谓新法之谬矣。《摘谬论》今在，可以一阅。等语。

据此，览阅该论，其《摘谬论》内称，一谬不用诸科校正。从来治历，以数推之，以象测之，以漏考之，以气验之。盖推算者，主数而不主象，恐推算与天象不合，故用回回科之太阴五星凌犯以校之。又恐推算、凌犯二象与天象不合，故用天文科台官之测验以考之。三科之校正，精矣，当矣。而犹曰此数象之事，非气候时刻分秒事也，故用漏刻科考订一日百刻之漏，布律管于候气之室，验葭灰飞之时刻分秒，以知推算之时刻分秒与天地之节气合与不合。此四科分设之意，从古已然。今惟凭一己之推算，竟废古制之诸科，禁回回科之凌犯而不许其进呈，进自著之凌犯，以掩其推算之失，置天文科之台官而不使其报象，废漏刻科之律管而不考其飞灰。综气候违于室中，行度舛于天上，谁则敢言？此若望所以能尽聋聩一世之人，得成其为新法也。二谬一月有三节气。按历法每月一节气一中气，此定法也，亦定理也。顺治三年十一月大癸卯，初一日癸卯卯初一刻大雪，十一月节。十五日丁巳亥正初刻冬至，十一月节。三十日壬申未初一刻小寒，十二月节。此是一月之内有两月之节气矣，自开天辟地至今，未闻有此法也。三谬二至二分长短。按至分之数，时刻均齐，无长短不一之差。冬至至夏至，古法一百八十二日七时半弱，新法一百八十二日二时。夏至至冬至，古法一百八十二日七时半弱，新法一百八十三日一时弱。四谬夏至太阳行迟。太阳之行，原无迟疾，一昼夜实行一度。夏至太阳躔申宫参八度，参八出寅宫入戌宫，昼行地上度二百一十九度弱，故昼长，夜行地下度一百四十六度强，故夜短。苟因夏至之昼长而谓太阳之行迟，则夏至之夜短，太阳应行疾矣。迟于昼而疾于夜，有是理乎？冬至太阳躔寅宫箕三度，箕三出辰宫入申宫，昼行地上度一百四十六度强，故昼短；夜行地下度二百一十九度弱，故夜长。苟因冬至之昼短而谓太阳之行疾，则冬至之夜长，太阳应行迟矣。疾于昼而迟于夜，有是理乎？新法以夏至太阳之行迟故，将立秋压在后一日三时，以冬至太阳之行疾故，将立春趱在前一日六时三刻。总因不明太阳之行误之也。五谬移寅宫箕三度入丑宫。查寅宫宿度，自尾三度入寅宫起，尾四、五、六、七、八、九、十、十一、十二、十三、十四、十五、十六、十七度，箕初、一、二、三、四、五、六、七、八度五十九分，斗初、一、二、三度，始入丑宫。今冬至之太阳，实躔寅宫之箕三度。而新法则移箕三入丑宫，是将天体移动十一度矣。六谬更调觜、参二宿。四方七宿，俱以木、金、土、日、月、火、水为次序。今汤若望更调参水猿于前，觜火猴于后，古法火水更调矣。其南方七宿者，即井木犴、鬼金羊、柳土獐、星日马、张月鹿、翼火蛇、轸水蚓;东方七宿者,即角木蛟、亢金龙、氐土貉、房日兔、心月狐、尾火虎、箕水豹;北方七宿者,即斗木獬、牛金牛、女土蝠、虚日鼠、危月燕、室火猪、壁水貐;西方七宿者,即奎木狼、娄金狗、胃土雉、昴日鸡、毕月乌、觜火猴、参水猿。旧法如是,而新法更调参水猿于前,觜火猴于后。七谬删除紫气。古无四余,汤若望亦云四余自隋唐始有。四余者,紫气、月孛、罗睺、计都也。如真见其为无,则四余应当尽消。若以隋唐宋历之为有,则四余应当尽存。何故存罗、计、月孛,而独删一紫气?苟以紫气为无体,则罗、计、月孛曷尝有体耶?若望之言,曰月孛是一片白气,在月之上。如果有白气在月上,则月孛一日应同月行十三度,二日四时过一宫,何故九月始过一宫耶?况月上之白气,有谁见耶?八谬颠倒罗、计。罗、计自隋唐始有,而新法以罗为计,以计为罗。但不知若望何以知隋唐之罗是计、计是罗耶?罗属火,计属土,火土异用,生克制化各有不同,令民何所适从?九谬黄道算节气。按节气当从赤道十二宫匀分,每一节气该一十五日二时五刻一十七秒七十微八十三纤。今新法以黄道阔狭之宫算节气,故有十六日、十五日、十四日一节气之差,所以置闰立春皆错。十谬历只有二百年。孟子云,千岁之日至,可坐而致。太宗皇帝仁武而不嗜杀,天故笃生皇上,冲龄而为一代开辟之主。皇上又英明仁武而不好杀,天将笃祐皇家,享无疆之历祚。而若望进二百年之历,其罪曷可胜诛。等语。

据此,讯汤若望:据杨光先所呈《摘谬论》载称,一谬不用诸科校正。从来治历,以数推之,以象测之,以漏考之,以气验之。盖推算者,主数而不主象,恐推算与天象不合,故用回回科之太阴五星凌犯以校之。又恐推算、凌犯二象与天象不合,故用天文科台官之测验以考之。三科之校正,精矣,当矣。而犹曰此数象之事,非气候时刻分秒事也,故用漏刻科考订一日百刻之漏,布律管于候气之室,验葭灰飞之时刻分秒,以知推算之时刻分秒与天地之节气合与不合。此四科分设之意,从古已然。今惟凭一己之推算,竟废古制之诸科,禁回回科之凌犯而不许其进呈,进自著之凌犯,以掩其推算之失,置天文科之台官而不使其报象,废漏刻科之律管而不考其飞灰。综气候违于室中,行度舛于天上,谁则敢言?此若望所以能尽聋瞶一世之人,得成其为新法也,云云。此事怎讲?

供称:我朝回回历之舛误,则指顺治元年八月初一日之日食矣。十四年八月二十四日,因水星事,禁其历不用。元年十月,惟恐紊乱新法,降旨不准回回科报日食。三年五月,降旨不用回回科凌犯历。九年五月,降旨再不准回回科报夏季天象。十四年八月，该部因见水星出现，吴明炫误，一应推算皆误，等因议奏。奉旨，依议。钦此。可见，不用回回历，皆由上裁，与小的何干？再，天文科在外台测验，漏刻科在内室验时，皆与历科同，恪尽职守，每日观测之后，即报小的。倘若所报关系重大，小的即行具题。所谓唯凭一己之推算，竟废诸科者，不知为何也。飞灰一项，置而不用久矣，全可以明朝李天经解释葭灰本章为佐证。顺治元年八月日食，伊等言食四分强，未时初刻，小的言食三分弱，午时正初刻。又十四年八月之水星，伊等言可见，小的言不见，实则果然不见，抬头观看便知。当时之日月交食，以及水星情形，若谓伊等于地上置设律管测验，并挨次作记录，则伊等之观测何与天不合？等语。

据此，经讯杨光先，则供称：历法以观测天象为主，并非一日、一事、一人所定者矣。自隋唐至今一千余年，皆用四科校正之。总因恐有舛误，故而校正，此乃至诚之心，且为国求历精微之意。若因一事之误而废弃不用，则袁天纲、李淳风、郭守敬等人何不废弃回回科凌犯历而传至于今？由此可见，汤若望实不忠也。汤若望言候气之室干湿不一，难求吻合。诚若如此，羲和、尧、舜及袁、李、郭各历官，不应建此候气之室，亦不应传授于后人。等语。

查汤若望所进观测日食一案，部档册不载。查汤若望记录册，则内开，顺治元年八月奉旨：该监旧法年久自差，非官生推算之误。嗣后宜勤学新法，勿致怠玩。着礼部知道。钦此。

查汤若望于顺治元年十月所进日食一案，部档册不载。查汤若望记录册，则内开，奉旨：再不许回回科报日食，以免侵紊新法。钦此。

查汤若望新法不致紊乱，于顺治三年五月奉旨不用回回科凌犯历一案，部档册不载。查汤若望记录册，则内开，顺治三年五月奉旨：勿用回回科凌犯历。钦此。

查汤若望于顺治九年五月奉旨不用回回科报夏季天象一案，部档册不载。查汤若望记录册，则内开，顺治九年五月奉旨：再不许回回科报夏季天象。钦此。

查汤若望于顺治十四年八月所进水星缘由而不用彼历一案，案查水星出一事，系吴明炫之误，可见伊之一应推算皆误，故于九月间亦不许伊观测觜参。等因具奏。奉旨：依议。钦此。

讯汤若望：据杨光先所呈《摘谬论》载称，二谬一月有三节气。按历法每月一节气一中气，此定法，亦定理也。顺治三年十一月大癸卯，初一日癸卯卯初一刻大雪，十一月节。十五日丁巳亥正初刻冬至，十一月节。三十日壬申未初一刻小寒，十二月节。此是一月之内有两月之节气矣，自开天辟地至今，未闻有此法也，云云。此事怎讲?

汤若望供称：一月有三节气者，则因太阳行迟疾不一所致矣。一节气为十五度，一中气亦为十五度，共为三十度。今日太阳冬行疾，一月可行三十余度，即行两节气。此外，三节气之初度，如顺治三年十一月大，即有三节气。夏日太阳行迟，一月行不足三十度，故于一月内行一节气、一中气，仍为不盈。杨光先何以谓为一月有一节气有一中气，且此为定法定理也？等语。

据此，经讯杨光先，则供称：太阳不分冬夏，一日行一度，故平分三十日五时三刻余为一节气一中气。自古并无一月有三节气之历。等语。

讯汤若望：据杨光先所呈《摘谬论》载称，三谬二至二分长短。按至分之数，时刻均齐，无长短不一之差。冬至至夏至，古法一百八十二日七时半弱，新法一百八十二日二时。夏至至冬至，古法一百八十二日七时半弱，新法一百八十三日一时弱，云云。此事怎讲?

汤若望供称：此乃太阳所行中圈不一所致矣。自春分至夏至，比夏至至秋分，所行度分秒少，故置时刻分秒亦少。自春分至秋分，比秋分至春分，尚多八日。若按杨光先所言，太阳之行无迟疾，春夏秋冬每日行一度，则新法差八日矣。然又何以新法所推节气、月亏月盈、日月交食等各项却丝毫不差也？等语。

据此，又经讯杨光先，则供称：按古法太阳一日行一度，节气及初一、十五日、日月交食等项分毫不差。今汤若望新法自春分至秋分多八日者，自尧舜至今四千余年，从无多八日。由此可见，应以古法为是，而新法妄言，实不通理也。等语。

又讯汤若望：据尔所供自春分至秋分，比秋分至春分多八日，云云。所谓多八日者何耶?

供称：太阳行中圈不一所致矣。何谓不一？则因圈之大半为春分至秋分，圈之小半为秋分至春分。太阳行大半，则多八日，太阳行小半，则少八日。等语。

讯汤若望：据杨光先所呈《摘谬论》载称，四谬夏至太阳行迟。太阳之行，原无迟疾，一昼夜实行一度。夏至太阳躔申宫参八度，参八出寅宫入戌宫，昼行地上度二百一十九度弱，故昼长，夜行地下度一百四十六度强，故夜短。苟因夏至之昼长而谓太阳之行迟，则夏至之夜短，太阳应行疾矣。迟于昼而疾于夜，有是理乎？冬至太阳躔寅宫箕三度，箕三出辰宫入申宫，昼行地上度一百四十六度强，故昼短；夜行地下度二百一十九度弱，故夜长。苟因冬至之昼短而谓太阳之行疾，则冬至之夜长，太阳应行迟矣。疾于昼而迟于夜，有是理乎？新法以夏至太阳之行迟故，将立秋压在后一日三时，以冬至太阳之行疾故，将立春躐在前一日六时三刻。总因不明太阳之行误之也，云云。此事怎讲？

汤若望供称：夏至昼长夜短，冬至昼短夜长者，皆与太阳之行迟疾有关，即与夏至太阳在地上所行轨道长，在地下所行轨道短有关。冬至反之，在地上所行轨道短，在地下所行轨道长。天下各省昼夜长短不一，北辰与各省相距亦不一。若按杨光先所言地为方者，则各省北辰高应为相同。诚然如此，各省昼夜长短亦为相同矣。历书之头一页，若按杨光先所言而写之，则皆谬而不可用也。杨光先言太阳入戌宫，行地上度二百一十九度。诚然如此，各省所见北辰皆为相同矣。岂有此理！杨光先所言冬至、夏至亦皆非矣。等语。

据此，经讯杨光先，则供称：其所谓夏至太阳之行迟，冬至太阳之行疾者，乃汤若望于顺治十四年向吴明炫解释之言，故而小的以夏至太阳之行不迟，而行地上度多，冬至太阳之行不疾，而行地下度寡之辞，诘难汤若望而已。今汤若望何以用小的诘难之辞而对之？等语。

讯汤若望：据尔之二谬前供内称，一月有三节气者，则因太阳行迟疾不一所致矣。冬日太阳行疾，夏日太阳行迟，云云。又四谬内供称，夏至昼长夜短，冬至昼短夜长者，与太阳之行迟疾有关，即与夏至太阳在地上所行轨道长，在地下所行轨道短有关，云云。此事怎讲？

汤若望供称：后供与前供并非不一，太阳行迟疾者，与太阳自西往东所行原轨道有关。冬至、夏至昼夜长短者，与太阳自东往西所行有关。虽夏至太阳自西往东之行迟，终因自东往西之行地上轨道长，地下轨道短，故夏至昼长夜短，与冬至不一。太阳之行节气，与太阳自西往东之行原轨道有关，迟疾亦不一。等语。

讯汤若望：据杨光先所呈《摘谬论》载称，五谬移寅宫箕三度入丑宫。查寅宫宿度，自尾三度入寅宫起，尾四、五、六、七、八、九、十、十一、十二、十三、十四、十五、十六、十七度，箕初、一、二、三、四、五、六、七、八度五十九分，斗初、一、二、三度，始入丑宫。今冬至之太阳，实躔寅宫之箕三度。而新法则移箕三入丑宫，是将天体移动十一度矣，云云。此事怎讲？

汤若望供称：所谓移箕三入丑宫者，乃恒星自行所致矣。在推恒星之诸书内，皆有明载矣。况恒星之自行，非始于新法，而古之观测各异，全可以元史为佐证。按杨光先之言，若谓新法所定宫宿次序有误，何以推算日月五星列于某宫宿之度分秒与天密合？所谓尾各度不入箕各度，又箕各度不入斗各度者，盖因满天之星所恒矣，并无互近互远、互入互出者矣。惟众星天全移动，是自西往东行，非宗动天之宫宿自西往东移动矣。故众星天各星逐渐自西往东行而移动。今冬至之太阳不躔寅宫，而躔丑宫之箕三度。等语。

据此，经讯杨光先，则供称：恒星者，二十八宿之井也，随天西行，一日过一度，昼夜西行不止，故有岁差。经六十六年又八月之后，天反比太阳退一度。汤若望不明此理，故曰东行。若谓众星天逐渐自西往东而行，则自东往西昼夜行走之天，又何以转而东行？尧之冬至太阳躔子宫虚六度，故有书经曰日短星昴也。今我朝冬至太阳躔寅宫箕三度，故曰宵中星毕。若谓自寅宫箕三度移入丑宫，则再过九千年之后，午宫星日马亦将移入丑宫也！又岂有此理乎？等语。

讯汤若望：据尔前供，冬至之太阳不躔寅宫，而躔丑宫之箕三度，云云。据杨光先供称，冬至太阳躔寅宫箕三度，云云。此事怎讲？

汤若望供称：寅宫位于丑宫之西，以新法言之，众星天自西往东行，而箕三度之分秒，古时位于寅宫，今已入丑宫。今之冬至太阳，已位于箕三度之分秒，故曰位于丑宫。杨光先言众星天不自西往东而行，箕三度之分秒亦在寅宫，故曰今之冬至太阳在寅宫，而不在丑宫。等语。

杨光先供称：箕三度在寅宫，箕四、五、六、七、八度，斗初、一、二、三度，亦皆在寅宫，当行至斗四度，始过丑宫。今之冬至太阳行箕三度，而西洋人不知宫度不移之理，故而每岁视冬至为可移动者，并移一分五十秒，列入丑宫初度初分。若按彼之法，万万年之冬至太阳皆躔丑宫初度初分矣。实非如此。等语。

讯汤若望：据杨光先所呈《摘谬论》载称，六谬更调觜、参二宿。四方七宿，俱以木、金、土、日、月、火、水为次序。今汤若望更调参水猿于前，觜火猴于后，古法火水更调矣。其南方七宿者，即井木犴、鬼金羊、柳土獐、星日马、张月鹿、翼火蛇、轸水蚓；东方七宿者，即角木蛟、亢金龙、氐土貉、房日兔、心月狐、尾火虎、箕水豹；北方七宿者，即斗木獬、牛金牛、女土蝠、虚日鼠、危月燕、室火猪、壁水貐；西方七宿者，即奎木狼、娄金狗、胃土雉、昴日鸡、毕月乌、觜火猴、参水猿。旧法如是，而新法更调参水猿于前，觜火猴于后，云云。此事怎讲？

汤若望供称：在《恒星历指》《新法表异》以及顺治十四年呈部解释一文内皆称，将火、水分为觜火猴、参水猿者，皆系人为定编次序矣。诸曜渐次东移，实行天度，自然于新法内定以参水猿在前，觜火猴在后。查诸考论，务必从天，每日抬头可见，全以为凭，无须多言。若按水、火次序，不更调参水猿于前，觜火猴于后，则必不合于天。等语。

据此，经讯杨光先，则供称：古之圣人著书传人，必有一定不移之理。汤若望所供《恒星历指》《新法表异》诸书，皆系汤若望所编不通之书，何以摈弃羲和、尧、舜之法？修历之士经察二十八宿度数之后，定某宿为某几星之距星。又按度之长短，以察觜、参二宿之距星。觜宿者，即三颗小明星，同在一处。参宿者，即七颗大明星，彼此分散而又相距较远。觜下西一星，可作距星，参宿中三星之西一星，可作距星。汤若望不知古之距星法，将参西之东一星作距星，以调参在前，觜在后，显然不知西方之火、水与南、东、北三方之火、水相颠倒次序矣。等语。

讯汤若望：据杨光先供称，觜宿者，即三颗小明星，同在一处。参宿者，即七颗大明星，彼此分散而又相距较远。觜下西一星，可作距星，参宿中三星之西一星，可作距星。汤若望不知古之距星法，将参西之东一星作距星，以调参在前，觜在后，显然不知西方之火、水与南、东、北三方之火、水相颠倒次序矣，云云。此事怎讲？

供称：宿之距星者，即各星内之一颗星，即选各宿内之一星作距星，以定距度。自汉唐以来千年间，惟独距星永不变更，况顺治十四年若望指明吴明炫之谬时，曾以史载为凭，指出自汉宋元以来距星逐渐不一之事，但杨光先将此一句改为世代距星皆为不一。察其所供，非独欺天，亦欺千世万代。觜中之北一星作距星，参中三星之西一星作距星，是以觜后参前。等语。

讯杨光先：据尔供称，觜下西一星可作距星，参中三星之西一星可作距星，云云。据汤若望供称，觜中之北一星作距星，参中三星之西一星作距星，云云。尔二人所言其参中三星之西一星作距星者，则为相同。而其觜下西一星与觜中之北一星为距星者，则相抵触。此事怎讲？

杨光先供称：小的与汤若望争辩觜、参之前与后，即争一年，亦难辩明，只要登台观测，即可得以明了。故应觜下西一星作距星，参中西一星作距星。古之法载以觜火猴在西，参水猿在东。等语。

汤若望供称:二宿之距星,永不可改者矣。而杨光先所言二宿之距星,以为世代不一所致矣。故小的更调前后。觜有三星,而该三星皆位于参中三星之西一星以东,杨光先虽任意定该三星中之一星为距星,但不言在前在后。顺治十四年八月二十七日礼部疏称,于九月间无须再测觜、参,等因具题。奉旨:依议。钦此。等语。

讯汤若望:据杨光先所呈《摘谬论》载称,七谬删除紫气。古无四余,汤若望亦云四余自隋唐始有。四余者,紫气、月孛、罗睺、计都也。如真见其为无,则四余应当尽削。若以隋唐宋历之为有,则四余应当尽存。何故存罗、计、月孛,而独删一紫气?苟以紫气为无体,则罗、计、月孛曷尝有体耶?若望之言,曰月孛是一片白气,在月之上。如果有白气在月上,则月孛一日应同月行十三度,二日四时过一宫,何故九月始过一宫耶?况月上之白气,有谁见耶?云云。此事怎讲?

汤若望供称:紫气一余,已于顺治十四年呈部说明矣。紫气于天上,欲测候,无象可明,欲推算,无数可定,欲论述,无理可据,明系前人妄增,后人传会。唐以前未闻有此,唐以后皆弃而不用,故于《大清时宪历》内不留。至月孛、罗、计,皆言有理有数,故而留存,仅删无理无数之紫气一余。等语。

据此,经讯杨光先,则供称:原于天上无紫气、月孛、罗睺、计都四星,故而谓之为四余。罗、计二余,用以推算日月交食,故而留存。月孛、紫气二余,是由袁天纲、李淳风算出。汤若望若曰古无四余,应将月孛、紫气一并弃而不用可矣,何又留存月孛?若望之言,月孛为一片白气,在月之上。故而小的以此诘难之。等语。

讯汤若望:据杨光先供称,原于天上无紫气、月孛、罗睺、计都四星,故而谓之为四余。月孛、紫气二余,是由袁天纲、李淳风算出。汤若望若曰古无四余,应将月孛、紫气一并弃而不用可矣,何又留存月孛?云云。此事怎讲?

供称:虽罗、计无星象,但对日月交食大有可用,况天上自有原行宫度。月孛虽无星象,亦对月之行大有可用,况天上自有原行宫度。故于新法内留存此三余。惟紫气于天上无所可用,故而删除不用。等语。

讯杨光先:据汤若望供称,虽罗、计无星象,但对日月交食大有可用,况天上自有原行宫度。月孛虽无星象,亦对月之行大有可用,况天上自有原行宫度。故于新法内留存此三余。惟紫气于天上无所可用,故而删除不用,云云。紫气留存,可有益处乎?删之,可有害处乎?

供称:四余至关祸福,更甚于五星。夫紫气者,乃东方木旺之气。万历丙辰岁，东方现出一道白气，直冲紫微垣，经观测后，方知紫气所为。故经具疏，由明神宗委员以祈祷之。良久，太祖兴兵，不过三十年，世祖皇帝进京，统一万邦。可见，紫气乃我朝创业之吉祥征兆矣。而汤若望独删除四余内一紫气，不知欲何为。

讯汤若望：据杨光先所呈《摘谬论》载称，八谬颠倒罗、计。罗、计自隋唐始有，而新法以罗为计，以计为罗。但不知若望何以知隋唐之罗是计、计是罗耶？罗属火，计属土，火土异用，生克制化各有不同，令民何以适从？云云。此事怎讲？

汤若望供称：顺治十四年已将此事呈部说明矣。罗睺、计都之名，原所有之，实因月之交行所致，故又称为正交、中交，亦有称为龙首、龙尾，或天首、天尾。盖以初宫为首，月行而交，谓为正交矣。以六宫为尾，月行而交，谓为中交矣。罗睺一星自初宫起计算，而计都一星自六宫起计算，首尾分明，正中成次矣。杨光先何以妄言罗、计颠倒？若光先言罗属火，计属土，则天上象体数理必无凭可稽也！等语。

据此，经讯杨光先，则供称：古之法以罗为火，计为土，世人皆知。且正交中交，天首天尾，亦自古皆用之，非汤若望之新法也。其天首之戌，谓为罗睺，天尾之辰，谓为计都。今汤若望以罗为计，以计为罗，不知依凭何理而改之。等语。

讯汤若望：据尔供称，以初宫为首，日行而交，谓为正交矣。以六宫为尾，月行而交，谓为中交矣。罗睺一星自初宫起计算，而计都一星自六宫起计算，首尾分明，正中成次矣。杨光先何以妄言罗、计颠倒？云云。此事怎讲？

汤若望供称：太阳所行之道与月亮所行之道上下相交，上交则月行黄道之北，下交则月行黄道之南。其上交点曰罗，又曰天之首。其下交点曰计，又曰天之尾。月亮自南往北行，自下往上行。而罗则上交、北交，计则下交、南交。上则在上，下则在下，南则在南，北则在北，此乃自然之理，并无颠倒。等语。

讯杨光先：据汤若望供称，罗、计并无颠倒，云云。据尔供称，汤若望以罗为计，以计为罗，不知依凭何理而改之，云云。此事怎讲？

杨光先供称：在新法七政历内，将旧法七政历之罗、计颠倒。罗、计次序，在历代七政历内皆有记载，全可核查，岂容抵赖？等语。

讯汤若望：据杨光先所呈《摘谬论》载称，九谬黄道算节气。按节气当从赤道十二宫匀分,每一节气该一十五日二时五刻一十七秒七十微八十三纤。今新法以黄道阔狭之宫算节气,故有十六日、十五日、十四日一节气之差,所以置闰立春皆错,云云。此事怎讲?

汤若望供称:按黄道算节气,于太阳行、月行、五经度、恒星等诸书中皆有明白记载,今人皆知。太阳之行度,皆在黄道,恒星自行,亦在黄道,南北经度之远近永不更改,实与赤道不一。若平分节气,则必不合于天。等语。

据此,经讯杨光先,则供称:夫黄道者,乃太阳行度之宫,阔狭不一。夫节气者,乃天象之赤道,每宫有三十度四十三分余。是以每月为三十日五时二刻余。扣除三十日之外,又余有五时二刻,故谓为气盈。汤若望不知气盈旧法,误以为十四日有一节气,且又曰平分不合于天。由此可见,汤若望不懂历法矣。等语。

讯汤若望:据尔供称,可按太阳所行黄道算节气,云云。此事怎讲?

供称:太阳在黄道不离南北,每宫自初度行至十五度,即过一节气,又自十五度行至三十度,即过一中气,故按太阳所行黄道之宫度算节气。等语。

讯杨光先:据尔供称,按天象之赤道算节气,云云。此事怎讲?

供称:按赤道算节气,即为平分旧法矣。赤道每宫为三十度四十三分六十八秒七十五微,故一月为三十日五时二刻余。此三十日,即一月之满数,而五时二刻者,则为节气之盈数。气盈,则为闰月。按新法以二十八日为一节气一中气,非但不能气盈,乃成为朔虚矣。是以,推闰不实。一节气实为十五日二时五刻余,应自顺治十八年冬至之刻寅宫箕三度起计算。等语。

讯汤若望:据杨光先所呈《摘谬论》载称,十谬历只二百年。孟子云,千岁之日至,可坐而致。太宗皇帝仁武而不嗜杀,天故笃生皇上,冲龄而为一代开辟之主。皇上又英明仁武而不好杀,天将笃祐皇家,享无疆之历祚。而若望进二百年之历,其罪曷可胜诛,云云。此事怎讲?

汤若望供称:以新法推之历,不仅二百年,亦有无疆年表。前四千年,后四千年,共八千年之后,又可按新法推步之。此事全以算未来无疆表为凭据。等语。

据此经讯杨光先,则供称:为臣者,应进万年无疆之历,方可谓为忠君之臣子,恤国无血诚矣。而若望只进二百年表,怎可谓之为臣子?后虽有四千年、八千年之表,亦不足以蔽前二百年表之辜。等语。

讯汤若望:据尔供称,以新法所推之历,不仅二百年,亦有无疆年表。前四千年,后四千年,共八千年之后,又可按新法推步之。此事全以算未来无疆表为凭据,云云。如此许多历表,可否与二百年表一同呈进,或另呈进?

供称:日月五星皆按新法推各有无疆年表,惟历书分有前后二百年表,纯属便当起见而为之。历书前后二百年表,又称为二百年恒表。至二百年表、恒表,均已一同呈进矣。等语。

臣等遵旨将顺治十八年闰七闰十、中星说、立春刻分之差、杨光先摘汤若望十谬等案,俱行研鞫,而伊等皆言以己为是。伊等所供推算之历,虽按旧法推之,但历代皆有修正。至于新法,则自顺治二年起施行。天文精微,至关重大,臣等未敢擅便,为此谨具密题。请旨。康熙三年十二月十七日题。本月十九日奉旨:着尔部议拟具奏。文内清字年字遗漏,着添加饬行。钦此。钦遵。康熙三年十二月十九日密封到部。

臣等议得,推历一案,经研讯汤若望、杨光先,皆言以己为是。天文精微,且又至关重大,臣等难以悬拟。请敕直隶各省督抚寻访熟通天文历法之士,不分官民,皆速驿送臣部,以便审阅汤若望、杨光先之供词,核拟是非,再行议奏。至于云南、贵州、广东、广西、四川五省区,路途遥远,用时不少,拟文咨行。

臣等未敢擅便,谨具密题。请旨。

[批红]:着议政王、贝勒、大臣、九卿、科道会同酌议具奏。

选译自"满文密本档"卷149

10. 礼部尚书祁彻白等题为审讯汤若望等选择荣亲王葬期事密本

康熙四年正月二十日

礼部等衙门尚书臣祁彻白等谨具密题，为请旨事。

臣部为前事具疏，经与吏部会议杨光先呈告汤若望一案时，杨光先又具呈一册，声言其为原呈。经阅该呈，则称：江南徽州府新安卫官生臣杨光先谨题，为历法至关一代大典事。窃惟，一代帝王升腾，必有一代帝王之大政，而载于史册，以垂后世，以昭一代。修历明时，乃奉天以治天下之实事，故尧恭奉苍天而敬定人时，舜核浑天球而厘定七政，此事载于书经，可谓万世之典。自皇上入主中原，一统四海以来，国计民生，官箴吏治无不兴焉，惟敬天之政，尚欠完全。臣乃山野村夫，不避嫌憎，书写《摘谬论》一卷，摘彼十谬，又附《选择议》一卷，编辑成册，冒死具呈。伏乞玄夜备览，以悟得新法之谬误，并请迅速查访知法通理之贤儒，以修我朝一代之历法。诚能如此，非但皇上之敬天为民大政得以昭彰，且又得以垂存于史册，实与尧舜同比。臣不胜惶悚待命之至。为此具本，并同卷册呈请礼部转题闻。等语。

臣等披阅其《选择议》，则开：窃惟阴阳五行之理，惟视生克制化之用。用得其理，凶可化为吉，用违其理，则吉反变为凶，而斟酌权宜，非读书明理之人不能也。今天文地理时令三家，多是不读书之人借此以为衣食之资，其余阴阳五行之理，原未融会贯通，以讹传讹，满口妄诞，究至祸人之事恒多，而福人之事恒少。夫山有山之方位，命有命之五行，岁月有岁月之生死，详载“通书”，待人随理而变通之，故名其书曰通。通者，有变通之意。今庸术不能明理而变通之，反将变通之书以文其不通之术，鲜为不误人也者。凡阴阳二宅，以其人之本命为主，山向岁月俱要生扶本命，最忌克命。选择造命之理，要生扶之四柱，忌克泄之四柱。或三方不利，用事难缓，则用制杀化杀之月令，以化凶为吉。若月令生杀党杀，日时不良，则有凶而无吉。如荣亲王之命，丁酉年生，纳音属火，以水为杀，宜选二木生旺之月以生火，令水不克火而生木，此化难生恩之法也。忌水生旺之月以克火，忌金生旺之月以生杀，此定理也。查戊戌年，寅、午、戌三合火局，以北方为三杀，亥为劫杀，壬为伏兵，子为灾杀，癸为大祸，丑为岁杀。盖亥壬子癸为阴阳二水，临官帝旺之地，以水能灭火也。一说亥子丑为阴、阳二火，墓绝之乡，火至北方而无气，其义与水克火同，此北方所以为寅、午、戌三合年之三杀也。又查山家变运，子午二山正五行属水，水墓在辰。戊戌年遁，得丙辰墓运，纳音属土。选用公月，月建辛酉，为庚金帝旺之乡，辛金临官之地，用官旺之金生水以克火，加之墓运属土，母顾子而不克水，反助金以生水。查壬辰日，干头透水，又纳音属水，众杀党聚，以克王命，何忌如之？且八月二十七日，实犯地空，通书忌埋葬，岂汤若望未之见也？查甲辰时，奇门法犯伏吟，经云课中伏吟为最凶。又云吉宿得奇门，万事皆凶不堪。使荣亲王之葬，年犯三杀，月犯生杀，日犯党杀，时犯伏吟，四柱无一吉者，不知其凭何书何理而选之也！幸用之以葬数月之王，若用之宦庶之家，其凶祸不可言矣。等语。

又阅其奏章内一文，则开：顺治十六年五月间，已不记为何日，礼部渥尚书、王尚书坐于后堂榻上，光先即呈该册，王尚书言此事非该部之事。光先言，钦天监隶属礼部，何以言为非礼部之事？王尚书言，此文系奏章，而转呈奏章，乃通政使司之事，六部从不代人转呈，可去查看，若有此例，可以转呈，云云。光先言若为如此，可心服矣。时钦天监洋毕车器在旁叱曰，六部岂有代人转呈之例？光先亦高声曰，洋毕车器尔系汤若望之义子，与汤若望选择太子葬期何等之好？尔等不认罪，致使许多部员被刑彘，今尔又来呵斥，此处乃礼部，而尔何人，敢如此妄言也！以上一席之言，二位尚书大人皆已听闻。再，汤若望行文该部将洋毕车器之子为官，原文在部，可以查核。等语。此案殊异于前投诉案，臣部拟与吏部会议之。臣等未敢擅便，谨题。请旨。康熙三年十一月初五日题。当日奉旨：着会同吏部议奏。钦此。钦遵。

臣等会同吏部鞫汤若望：据杨光先前呈《选择议》载称，如荣亲王之命，丁酉年生，纳音属火，以水为杀，宜选二木生旺之月以生火，令水不克火而生木以化杀。忌水生旺之月以克火，忌金生旺之月以生杀。此定理也，云云。此事怎讲？

供称：小的仅知天文历法，其选择、地理、风水等，皆系漏刻科之杜如预、杨宏量所为。荣亲王之葬年月日时，俱经伊等选定之后，小的阅视钤印送部。选择之事，皆系伊等之职守，小的不曾为荣亲王之葬期选择矣。等语。

据此，审讯杜如预、杨宏量。

钦天监漏刻科监正兼理科务正四品又加一级杜如预供称：顺治十五年八月二十七日安葬荣亲王，而小的于八月初赴盛京移陵，于十月间返回。小的不知此事,况选择系历科之事。等语。

钦天监五官挈壶正加二级又加一级杨宏量供称:勘验荣亲王墓地系漏刻科之事,选择葬期系历科之事,小的实不知。等语。

讯汤若望:据杜如预等供称,选择日期系历科之事,云云。据尔供称,选择日期系漏刻科之事,云云。此事怎讲?

供称:勘验地理原为漏刻科之事,选择日期为历科之事。小的前供选择日期为漏刻科之事者,则因年迈有疾而一时错供也。等语。

据此,又经讯历科官员,据原夏官正李祖白、春官正宋可成、秋官正宋发、冬官正朱光显、中官正刘有泰等供称:杨光先所言荣亲王于丁酉年生,纳音属火,宜选二木以生旺者是,小的们所选亦如此。小的们于顺治十五年七月间,与病故中官正贾良琦,漏刻科杜如预、杨宏量等选择之后,呈阅汤若望,又经详讯之后钤印送部。等语。

讯杜如预:据李祖白等供称,于七月间与杜如预、杨宏量等选择之后,呈阅汤若望,云云。据尔供称,于八月间赴盛京移陵,小的不知,云云。此事怎讲?

供称:荣亲王之墓地,于十五年二月间踏勘后,即呈报汤若望。时踏勘墓穴山向为壬丙,由历科官员按此山向选择日期。再,历科官员选择日期时,小的有者知道,有者不知道。至于所选葬埋日期,小的并不知。等语。

据此,又经一一质审,李祖白等供称:凡为大事,皆由二科共同选择,如葬埋荣亲王之如此大事,可谓为不曾会同选择者可乎?我二科会同选择是实。等语。

杜如预则供称:不曾会同选择。等语。

又讯杨宏量:据李祖白等供称,七月间与杜如预、杨宏量等选择之后,呈阅汤若望,云云。据尔供称,选择荣亲王葬期系历科之事,小的不知,云云。此事怎讲?

供称:小的专看风水,而选择日期则非小的职守,亦不曾会同选择。等语。

据此,又经质审李祖白等,据李祖白供称:凡事皆由二科会同选择,况葬埋荣亲王之如此大事,岂有不会同选择之理?且又职掌内明文规定会同选择也。与杨宏量一同选择是实。等语。

杨宏量供称:职掌内虽规定二科官员会同选择,但选择荣亲王之葬期时,小的患疾在家,伊等不曾派人来唤小的,确实不曾会同选择。等语。

讯杨宏量:尔患疾于何月何日?又痊愈于何月何日?何人知晓?

供称:移东京陵时需派员前赴办理,因小的患疾,阿尚书即传小的至其家中,因见确实患疾,即改派欧吉武同杜如预前去。因时日已久,实不记患疾痊愈日期。等语。

讯李祖白、宋可成、宋发、朱光显、刘有泰:据杨光先前呈《选择议》载称,查戊戌年山向子午,犯 yang du tian(音),此大忌墓穴也。戊戌年寅午戌三合火局,以北方为三杀,亥为劫杀,子为灾杀,丑为岁杀。盖亥子丑为壬癸二水,临宫帝旺之地,以水能灭火也。一说亥子丑为阴、阳二火,墓绝之乡,火至北方而无气。其义与水克火同。此北方所以为寅、午、戌三合年之三杀也,云云。此事怎讲?

供称:葬荣亲王以壬丙山向,并非子午。洪范五行以壬为火,火墓在戌,壬戌属水,而仅忌土之年月日。杨光先所言子午者误也。戊戌年山向壬丙,虽北方有众杀,并无犯正杀,无碍于葬埋。等语。

据此,经讯杨光先,则供称:北方为水,并非为火。北方若为亥,属阴之水,若为壬,属阳之水,若为子,亦属阳之水,若为癸,属阴之水,无论为壬为子,皆属阳之水。故寅午戌年,亥为劫杀,壬为伏兵,子为灾杀,癸为大祸,而丑为土,丑有癸水,故丑为岁杀。此于各种通书及历书上皆有明载,故寅、午、戌三合为火岁,北方亥壬子癸丑为墓绝之乡,因北方五水可克三合水,故宦庶之家皆避三杀岁。今李祖白等巧供洪范五行壬为火矣。夫洪范五行者,即唐丘延翰颠倒生死,编写五行,以哄蛮夷,是以谓为《灭蛮经》。"通书"载该书为背理而不可用也。自古选定北方为水,南方为火,今伊等用《灭蛮经》以壬水为火,葬埋荣亲王,足见其险恶用心。据《通书指要》"释疑"内载,所以编写洪范五行,则期望自中国传至外藩,使彼用而断绝后裔者矣,故谓为洪范五行。此事载于"通书",全可核查。等语。

据此,经讯李祖白等人,则供称:杨光先所言为子者,乃伊援引洪范五行以佐证为水,可见伊亦用洪范五行矣。然又何以谓此为《灭蛮经》耶哉?至于山向,可问漏刻科便知。等语。

经讯漏刻科之杜如预、杨宏量,则供称:小的们踏勘荣亲王墓地之后,原选定以壬丙,令历科选择日期。选择日期之事,非漏刻科专职,其向为水为火,乃历科之专职,况于历书上记载甚为明了,非属漏刻科之地理职掌。等语。

于是,李祖白等供称:北方为水,壬以属火,火墓在戌,纳音壬戌属水,仅忌土之年月日。选择葬埋吉日，至关山向，何谓此事为历科之专职也？杜如预虽奉差在外，但与杨宏量踏勘属实。等语。

于是，杨宏量供称：七月初六日与工、兵、礼三部会同踏勘荣亲王墓地守兵之房址，并交工部营造。返回时行至蓟州后患病，三部大臣见小的病重，即留李通事伴住蓟州三日。七月十六日回家调理，八月十二日痊愈视事，并无一同选择日期之事，亦未曾来叫唤小的。等语。

讯李祖白、宋可成、宋发、朱光显、刘有泰等：据尔等供称，与杜如预、杨宏量等一同选择，云云。显而易见，尔等所以推诿，则因尔等所选日期必有不吉，是以巧供属实。尔等务必如实招供！

供称：葬期载于“通书”，何有不吉？与杜如预、杨宏量等一同选择是实。且选择墓地乃漏刻科之事，并无推诿。等语。

据此，又讯杜如预、杨宏量。据杜如预、杨宏量供称：选择日期实为历科之职守，小的们并无一同选择荣亲王之葬期。等语。

李祖白等供称：选择荣亲王之葬期，实为漏刻科杜如预、杨宏量之职责，小的们协助伊等选择是实。等语。

讯杨光先：据李祖白等人供称，杨光先所言为子者，乃伊援引洪范五行以佐证为水，可见伊亦用洪范五行矣。然又何以谓此为《灭蛮经》耶哉？云云。此事怎讲？

供称：子壬在正五行属水，小的仅知皇帝陵寝皆为子、午二山。在洪范五行亦以子为水，是以援引，并非专用洪范五行也。等语。

讯杨光先：据尔供称，洪范五行者，即唐丘延翰颠倒生死，编写五行，以哄蛮夷，是以谓为《灭蛮经》。所以编写洪范五行，则期望自中国传至外藩，使彼用而断绝后裔者矣，云云。此等言辞载于何书？

供称：丘延翰所作洪范五行内言辞，载于《地理大全》，后人称之为《灭蛮经》。“通书”今在，可以阅览。等语。

又讯：该《地理大全》在何处？

供称：该书之版在福建，而不在此地。该书又称洪范五行为《灭蛮经》，并非小的任意编造。等语。

讯李祖白、宋可成、宋发、朱光显、刘有泰等：据杨光先前呈《选择议》载称，又查山家变运，子山正五行属水，以洪范五行亦属水，水墓在辰，纳音丙辰，墓运纳音属土。查选用八月，辛酉为庚金帝旺之乡，辛金兴旺之地，用官旺之金生水以克火，加之墓运属土，母顾子而不克水，反助金以生水，众杀党聚，以克王命，此宜大忌者矣，云云。此事怎讲？

供称：荣亲王于丁酉年生，纳音属火，戊戌年葬，纳音属木，以木生火。葬期为八月辛酉，王命属丁酉，而丁火生于鸡，虽辛金生水，亦难克火。杨光先所言墓运属土者，即按子、午二山而言，并非按壬、丙二山而言矣。等语。

据此，经讯杨光先，则供称：以地理占五行，各自用法不一，不可随意以彼饰此。三杀以三合五行推算，非以值年干支五行推算。三合以寅为火生，午为火旺，戌为火墓，此三合而火岁，故北方亥壬子癸丑为水火三杀，此事载于历书上极为明白也。今李祖白等所言岁为本者巧辩矣。若北方之水非三杀，则北方之水即为生木之吉星也。若水生戊戌年之木，则于新法内应载称为北方三吉星也，又何以载称为北方三杀？可见伊之以彼饰此之咎显然也。又丁火生于酉者，则指始育生洗能壮强衰弱亡墓绝十二者矣，非指官杀之旺。金则秋旺，木则春旺，水则冬旺，火则夏旺，土则四季之末旺，旺则生子。是以，水秋月涨，而以旺金生水。此又哄骗谁人？等语。

据此，经讯李祖白等，则供称：葬期推延数月可乎？故部饬令自当年八月十五日至二十日选择葬期，因二十日之前皆为不吉，故选用二十七日辰时。所用年月日时皆选自"通书"，若"通书"不载，何敢选用此葬期？今杨光先所言皆为异书之法者，自然与钦天监选择不合。等语。

讯李祖白、宋可成、宋发、朱光显、刘有泰等：据尔等供称，葬期推延数月可乎？云云。由此可见，尔等不行详查属实。如实招供！

供称：因事关重大，故由二科共同选择岂可谓为不行详查？况所选之日，皆载于《通书大全》一书内，可以查阅。等语。

讯李祖白、宋可成、宋发、朱光显、刘有泰：据杨光先前呈《选择议》载称，查壬辰日，纳音属水，"通书"虽载可以选用，惟水木可用于人，而火不可用于人，且八月二十七日实犯地空，"通书"忌埋葬，岂汤若望未之见也，云云。此事怎讲？

供称：八月二十七日壬辰，太阴位于丁，座对山向。书曰，太阴为众吉之道，克凶化吉，云云。又查八月辰日，he yao（音）吉星临位，即有众杀，亦无所忌，虽有地空，亦所无碍。杨光先所言"通书"载壬辰日可以选用者属实。但其所谓惟水木可用于人，而火不可用于人者，并不见载于"通书"。等语。

据此，又讯杨光先，则供称：五行壬辰日，其壬者为水也，辰者亦为水也，纳音常流之水。此次选择，应算造命。此事何以匿而不报？可见其中有诈。又辰日者，乃泄戌年之星，故曰壬辰日最凶。地空日忌埋葬，"通书"有载，可以查核。今以太阴、he yao(音)之辞,岂可掩饰以水克火之事?伊等所供壬辰日属火,不可用于人之辞,若不见载于“通书”,则该“通书”系专载五行生克之理,岂可妄言水克火之事?伊等所选之日吉与否,自有公论。等语。

据此,又讯李祖白等,则供称:壬辰纳音属水,在前供中已明白供吐,并无隐瞒。伊供若水克火,则年、月二木皆生扶火,又丁火生于酉,火势最旺之日,何惧于水?且山向有太阴、he yao(音)吉星,故不忌众杀,而地空又有何所惧?等语。

又讯杨光先:据李祖白等供称:杨光先若言水克火,则年、月二木皆生扶火,又丁火生于酉,火势最旺之日,何惧于水?云云。此事怎讲?

供称:选择之法,以择日为至要。月者,犹如总纲,辛酉之月干支皆金,阴木达于酉则绝,壬辰日天干即水,在地支内又有癸水,纳音常流之水,何以择为荣亲王火命之人葬期?若言其日不惧于水,则其水克火者至为显然也,岂可以骗人?倘若埋葬之日为丁火,则可谓为丁火生于丁酉也。等语。

讯李祖白、宋可成、宋发、朱光显、刘有泰:据杨光先前呈《选择议》载称,查甲辰时,据《奇门》选择书载,lu yi san(音)奇八 ji(音)伏为总伏吟。经书云,课中伏吟为最凶。又云,假令吉宿得奇门,万事皆凶,不堪便用。荣亲王之葬年犯三杀,月犯生杀,日犯党杀,时犯伏吟,四柱无一吉者,不知其凭何书何理而选之也。幸用之以葬数月之王,若用之宦庶之家,其凶祸不可言矣,云云。此事怎讲?

供称:甲辰时者,乃甲辰黄道日福星贵人吉宿,此为大吉。钦天监选择之书,不同于外书。杨光先所言《奇门》一书,钦天监素不使用。荣亲王之墓地为壬,山向为丙,年则戊戌,纳音属木,而木生火。月则辛酉,纳音亦为木。王之本命为丁酉,而丁者为火,丁火生于酉。日则壬辰,纳音属水,但山向位于太阴,又有 he yao(音),无忌于众杀。时则甲辰,纳音属火,甲辰黄道,年月日时,皆为大吉。杨光先所言子午山向者谬也。子午山向,宜忌木属年月日时,而壬丙山向应忌土属年月日时。葬年山向各异,而又土木不一,岂可并提而论?等语。

据此,经讯杨光先,则供称:凡盖房屋,以家主之生辰为主,营造墓穴,以亡者之本命为主,务必生扶亡者之山向本命。而最忌克泄亡者之山向本命。戊戌年三合火局,北方为壬阳之水,故有伏兵而克火也。荣亲王之命,丁酉年属火,而太岁亦属火壬水,且太岁为杀,可克荣亲王之命。夫“奇门”者,乃轩辕黄帝战蚩尤时所遗之法,在出兵行旅殡葬之时,无不用此。今伊等所谓钦天监素不用此者,则因伊等选择皆凶,故不招认,以此搪塞。由此可见,皆系伊等之奸诈也。再,伊等所谓戊戌年纳音属木,不犯三杀者,纯属巧供,竟敢不信皇上颁行天下之历法也。其旺金生水之月,若谎称为纳音属木生火,则岂有秋旺之金反生火之理?再,其壬辰日,则不言其之纳音,不知此为何意。即便山向丙子,皆属阳水,无所区别,只占其吉与否,是非自然明了。等语。

据此,经讯李祖白等,则供称:壬为属水属火,可问漏刻科便自然明了。钦天监不用《奇门》,则因不避 he yao(音)故也。月则辛酉,纳音属木。年月二木生火,又丁火生于酉,故其辛金何忧之有?等语。

据此,经讯杜如预、杨宏量,则供称:壬则属水,而在选择日期时,仅查阅"通书",至于其为属水属火,小的们不知。等语。

讯李祖白、宋可成、宋发、朱光显、刘有泰等:据尔等前供,壬丙山向,在洪范五行中属火,云云。后又供称,壬为属水属火,可问漏刻科便自然明了,云云。经讯杜如预、杨宏量,则供壬则属水,而在选择日期时,仅查阅"通书",至于其为属水属火,小的们不知,云云。以此观之,尔等选择必有不吉,故而如此推诿巧供。务必如实招供!

李祖白、宋可成、刘有泰供称:壬则属水,而洪范五行山向择火,并非不吉,亦非推诿。等语。

朱光显、宋发供称:对选择而言,素由刘有庆、贾良琦、杜如预、杨宏量谙然,而朱光显、宋发不过协助选择而已。至于选择墓穴之道理,小的们委实不通,确非推诿。等语。

刘有泰又供称:顺治十五年,小的曾为保章正,康熙元年十二月才题补为中官正,而选择之事,则为五官之职责。至于选择荣亲王葬期一事,小的不知。等语。

据此,又讯刘有泰:诚然如此,何以在前审时尔言与李祖白等所供相同?

供称:在前审时,因小的一时不知所措,故言与李祖白等所供相同。顺治十五年,小的曾任保章正,康熙元年十二月,补为中官正。荣亲王之葬期,小的委实不曾选择,确非保章正所掌之事。等语。

又为此事,再讯李祖白等,则供称:因时日久远,已不记姓名。据职掌内开,保章正亦参与选择之事。在升迁考内亦有此记载。既然职掌如此,何以谓为不曾选择?等语。

于是,又讯刘有泰,则供称:小的职任保章正是实,但非掌管选择之事,而皆为五官之事,况各有职守焉。虽于职掌内有载,但各有职守,在监各员皆知保章正不选择日期。荣亲王之葬期,确非小的选择。等语。

讯汤若望:据尔前供,荣亲王之葬埋年月日时,皆由杜如预、杨宏量选择,云云。尔又后供,由历科官员选择,云云。尔在当初派人选择时,曾派何人?又有花名册否?

供称:八月初五日,曾传杜如预、杨宏量、刘有庆、贾良琦、李祖白、宋可成、朱光显、宋发、刘有泰九人至小的跟前,令伊等共同选择,不曾传别人来,况别人亦不甚通懂。伊等选择之后,即行呈阅小的,小的复又详问伊等,伊等皆言为吉,故小的钤印送部。选择之事,至关重大,故令伊等共同选择属实,然而伊等却供并无此事,纯属推诿。至于伊等之花名,不曾记录在案。等语。

于是,又经讯伊等,由李祖白、宋可成、宋发、朱光显、刘有泰等供称:我等九人共同选择是实。等语。

杜如预供称:小的奉差在外,不曾共同选择日期。等语。

杨宏量供称:不曾有人前来传唤小的,小的不曾共同选择。等语。

汤若望供称:杜如预、杨宏量共同选择属实。等语。

讯杜如预、杨宏量:据杨光先前供,寅午戌年,亥为劫杀,壬为伏兵,子为灾杀,癸为大祸,丑为癸水,即岁杀,此事皆载于各“通书”“历书”内。因有此五杀,不利阴阳二宅,云云。尔等于戊戌年建盖荣亲王墓穴以壬丙山向者何耶?

供称:当时拟定壬丙山向之后,即行告知佟吉曰,今年南北不吉。而佟吉言称,小王无碍。等语。

据此又讯伊等:既然如此,可否将佟吉之言记录在案,或否另有旁人听闻此言?

供称:当日伊之所言,不曾记录在案。曾闻此言之人,亦因年久而不记其姓名。等语。

又讯:既然如此,曾否将当年南北不吉情形具陈于部?

杜如预供称:当时具呈选择情形时,已将当年南北山向不吉情形呈报于汤若望。等语。

杨宏量供称:当时选定墓地之后,由主管大臣等随时讯问,小的们随时解答,故而无暇呈文,不曾呈部。返还京城之后,又恐误事,故将山向情形具呈于汤若望。等语。

讯汤若望:据杜如预供称,曾经拟定荣亲王墓地以壬丙山向之后,即行呈报当年南北不吉情形,云云。尔曾否将此情报部,或有具呈?

供称:曾经拟定荣亲王墓地山向之后,确有呈文报小的,该文今在,可以查阅。至于南北不吉等情形,不曾呈报于小的。诚有此等情形,何不缮写于该呈文内?等语。

讯杜如预:据汤若望供称,至于南北不吉等情形,杜如预不曾呈报于汤若望。诚有此等情形,何不缮写于其拟定壬丙山向之呈文内,云云。尔为何谎供?

供称:在具呈该文时,曾将南北不吉情形亦呈报于汤若望。今日伊不供认,小的又有何言?等语。

讯杜如预、杨宏量:据尔等供称,曾由尔等选择山向。尔等当初选择时,曾由何部行文于尔等?而尔等选择之后,呈称山向为吉。该原文今在何处?

供称:拟定荣亲王墓地以壬丙山向者,乃顺治十五年三月之事。当时由阿尚书率领踏勘,并无行文。至于小的们选择之后所拟一文,在汤若望处。等语。

据此,经查杜如预等选择墓地后呈报汤若望之一文,则称已选择黄花山吉地。该处地形龙胜而雄伟,脉精而潜,实属金星之首,四兽平和,故拟定为壬丙。此处虽不及丰台山,但倍胜于西山之势,果一吉地矣。等语。

讯李祖白、宋可成、宋发、朱光显、刘有泰等:据杨光先前供,寅午戌年,亥为劫杀,壬为伏兵,子为灾杀,癸为大祸,丑为癸水,即岁杀。此事皆载于各“通书”“历书”内。因有此五杀,不利阴阳二宅,云云。又据尔等供称,戊戌年北方虽有众杀,但并不犯正杀,云云。此事怎讲?

李祖白、宋可成、刘有泰供称:戊戌年北方虽有三杀,但壬无伏兵,既有三杀,不犯正杀。又埋葬时,不忌伏兵。等语。

朱光显供称:戊戌年北方虽有众杀,但并不犯正杀。以上言辞,小的在选择时不甚明白,均按宋可成之言而供之。等语。

宋发供称:寅午戌年及五杀不利阴阳二宅之事,小的实不甚知晓。等语。

讯李祖白、宋可成、宋发、朱光显、刘有泰等:据杨光先前供,洪范五行者,即颠倒生死,以哄骗蛮夷者矣,云云。尔等何以用该哄骗蛮夷之洪范五行而选择耶?

李祖白、宋可成、刘有泰供称:“通书”载称,凡选择葬期,宜用洪范五行,云云。至于该哄骗蛮夷等言辞,小的们不知。等语。

朱光显供称:小的素不甚明白选择之事。至于洪范五行,实不知其中之道理,小的仅协助选择而已。等语。

宋发供称:洪范五行,乃漏刻科专用之书,确非《灭蛮经》。等语。

又讯朱光显、宋发:前经屡审,尔等所供与李祖白等相同,今又何以巧供为不甚明白、不甚知晓?

朱光显、宋发供称:小的们仅推步历法,前因共同协助选择荣亲王葬期,故与李祖白等所供同。今既分别详审,因选择平平,不敢妄供。等语。

讯杜如预、杨宏量:据李祖白等供称,葬埋荣亲王以壬丙山向,而洪范五行载,壬则属火,"通书"载选择葬期宜用洪范五行,云云。据杨光先供称,洪范五行者,即唐丘延翰颠倒生死,以哄骗蛮夷,谓为《灭蛮经》。"通书"曰该书为背理而不可用也。之所以编写洪范五行,则期望自中国传至外藩,使彼用而断绝后裔者矣。今用《灭蛮经》选择,以壬水为火,葬埋荣亲王,足见其险恶用心,云云。尔等使用颠倒生死,用以哄骗蛮夷之洪范五行选择,拟定壬丙山向为火,而葬埋荣亲王,用意何耶?

杜如预供称:择勘山向,素以龙脉为本,以定山向,并非按照五行择定矣。历年潜龙变运,"通书"有载,此皆选择各官信守之职责。至于洪范五行,小的不知。等语。

杨宏量供称:荣亲王之墓地,小的们经亲临踏勘,拟定为壬丙山向,并呈报钦天监,交由历科官员选择日期。再,历科官员所选日期,以及洪范五行一事,可以"历书""通书"为凭证。天下占士,皆以此理为本,并非独钦天监官员以此理为本矣。据丘延翰疏称,龙运本命合而用者,则无穷尽矣,云云。合而用者,各有所异,不敢多供。等语。

十一月二十六日,李祖白、宋可成、宋发、朱光显、刘有泰又供称:选择荣亲王墓地,乃由贾良琦、刘有庆、杜如预、杨宏量恭选,而小的们仅陪同选择,即由二科共同选择矣,可以杨宏量、刘有庆之呈文为凭。历科官员,专为推步历法、日月交食而设矣。漏刻科官员,则为选择葬埋、盖房、嫁娶三事日期而设。其选择葬埋之事,更为漏刻科官员之职责。等语。

查杨宏量呈文内开,历学者,即天文地理矣,自古各有专人密传,非外人所能知者矣,又圣主所以应付缓急而权宜之大典也,非外人所能懂矣,焉能肆意訾议?葬埋荣亲王之事,岂与宦庶之家同论?宦庶之家死后,必行入殓,选择墓地,岁月久远之后,才按本命选一吉日葬埋。而荣亲王甫薨,即行奉旨选择墓地,则因不可停放多日之故也。更何况一应营造之事,均已延误矣。是以,即经详议得,王不过几月即薨,又无后嗣,故议拟当年八月二十七日辰时太阳有吉,而太阳者又众吉之本,能以化众凶,且墓穴亦非属子,而为壬丙山向,又洪范五行载可以选用。壬者为火,火潜于戌,忌土属年月日辰。等语。

又查刘有庆呈文内开,八月二十七日壬辰辰时,太阳位于辰宫,申子辰为三合,又太阴位于丙,此乃山向也。书曰太阳太阴为众吉之本,能以化杀生全,极为大吉。此书觅得于李祖白家中。自见杨光先所著《选择议》一文后,汤若望即传选择人杨宏量前来缮拟一文。等语。

康熙三年十一月三十日,吏部咨开,为请旨事。臣部为前事疏称,杨光先呈告汤若望之选择一案,礼部经请旨后,欲与臣部会议具疏。今汤若望既被革职,亦交刑部议,但该项选择一案,乃礼部之专责,可否由礼部议,或奉照前旨与臣部会议?谨此请旨。等因,于康熙三年十一月二十九日具题。本日奉旨:该项选择一案,着礼部议。至本案内各员,仍着尔部议奏。钦此。钦遵。等因到部。

讯杜如预、杨宏量:据宋可成等供称,选择荣亲王墓地,乃由贾良琦、刘有庆、杜如预、杨宏量恭选,而小的们仅陪同选择。选择葬埋、盖房之事,则为尔科之职责,云云。可见,尔等选择是实,但又何以谎供曾赴盛京、患疾耶?

杜如预供称:小的确实不曾共同选择荣亲王之葬期。等语。

杨宏量供称:不曾传呼小的前来选择日期是实。等语。

讯杨宏量:据宋可成等供称,为荣亲王葬期事,杨光先呈告礼部,汤若望即传选择人杨宏量前来缮拟一文,云云。此一文岂非尔所写者乎?何以巧供为不曾参与选择耶?

讯毕将该文出示给杨宏量。

供称:历科官员选择荣亲王葬期后,具文呈部。顺治十六年,汤若望带来历科官员所选日期给小的看,并称杨光先已具告,令小的缮拟一件在理之文,以便与杨光先争辩。故小的及杜如预各拟写一文,留给汤若望。该文实属小的所作,是被逼而作。等语。

讯杨宏量:据尔供称,该文实属尔所作,尔诚不曾共同选择,当杨光先呈告之后,尔缮拟该文给汤若望,以为备供?况汤若望供称尔共同选择属实。可见尔共同选择是实,然又巧供不曾共同选择者何耶?尔等选择必不吉,故行巧供。今尔务必如实招供！

供称：历科官员选择日期时，小的不在场，亦不曾传呼小的是实。该项葬期已送部一年之后，才将葬期出示给小的及杜如预，并声称杨光先已呈告，令小的缮拟一文，欲与杨光先争辩。汤若望如此逼小的缮拟一文。小的诚然选择日期，何不署名签押？又以何为凭？等语。

讯杨宏量：据尔所拟该文内称，宦庶之家死后，必行入殓，选择墓地，岁月久远之后，才按本命选一吉日葬埋。王不过几月即薨，又无后嗣，故议拟选用当年八月二十七日辰时为葬期，云云。经查尔所拟该文，荣亲王之葬埋年月日时必有不吉，务必如实招供！

供称：历官选择葬期确为中日，故令小的缮拟该文，小的确实不曾选择。等语。

讯杨宏量：据尔供称，选择王之葬期为中日，云云。尔诚不曾共同选择葬期，又何以得知为中日？以此观之，尔与李祖白等共同选择属实，今岂可巧供？如实招供！

供称：凡选择日期，向为历科之专责，且历书上载明某日为葬埋吉期者，亦为实事，并非与漏刻科共同拟定矣。由此可见，伊等妄行牵连者显然也。至于荣亲王之葬期，经选择报部数十日之后，小的方得知葬期为中吉日，确实不曾与历科官员共同选择王之葬期矣。等语。

讯杨宏量：据尔前供，确为中日，云云。今又何以巧供为中吉日？

供称：当日因为较晚，在匆促之间写中吉日为中日。等语。

讯杨宏量：据尔所拟该文内开，荣亲王甫薨，即行奉旨选择墓地，则因不可停放多日之故也。更何况一应营造之事，均已延误矣。是以，即经详议得，王不过几月即薨，又无后嗣，故议拟当年八月二十七日辰时为葬期，云云。以上均由何人议拟？可否记录在案？

供称：以上确非小的们议拟，而由选择大臣们在途中所拟者矣，亦无记录在案。时因人员众多，而又年月久远，不曾记得姓名。等语。

讯杨宏量：尔可以记得大臣等在途中所有商议之事，而何以不记得大臣等之姓名？以此观之，尔必于汤若望家中商议后缮拟矣。如实招供！

杨宏量供称：当时仅记得伊等在途中所商议之事，而主管大臣等皆为面生，故不记姓名。小的确实不曾与众人商议之后缮拟矣。等语。

讯杜如预：据杨宏量供称，尔亦曾缮拟一文留给汤若望，云云。尔曾缮拟后留给汤若望者，究系何文？今在何处？

杜如预供称：十六年，杨光先为荣亲王葬期一案呈告汤若望，汤若望即令小的缮拟一文，而小的确实不曾缮拟，等语。

讯杜如预：尔果不曾参与选择，岂有汤若望闻知杨光先呈告，即传尔前来缮拟以备供之理？况杨宏量亦供尔曾缮拟一文，汤若望亦供尔曾参与选择。以此观之，尔与李祖白等共同选择者属实矣。尔等选择必有不吉之处，故行巧供开脱是实。如实招供！

供称：时因小的奉差在外，不曾共同选择荣亲王之葬期。后因汤若望得知杨光先呈告荣亲王葬期不吉，故而汤若望传小的前来拟写一文，小的不曾缮拟。汤若望知道小的不曾入彼教，故而言称小的亦曾共同选择。等语。

讯汤若望：顺治十六年，尔得知杨光先为荣亲王葬期事呈告尔，尔即传杜如预、杨宏量二人前来，令缮拟文书，以备对供。此事怎讲？杜如预所写之文在何处？

供称：由于杨光先呈告，所以传伊前来拟写一文，以备作供词。至于杜如预曾否拟写一文留此，小的不记得。等语。

讯汤若望：据杨宏量供称，尔传伊前来拟写一文，云云。尔何以逼其拟写？

供称：自得知杨光先呈告，即传杨宏量来家中拟写，以备作供词。伊来写该文时，并无逼迫之事。等语。

讯汤若望：尔令杨宏量所写该文内称，宦庶之家死后，必行入殓，选择墓地，岁月久远之后，才按本命选一吉日葬埋。而王不过几月即薨，又无后嗣，故议拟当年八月二十七日辰时葬埋，云云。按照尔令杨宏量所写该文而观之，选择荣亲王葬期必有不吉，故令其拟写该文者显然矣。务必如实招供！

供称：小的仅通天文历法，而选择非所习，伊等共同选定山向之后，言以为吉，故小的钤印送部。旋闻得杨光先呈告，小的即传伊等前来拟写该文，以备作供词。等语。

讯杨宏量：据尔前供，曾去踏勘守陵官兵营址时，因患疾而于七月十六日返回家中，进行调理，仍不见病愈。阿尚书传呼小的前去之后，见小的确实患疾，即改派欧吉武赴盛京，云云。尔患疾而能去尚书家中，岂有不参与选择荣亲王葬期之理？且汤若望等皆供尔曾共同选择属实，又尔与杜如预一同选择山向。自杨光先呈告之后，尔又拟写一文，以为备供。由此观之，尔曾共同选择属实，且又知道选择必有不吉，故尔巧供开脱。务必如实招供！

供称：小的曾去踏勘荣亲王墓地守兵营址，返回途中，在蓟州患疾，七月初到家，七月中旬进行调理。原奉差赴盛京者，则为杜如预、杨宏量也。又选择荣亲王墓地者，亦为杜如预、杨宏量也。小的身患病疾，阿尚书传唤小的前去后，见有病疾，即改派欧吉武前赴盛京。至于选择荣亲王之葬期，汤若望不曾派人来传唤小的，且又非小的专责，选择葬期乃十五年之事，而拟写备供一文，则为十六年之事，小的委实不曾共同选择，并无巧供推诿是实。等语。

讯杜如预：据汤若望所录册子内载，自八月初五日起开始选择荣亲王葬期。据查部档册内载，于八月初八日具疏葬期。尔因赴盛京，亦于初八日由礼部咨行户部领取所需马料。由此可见，尔等选择在前，前赴盛京在后。况汤若望等供称，尔曾共同选择属实。杨宏量供称，尔曾拟写一文留给汤若望。尔亦供称，曾与杨宏量一同选择山向。当汤若望令尔拟写备供一文时，尔未曾拟写。今尔又供，曾因前赴盛京，不曾选择王之墓地，云云。显而易见，尔等选择必有不吉，故为开脱罪责而肆行巧供。务必如实招供！

供称：选择日期，确为历科之职责，而占验风水，则为漏刻科之专责，此事全以本监升遣条例为凭证。汤若望有事时，虽常传唤小的，但八月初五日选择葬期时，不曾传唤小的，况且亦非小的职责。当时，小的正在整备马鞍、衣物，确无闲暇。初八日，小的起赴盛京，实不知选择事。后因杨光先呈告，汤若望传唤小的讯问山向情形，小的曰当时呈文以壬丙山向，可查原呈。汤若望又令小的协助查找，小的又曰历科即按“通书”选择日期，该“通书”今在，不用再查日期，云云。此乃确供，并无巧供。等语。

杨光先阅过《易见通书》内有一处夹有纸签，据载称，夫洪范者，即有八卦变通之理，又有五行变化之情，故分二十四类，其中变五行木为水，水为火，火为金，金为土，致其本身皆相抵触矣。凡用此选择年月者，福尚不至，祸必先来。可见选择墓穴必用正五行，而用洪范五行实不足信矣，云云。又据闻浙江地方谙熟阴阳地理之士樊越风曰，宗庙、紫微者，乃属洪范五行，误人匪浅。原由中国人所编写，期望传至外藩，使彼用而断根绝后者，乃《灭蛮经》也，云云。查钦天监衙门李祖白等所查阅之三种“通书”，其中一书亦名《易见通书》，该书与杨光先阅过“通书”同。

是以，臣部谨具密题，为请旨事。江南歙县民杨光先为选择和硕荣亲王葬埋年月日辰事，著《选择议》一文呈告。据钦天监选择人李祖白等供称，王之墓地，拟定为壬丙山向，洪范五行以壬为火，王命亦为火，戊戌年葬，纳音属木,以木生火,当年北方虽有众杀,但并无犯正杀。至月日辰,遇有太阴、he yao(音)吉星,无忌众杀,无碍葬埋,云云。据杨光先供称,北方仅为属水,并非属火,戊戌年北方有众杀,不利阴阳二宅,亦不利于葬埋月日时。况洪范五行者,即颠倒生死,编为五行,以哄蛮夷。此洪范五行,原由中国人编写,期望传至外藩,使彼用而断根绝后矣,是以谓为《灭蛮经》。"通书"载称该书为背理而不可用也,全可一查,云云。据此,经查钦天监衙门官员用以选择之三种"通书",其中一"通书"与杨光先所供同,皆载称该洪范五行不可用。再,据杜如预、杨宏量供称,当初选定壬丙山向后,已告知佟吉今年南北不吉。佟吉言称小王无碍。此事至关重大,除李祖白已被刑部在押外,拟将杜如预、杨宏量以监禁革职,宋可成、朱光显、宋发、刘有泰,即行拿议。等因,康熙三年十二月初十日具题。当日奉旨:依议。钦此。钦遵。

又逐一审讯李祖白、宋可成、宋发、朱光显、刘有泰等:尔等用以查阅之三种"通书"内,有一《易见通书》,据该书内载,所谓洪范五行,即颠倒五行,以至于其本身皆相矛盾。是以,用此选择年月者,福尚不至,祸必先来。选择墓地用洪范五行实不可信矣,云云。又载洪范误人匪浅,原由中国人编写,期望传至外藩,使彼用而断根绝后,此乃《灭蛮经》也,云云。尔等明知"通书"内有此不吉之言,却称壬丙山向在洪范五行属为火,即行葬埋亲王,欲以何为?

李祖白供称:当初选择葬期,亦有杜如预、杨宏量、刘有庆、贾良琦四人在场,伊等皆言选择葬期可用洪范五行,故而小的听从伊等之言,实不知《灭蛮经》即为洪范五行,可问杜如预、杨宏量便知。等语。

宋可成供称:葬埋荣亲王之年月日时,皆由杜如预、杨宏量、刘有庆、贾良琦等用官版《历法通书》选定,小的们不过协助选择罢了,选定者实为伊等。官版《历法通书》载以壬山为火,而洪范五行亦载以壬山为火。原先不用《易见通书》选择,而此书由杜如预在刘有庆家中查寻太阴时发现,故送老爷过目。小的们原本未见此书,亦不知载有如此内容。至于官版《历法通书》,乃贾良琦家中之书,我衙门内并无官版"通书"。等语。

朱光显供称:荣亲王之葬期,皆由刘有庆、贾良琦、杜如预、杨宏量四人为首选定。至杨光先所言《灭蛮经》,并于洪范五行内所载壬山为火等事,小的实不知其中道理,仅协助伊等选择而已。前审讯时,小的仅照李祖白、宋可成所供而供之。该《历法通书》,乃贾良琦家中之书,《易见通书》及《选择丹书》,皆为刘有泰家中之书,衙门内并无官版"通书"。等语。

宋发供称：小的本不知选择，仅会查用官版《历法通书》。至于荣亲王之葬期，实由杜如预、杨宏量、刘有庆、贾良琦四人选定，小的们仅协助选择。该《易见通书》，是由杜如预在刘有泰家中核查太阴壬向时发现，小的实不知书中所载内容，在衙门内并无官版"通书"。等语。

刘有泰供称：荣亲王之葬期，乃遵照《历法通书》《选择丹书》记载而选定矣，至于《灭蛮经》等言辞，小的不知有载。《易见通书》一书，由杜如预为核查太阴吉星而借去，小的实不知用此书选择。等语。

讯杜如预：据宋可等供称，为查找太阴吉星，尔从刘有庆家中借去《易见通书》一书，后交给宋可成等，云云。宋可成不曾选择，何以为查找太阴吉星而借阅该书，并交给宋可成等？由此观之，尔曾选择属实。如实招供！

供称：小的从无到伊家中借书给宋可成等。太阴吉星之事，小的亦不知晓。等语。

据此，又经讯宋可成、宋发、刘有泰等，则供称：杜如预在刘有庆家门口，与刘有泰言称，前来欲借《易见通书》，以查太阴制化诸凶之事，时宋可成、宋发、朱光显均在场。且前供丁火生于酉者，亦系杜如预告知小的们之言，小的们皆在杜如预家中闻知此言。等语。

杜如预供称：并无在刘有泰家门口欲借《易见通书》之事。至于丁火生于酉者，系伊等所言，并非小的告知。等语。

讯杜如预：宋可成等与尔有仇否？

供称：无仇。等语。

讯汤若望：尔等所查阅之三种"通书"内，有《易见通书》一书，据载洪范五行，即五行颠倒，以致其本身皆相矛盾。是以，用此选择年月者，福尚不至，祸必先来。选择墓地用洪范五行者，实不可信矣，云云。又载洪范误人匪浅，原由中国人编写，期望传至外藩，使彼用而断根绝后，此乃《灭蛮经》也，云云。尔身为钦天监掌印，明知该书中有此不吉之言，却送到部，意欲何为？

供称：小的本不知中国人用"通书"选择，而由贾良琦、刘有庆、杜如预、杨宏量、宋可成、李祖白、宋发、朱光显、刘有泰等选定之后，呈送小的，小的即问伊等吉与否，伊等言以为吉。是以，小的钤印送部。至于"通书"内所载《灭蛮经》等言辞，小的不曾看见，亦不知能用否，此事皆由选择官员知晓。等语。

又逐一审讯宋可成、宋发、朱光显、刘有泰：据尔等前供丁火生于酉者，皆由杜如预告知尔等，云云。诚然杜如预如此而言，尔等何不在前审时供认？今又何以言此为杜如预所告知者耶？

宋可成供称：审理此案之前，杜如预来小的家中，言称其所拟该文断不可拿出，仅可以作为供词供吐，日后必将关照，云云。审讯时小的无供可吐，惟恐堕入伊计，故而如实供之。伊与杨宏量至汤若望家中拟写该文，以作备供。该丁火生于酉者，乃我四人曾闻伊所言。杜如预前拟该文今在，可作凭证。伊之该文及杨宏量所拟之文，俱在李祖白家中保存。等语。

宋发供称：该丁火生于酉者，乃杜如预教唆宋可成之词，小的们曾在一起闻其所言。此前杜如预曾多次请求小的兄长宋可成不可拿出其所拟该文，小的亦未举揭。故小的前供与宋可成同。等语。

朱光显供称：该丁火生于酉者，乃杜如预教唆宋可成之词。宋可成比小的们略有心眼，又因杜如预亲自指教，故前不曾拿出该文。小的们所供与宋可成同。等语。

刘有泰供称：审讯之前，曾闻得杜如预与宋可成言丁火生于酉，故小的们所供与宋可成同。等语。

据此，经查宋可成于十二月二十一日呈交杜如预所拟该文，则内称，葬荣亲王，乃壬丙山向，而非子午。洪范五行载，壬为属火，而火潜戌，壬戌纳音属水，仅忌土年月日时。已故荣亲王生于丁酉年，纳音属火，理应以木生火。戊戌年纳音属木，此非生扶者乎？所选八月者，乃太阳位于辰宫，五行壬子同宫，而申子辰三合在见，故而选用。书曰，太阳乃众吉之本，用则化杀为权，极福极威。此乃治化之权矣，况定以壬丙山向而葬埋，选用戊戌年辛酉月壬辰时，此皆载于“通书”之内，可以查考，并非无凭选择矣哉！等语。

讯李祖白：据宋可成等供称，顺治十六年，杨光先呈告后，即由刘有庆、杜如预、杨宏量三人在汤若望家中备供，伊等所拟之文皆存于尔家中，云云。此事果真与否？

李祖白供称：刘有庆、杜如预、杨宏量在汤若望家中为备供而所拟之文，今尚存于小的家中。等语。

讯杜如预：据宋可成等供称，该丁火生于酉之言，皆由尔在审讯前教唆宋可成供认，故伊即按尔言供之，云云。又宋可成供称，尔至宋可成家中言称，所拟该文断不可拿出，仅可以作为供词而供吐，日后必将关照，云云。故伊即按尔之该文供之。又称当时尔与杨宏量至汤若望家中拟写该文，以作备供，可将该文作凭证，云云。据尔前供，汤若望令小的拟写一文，以作备供，但小的不曾拟写，等因巧供。又教唆宋可成等如此言之者何耶？此文非尔之所拟者乎？并将该文出示给杜如预。

杜如预供称：伊等皆懂选择，何必小的指教？该丁火生于酉之事，谁人不知？小的不曾教唆。再，顺治十六年杨光先为荣亲王葬期事呈告，汤若望传唤小的拟写一文，以作备供，但小的不曾拟写。后来汤若望强令小的照杨宏量所拟之文再拟写一文，故小的即照杨宏量文再拟写此文是实，已不记年份，并无请求宋可成之事。等语。

又经当面对质，宋可成供称：已不记为何日，有一夜晚，杜如预来至小的家中，言称断不可将其所拟该文拿出，可以作为供词供之，则甚妥帖，日后必将关照，云云。此事是实。等语。

杜如预供称：小的署理钦天监印务，恐误上览凌犯历，即行呈文礼部题闻。奉旨：着伊等办理凌犯历，倘有舛误，务必重罪。钦此。是以，宋可成等与小的结仇，肆意编造谎言诬陷小的是实。等语。

宋可成供称：小的们系废员，何蒙钦命小的们编制凌犯历，此乃小的们之莫大荣幸。今杜如预声言为呈文取凌犯历事，结有仇隙，编造谎言诬陷，云云。不知此为何意，伊之所言，显然巧饰之辞。等语。

讯汤若望：据杜如预供称，顺治十六年杨光先为荣亲王葬期事呈告，汤若望闻此，便令小的拟写一文，以作备供。当时，小的不曾拟写，后来汤若望强令小的按照杨宏量所拟之文再拟一文，故小的照杨宏量文拟写一文是实，云云。尔何以强令杜如预拟写一文，以作备供？

供称：小的不曾强令杜如预拟写该文，而伊自愿拟写矣。由于时间久远，杜如预或许忘记此事矣。等语。

讯宋可成、宋发、朱光显、刘有泰：该《易见通书》及载有洪范五行之《选择丹书》，是否为刘有庆家中之书，或刘有泰家中之书？

宋可成、宋发供称：该《易见通书》《选择丹书》，乃刘有庆家中之书，刘有庆与刘有泰家同门而各自分居。《选择丹书》虽分有正五行与洪范五行，但皆载山运、地理、风水。漏刻科之职责，小的不知，但每遇有婚嫁喜事、建造房屋等事，皆用《选择丹书》选择。此书藏于刘有庆家中。小的们自做官以来，仅知用此《选择丹书》选择。等语。

朱光显供称：该《易见通书》，乃刘有庆家中之书。杜如预为查太阴，即向刘有泰借出该书。至于《选择丹书》所载洪范五行、正五行，由漏刻科选择葬期时是否亦用，小的不知。历科职责，即为占验、选择。即便遇有喜事、大典，皆用《历法通书》选择。至于《选择丹书》，凡遇有娶媳嫁女、营建房屋，自明季以来皆由五官官员用此书选择。由于选择用，将此书存放于刘有泰家中。等语。

刘有泰供称：该《易见通书》，乃小的兄刘有庆之书，由于杜如预欲查太阴吉星而借去。原选择时，皆用《历法通书》《选择丹书》以选择日期。该《易见通书》，刘有庆不常用，而《选择丹书》，则官用日久，在明季时即存于刘有庆家中，但归官用。该《选择丹书》内所载洪范五行，由漏刻科选择山运时用之，由历科选择国朝喜事、大典时用之。等语。

讯李祖白：该《易见通书》及载有洪范五行之《选择丹书》《历法通书》，皆为谁家之书？

供称：该《易见通书》，据宋可成言为刘有庆家中之书。《历法通书》一书，据宋可成言为贾良琦家中之书。在选择用时，仍用《选择丹书》一书，但不知为谁家之书。等语。

讯刘有庆之子刘必远、刘奎：据宋可成等供称，该《选择丹书》一书，乃尔父存于家中而官用之书，云云。此书存于尔家中者何耶？

供称：小的们虽同住一院子，但已分居。《选择丹书》是否存于小的父亲家中，小的们不知晓。等语。

讯宋可成、朱光显、宋发、刘有泰：据尔等供称，该《选择丹书》乃存于刘有庆家中而官用之书，云云。刘有庆子刘必远、刘奎可知道该书否？

供称：刘必远、刘奎与其父虽同住一院子，但已另分居，而该书存于刘有庆家中，刘必远、刘奎并不知。等语。

讯汤若望：钦天监衙门在选择时，可配备有“通书”乎？

供称：钦天监衙门原将备用之《选择丹书》存放于一大柜内，至其中共有几册，小的不曾记得。等语。

据此，传令钦天监署印张其淳查送该衙门《选择丹书》前来。十二月二十一日，张其淳等率领科员查找该书，并无“通书”，故而具结前来。

讯汤若望：已传令钦天监署印张其淳查送该衙门所存《选择丹书》前来。于十二月二十一日张其淳等率领科员查找该书，并无“通书”，故而具结前来。据尔前供，该《选择丹书》存放于库柜内，云云。此事怎讲？

供称：小的前曾查找书籍，即问李姓司历此为何书，彼称此书为《选择丹书》。小的在当时不曾翻阅该书，今此书尚在与否，小的亦不知。李姓司历已故去。等语。

讯李祖白、宋可成、宋发、刘有泰、朱光显：据尔等前供，选择荣亲王葬期为吉，云云。今又供称皆由杜如预、杨宏量和已故贾良琦、刘有庆选择，而尔等仅协助选择，且又不通选择，不甚明白，云云。由此看来，尔等选择必有不吉，故行巧供开脱属实。务必如实招供！

李祖白供称：小的选择平常，仅随杜如预、杨宏量、刘有庆、贾良琦等协助选择。前供葬期为皆吉者，则由伊等当初选择时即如此言之，因时日久而忘记矣。今本案到部后，宋可成又供系杜如预令伊等如此供吐，故而小的亦想起当初选择时之所言，是以如此供称是实，并无为开脱罪责而有意推诿情弊。等语。

宋可成供称：荣亲王葬期皆为吉者，系杜如预教唆之言，故小的们前供如此，并非推诿。等语。

宋发供称：选择荣亲王葬期时，杜如预与小的们如此而言，故小的们前供与宋可成同，小的们仅会推算，实不懂选择之理。小的们确实堕入杜如预之奸计，此并非推诿。等语。

朱光显供称：荣亲王之葬期，乃历科及漏刻科二科共同选择之吉日矣。漏刻科专司选择地理者，乃杜如预、杨宏量所推诿之奸计矣。乃历科则专司推算历法矣。至于善于选择者，乃刘有庆、贾良琦二人矣，伊等俱已故去。小的们仅协助选择，况不懂地理，岂敢推诿？小的前供，皆系杜如预教唆宋可成之言，故小的所供与宋可成同。等语。

刘有泰供称：顺治十五年八月选择荣亲王葬期时，小的不曾参与。康熙元年十二月，小的才补授为中官正。所谓前曾协助选择者，实则并无协助选择矣，且亦非小的职守，小的本系推算官员。小的委实不曾参与选择荣亲王之葬期。小的本为愚昧之人，故前供与宋可成同。小的所供与伊等同者，实不谬也。汤若望言小的协同选择，而实则不曾参与选择。汤若望为堂官，而小的为属员，有所惧怕，故不敢不供为参与选择矣，委实不曾参与选择。等语。

讯杜如预、杨宏量：据尔等供称，已选定荣亲王之墓地以壬丙山向，云云。据李祖白供称，当初选定葬期时，由杜如预、杨宏量、刘有庆、贾良琦四人为首选择，皆言选择葬期必用洪范五行，而小的们仅听从伊等所言，云云。宋可成等供称《选择丹书》内虽载有正五行、洪范五行，但皆载山运、地理、风水之事，乃漏刻科选择葬期时之专用书籍，小的们仅协同杜如预、杨宏量、刘有庆、贾良琦等选择而已，云云。据尔等所拟备供一文皆载，壬丙山向，在洪范五行属为火，云云。由此观之，尔等即照洪范五行拟定者属实矣。据尔等所用之三种书内《易见通书》载称，洪范五行者，即五行颠倒，以致本身皆相矛盾。是以，用此选择年月者，福尚不至，祸必先来。选择墓地用洪范五行实不可信矣，云云。又载洪范误人匪浅，原由中国人编写，期望传至外藩，使彼用而断根绝后者，此乃《灭蛮经》也，云云。尔等明知在"通书"内载有如此不吉之言，却曰壬丙山向在洪范五行内属为火，并葬埋荣亲王，意欲何为？

杜如预供称：拟定山向，以龙脉为本，并非按五行潜运以定山向。山运在一年内有变化，故此在选择时按运择日，不同于看风水，可以"通书"为凭。况选择实为历科之专责，何以言为不知山运地理而推诿于漏刻科？已故刘有庆、贾良琦等，皆系历科选择之员，反开列于后，仅将漏刻科之员杜如预等开列于前，可见其奸计不攻自破矣。至于"通书"，原只见有《选择丹书》《历法通书》二部，而《易见通书》一书，原未曾见，亦未曾与李祖白等商议用洪范五行。荣亲王葬期，不曾共同选择矣。小的所拟该文，亦仅照《选择丹书》"通书"而拟写矣。伊等曾请小的讲解所选日期，因小的非共同选择之人，故辞而不讲解，伊等迁怒于小的，与小的结仇是实。等语。

杨宏量供称：此次选择，乃根据山之方位、形势、左右相辅、南北对应情形，才选定为壬丙山向，并非按照洪范五行而定山向矣。返回京城之后，仅将山向呈报到堂。按理勘验事毕，应由该堂令历科官员选择日期，此事自古沿用日久，并非一日矣。至于《易见通书》一书，小的不曾见有。历科官员按照洪范五行择日，乃十五年之事，而拟文备供，则为十六年汤若望强令拟写之事。小的确实不曾共同选择王之葬期。等语。

讯杜如预：前审讯时，尔供称为无仇，今又巧供有仇，此事怎讲？

杜如预供称：当初供认时，因一时有所头晕，故而供以无仇是实。等语。

讯杨光先：尔前呈疏内开有《摘谬论》，以具陈其十谬。尔可否以新法推而谓其为谬，或以旧法推而谓其为谬？

供称：《摘谬论》者，即以旧法推而谓新法之谬。等语。

讯原尚书渥赫、王崇简：据尔等前供，杨光先曾为历法事呈疏，六部从不代人具疏，故而退回原呈。至于详情，已不记得，云云。据杨光先供称，为历法事、为《选择议》事，曾将册子及呈文并呈，云云。经阅其《选择议》一文，则议荣亲王之葬埋年月日时矣。尔等何以退回其《选择议》及呈文？

供称：当时杨光先为历法事呈疏前来，经查确为呈疏，即未详阅。六部从无代人具疏之例，故而退回呈疏。等语。

又讯:既然如此,可曾讯问具呈原委乎?

供称:因见确为呈疏,故未讯问原委。等语。

讯原尚书渥赫、王崇简:据杨光先具疏内称,小的杨光先呈疏之后,王尚书言,此文乃呈疏,六部从无代人具疏之例。时毕车器在一旁,亦如此呵斥。小的亦高声对曰,毕车器尔与汤若望选择太子葬期何等之好?小的此言,由二位尚书亦俱听焉,云云。尔等听闻杨光先所言之后,何不受理而退回?

供称:职等诚闻杨光先此言,岂有不受理而退回之理。只因该文确为具疏之文,故而未曾启阅,即曰六部从无代人具疏之例,言毕退回。至于毕车器在旁呵斥与否,因时日相隔较久远,不曾记得。等语。

讯杨光先:尔曾呈疏之后,毕车器呵斥曰,六部岂有代人具疏之理。尔亦高声对曰,毕车器尔与汤若望选择太子葬期何等之好?据尔供称,尔之所言,由二位尚书亦俱听焉,云云。据此,经讯原尚书渥赫、王崇简,则供称诚闻杨光先此言,岂有不受理而退回之理?至于毕车器在旁呵斥与否,因时日相隔较久远,不曾记得,云云。尔何以谓为二位尚书俱闻言?

供称:顺治十六年五月间,小的将《选择议》《摘谬论》二册卷于纸内,持在手中。当日尚有别人在旁,小的手持呈文,但未递呈。小的在别人呈文之前,先将本章递呈。汉尚书见小的所呈者为本章,即曰非该部之事。小的亦曰,钦天监隶属礼部,何以谓为非礼部之事?汉尚书曰,并非言此事非礼部之事,而本章归通政使司衙门受理,礼部岂可封奏?小的曰,此事至关天文,何以不能封奏?汉尚书曰,六部从无代人具疏之例,尔可前去查询六部可有代人具疏之例,如若有之,可以照例代尔具疏。小的曰,如此言之,小的心服矣。言毕欲走,毕车器在旁呵斥曰,礼部从不代人具疏。小的即曰,尔与汤若望选择荣亲王葬期何等之好!当时满、汉尚书正在受理别人呈文,并与呈文者议事,小的以为二位尚书必闻见小的与毕车器之间对语。二位尚书仍在阅呈问话,是否真听见,小的不知。等语。

讯杨光先:据尔呈称,曾递呈本章及册子之后,王尚书阅毕本章即曰,此非礼部之事,而归通政使司衙门受理,六部从无代人具疏之例,尔可去查,若有此例,可以照例代尔转奏。言毕退回,云云。据尔供称,将《选择议》《摘谬论》二册卷于纸内,持在手中,而先递呈本章。汉尚书曰,六部从无代人具疏之例,云云。尔之所呈本章,尚书阅毕后退回,或未阅即退回?而尔之手中所持册子,尚书是否阅览?

供称:小的先递呈本章,而汉尚书尚未阅毕即退回。至于小的手中所持册子,并未呈阅。前供阅毕者,乃一时之误供。等语。

讯钦天监衙门理事官加一级毕车器:据杨光先呈称,尔为汤若望之义子,与汤若望一起选择荣亲王之葬期。又汤若望专为尔之子而行文该部做官,云云。此事怎讲?

供称:小的职责乃专司翻译满文、蒙古文历书。所谓选择荣亲王葬期之事,并非小的所为。小的从未认汤若望为父。再,叨蒙皇上眷悯之恩,小的从事翻译历法,并曾呈请汤若望允准小的之子亦进监学习翻译,以报宠恩。自经汤若望题请,该部议复,恩准小的之子在钦天监学习行走,并无官职,亦无钱粮。等语。

据此,又经讯杨光先,则供称:凡为人者,必先演习,而后进衙门视事,岂有先进衙门,而后演习之理?倘非汤若望之义子,岂可以将未习之人送部进监教授?虽未做官食俸,但确为衙门内办事之人。汤若望选择葬期时,毕车器恰为钦天监官员,故而称为一同选择矣。毕车器曾否参与选择,小的不知。等语。

讯毕车器:杨光先将其本章及册子具呈礼部时,尔在一旁呵斥曰,六部岂有代人具疏之理?于是杨光先亦高声对曰,毕车器尔与汤若望选择太子葬期何等之好?当时二位尚书亦曾听闻此言。对此有何可讲?

供称:杨光先何以呈告,小的不知。至于六部岂有代人具疏之理等言辞,确为无稽之谈。等语。

讯杨光先:尔将该本章及册子具呈礼部时,毕车器在旁呵斥曰,六部岂有代人具疏之理?尔亦曾高声曰,毕车器尔与汤若望选择太子葬期何等之好?将此事讯问毕车器时,则称杨光先何以呈告,小的不知。所谓呵斥者,确为无稽之谈,云云。对此事有何可讲?

杨光先供称:具呈该本章时,毕车器在旁呵斥小的,小的亦与之争吵。倘不呵斥小的,何以与之争吵?该呵斥小的,与之争吵之事属实,岂可任意抵赖?等语。

据此,又经质审,毕车器供称:小的不曾见过杨光先,所谓呵斥者,乃无稽之谈,皆属抵赖。等语。

杨光先供称:当日毕车器站立在串堂门内呵斥小的,是以小的与之争吵。今又何以抵赖不曾见过小的?小的与伊并无嫌隙,何以抵赖?等语。

又讯毕车器:杨光先与尔有何嫌隙?

供称:素无嫌隙。等语。

臣部题称，为请旨事。本月十六日奉旨：有无洪范五行一书？他人子弟是否在部院行走？着查！钦此。钦遵。

臣等查得，载有洪范五行之《选择丹书》一书，据宋可成等供称，原存于刘有庆家中，而归官用。今原监副刘有庆已死，其子刘必远系钦天监衙门博士，刘奎系监生，刘有庆弟刘有泰，今已拿议。该载有洪范五行之《选择丹书》一书，既存在刘有庆家中，亦应将其子刘必远、刘奎拿禁。等因，于康熙三年十二月二十一日具题。当日奉旨：依议。钦此。

再，历法之十谬，又杨光先呈告顺治十八年置闰七月为误一案，既然并议，故不议外。

今臣部议得，杨光先所呈《选择议》载称，荣亲王之命，丁酉年生，纳音属火，以水为杀。今葬荣亲王以戊戌年子午山向，年犯三杀，月犯生杀，日犯党杀，时犯伏吟，四柱无一吉者，云云。对此，原钦天监选择官员李祖白、宋可成、朱光显、宋发供称，葬荣亲王以非子午山向，应以壬丙山向，而北方属水，王命以水为杀。洪范五行载，壬则属火。戊戌年北方虽有众杀，但葬壬丙山向，并不犯正杀，亦无碍于葬埋，况数月之王，葬埋岂能推延，是以选而葬之。八月为辛酉，而王命为丁酉，丁火生于酉，虽辛金生水，亦难克火。二十七日为壬辰，太阴在丁，况太阴为众吉之首，又遇有 he yao（音）吉星，虽有党杀，亦无所忌，日水何有所惧？甲辰时者，即为黄道吉日，福星、贵人皆为大吉。《奇门》一书，钦天监从来不用。云云。杨光先供称，北方为水，而非为火。造房屋，以房主本命为主；造墓穴，以亡者本命为主。王命为火，若北方之亥为癸，则属阴水，若为壬子，则属阳水，又寅火以生，午火以旺，戌火以潜，三合为火年。寅午戌年，北方有亥壬子癸丑之水，皆为火之众杀。此事载于“通书”“历法”之内，至为明白。故此，对阴阳二宅极为不利。所选择之八月为辛酉，而辛金生于水。其壬辰日，壬者为水，辰者亦为汇水之所，纳音常流之水。又辰日者，乃戌年之毁岁星，即地空日矣，“通书”忌葬埋，此事可以查考。今以太阴、he yao（音）之辞，岂可巧饰水克火之事？而其辰时，则遇奇门。《奇门》一书，用于出兵行旅，或葬埋之事。伊等所谓从来不用者，则因伊等所选之日必有不吉，故而坚不供认。若曰戊戌年不犯三杀，则其颁行天下之历法不足信矣。伊等所选之日吉与否，自然有公论矣。云云。据此，臣等看得，选择之事精微，且伊等又各自为是，理合行文各省选送熟通选择之士，以便详验再议。又杨光先供称，该洪范五行者，即唐丘延翰颠倒生死，编为五行，以哄蛮夷，是以谓为《灭蛮经》。该书原由中国人编写，期望传至外藩，使彼用而断根绝后矣。“通书”载称此书不可用。此事可查“通书”。今用《灭蛮经》将壬水为火，以葬埋荣亲王，可见其用心险恶，云云。杨光先所阅《易见通书》内，有一处夹有纸签，据载所谓洪范者，即有八卦变通之理，又有五行变化之情，故分二十四类，其中正五行木为水，水为火，火为金，金为土，以致其本身皆相矛盾矣。按此选择年月者，福尚不至，祸必先来。可见，选择墓穴，必用正五行，而用洪范五行，实不可信矣，云云。又据闽浙地方谙熟阴阳地理之士樊越凤曰，紫微、宗庙者，乃属洪范，误人匪浅。原由中国人编写，期望传至外藩，使彼用而断根绝后者，乃《灭蛮经》也，云云。又查钦天监衙门李祖白等所阅三种通书，其中一书名《易见通书》，与杨光先所阅签注通书同。在前审时，李祖白等虽供其选择皆吉，但后审时又供该选择荣亲王葬期，皆由杜如预、杨宏量和已故贾良琦、刘有泰为首选择，而小的们仅陪同选择而已，伊等素善选择，而小的们不通选择。前供丁火生于酉者，皆由杜如预授意小的们而供之。原先选择时，可查用《历法通书》《选择丹书》，而所谓《灭蛮经》，小的们不知。该《易见通书》一书，乃由杜如预为查太阴吉星而从刘有庆家中借出后，即给小的们，而小的们不知有此书，亦不曾查用此书，云云。诚然此书非尔等查阅之书，前令尔等拿出所阅之书时，则供此三种书为小的们查阅用书者何耶？李祖白等虽于初选墓穴为壬丙山向时不在场，又丁火生于酉等言辞，乃由杜如预授意而供之，但为葬埋荣亲王而选择墓穴时，尔等亦曾共同选择是实，等因，供认不讳。况杜如预、杨宏量供称，顺治十五年南北方不吉。杨宏量供称，所选日期为中日。杨光先供称，戊戌年葬埋荣亲王犯三杀，是年北方之亥壬子癸丑皆为火之众杀，此事载于“通书”“历法”之内，极为明白，对阴阳二宅不利。再，其壬辰日，壬者为水，辰者亦为汇水之所，纳音常流之水，以水克火，岂能巧饰，云云。尔等所用《选择丹书》内载有正五行及洪范五行，在《历法通书》内虽载以壬为火，但正五行内则载以壬为水，此事尔等必明知矣。又顺治十五年南北方不吉，尔等不加详查，即引用洪范五行以壬为火，此事委实不当，并用载有洪范五行之《选择丹书》选择荣亲王之葬期。李祖白、宋可成、朱光显、宋发等人之罪，虽在赦前，但事关重大，在赦不宥。据此，拟将宋可成、朱光显、宋发并现正在刑部受审之李祖白，俱交刑部议。

又刘有泰供称，选择荣亲王葬期时，小的职任保章正，职责内开可以共同选择，而小的实不曾共同选择。在前审时，因小的昏庸，所供与李祖白相同。后与汤若望质审时，因彼职居堂尚，亦供以共同选择，云云。但李祖白供称，保章正亦可参与选择，刘有泰曾参与选择矣。经讯汤若望，亦供刘有泰曾参与共同选择矣。诚然，刘有泰不曾参与共同选择，何不在前审时如实供认，而供与李祖白同？又质审汤若望之后，亦曾多次审讯，均供认陪同选择是实，等因供认。由此可见，刘有泰曾共同选择属实。刘有泰之罪，虽在赦前，但事关重大，在赦不宥。据此，拟将刘有泰交刑部议。

汤若望供称，小的仅知天文历法，不知选择，皆由贾良琦、刘有庆、杜如预、杨宏量、李祖白、宋可成、朱光显、宋发、刘有泰九人选择之后，呈阅小的，小的讯问时，伊等皆曰为吉，故经钤印送部，云云。汤若望身为钦天监掌印，明知顺治十五年南北方不吉，却不核查，而将以该衙门官员按照载有洪范五行之《选择丹书》所选葬期，即行送部。汤若望之罪，虽在赦前，但事关重大，在赦不宥。今刑部既然审议汤若望，拟将此事一并交刑部议之。

又查，为葬埋荣亲王，有刘有庆、贾良琦、杜如预、杨宏量、李祖白、宋可成、朱光显、宋发、刘有泰九人选择日期，而汤若望不行核查，此事至关重大，拟将伊等之无官闲散子弟一并交刑部议之。

再，原监副贾良琦、刘有庆已故去，拟毋庸议。

吏部议得，钦天监衙门漏刻科兼监正仍管科务事正四品又加一级杜如预供称，小的因赴盛京，不曾选择荣亲王之葬埋事宜，而选择日期乃历科之事，非漏刻科之专责。有时遇有事时，即来传唤小的，而选择荣亲王之葬期时，不曾传唤小的。等因，坚供不认。查汤若望所录档册，自八月初五日起开始选择荣亲王之葬期。又查部档册，于八月初八日具疏所选日期。而杜如预为赴盛京，亦于初八日咨行户部，以便领取马料。由此可见，选择日期在先，启赴盛京日期在后。据杨宏量供称，杨光先于顺治十六年为荣亲王之葬期事，呈告礼部，汤若望闻此便令杜如预拟写一文，以为备供，留在汤若望家中。杜如预虽供汤若望曾令其拟写备供一文，而未拟写。但宋可成等供称，丁火生于酉等言辞，皆为杜如预授意而所供之词，并与宋可成曰，该所拟备供一文，切不可拿出，而可以作为供词供之，日后必将关照之，等因，央求于宋可成。至于《易见通书》一书，亦系杜如预为查太阴吉星而从刘有庆家中借出后给宋可成等。今有人供认杜如预所拟该文之后，杜如预才供有此事，但不曾授意于宋可成等，亦无央求宋可成不可拿出该文之事，而因汤若望强令其照杨宏量所拟备供一文缮写，故而照拟，此乃所拟之文，等因供认。然据杜如预供称，即按龙脉选定荣亲王墓穴以壬丙山向，历科官员亦按此选定日期，云云。据杜如预所拟备供一文内称，壬丙山向在洪范五行内属火，云云。该文内并无按照龙脉选定等言辞。据李祖白供称,杜如预曾共同选择属实。原由杜如预、杨宏量、刘有庆、贾良琦为首选择,而小的陪同伊等选择。选择葬期时,伊等曰可用洪范五行,云云。据宋可成等供称,由杜如预、贾良琦、刘有庆、杨宏量为首选择。又该选择用书内,虽有正五行、洪范五行,皆言山运、地理、风水之事,该书乃漏刻科官员用以选择葬埋之专书。小的们均陪同伊等四人选择。所谓丁火生于酉等言辞,即由杜如预授意小的们供之,云云。又据宋可成供称,杜如预曾央求小的不可拿出该所拟备供一文属实,云云。前审杜如预时,杜如预供与宋可成等素无嫌隙。据汤若望供称,由杜如预、刘有庆、贾良琦、杨宏量、李祖白、宋可成、朱光显、宋发、刘有泰九人选择属实。该所拟备供一文,系杜如预自拟,并无强迫,云云。据杨宏量供称,所选日期为中日,云云。据杨光先供称,戊戌年葬埋荣亲王,即犯三杀。当年北方之亥壬子癸丑,皆为火之众杀,此事载于"通书""历法"者,极为明白,对阴阳二宅不利。至壬辰日,壬者则水,辰者亦为汇水之所,纳音常流之水,岂可谓为巧饰以水克火,云云。且据杜如预供称,顺治十五年,小的与杨宏量选定王之墓穴以壬丙山向,因当年南北方不吉,即告知佟吉,佟吉言小王无碍。小的返回之后,将南北方不吉情形告知汤若望,云云。但汤若望供称,杜如预不曾将南北方不吉情形告知于小的。诚有此事,何不缮写于其呈文内,云云。杜如预诚不曾参与选择,何以缮拟备供一文给汤若望?何以为查太阴吉星而将《易见通书》借出后给宋可成等?何以央求宋可成不可拿出该文?何以授意宋可成等供认丁火生于酉?由此观之,杜如预与贾良琦等为首选择属实。又五官挈壶正加二级又加一级杨宏量供称,小的曾赴踏勘守陵官兵营址时,因身患病疾而回来。后阿尚书传唤小的前去,因见确属患疾,即改派欧吉武赴盛京。选择荣亲王葬期时,小的仍患病在身,而汤若望亦不曾传唤小的参与选择。职责内开,凡遇选择,二科官员共同选择。可见,选择非小的专责。小的所拟备供一文,乃汤若望强令小的而拟写之。等因,坚供不认。杨宏量诚有病,尚书家可以去,而选择荣亲王之葬埋大事,岂有不同往选择之理?且据杨宏量供称,已按龙脉选定壬丙山向,而历科官员按此选择日期,云云。又杨宏量所拟备供一文内称,壬丙山向在洪范五行内属火,云云。该文内不曾缮写已按龙脉选定之词。据李祖白供称,杨宏量曾参与共同选择属实。原由杨宏量及杜如预、刘有庆、贾良琦为首选择,而小的陪同伊等选择。选择葬期时,杨宏量等曰可以用洪范五行,云云。据宋可成等供称,由杨宏量与贾良琦、刘有庆、杜如预为首选择。又该选择用书内，虽有正五行、洪范五行，皆言山运、地理、风水之事，该书乃漏刻科官员用以选择葬埋之专书。小的们均陪同伊等四人选择，云云。据汤若望供称，由杨宏量及刘有庆、贾良琦、杜如预、李祖白、宋可成、朱光显、宋发、刘有泰等九人选择属实。该所拟备供一文，系杨宏量自拟，并无强迫，云云。据杨光先供称，戊戌年葬埋荣亲王，即犯三杀。当年北方之亥壬子癸丑，皆为火之众杀，此事载于“通书”“历法”者，极为明白，对阴阳二宅不利。至壬辰日，壬者则水，辰者亦为汇水之所，纳音常流之水，岂可谓为巧饰以水克火，云云。且据杨宏量供称，顺治十五年拟定荣亲王之墓穴以壬丙山向，因当年南北方不吉，即告知佟吉，佟吉言小王无碍，云云。又称所选之日为中日，云云。由此观之，杨宏量与贾良琦等为首选择属实。再，据杨光先供称，洪范五行者，乃唐丘延翰颠倒生死，编写五行一书，以哄蛮夷，名曰《灭蛮经》。此书原由中国人编写，期望传至外藩，使彼用而断根绝后。“通书”载此书为悖理而不可用。此事，可阅“通书”便知。今用《灭蛮经》以壬水为火，而葬埋荣亲王，足见其用心险恶，云云。又据杨光先所阅《易见通书》内夹有纸签处载称，所谓洪范者，即有八卦变通之理，又有五行变化之情，故分二十四类，其中变五行木为水，水为火，火为金，金为土，以致其本身皆相抵触矣。是以，用此选择年月者，福尚不至，祸必先来。可见选择墓穴必用正五行，而用洪范五行实不可信矣，云云。又据闽浙地方谙熟阴阳地理之士樊越凤曰，紫微、宗庙者，乃属洪范五行，误人匪浅。原由中国人编写，期望传至外藩，使彼用而断根绝后者，乃《灭蛮经》也，云云。而杨宏量、杜如预等所用“通书”内，其正五行、洪范五行二者皆有之，但伊等不用正五行选择，明知顺治十五年南北方不吉，反而援引不当用之洪范五行以壬为火，选定荣亲王墓穴，并按山向兴建阴阳二宅，择定葬期。伊等之罪，虽在赦前，但事关重大，在赦不宥。据此，拟将杜如预、杨宏量俱行革职，交刑部议。

再，该载有洪范五行之《选择丹书》，据宋可成供称，原将此书存于刘有庆家中，以为官用，而其子刘必远、刘奎不知此事，云云。据刘必远、刘奎供称，该《选择丹书》曾否存于小的父亲家中，小的们不知，云云。该书虽非刘有庆著作，而伊等亦不知该书，但将该不可用之书，存放于刘有庆家中，以为官用，关系重大，故将刘有庆子博士刘必远拟以革职，将刘奎罢黜监生，俱行送交刑部议。

此案关系重大，故又咨查礼部有无杜如预、杨宏量之子弟在阴生、监生上行走。准礼部咨复内开，查杜如预、杨宏量之子弟，并无人在阴生、监生上行走。又查已故监副贾良琦子贾文郁系监生,宋可成弟宋可礼系博士,等因前来。

准此,查已故原监副贾良琦,又钦天监官员宋可成现已革职,皆为选择官员,因事关重大,将贾良琦子贾文郁拟以罢黜监生,宋可成弟宋可礼拟以革去博士,俱行交刑部议。

再,据杨光先具呈内开,为历法至关一代大典事。窃惟,一代帝王升腾,必有一代帝王之大政,而载于史册,以垂后世,以昭一代。修历明时,乃奉天以治天下之实事,故尧恭奉苍天而敬定人时,舜核浑天球而厘定七政,此事载于书经,可谓万世之典。自皇上入主中原,一统四海以来,国计民生,官箴吏治无不兴焉,惟敬天之政,尚欠完全。臣乃山野村夫,不避嫌憎,书写《摘谬论》一卷,摘彼十谬,又附《选择议》一卷,编辑成册,冒死俱呈。伏乞玄夜备览,以悟得新法之谬误,并请迅速查访知法通理之贤儒,以修我朝一代之历法。诚能如此,非但皇上之敬天为民大政得以昭彰,且又得以垂存于史册,实与尧舜同比。臣不胜惶悚待命之至。为此具本,并同卷册呈请礼部转题闻。云云。据尚书渥赫、王崇简供称,杨光先为历法事具呈臣部阅,经阅乃为本章,即未受理。职等曰,六部从无代人具疏之例。言毕将其退回。至本内之情,亦未曾讯问。诚为荣亲王葬期,职等岂能不受理而退回?云云。据杨光先供称,当初将《选择议》《摘谬论》二册卷于纸内,持在手中,而先递呈本章,但未全阅,亦未接阅册子,即对曰,尔之此呈乃本章,六部从无代人具疏之例。言毕退回。小的与毕车器高声曰,尔等葬埋荣亲王何等之好?时尚书等议他事,是否听闻小的此言,亦不知道。云云。据此,尚书等若曾阅毕杨光先之呈疏,又阅《选择议》一册,则在赦不宥,理应从重治罪。但杨光先供称,尚书未曾阅毕呈疏,而册子卷于纸内,持在手中,不曾呈阅大臣等。既然如此,则毋庸查议。杨光先为历法事呈告该部,该部不曾受理而退回,因此理应议罪原尚书渥赫、王崇简。查,为历法之谬而呈告一案,乃顺治十八年正月初九日赦前之事,拟以免议。

钦天监理事官加一级毕车器供称,荣亲王之墓地,小的不曾选择,亦不曾认汤若望为义父。再,叨蒙皇上眷悯,小的专事历法,曾呈请汤若望准小的子亦进监学习翻译,以报宠恩。是以,经汤若望题请,由部议复,允准小的子学习翻译,但并无官职,亦无钱粮。至于杨光先其人,小的不曾见,亦不曾与杨光先言六部从无代人具疏之例,杨光先亦不曾与小的言葬荣亲王何等之好!云云。据杨光先供称,毕车器为钦天监官员,或许亦曾一同选择矣。

毕车器是否参与选择,小的不知。再,毕车器若非汤若望义子,岂有准许伊子进监学习翻译之例?尚书言六部从无代人具疏之例后,毕车器亦在一旁如此呵斥,故小的与之曰,尔等葬埋荣亲王何等之好者是实。小的与毕车器并无嫌隙,何以如此抵赖?云云。由此观之,所谓毕车器为汤若望义子之事,杨光先并不知实情,亦无人知道此情,经讯毕车器,则称并无认汤若望为父。案查,毕车器之子牛岱,系经汤若望题请,由部议复,准进钦天监学习翻译。查杨光先所言尔等葬埋荣亲王何等之好一事,若当初有人听闻此言,而毕车器亦曾参与选择荣亲王墓穴,则应在赦不宥,从重议罪。但据杨光先供称,毕车器既为钦天监官员,或许亦曾参与选择矣。毕车器是否参与选择,小的不知,云云。毕车器虽为钦天监官员,但系翻译历法之员,并无选择之责,故而不曾选择荣亲王墓穴,拟以免议。

臣等未敢擅便,谨具密题。请旨。

[批红]:依议。

选自"满文密本档"

11.康亲王杰书等题为会审汤若望、杨光先所供九十六刻与百刻、春分等事密本

康熙四年正月二十九日

和硕康亲王杰书等谨具密题,为奉旨会议事。

礼部前与吏部会题,为奉旨质审具题事。臣部先与吏部会同为前事疏称,讯汤若望:据杨光先《正国体呈》载称,一月之内有一节气,有一中气,此常月之法也。有一节气而无中气,则以上半月为上月之中气,下半月为后月之节气,此置闰之法,夫人而尽知也。新法于十八年闰七月十四日酉时正初刻,交白露,八月节。十四日以前作七月用,十四日以后作八月用,此有节气而无中气之为闰,此法之正也。忽又于十二月十五日申时正三刻,交立春,正月节。此月有节气而无中气,与闰七月之法同,是一岁而有两闰月之法矣。且实闰十月,而新法谬闰七月,云云。此事怎讲?

供称:某月中气若见于下月内,则某月无中气,仍属下月之中气,故置上月为闰。顺治十八年七月之后一月,应为八月,但八月之中气仅见于下月初,是以置七月之后一月为闰七月。至十二月之中气,既见于十一月三十日,又怎可以置十一月为闰?所谓中气者,即指进入宫宿矣。每月皆有各自宫宿,不可有误。十一月之后一月,已入十二月宫宿,而七月之后一月,尚未进入八月宫宿。是以,置七月为闰月者,无所质疑矣。杨光先所言以十月为闰者谬也。等语。

又经讯钦天监监副周胤,以及历法上署名官员春官正宋可成、夏官正李祖白、中官正刘有泰、秋官正宋发、冬官正朱光显、五官保章正尹凯、张文明,五官灵台郎张其淳、五官挈壶正杨宏量、五官司历戈继文、鲍英齐等人,据周胤、宋可成、李祖白、刘有泰、宋发、朱光显、张文明、尹凯供称:顺治十八年闰七月,乃有中气而未入中气,是以置闰。十一月三十日,已入有十月中气,是以不置闰。由此可见,十月不可置闰。小的们皆系已入天主教之人。等语。

戈继文、鲍英齐供称:小的们仅按式样制版,至推历法之是与非,则不得而知。等语。

张其淳供称:小的隶属天文科,仅观测天象而已。至于推历法,各有职

守，从不过问。等语。

杨宏量供称：小的隶属漏刻科，职任占验山陵风水。至于推历法，小的不晓得。等语。

讯汤若望：据杨光先《正国体呈》载称，一月有三节气，则又更异于有闰不闰之法矣。至于冬至之刻至立春之刻，应有四十五日八时弱，而新法止四十四日一时三刻，将立春之刻躐在前一日六时三刻，是不应立春之日而立春，应立春之日而不立春，云云。此事怎讲？

供称：旧法平分节气，以十五日为限，此与天数不合。新法则按天度推算，或十四日，或十五日，或十六日置一节气，多寡不一。杨光先所言自冬至之刻至立春之刻，应有四十五日八时弱者，乃平分而不合天数之旧法矣。伊之所谓应立春之日，恰为不应立春之日。诚若新法有误，日月交食又何以吻合？又节气日数多寡不一，一月有三节气者，则因十四日恰遇一节气者甚多，譬如某月初十日进一节气，二十五日又进一节气，此即二节气矣，自初一日至初九日，仍非二月之节气乎？如此推之，仍为三节气矣。等语。

又经讯周胤、宋可成、李祖白、刘有泰、宋发、朱光显、张文明、尹凯等人，则供称：新法按天行之度推算，而天行迟疾不一，故节气有十四日者，有十五日者，有十六日者。一月有三节气者，则因十四日有一节气所致矣。等语。

据此，又经讯杨光先，则供称：历法者，一定不移矣，不得任意侵紊。常月之历，一月有一节气，有一中气。闰月之历，一月有一节气，而无中气。此乃自古一定不移之规律。就当今时宪历而论，顺治十八年闰七月一月内，有节气而无中气，于十二月一月内，亦有节气而无中气。如此言之，此岂非一年内有二闰之法乎？自尧舜至今，从无一月之内有三节气之法，可问制作羲和历法之人，自古有无此法？历来制作历法，莫过于唐袁天纲、李淳风、僧一行。伊等均按尧舜旧法，一月置一节气，置一中气，分归六段，每一段计为五日七刻二十八秒十二微五十纤。半月分为三段，计十五日二时五刻十七秒七十微八十三纤。一月分为六段，计三十日五时二刻八微三十三纤。此乃万世不变之常规。汤若望并不知按赤道定节气，仅用黄道太阳躔宫之法而定节气。故其所谓十四、十五、十六日有一节气者，不通矣。按平行古法定节气，自然以十月为闰月矣。立春较之新法可提前二日，此仅其中之梗概情形而已。光先谓汤若望不通，而汤若望则自以为是，虽邀赴考三千进士，亦难断定其中是与非。请传曾制作历书各官前来，讯问自宋元以来可用十五日二时五刻之法，或用十四、十五、十六日有一节气之法，便可明了。简言之，制作历书各官慑服于汤若望之淫威，谁人敢言其非？如今研鞫，仍有俱而不言者，足见其威并非一般。尧舜羲和旧法，从无舛错，然汤若望谓之为有误，又有可人敢言？再过五六年，当知晓尧舜历法之人死去后，旧法必将绝迹矣。等语。

据此，又饬令钦天监之周胤、宋可成、刘有泰将按平行旧法推算人员俱行带来，旋即推算平行旧法博士何其毅、周世泰、薛文秉、藏文宪、左云登、薛文华、张光祥、周彤、何洛叔、周世瑞等前来。

讯何其毅等十人：旧法可用十五日二时五刻之法，或用十四、十五、十六日之法？

供称：按旧法平分节气，杨光先即用旧法推算。新法以十四、十五、十六日为一节气，皆由五官官员所为。小的们每年仅观察星官，以照圭尺测算而已，他事概不知晓。再，刘有泰、朱光显、戈继文亦系推算旧法之人。等语。

又讯：既然如此，顺治十八年以七月为闰者是与否？

供称：按旧法推之，顺治十八年以十月为闰者是。新法以七月为闰者是与否，皆系五官官员之事，小的们并不知道。等语。

讯戈继文：据何其毅等供称：尔系推算旧法之人，顺治十八年以七月为闰者是与否？

供称：按旧法推之，顺治十八年以十月为闰。小的不曾推算新法。等语。

讯刘有泰、朱光显：据何其毅等供称，按旧法推之，顺治十八年以十月为闰者是。又供称尔等亦曾推算旧法。据尔等前供，以十月为闰者非。此事怎讲？

刘有泰供称：按新法推之，以七月为闰。至旧法，小的不曾推算。可否以十月为闰，小的亦不知。小的原为明朝博士。等语。

朱光显供称：按新法推之，以七月为闰。按旧法推之，以十月为闰。小的不曾经历此事。等语。

据此，又质讯何其毅等十一人。据何其毅等供称：刘有泰、朱光显原为推算旧法之人，却供不知旧法，可乎？此二人皆知旧法是实。等语。

讯刘有泰：曾饬令尔带推算旧法之人前来，但尔明知旧法，却不禀报，又不带朱光显、戈继文前来。据尔供称，曾为博士，但不知以十月为闰。以此观之，顺治十八年闰七月者必有谬误，故行掩饰巧供。如实招供！

供称：曾饬令周胤、宋可成、刘有泰等带推算旧法之人前来，故由周胤传朱光显、戈继文前来。伊等是否前来，小的不知。小的与推算旧法之十人一同前来。小的因传伊等前来，故未开列小的姓名。至于以七月为闰者，皆按西洋新法推算而得之，但不知新法中之道理，并非巧饰。周胤亦为推算旧法之人。等语。

讯周胤：据刘有泰供称，尔亦为推算旧法之人。顺治十八年七月为闰者是与否？

供称：按新法推之，顺治十八年以七月闰者是与否，小的不知，皆为五官官员所为。按旧法以十月为闰者是。小的原为推算旧法之人，等语。

讯周胤：曾饬令尔等带推算旧法之人前来，但尔明知旧法而不行禀报，亦不开列刘有泰、朱光显、戈继文姓名前来，由此观之，顺治十八年以七月为闰者，必有谬误，故行巧饰属实。如实招供！

供称：前因饬令小的带推算旧法之人前来，故小的即传伊等前来。至该三人来与否，小的不知。小的患疾难行，故而未来。小的曾掌管制作历书。现今亦掌管制作历书，不管推算之事。新法以七月为闰者是与否，小的不知。按旧法以十月为闰者是。小的年迈有疾，岂能隐瞒，实无巧饰。等语。

讯周胤：据尔前供，顺治十八年闰七月有节气，而无中气，故而置以闰月，十月不可置为闰月。小的系入教之人，云云。今又供称，顺治十八年以七月为闰者是与否，小的不知。按旧法以十月为闰者是，云云。此事怎讲？

供称：小的前供俱按五官官员所言而供之。小的年已七十有三，且又昏聩，未能听清，故按伊等所言而供之。小的委实不知新法，又何以置何月为闰？按旧法以十月为闰者是实。等语。

臣等会议得，杨光先所作《正国体呈》载称，顺治十八年实闰十月，而新法谬闰七月，云云。汤若望等供称，顺治十八年应置闰七月，所谓应闰十月者，乃杨光先之谬也，云云。杨光先称，按旧法应闰十月为是，可问推算旧法之人便知，云云。经讯问推算旧法之周胤等人，则称，按旧法应闰十月，云云。经讯问推算新法之李祖白等人，则称，以七月为闰者无误矣，云云。据此，今即颁行新法，拟无庸议，等因，于康熙三年十一月十一日密题。本月十九日奉旨：依议。钦此。钦遵在案。

又于康熙三年十一月二十五日，侍郎布颜、扎布海，主事穆展、富德等奉旨：杨光先指控顺治十八年历法实闰十月，谬闰为七月一案，又中星说一案，可着杨光先与汤若望对质，孰是孰非，研鞫具奏。钦此。钦遵。

又讯汤若望、杨光先：尔等前供，据杨光先言顺治十八年应闰十月，而汤若望言应闰七月。此事怎讲?

汤若望供称:每月皆有节气、中气,因太阳行迟疾不一,或十四日,或十五日,或十六日行一节气。若无中气之月,则置以为闰。按新法推之,八月无中气,故置闰七月。至十一月,按新法推之,仍有中气,故不置闰十月。等语。

杨光先供称:按旧法推之,一月内一节气为十五日二时五刻余,一中气为十五日二时五刻余,故十八年置闰十月。新法以十四日为一节气,十五日为一节气,十六日为一节气,且其气盈不合理,故曰谬也。等语。

讯汤若望:据尔前供,所谓中气者,即指进入宫宿矣。每月皆有各自宫宿,不可有误。十一月之后一月,已入十二月宫宿,而七月之后一月尚未进入八月宫宿,是以置闰七月者,无可质疑矣,云云。何谓宫宿进入与否?

供称:太阳即为日,可自此宫进入彼宫。每月皆有节气、中气。若无中气之月,则置为闰月。顺治十八年七月之后一月太阳未入八月宫宿,故置为闰七月。十一月之后一月,太阳已入十二月宫宿,故不置为闰月。八月,太阳不在八月中气之内,故八月无中气。十二月,太阳已在十二月中气之内,故十二月有中气。等语。

质讯汤若望、杨光先:据杨光先前供,自冬至之刻至立春之刻,应有四十五日八时弱,而新法止四十四日一时三刻,将立春之刻躐在前一日六时三刻,是不应立春之日而立春,应立春之日而不立春,云云。据尔前供,新法则按天度推算,或十四日,或十五日,或十六日置一节气,多寡不一。杨光先所言自冬至之刻至立春之刻,应有四十五日八时弱者,乃平分而不合天数之旧法矣。伊之所谓立春之日,恰为不应立春之日,云云。此事怎讲?

杨光先供称:平分古法者,乃羲和尧舜所立之法,后有孔孟核定,又有汉宋元朝之士袁天纲、李淳风等众人厘正之。自冬至之刻至立春之刻,应有四十五日八时,自古沿用已有数千年,其节气交替等皆合于理。今汤若望不仅以新法紊乱上国之道统,且又不甚合于节气。等语。

汤若望供称:新法所定立春等节气,实合于天理,可查新法所定春分、秋分便知。在春分、秋分之日,太阳恰在赤道之上,天下昼夜一样,春分正午,太阳位于京城地面东五十度。今新法所定春分、秋分之日,太阳委实在赤道之上,天下昼夜一样,正午时刻之太阳,确实位于京城地面东五十度。等语。

讯汤若望:据尔供称,杨光先所言自冬至之刻至立春之刻,应有四十五日八时弱者,乃平分而不合天数之旧法矣,云云。那么,平分而不合天数之缘由为何耶?

供称:太阳所行轨道与黄道中不一,故推春分至秋分,较之秋分至春分多七八日。此乃太阳在天上自春分至秋分比自秋分至春分,其所行之度多所致矣。总之,杨光先将黄道春分至秋分与秋分至春分行度,俱行平分为一样多,故与天数不合。等语。

讯汤若望:推算历法与日月交食法同否?

供称:推日月五星者,即推其位于天上之经纬度分,而推日食时,不仅推算上下交差、时间交差、节气交差。除此三交差外,又推算与之有关各项数据,即推算食之多与寡,以及食之时刻等项,殊异于推历法。等语。

讯汤若望:据尔供称,推日月交食,殊异于推历法,云云。然尔前供,杨光先所谓立春之日,恰为不应立春之日,诚若新法有误,日月交食又何以吻合?云云。此事怎讲?

供称:推算历法、七政历,即推日月五星在天上所行经纬度分,而推日月交食,亦必先推天上所行经纬度分。就此而言,推日月交食与推历法同。是以言称若于历法内节气经纬度分有误,则又日月交食经纬度分何以吻合?除推经纬度分外,又推日月交食、初亏、复圆等项,名目繁多,不同于推历法,故而又称殊异。等语。

讯杨光先:推算历法与日月交食同否?

供称:小的仅知旧法而已,不知日月交食法,故不敢妄言。等语。

讯汤若望:按西洋法推历始于何年?此前于中国可有按西洋法所推之历?

供称:按西洋法推历,始于顺治元年,二年颁行。此前在中国无有按西洋法所推之历。如一昼夜,按旧法将一百刻分为十二时,尚有余数。极为纷繁,难以计算。按新法将九十六刻分为十二时,每时八刻,并无余数,不难计算。太阳行一昼夜,或以百刻计算,或以九十六刻计算,均不增减,而在于计算之难易。等语。

讯汤若望:据尔供称,原用百刻计算,今新法改用九十六刻计算,则为便于计算起见。或用百刻,或用九十六刻计算,均为一样,并不增减,云云。自古有否将百刻减少为九十六刻之例?

供称:自古西洋法皆用九十六刻,至中国算法曾否用九十六刻,小的不知。等语。

讯汤若望:自古推算历法,年代久远之后,可有再推算之例?

供称：自尧舜至明崇祯二年，曾修历法达七十次。所以修正，则因算法与天行不合而为矣。等语。

讯杨光先：按西洋法推历，始于何年？此前于中国可有按西洋法所推之历？

供称：明万历之前，在中国无西洋人，亦未曾用其历，我朝自顺治三年始才用其历。按旧法一日为百刻，分为十二时，每时为八刻三十三秒三十三微三十三纤三芒。新法不知算秒、微、纤等数，故将一时改分为八刻，一日为九十六刻者，乃彼之法矣。等语。

又讯杨光先：既然如此，自古可有使用九十六刻之例乎？以九十六刻计算时，日夜天数可否减少？

供称：自古不用九十六刻，而用百刻计算。伊等用九十六刻计算，仅为便于计算而已，日夜天数并不增减。等语。

讯杨光先：自古所推之历，年代久远之后，可有再推之例？

供称：历书经过六十六年又八月之后，务必修正一次。此乃经过六十六年又八月之后岁差一度之故矣。自尧舜至元郭守敬修正历书，已修五十余次。因黄道之宫经过六七十年之后，其宽窄不一，节气与赤道不甚相吻，故而经过六七十年之后必修正一次。修正之法，皆以历书为主。自元郭守敬修正以来，直至明朝曾否修正，不见书传，故不敢妄供。等语。

讯汤若望：据杨光先所作《中星说》载称，以太阳之宿，居于四正宫之中，星日马宿列于午宫之中，房日兔宿列于卯宫之中，虚日鼠宿列于子宫之中，昴日鸡宿列于酉宫之中，此尧典之所记载，历代遵守四千余年，莫之或议可云不足法乎？今西洋人汤若望尽更羲和之掌故而废黜之，云云。此事怎讲？

汤若望供称：宗动天自东往西移动，上列十二宫，皆自古不变者矣。众星天自西往东移动，只其移动甚迟，每岁各行五十一秒，渐渐日久，方有感觉。各星宿在向东移动，久而久之，自然与宗动天错开，故曰岁差。此天理矣，自然如此，非人难主宰者矣。查恒星历法，其中道理与羲和之法全可相辅，怎可谓之为非矣！明末礼部尚书赐匾褒扬有辅羲和法之功，足可以此为证。所谓子、午、卯、酉四宫，则为不动者矣。星、房、虚、昴四宿，则为可动者矣，动则不在原处焉！历代史册亦有记载，全可核查。等语。

讯杨光先：据尔所作《中星说》内称，将羲和所定星、房、虚、昴中四宿，汤若望尽更而废黜之，云云。经讯汤若望，则供称，子、午、卯、酉四宫，则为不动者矣。星、房、虚、昴四宿，则为可动者矣，动则不在原处焉！历代史册亦有记载，全可核查，云云。尔之所言尽更者何耶？

供称：满天星宿皆拱天而不动，惟独七政日、月、金、木、水、火、土可动。若言二十八宿动而不在原处，则足见伊不知天象矣。二十八宿动与否，可问推算旧法官员，或验测浑天仪便知。等语。

质讯汤若望：据尔供称，宗动天自东往西移动，众星天自西往东移动，只其移动甚迟，每岁各行五十一秒，渐渐日久，方有感觉。各宿在向东移动，久而久之，自然与宗动天错开。星、房、虚、昴四宿，则为可动者矣，动则不在原处焉！云云。据杨光先供称，星、房、虚、昴四宿，则为拱天而不动者矣，云云。此事怎讲？

汤若望供称：倘若各宿不往东移动，每岁不行五十一秒，何以尧时冬至太阳在虚，今时冬至太阳在箕，而虚东移五十度？

杨光先供称：二十八宿及群星皆随天而行，一日过一度，久而久之，即为三百六十五日三时弱，比较太阳差一分五十秒，此岁差矣。又经过六十六年又八月之后，天比太阳退一度。西洋人不知此理，故言天东行甚迟，人所不懂。伊等不知太阳与人君相当，尧时太阳在子宫虚七度，时至我大清国，太阳在寅宫箕三度。此乃天退五十余度之缘由，并非天东行。再过八九千年，冬至太阳可在午宫星日马度上行走，岂入丑宫初度初分耶？并无此理！等语。

据此，又讯推旧法博士何其毅、左云登、周彤、薛文秉、周世瑞、何洛叔、周世泰、司历戈继文等：星、房、虚、昴中四宿可随天而动乎？或与七政一同自西往东移动乎？

供称：二十八宿内星、房、虚、昴中四宿在天不动，天动则动。七政日月五星，自西往东移动。等语。

讯推新法博士孙佑本、焦应举、贾文英、宋科力、鲍英华、刘应昌、徐瑚、藏文宣、张广祥等：星、房、虚、昴中四宿可随天而动乎？或与七政一同自西往东移动乎？

供称：据新法表内载，日月五星之度分，每年加五十一秒而推之，向东稍移。等语。

讯杨光先：尔之《正国体呈》内载称，所以著《摘谬论》，以证其谬历，云云。尔可否按旧法推而谓之为谬乎？或按新法推而谓之为谬？

供称：按旧法推而谓新法之谬矣。《摘谬论》今在，可以一阅。等语。

据此，览阅该论，其《摘谬论》内称，一谬不用诸科校正。从来治历，以数推之，以象测之，以漏考之，以气验之。盖推算者，主数而不主象，恐推算与天象不合，故用回回科之太阳五星凌犯以较之。又恐推算、凌犯二家与天象不合，故用天文科台官之测验以考之。三科之较正，精矣，当矣。而犹曰此数象之事，非气候时刻分秒事也，故用漏刻科考订一日百刻之漏，布律管于候气之室，验葭灰飞之时刻分秒，以知推算之时刻分秒与天地之节气合与不合。此四科分设之意，从古已然。今推一己之推算，竟废古制之诸科，禁回回科之凌犯而不许其进呈，进自著之凌犯以掩其推算之失，置天文科台官而不使其报象，废漏刻科之律管而不考其飞灰。综气候违于室中，行度舛于天上，谁则敢言？此若望所以能尽聋聩一世之人，得成其为新法也。二谬一月有三节气。按历法每月一节气一中气，此定法也，亦定理也。顺治三年十一月大癸卯，初一日癸卯卯初一刻大雪，十一月节。十五日丁巳亥正初刻冬至，十一月节。三十日壬申未初一刻小塞，十二月节。此是一月之内有两月之节气矣，自开天辟地至今，未闻有此法也。三谬二至二分长短。按至分之数时刻均齐，无长短不一之差。冬至至夏至，古法一百八十二日七时半弱，新法一百八十二日二时。夏至至冬至，古法一百八十二日七时半弱，新法一百八十三日一时弱。四谬夏至太阳行迟。太阳之行，原无迟疾，一昼夜实行一度。夏至太阳躔申宫参八度，参八出寅宫入戌宫，昼行地上度二百一十九度弱，故昼长，夜行地下度一百四十六度强，故夜短。苟因夏至之夜长而谓太阳之行迟，则夏至之夜短，太阳应疾矣。迟于昼而疾于夜，有是理乎？冬至太阳躔寅宫箕三度，箕三出辰宫入申宫，昼行地上度一百四十六度强，故昼短。夜行地下度二百一十九度弱，故夜长。苟因冬至之昼短而谓太阳之行疾，则冬至之夜长，太阳迟矣。疾于昼而迟于夜，有是理乎？新法以夏至太阳之行迟故，将立秋压在后一日三时，以冬至太阳之行疾故，将立春躐在前一日六时三刻。总因不明太阳之行误之也。五谬移寅宫箕三度入丑宫。查寅宫宿度，自尾三度入寅宫起，尾四、五、六、七、八、九、十、十一、十二、十三、十四、十五、十六、十七度，箕初、一、二、三、四、五、六、七、八度五十九分，斗初、一、二、三度，始入丑宫。今冬至之太阳，实躔寅宫之箕三度。而新法则称箕三入丑宫，是将天体移动十一度矣。六谬更调觜、参二宿。四方七宿，俱以木、金、土、日、月、火、水为次序。今汤若望更调参水猿于前，觜火猴于后，古法火水更调矣。其南方七宿者，即井木犴、鬼金羊、柳土獐、星日马、张月鹿、翼火蛇、轸水蚓；东方七宿者，即角木蛟、亢金龙、氐土貉、房日兔、心月狐、尾火虎、箕水豹；北方七宿者，即斗木獬、牛金牛、女土蝠、虚日鼠、危月燕、室火猪、壁水㺄;西方七宿者,即奎木狼、娄金狗、胃土雉、昴日鸡、毕月乌、觜火猴、参水猿。旧法如是,而新法更调参水猿于前,觜火猴于后。七谬删除紫气。古无四余,汤若望亦云四余自隋唐始有。四余者,紫气、月孛、罗睺、计都也。如真见其为无,则四余应当尽消。若以隋唐宋历之为有,则四余应当尽存。何故存罗、计、月孛,而独删一紫气?苟以紫气为无体,则罗、计、月孛曷尝有体耶。若望之言,曰月孛是一片白气,在月之上。如果有白气在月上,则月孛一日应同月行十三度,二日四时过一宫,何故九月始过一宫耶?况月上之白气,有谁见耶?八谬颠倒罗、计。罗、计自隋唐始有,而新法以罗为计,以计为罗。但不知若望何以知隋唐之罗是计,计是罗耶?罗属火,计属土,火土异用,生克制化各有不同,令民何所适从?九谬黄道算节气。按节气当从赤道十二宫均分,每一节气该一十五日二时五刻一十七秒七十微八十三纤。今新法以黄道阔狭之宫算节气,故有十六日、十五日、十四日一节气之差,所以置闰立春皆错。十谬历止二百年。孟子云,千岁之日至,可坐而致。太宗皇帝仁武而不嗜杀,天故笃生皇上,冲龄而为一代开辟之主。皇上又英明仁武而不好杀,天将笃祐皇家,享无疆之历祚。而若望进二百年之历,其罪曷可胜诛。等语。

据此,讯汤若望:据杨光先所呈《摘谬论》载称,一谬不用诸科校正。从来治历,以数推之,以象测之,以漏考之,以气验之。盖推算者,主数而不主象,恐推算与天象不合,故用回回科之太阴五星凌犯以校之。又恐推算、凌犯二家与天象不合,故用天文科台官之测验以考之。三科之校正,精矣,当矣。而犹曰此数象之事,非气候时刻分秒事也,故用漏刻科考订一日百刻之漏,布律管于候气之室,验葭灰飞之时刻分秒,以知推算之时刻分秒与天地之节气合与不合。此四科分设之意,从古已然。今惟凭一己之推算,竟废古制之诸科,禁回回科之凌犯而不许其进呈,进自著之凌犯以掩其推算之失,置天文科之台官而不使其报象,废漏刻科之律管而不考其飞灰。综气候违于室中,行度舛于天上,谁则敢言?此若望所以能尽聋聩一世之人,得成其为新法也,云云。此事怎么讲?

供称:我朝回回术之舛误,则指顺治元年八月初一日之日食矣。十四年八月二十四日,因水星事,禁其历不用。元年十月,惟恐紊乱新法,降旨不准回回科报日食。三年五月,降旨不用回回科凌犯历。九年五月,降旨再不准回回科报夏季天象。十四年八月,该部因见水星出现,吴明炫误,一应推算皆误,等因议奏。奉旨,依议。钦此。可见,不用回回历,皆由上载,与小的何干？再，天文科在外台测验，漏刻科在内室验时，皆与历科同，恪尽职守，每日观测之后，即报小的。倘若所报关系重大，小的即行具题。所谓惟凭一己之推算，竟废诸科者，不知为何也？飞灰一项，置而不用久矣，全可以明朝李天经解释葭灰本章为佐证。

顺治元年八月日食，伊等言食四分强，未时初刻，小的言食三分弱，午时正初刻。又十四年八月之水星，伊等言可见，小的言不见，实则果然不见，抬头观看便知。当时之日月交食，以及水星情形，若谓伊等于地上置设律管测验，并挨次作记录，则伊等之观测何与天不合？等语。

据此，经讯杨光先，则供称：历法以观测天象为主，并非一日一事一人所定者矣。自隋唐至今一千余年，皆用四科校正之。总因恐有舛误，故而较正，此乃至诚之心，且为国求历精微之意。若因一事之误而废弃不用，则袁天纲、李淳风、郭守敬等人何不废弃回回科凌犯历而传至于今？由此可见，汤若望实不忠也。汤若望言候气之室干湿不一，难求吻合。诚若如此，羲和、尧舜及袁、李、郭各历官，不应建此候气之室，亦不应传授于后人。等语。

查汤若望所进观测日食一案，部档册不载。查汤若望记录册，则内开，顺治元年八月奉旨：该监旧法年久自差，非官生推算之误。嗣后皆宜勤学新法，勿致怠玩。着礼部知道。钦此。

查汤若望于顺治元年十月所进日食一案，部档册不载。查汤若望记录册，则内开，奉旨：再不许回回科报日食，以免侵紊新法。钦此。

查汤若望新法不致紊乱，于顺治三年五月奉旨不用回回科凌犯历一案，部档册不载。查汤若望记录册，则内开，顺治三年五月奉旨：勿用回回科凌犯历。钦此。

查汤若望于顺治九年五月奉旨不用回回科报夏季天象一案，部档册不载。查汤若望记录册，则内开，顺治九年五月奉旨：再不许回回科报夏季天象。钦此。

查汤若望于顺治十四年八月所进水星缘由而不用彼历一案，案查水星出一事，系吴明炫之误，可见伊之一应推算皆误，故于九月间亦不许伊观测觜参。等因具奏。奉旨：依议。钦此。

讯汤若望：据杨光先所呈《摘谬论》载称，二谬一月有三节气。按历法每月一节气一中气，此定法，亦定理也。顺治三年十一月大癸卯，初一日癸卯卯初一刻大雪，十一月节。十五日丁巳亥正初刻冬至，十一月节。三十日壬申未初一刻小寒，十二月节。此是一月之内有两月之节气矣，自开天辟地至今,未闻有此法也,云云。此事怎讲?

汤若望供称:一月有三节气者,则因太阳行迟疾不一所致矣。一节气为十五度,一中气亦为十五度,共为三十度。今日太阳冬行疾,一月可行三十余度,即行两节气。此外,三节气之初度,如顺治三年十一月大,即有三节气。夏日太阳行迟,一月行不足三十度,故于一月内行一节气行一中气,仍为不盈。杨光先何以谓为一月有一节气有一中气,且此为定法定理也?等语。

据此,经讯杨光先,则供称:太阳不分冬夏,一日行一度,故平分三十日五时二刻余为一节气一中气。自古并无一月有三节气之历。等语。

讯汤若望:据杨光先所呈《摘谬论》载称,三谬二至二分长短。按至分之数,时刻均齐,无长短不一之差。冬至至夏至,古法一百八十二日七时半弱,新法一百八十二日二时。夏至至冬至,古法一百八十二日七时半弱,新法一百八十三日一时弱,云云。此事怎讲?

汤若望供称:此乃太阳所行中圈不一所致矣。自春分至夏至,比夏至至秋分,所行度、分、秒少,故置时刻分秒亦少。自春分至秋分,比秋分至春分,尚多八日。若按杨光先所言,太阳之行无迟疾,春夏秋冬每日行一度,则新法差八日矣。然又何以新法所推节气,月亏月盈、日月交食等各项却丝毫不差也?等语。

据此,又经讯杨光先,则供称:按古法太阳一日行一度,节气及初一、十五日、日月交食等项分毫不差。今汤若望新法自春分至秋分多八日者,自尧舜至今四千余年,从无多八日。由此可见,应以古法为是,而新法妄言,实不通理也。等语。

又讯汤若望:据尔所供自春分至秋分,比秋分至春分多八日,云云。所谓多八日者何耶?

供称:太阳行中圈不一所致矣。何谓不一?则因圈之大半为春分至秋分,圈之小半为秋分至春分。太阳行大半,则多八日,太阳行小半,则少八日。等语。

讯汤若望:据杨光先所呈《摘谬论》载称,四谬夏至太阳行迟。太阳之行,原无迟疾,一昼夜实行一度。夏至太阳躔申宫参八度,参八出寅宫入戌宫,昼行地上度二百一十九度弱,故昼长。夜行地下度一百四十六度强,故夜短。苟因夏至之昼长而谓太阳之行迟,则夏至之夜短,太阳应行疾矣。迟于昼而疾于夜,有是理乎?冬至太阳躔寅宫箕三度,箕三出辰宫入申宫,昼行地上度一百四十六度强，故昼短，夜行地下度二百一十九度弱，故夜长。苟因冬至之昼短而谓太阳之行疾，则冬至之夜长，太阳应行迟矣。疾于昼而迟于夜，有此理乎？新法以夏至太阳之行迟故，将立秋压在后一日三时，以冬至太阳之行疾故，将立春趱在前一日六时三刻。总因不明太阳之行误之也。云云。此事怎讲？

汤若望供称：夏至昼长夜短，冬至昼短夜长者，皆与太阳之行迟疾有关，即与夏至太阳在地上所行轨道长，在地下所行轨道短有关。冬至反之，在地上所行轨道短，在地下所行轨道长。天下各省昼夜长短不一，北辰与各省相距亦不一。若按杨光先所言地为方者，则各省北辰高应为相同。诚然如此，各省昼夜长短亦为相同矣。历书之头一页，若按杨光先所言而写之，则皆谬而不可用也。杨光先言太阳入戌宫，行地上度二百一十九度。诚然如此，各省所见北辰皆为相同矣。岂有此理！杨光先所言冬至、夏至亦皆非矣。等语。

据此，经讯杨光先，则供称：其所谓夏至太阳之行迟，冬至太阳之行疾者，乃汤若望于顺治十四年向吴明炫解释之言，故而小的以夏至太阳之行不迟，而行地上度多，冬至太阳之行不疾，而行地下度寡之辞，诘难汤若望而已。今汤若望何以用小的诘难之辞而对之？等语。

讯汤若望：据尔之二谬前供内称，一月有三节气者，则因太阳行迟疾不一所致矣。冬日太阳行疾，夏日太阳行迟，云云。又四谬内供称，夏至昼长夜短，冬至昼短夜长者，与太阳之行迟疾有关，即与夏至太阳在地上所行轨道长，在地下所行轨道短有关，云云。此事怎讲？

汤若望供称：后供与前供并非不一，太阳行迟疾者，与太阳自西往东所行原轨道有关。冬至、夏至昼夜长短者，与太阳自东往西所行有关。虽夏至太阳自西往东之行迟，终因自东往西之行地上轨道长，地下轨道短，故夏至昼长夜短，与冬至不一。太阳之行节气，与太阳自西往东之行原轨道有关，迟疾亦不一。等语。

讯汤若望：据杨光先所呈《摘谬论》载称，五谬移寅宫箕三度入丑宫。查寅宫宿度，自尾三度入寅宫起，尾四、五、六、七、八、九、十、十一、十二、十三、十四、十五、十六、十七度，箕初、一、二、三、四、五、六、七、八度五十九分，斗初、一、二、三度，始入丑宫。今冬至之太阳，实躔寅之箕三度，而新法则移箕三入丑宫，是将天体移动十一度矣，云云。此事怎讲？

汤若供称：所谓移箕三入丑宫者，乃恒星自行所致矣。在推恒星之诸书内，皆有明载矣。况恒星之自行，非始于新法，而古之观测各异，全可以元史为佐证。按杨光先之言，若谓新法所定宫宿次序有误，何以推算日月五星列于某宫宿之度分秒与天密合？所谓尾各度不入箕各度，又箕各度不入斗各度者，盖因满天之星所恒矣，并无互近互远互入互出者矣。惟众星天全移动，是自西往东行，非宗动天之宫宿自西往东移动矣，故众星天各星逐渐自西往东行而移动。今冬至之太阳不躔寅宫，而躔五宫之箕三度。等语。

据此，经讯杨光先，则供称：恒星者，二十八宿之井也，随天西行，一日过一度，昼夜西行不止，故有岁差。经六十六年又八月之后，天反比太阳退一度。汤若望不明此理，故曰东行。若谓众星天逐渐自西往东而行，则自东往西昼夜行走之天，又何以转而东行？尧之冬至太阳躔子宫虚六度，故有书经曰日短星昴也。今我朝冬至太阳躔寅宫箕三度，故曰宵中星毕。若谓自寅宫箕三度移入丑宫，则再过九千年之后，午宫星日马亦将移入丑宫也！又岂有此理乎？等语。

讯汤若望：据尔前供，冬至之太阳不躔寅宫，而躔丑宫之箕三度，云云。据杨光先供称，冬至太阳躔寅宫箕三度，云云。此事怎讲？

汤若望供称：寅宫位于丑宫之西，以新法言之，众星天自西往东行，而箕三度之分秒，古时位于寅宫，今已入丑宫。今之冬至太阳，已位于箕三度之分秒，故曰位于丑宫。杨光先言众星天不自西往东而行，箕三度之分秒亦在寅宫，故曰今之冬至太阳在寅宫，而不在丑宫。等语。

杨光先供称：箕三度在寅宫，箕四、五、六、七、八度，斗初、一、二、三度，亦皆在寅宫，当行至斗四度，始过丑宫。今之冬至太阳行箕三度，而西洋人不知宫度不移之理，故而每岁视冬至为可移动者，并移一分五十秒，列入丑宫初度初分。若按彼之法，万万年之冬至太阳皆躔丑宫初度初分矣。实非如此。等语。

讯汤若望：据杨光先所呈《摘谬论》载称，六谬更调觜、参二宿。四方七宿，俱以木、金、土、日、月、火、水为次序。今汤若望更调参水猿于前，觜火猴于后，古法火水更调矣。其南方七宿者，即井木犴、鬼金羊、柳土獐、星日马、张月鹿、翼火蛇、轸水蚓；东方七宿者，即角木蛟、亢金龙、氐土貉、房日兔、心月狐、尾火虎、箕水豹；北方七宿者，即斗木獬、牛金牛、女土蝠、虚日鼠、危月燕、室火猪、壁水貐；西方七宿者，即奎木狼、娄金狗、胃土雉、昴日鸡、毕月乌、觜火猴、参水猿。旧法如是，而新法更调参水猿于前，觜火猴于后，云云。此事怎讲？

汤若望供称：在《恒星历指》《新法表异》以及顺治十四年呈部解释一文内皆称，将火、水分为觜火猴、参水猿者，皆系人为定编次序矣。诸曜渐次东移，实行天度，自然于新法内定以参水猿在前，觜火猴在后。查诸考论，务必从天，每日抬头可见，全以为凭，无须多言。若按水火次序，不更调参水猿于前，觜火猴于后，则必不合于天。等语。

据此，经讯杨光先，则供称：古之圣人著书传人，必有一定不移之理。汤若望所供《恒星历指》《新法表异》诸书，皆系汤若望所编不通之书，何以摈弃羲和、尧舜之法？修历之士经察二十八宿度数之后，定某宿为某几星之距星。又按度之长短，以察觜、参二宿之距星。觜宿者，即三颗小明星，同在一处。参宿者，即七颗大明星，彼此分散而又相距较远。觜下西一星，可作距星，参宿中三星之西一星，可作距星。汤若望不知古之距星法，将参西之东一星作距星，以调参在前，觜在后，显然不知西方之火水与南、东、北三方之火水相颠倒次序矣。等语。

讯汤若望：据杨光先供称，觜宿者，即三颗小明星，同在一处。参宿者，即七颗大明星，彼此分散而又相距较远。觜下西一星，可作距星，参宿中三星之西一星，可作距星。汤若望不知古之距星法，将参西之东一星作距星，以调参在前，觜在后，显然不知西方之火水与南、东、北三方之火水相颠倒次序矣，云云。此事怎讲？

供称：宿之距星者，即各星内之一颗星，即选各宿内之一星作距星，以定距度。自汉唐以来千年间，惟独距星永不变更，况顺治十四年若望指明吴明炫之谬时，曾以史载为凭，指出自汉宋元以来距星逐渐不一之事，但杨光先将此一句改为世代距星皆为不一。察其所供，非独欺天，亦欺千世万代。觜中之北一星作距星，参中三星之西一星作距星，是以觜后参前。等语。

讯杨光先：据尔供称，觜下西一星可作距星，参中三星之西一星可作距星，云云。据汤若望供称，觜中之北一星作距星，参中三星之西一星作距星，云云。尔二人所言其参中三星之西一星作距星者，则为相同。而其觜下西一星与觜中之北一星为距星者，则相抵触。此事怎讲？

杨光先供称：小的与汤若望争辩觜、参之前与后，即使争一年，亦难辩明，只要登台观测，即可得以明了。故应以觜下西一星作距星，参中西一星作距星。古之法载以觜火猴在西，参水猿在东。等语。

汤若望供称：二宿之距星，永不可改者矣。而杨光先所言二宿之距星，以为世代不一所致矣。故小的更调前后。觜有三星，而该三星皆位于参中三星之西一星迤东，杨光先虽任意定该三星中之一星为距星，但不言在前在后。顺治十四年八月二十七日礼部疏称，于九月间无须再测觜、参，等因具题。奉旨：依议。钦此。等语。

讯汤若望：据杨光先所呈《摘谬论》载称，七谬删除紫气。古无四余，汤若望亦云四余自隋唐始有。四余者，紫气、月孛、罗睺、计都也。如真见其为无，则四余应当尽消。若以隋唐宋历之为有，则四余应当尽存。何故存罗、计、月孛，而独删一紫气？苟以紫气为无体，则罗、计、月孛曷尝有体耶。若望之言，曰月孛是一片白气，在月之上。如果有白气在月上，则月孛一日应同月行十三度，二日四时过一宫。何故九月始过一宫耶？况月上之白气，有谁见耶？云云。此事怎讲？

汤若望供称：紫气一余，已于顺治十四年呈部说明矣。紫气于天上，欲测候，无象可明，欲推算，无数可定，欲论述，无理可据，明系前人妄增，后人传会。唐以前未闻有此，唐以后皆弃而不用，故于时宪历内不留。至月孛、罗、计，皆言有理有数，故而留存，仅删无理无数之紫气一余，等语。

据此，经讯杨光先，则供称：原于天上无紫气、月孛、罗睺、计都四星，故而谓之为四余。罗、计二余，用以推算日月交食，故而留存，月孛、紫气二余，是由袁天纲、李淳风算出。汤若望若曰古无四余，应将月孛、紫气一并弃而不用可矣，何又留存月孛？若望之言，月孛为一片白气，在月之上。故而小的以此诘难之。等语。

讯汤若望：据杨光先供称，原于天上无紫气、月孛、罗睺、计都四星，故谓之为四余。月孛、紫气二余，是由袁天纲、李淳风算出。汤若望若曰古无四余，应将月孛、紫气一并弃而不用可矣，何又留存月孛？云云。此事怎讲？

供称：虽罗、计无星象，但对日月交食大有可用，况天上自有原行宫度。月孛虽无星象，亦对月之行大有可用，况天上自有原行宫度。故于新法内留存此三余。惟紫气于天上无所可用，故而删除不用。等语。

讯杨光先：据汤若望供称，虽罗、计无星象，但对日月交食大有可用，况天上自有原行宫度。月孛虽无星象，亦对月之行大有可用，况天上自有原行宫度。故于新法内留存此三余。惟紫气于天上无所可用，故而删除不用，云云。紫气留存，可有益处乎？删之，可有害处乎？

供称：四余至关祸福，更甚于五星。夫紫气者，乃东方木旺之气。万历丙辰岁，东方现出一道白气，真冲紫微垣，经观测后，方知紫气所为。故经具疏，由明神宗委员以祈祷之。良久，太祖兴兵，不过三十年，世祖皇帝进京，统一万邦。可见，紫气乃我朝创业之吉祥征兆矣。而汤若望独删除四余内一紫气，不知欲何为？

讯汤若望：据杨光先所呈《摘谬论》载称，八谬颠倒罗、计。罗、计自隋唐始有，而新法以罗为计，以计为罗。但不知若望何以知隋唐之罗是计，计是罗耶？罗属火，计属土，火土异用，生克制化各有不同，令民何以适从？云云。此事怎讲？

汤若望供称：顺治十四年曾将此事已呈部说明矣。罗睺、计都之名，原所有之，实因月之交行所致，故又称为正交、中交，亦有称为龙首、龙尾，或天首、天尾。盖以初宫为首，月行而交，谓为正交矣。以六宫为尾，月行而交，谓为中交矣。罗睺一星自初宫起计算，而计都一星自六宫起计算，首尾分明，正中成次矣。杨光先何以妄言罗、计颠倒？若光先言罗属火，计属土，则天上象体数理必无凭可稽也！等语。

据此，经讯杨光先，则供称：古之法以罗为火，计为土，世人皆知，且正交中交，天首天尾，亦自古皆用之，非汤若望之新法也。其天首之戌，谓为罗睺，天尾之辰，谓为计都。今汤若望以罗为计，以计为罗，不知依凭何理而改之？等语。

讯汤若望：据尔供称，以初宫为首，日行而交，谓为正交矣。以六宫为尾，月行而交，谓为中交矣。罗睺一星自初宫起计算，而计都一星自六宫起计算，首尾分明，正中成次矣。杨光先何以妄言罗、计颠倒？云云。此事怎讲？

汤若望供称：太阳所行之道与月亮所行之道上下相交，上交则月行黄道之北，下交则月行黄道之南，其上交点曰罗，又曰天之首。其下交点曰计，又曰天之尾。月亮自南往北行，自下往上行，而罗则上交、北交，计则下交、南交。上则在上，下则在下，南则在南，北则在北，此乃自然之理，并无颠倒。等语。

讯杨光先：据汤若望供称，罗、计并无颠倒，云云。据尔供称，汤若望以罗为计，以计为罗，不知依凭何理而改之，云云。此事怎讲？

杨光先供称：在新法七政历内，将旧法七政历之罗、计颠倒。罗、计次序，在历代七政历内皆有记载，全可核查，岂容抵赖？等语。

讯汤若望：据杨光先所呈《摘谬论》载称，九谬黄道算节气。按节气当从赤道十二宫均分，每一节气该一十五日二时五刻一十七秒七十微八十三纤。今新法以黄道阔狭之宫算节气，故有十六日、十五日、十四日一节气之差，所以置闰立春皆错，云云。此事怎讲?

汤若望供称：按黄道算节气，于太阳行、月行、五经度、恒星等诸书中皆有明白记载，今人皆知。太阳之行度，皆在黄道，恒星自行，亦在黄道，南北经度之远近永不更改，实与赤道不一。若平分节气，则必不合于天，等语。

据此，经讯杨光先，则供称：夫黄道者，乃太阳行度之宫，阔狭不一。夫节气者，乃天象之赤道，每宫有三十度四十三分余。是以每月为三十日五时二刻余。除扣除三十日之外，又余有五时二刻，故谓为气盈。汤若望不知气盈旧法，误以为十四日有一节气，且又曰平分不合于天。由此可见，汤若望不懂历法矣。等语。

讯汤若望：据尔供称，可按太阳所行黄道算节气，云云。此事怎讲?

供称：太阳在黄道不离南北，每宫自初度行至十五度，即过一节气，又自十五度行至三十度，即过一中气，故按太阳所行黄道之宫度算节气。等语。

讯杨光先：据尔供称，按天象之赤道算节气，云云。此事怎讲?

供称：按赤道算节气，即为平分旧法矣。赤道每宫为三十度四十三分六十八秒七十五微，故一月为三十日五时二刻余。此三十日，即一月之满数，而五时二刻者，则为节气之盈数。气盈，则为闰月。按新法以二十八日为一节气一中气，非但不能气盈，反成为朔虚矣。是以，推闰不实。一节气实为十五日二时五刻余，应自顺治十八年冬至之刻寅宫箕三度起计算。等语。

讯汤若望：据杨光先所呈《摘谬论》载称，十谬历止二百年。孟子云，千岁之日至，可坐而致。太宗皇帝仁武而不嗜杀，天故笃生皇上，冲龄而为一代开辟之主。皇上又英明仁武而不好杀，天将笃祜皇家，享无疆之历祚。而若望进二百年之历，其罪曷可胜诛，云云。此事怎讲?

汤若望供称：以新法所推之历，不仅二百年，亦有无疆年表。前四千年，后四千年，共八千年之后，又可按新法推步之。此事全以算未来无疆表为凭据。等语。

据此，经讯杨光先，则供称：为臣者，应进万年无疆之历，方可谓为忠君之臣子，恤国之血诚矣。而若望止进二百年表，怎可谓之为臣子？后虽有四千年、八千年之表，亦不足以蔽前二百年表之辜。等语。

讯汤若望：据尔供称，以新法所推之历，不仅二百年，亦有无疆年表，前四千年，后四千年，共八千年之后，又可按新法推步之。此事全以算未来无疆表为凭据，云云。如此许多历表，可否与二百年表一同呈进？或另呈进？

供称：日月五星皆按新法推有各无疆表，惟历书分有前后二百年表，纯属便当起见而为之。历书前后二百年表,又称为二百年恒表。至二百年表、恒表,均已一同呈进矣。等语。

臣等遵旨将顺治十八年闰七闰十、中星说、立春刻分之差、杨光先摘汤若望十谬等案,俱行研鞫,而伊等皆言以己为是。伊等所供推算之历,虽按旧法推之,但历代皆有修正。至于新法,则自顺治二年起施行。天文精微,至关重大,臣等未敢擅便,为此谨具密题。请旨。康熙三年十二月十七日题。本月十九日奉旨:着尔部议拟具奏。文内清字年字遗漏,着添加饬行。钦此。钦遵。康熙三年十二月十九日密封到部。

臣等议得,推历一案,经研讯汤若望、杨光先,皆言以己为是。天文精微,且又至关重大,臣等难以悬拟。请敕直隶各省督抚寻访熟通天文历法之士,不分官民,皆速驿送臣部,以便审阅汤若望、杨光先之供词,核拟是非,再行议奏。至于云南、贵州、广东、广西、四川五省,路途遥远,用时不少,拟不咨行。

臣等未敢擅便,谨具密题。请旨。

康熙四年正月十三日具题,本月十六日奉旨:着议政王、贝勒、大臣、九卿、科、道会同酌议具奏。钦此。钦遵。

臣杰书等讯汤若望:据尔供称,按旧法一昼一夜为一百刻,而新法可分为九十六刻,每时八刻,云云。其余之四刻,是否补入每时八刻之分秒内?

供称:其余之四刻,不在昼夜之内,亦不在一时八刻分秒之内。等语。

讯汤若望:据尔前供,一昼一夜,按旧法将一百刻分为十二时,尚有余数,极为纷繁,难于计算。按新法将九十六刻分为十二时,每时八刻,并无余数,易于计算,云云。今尔又称,所余四刻,不在昼夜之内,亦不在一时八刻分秒之内,云云。尔之前后所供各异,此为何耶?

供称:前后所供并非各异。按新法可将一昼一夜分为十二时,每时为八刻,并无余数,故称所余四刻不在昼夜之内。按旧法计算,因有余数,难于计算。等语。

讯杨光先:据汤若望推算康熙四年历书所载,二月初四日辰时头初刻十二分春分,昼四十八刻,夜四十八刻,云云。按旧法推算,以何日为春分?

供称:二月初六日午时头三刻四十九秒余即春分,昼五十刻,夜五十刻,此乃旧法。等语。

讯汤若望、杨光先:据汤若望所推历书所载,二月初四日辰时头初刻十二分即春分,昼四十八刻,夜四十八刻,云云。据杨光先供称,二月初六日午时头三刻四十九秒余即春分,昼五十刻,夜五十刻,云云。尔二人孰是孰非,必行测验,尔等可有何供?

汤若望供称:二月初四日春分,届时可以测验便知。春分之日正午时,太阳位于离地五十度处,孰是孰非,可以观测。等语。

杨光先供称:自春分至秋分,应为一百八十二日七时半。此乃尧舜之法,传有数千年。按袁天纲、李淳风所厘定古法,则于二月初六日午时至春分是实。若按新法,自春分至秋分为一百八十日半,自秋分至春分为一百七十八日半,从无如此长短不均之理!节气时刻,皆用算盘计算,并非登台观象。若测节气,必至候气室内观测芦管吹灰,方合于候气之事。等语。

臣等会议得,经传汤若望、杨光先当面质讯,皆言以己为是。天文精微,孰是孰非,难以悬议。查历代之法,皆用百刻之历,并无减百刻为九十六刻之法。自尧舜至今,历代皆用旧法,拟应施行按旧法推算之历。

臣等未敢擅便,谨具密题。请旨。

[批红]:览奏。尔等仅议施行按旧法推算之历,而对文内各款并无详细研审。夫议政王、贝勒、大臣者,皆为国家信任之王、贝勒、大臣矣,然而对如此重大案件,都不核议,率行议奏,殊甚不当。着加饬行,逐款核查,分别议奏。

选译自"满文密本档"卷149

12.刑部尚书尼满等题为议结荣亲王葬期案后再行会议邪教案事密本

康熙四年二月初七日

刑部尚书尼满等谨题,为请旨事。

前准吏、礼二部题,汤若望等布设邪教,编发新书属实,等因具题,饬交臣部。因汤若望、李祖白等布设邪教,编造新书,颁行惑众属实,故臣部议拟将汤若望立绞,李祖白等发配,等因具题。奉旨:着三法司核拟具奏。钦此。钦遵。奉此,臣部欲与都察院、大理寺会议具题,旋准礼部密咨内开,汤若望系钦天监掌印,伊明知顺治十五年南北方不吉,且又不核实该衙门官员按洪范五行丹书选择日期之事,即行报部。汤若望之罪,虽在赦前,但事关重大,在赦不宥。据此,今刑部既议汤若望之罪,拟将此事一并交刑部议之。再,李祖白明知正五行以壬为水,却不详查顺治十五年南北方不吉之情,又不应引用洪范五行以壬为火,但却按洪范五行丹书选择日期而葬埋之。李祖白之罪,虽在赦前,但事关重大,在赦不宥。据此,拟将李祖白亦交刑部议之。等语。准此,本案事关重大,拟将汤若望、李祖白即行研审,一俟议疏结案,再将汤若望布设邪教一案,与都察院、大理寺衙门会同议拟具疏。

臣等未敢擅便,谨题。请旨。

[批红]:依议。

选译自“满文密本档”卷150

13.康亲王杰书等题为会审汤若望、杨光先所言中四星、节气、置闰、百刻、候气、参觜、四余等事本

康熙四年二月初九日

和硕康亲王杰书等谨具密题,为奉旨会议事。

前臣等为本案会同具题,准礼部与吏部会题,为奉旨质审具题事。

(此处缺约4000字)

五日八时,自古沿用已有数千年,其节气交替等皆合于理。今汤若望不仅以新法紊乱上国之道统,且又不甚合于节气。等语。

汤若望供称:新法所定立春等节气,实合于天理,可查新法所定春分、秋分便知。在春分、秋分之日,太阳恰在赤道之上,天下昼夜一样,春分正午,太阳位于京城地面东五十度。今新法所定春分、秋分之日,太阳委实在赤道之上,天下昼夜一样,正午时刻之太阳,确实位于京城地面东五十度。等语。

讯汤若望:据尔供称,杨光先所言自冬至之刻至立春之刻,应有四十五日八时弱者,乃平分而不合天数之旧法矣,云云。那么,平分而不合天数之缘由为何耶?

供称:太阳所行轨道与黄道中不一,故推春分至秋分,较之秋分至春分多七八日。此乃太阳在天上自春分至秋分比自秋分至春分,其所行之度多所致矣。总之,杨光先将黄道春分至秋分与秋分至春分行度,俱行平分为一样多,故与天数不合。等语。

讯汤若望:推算历法与日月交食法同否?

供称:推日月五星者,即推其位于天上之经纬度分,而推日食时,不仅推算上下交差,还要推算时间交差、节气交差。除此三交差外,又推算与之相关各项数据,即推算食之多与寡,以及食之时刻等项,殊异于推历法。等语。

讯汤若望:据尔供称,推日月交食,殊异于推历法,云云。然尔前供,杨光先所谓立春之日,恰为不应立春之日,诚若新法有误,日月交食又何以吻合?云云。此事怎讲?

供称:推算历法、七政历,即推日月五星在天上所行经纬度分。而推日月交食,亦必先推天上所行经纬度分。就此而言,推日月交食与推历法同。

是以言称若于历法内节气经纬度分有误,则又日月交食经纬度分何以吻合?除推经纬度分外,又推日月交食、初亏、复圆等项,名目繁多,不同于推历法,故而又称殊异。等语。

讯杨光先:推算历法与日月交食同否?

供称:小的仅知旧法而已,不知日月交食法,故不敢妄言。等语。

讯汤若望:按西洋法推历始于何年?此前于中国可有按西洋法所推之历?

供称:按西洋法推历,始于顺治元年,二年颁行。此前在中国无有按西洋法所推之历。如一昼夜,按旧法将一百刻分为十二时,尚有余数,极为纷繁,难以计算。按新法将九十六刻分为十二时,每时八刻,并无余数,不难计算。太阳行一昼夜,或以百刻计算,或以九十六刻计算,均不增减,而在于计算之难易。等语。

讯汤若望:据尔供称,原用百刻计算,今新法改用九十六刻计算,则为便于计算起见。或用百刻,或用九十六刻计算,均为一样,并不增减,云云。自古有否将百刻减少为九十六刻之例?

供称:自古西洋法皆用九十六刻,至中国算法曾否用九十六刻,小的不知。等语。

讯汤若望:自古推算历法,年代久远之后,可有再推算之例?

供称:自尧舜至明崇祯二年,曾修历法达七十次。所以修正,则因算法与天行不合而为矣。等语。

讯杨光先:按西洋法推历,始于何年?此前于中国可有按西洋法所推之历?

供称:明万历之前,在中国无西洋人,亦未曾用其历。我朝自顺治三年始才用其历。按旧法一日为百刻,分为十二时,每时为八刻三十三秒三十三微三十三纤三芒。新法不知算秒微纤等数,故将一时改分为八刻。一日为九十六刻者,乃彼之法矣。等语。

又讯杨光先:既然如此,自古可有使用九十六刻之例乎?以九十六刻计算时,日夜天数可否减少?

供称:自古不用九十六刻,而用百刻计算。伊等用九十六刻计算,仅为便于计算而已,日夜天数并不增减。等语。

讯杨光先:自古所推之历,年代久远之后,可有再推之例?

供称:历书经过六十六年又八月之后,务必修正一次。此乃经过六十六年又八月之后岁差一度之故矣。自尧舜至元郭守敬修正历书，已修五十余次。因黄道之宫经过六七十年之后，其宽窄不一，节气与赤道不甚相吻，故而经过六七十年之后必修正一次。修正之法，皆以历书为主。自元郭守敬修正以来，直至明朝曾否修正，不见书传，故不敢妄供。等语。

讯汤若望：据杨光先所作《中星说》载称，以太阳之宿，居于四正宫中，星日马宿列于午宫之中，房日兔宿列于卯宫之中，虚日鼠宿列于子宫之中，昴日鸡宿列于酉宫之中，此尧典之所记载，历代遵守四千余年，莫之或议可云不足法乎？今西洋人汤若望尽更羲和之掌故而废黜之，云云。此事怎讲？

汤若望供称：宗动天自东往西移动，上列十二宫，皆自古不变者矣。众星天自西往东移动，只其移动甚迟，每岁各行五十一秒，渐渐日久，方有感觉。各星宿在向东移动，久而久之，自然与宗动天错开，故曰岁差。此天理矣，自然如此，非人能主宰者矣。查恒星历法，其中道理与羲和法全可相辅，怎可谓之为非矣！明末礼部尚书顾希筹赐匾褒扬有辅羲和法之功，足可以此为证。所谓子、午、卯、酉四宫，则为不动者矣。星、房、虚、昴四宿则为可动者矣，动则不在原处焉！历代史册亦有记载，全可核查。等语。

讯杨光先：据尔所作《中星说》内称，将羲和所定星、房、虚、昴中四宿，汤若望尽更而废黜之，云云。经讯汤若望，则供称，子、午、卯、酉四宫，则为不动者矣。星、房、虚、昴四宿，则为可动者矣，动则不在原处焉！历代史册亦有记载，全可核查，云云。尔之所言尽更者何耶？

供称：满天星宿皆拱天而不动，惟独七政日、月、金、木、水、火、土可动。若言二十八宿动而不在原处，则足见伊不知天象矣。二十八宿动与否，可问推算旧法官员，或验测浑天仪便知。等语。

质讯汤若望：据尔供称，宗动天自东往西移动，众星天自西往动移动，只其移动甚迟，每岁各行五十一秒，渐渐日久，方有感觉。各宿在向东移动，久而久之，自然与宗动天错开。星、房、虚、昴四宿，则为可动者矣，动则不在原处焉！云云。据杨光先供称，星、房、虚、昴四宿，则为拱天而不动者矣，云云。此事怎讲？

汤若望供称：倘若各宿不往东移动，每岁不行五十一秒，何以尧时冬至太阳在虚，今时冬至太阳在箕，而虚东移五十度？

杨光先供称：二十八宿及群星皆随天而行，一日过一度，久而久之，即为三百六十五日三时弱，比较太阳差一分五十秒，此岁差矣。又经过六十六年又八月之后，天比太阳退一度。西洋人不知此理，故言天东行甚迟，人所不懂。伊等不知太阳与人君相当，尧时太阳在子宫虚七度，时至我大清国，太阳在寅宫箕三度。此乃天退五十余度之缘由，并非天东行。再过八九千年，冬至太阳可在午宫星日马度上行走，岂入丑宫初度初分耶？并无此理！等语。

据此，又讯推旧法博士何其毅、左云登、周彤、薛文秉、周世瑞、何洛叔、周世泰、司吏戈继文等：星、房、虚、昴中四宿可随天而动乎？或与七政一同自西往东移动乎？

供称：二十八宿内星、房、虚、昴中四宿在天不动，天动则动。七政日月五星，自西往东移动。等语。

讯推新法博士孙佑本、焦应举、贾文英、宋科力、鲍英华、刘应昌、徐瑚、臧文宣、张广祥等：星、房、虚、昴中四宿可随天而动乎？或与七政一同自西往东移动乎？

供称：据新法表内载，日月五星之度分，每年加五十一秒而推之，向东稍移。等语。

讯杨光先：尔之《正体呈》内载称，所以著《摘谬论》，以政其谬历，云云。尔可否按旧法推而谓之为谬乎？或按新法推而谓之为谬？

供称：按旧法推而谓新法之谬矣。《摘谬论》今在，可以一阅。等语。

据此，览阅该论，其《摘谬论》内称，一谬不用诸科校正。从来治历，以数推之，以象测之，以漏考之，以气验之。盖推算者，主数而不主象，恐推算与天象不合，故用回回科之太阴五星凌犯以校之。又恐推算、凌犯二家与天象不合，故用天文科台官之测验以考之。三科之校正，精矣，当矣。而犹曰此数象之事，非气候时刻分秒事也，故用漏刻科考订一日百刻之漏，布律管于候气之室，验葭灰飞之时刻分秒，以知推算之时刻分秒与天地之节气合与不合。此四科分设之意，从古已然。今惟一己之推算，竟废古制之诸科，禁回回科之凌犯而不许其进呈，进自著之凌犯以掩其推算之失，置天文科之台官而不使其报象，废漏刻科之律管而不考其飞灰。综气候违于室中，行度舛于天上，谁则敢言？此若望所以能尽聋瞶一世之人，得成其为新法也。二谬一月有三节气。按历法每月一节气一中气，此定法也，亦定理也。顺治三年十一月大癸卯，初一日癸卯，卯初一刻大雪，十一月节。十五日丁巳亥正初刻冬至，十一月节。三十日壬申未初一刻小塞，十二月节。此是一月之内有两月之节气矣，自开天辟地至今，未闻有此法也。三谬二至二分长短。按至分之数时刻均齐，无长短不一之差。冬至至夏至，古法一百八十二日七时半弱,新法一百八十二日二时。夏至至冬至,古法一百八十二日七时半弱,新法一百八十三日一时弱。四谬夏至太阳行迟。太阳之行,原无迟疾,一昼夜实行一度。夏至太阳躔申宫参八度,参八出寅宫入戌宫,昼行地上度二百一十九度弱,故昼长,夜行地下度一百四十六度强,故夜短。苟因夏至之夜长而谓太阳之行迟,则夏至之夜短,太阳应行疾矣。迟于昼而疾于夜,有是理乎?冬至太阳躔寅宫箕三度,箕三出辰宫入申宫,昼行地上度一百四十六度强,故昼短。夜行地下度二百一十九度弱,故夜长。苟因冬至之昼短而谓太阳之行疾,则冬至之夜长,太阳应行迟矣。疾于昼而迟于夜,有是理乎?新法以夏至太阳之行迟故,将立秋压在后一日三时,以冬至太阳之行疾故,将立春趱在前一日六时三刻。总因不明太阳之行误之也。五谬移寅宫箕三度入丑宫。查寅宫宿度,自尾三度入寅宫起,尾四、五、六、七、八、九、十、十一、十二、十三、十四、十五、十六、十七度,箕初、一、二、三、四、五、六、七、八度五十九分,斗初、一、二、三度,始入丑宫。今冬至之太阳,实躔寅宫之箕三度。而新法则移箕三入丑宫,是将天体移动十一度矣。六谬更调觜、参二宿。四方七宿,俱以木金土日月火水为次序。今汤若望更调参水猿于前,觜火猴于后,古法火水更调矣。其南方七宿者,即井木犴、鬼金羊、柳土獐、星日马、张月鹿、翼火蛇、轸水蚓;东方七宿者,即角木蛟、亢金龙、氐土貉、房日兔、心月狐、尾火虎、箕水豹;北方七宿者,即斗木獬、牛金牛、女土蝠、虚日鼠、危月燕、室火猪、壁水㺄;西方七宿者,即奎木狼、娄金狗、胃土雉、昴日鸡、毕月乌、觜火猴、参水猿。旧法如是,而新法更调参水猿于前,觜火猴于后。七谬删除紫气。古无四余,汤若望亦云四余自隋唐始有。四余者,紫气、月孛、罗睺、计都也。如真见其为无,则四余应当尽消。若以隋唐宋历之为有,则四余应当尽存。何故存罗、计、月孛,而独删一紫气?苟以紫气为无体,则罗、计、月孛曷尝有体耶。若望之言,曰月孛是一片白气,在月之上。如果有白气在月上,则月孛一日应同月行十三度,二日四时过一宫,何故九月始过一宫耶?况月上之白气,有谁见耶?八谬颠倒罗计。罗、计自隋唐始有,而新法以罗为计,以计为罗。但不知若望何以知隋唐之罗是计,计是罗耶?罗属火,计属土,火土异用,生克制化各有不同,令民何所适从?九谬黄道算节气。按节气当从赤道十二宫匀分,每一节气该一十五日二时五刻一十七秒七十微八十三纤。今新法以黄道阔狭之宫算节气,故有十六日、十五日、十四日一节气之差,所以置闰立春皆错。十谬历止二百年。孟子云,千岁之日至,可坐而致。太宗皇帝仁武而不嗜杀,天故笃生皇上,冲龄而为一代开辟之主。皇上又英明仁武而不好杀，天将笃祜皇家，享无疆之历祚。而若望进二百年之历，其罪曷可胜诛。等语。

据此，讯汤若望：据杨光先所呈《摘谬论》载称，一谬不用诸科校正。从来治历，以数推之，以象测之，以漏考之，以气验之。盖推算者，主数而不主象，恐推算与天象不合，故用回回科之太阴五星凌犯以校之。又恐推算、凌犯二家与天象不合，故用天文科台官之测验以考之。三科之校正，精矣，当矣。而犹曰此数象之事，非气候时刻分秒事也，故用漏刻科考订一日百刻之漏，布律管于候气之室，验葭灰飞之时刻分秒，以知推算之时刻分秒与天地之节气合与不合。此四科分设之意，从古已然。今惟凭一己之推算，竟废古制之诸科，禁回回科之凌犯而不许其进呈，进自著之凌犯以掩其推算之失，置天文科之台官而不使其报象，废漏刻科之律管而不考其飞灰。综气候违于室中，行度舛于天上，谁则敢言？此若望所以能尽聋聩一世之人，得成其为新法也，云云。此事怎讲？

供称：我朝回回术之舛误，则指顺治元年八月初一日之日食矣。十四年八月二十四日，因水星事，禁其历不用。元年十月，惟恐紊乱新法，降旨不准回回科报日食。三年五月，降旨不用回回科凌犯历。九年五月，降旨再不准回回科报夏季天象。十四年八月，该部因见水星出现，吴明炫误，一应推算皆误，等因议奏。奉旨，依议。钦此。可见，不用回回历，皆由上裁，与小的何干？再，天文科在外台测验，漏刻科在内室验时，皆与历科同，恪尽职守，每日观测之后，即报小的。倘若所报关系重大，小的即行具题。所谓惟凭一己之推算，竟废诸科者，不知为何也？飞灰一项，置而不用久矣，全可以明朝李天经解释葭灰本章为佐证。

顺治元年八月日食，伊等言食四分强，未时初刻，小的言食三分弱，午时正初刻。又十四年八月之水星，伊等言可见，小的言不见，实则果然不见，抬头观看便知。当时之日月交食，以及水星情形，若谓伊等于地上置设律管测验，并挨次作记录，则伊等之观测何与天不合？等语。

据此，经讯杨光先，则供称：历法以观测天象为主，并非一日、一事、一人所定者矣。自隋唐至今一千余年，皆用四科较正之。总因恐有舛误，故而较正，此乃至诚之心，且为国求历精微之意。若因一事之误而废弃不用，则袁天纲、李淳风、郭守敬等人何不废弃回回科凌犯历而传至于今？由此可见，汤若望实不忠也。汤若望言候气之室干湿不一，难求吻合。诚若如此，羲和、尧舜及袁、李、郭各历官，不应建此候气之室，亦不应传授于后人。等语。

查汤若望所进观测日食一案,部档册不载。查汤若望记录册,则内开,顺治元年八月奉旨:该监旧法年久自差,非官生推算之误。嗣后皆宜勤学新法,勿致怠玩。着礼部知道。钦此。

查汤若望于顺治元年十月所进日食一案,部档册不载。查汤若望记录册,则内开,奉旨:再不许回回科报日食,以免侵紊新法。钦此。

查汤若望新法不致紊乱,于顺治三年五月奉旨不用回回科凌犯历一案,部档册不载。查汤若望记录册,则内开,顺治三年五月奉旨:勿用回回科凌犯历。钦此。

查汤若望于顺治九年五月奉旨不用回回科报夏季天象一案,部档册不载。查汤若望记录册,则内开,顺治九年五月奉旨:再不许回回科报夏季天象。钦此。

查汤若望于顺治十四年八月所进水星缘由而不用彼历一案,案查水星出一事,系吴明炫之误,可见伊之一应推算皆误,故于九月间亦不许伊观测觜、参。等因具奏。奉旨:依议。钦此。

讯汤若望:据杨光先所呈《摘谬论》载称,二谬一月有三节气。按历法每月一节气一中气,此定法,亦定理也。顺治三年十一月大癸卯,初一日癸卯卯初一刻大雪,十一月节。十五日丁巳亥正初刻冬至,十一月节。三十日壬申未初一刻小寒,十二月节。此是一月之内有两月之节气矣,自开天辟地至今,未闻有此法也,云云。此事怎讲?

汤若望供称:一月有三节气者,则因太阳行迟疾不一所致矣。一节气为十五度,一中气亦为十五度,共为三十度。今日太阳冬行疾,一月可行三十余度,即行两节气。此外,三节气之初度,如顺治三年十一月大,即有三节气。夏日太阳行迟,一月行不足三十度,故于一月内行一节气、行一中气,仍为不盈。杨光先何以谓为一月有一节气有一中气,且此为定法定理也?等语。

据此,经讯杨光先,则供称:太阳不分冬夏,一日行一度,故平分三十日五时二刻余为一节气一中气。自古并无一月有三节气之历。等语。

讯汤若望:据杨光先所呈《摘谬论》载称,三谬二至二分长短。按至分之数,时刻均齐,无长短不一之差。冬至至夏至,古法一百八十二日七时半弱,新法一百八十二日二时。夏至至冬至,古法一百八十二日七时半弱,新法一百八十三日一时弱,云云。此事怎讲?

汤若望供称:此乃太阳所行中圈不一所致矣。自春分至夏至比夏至至秋分，所行度分秒少，故置时刻分秒亦少。自春分至秋分比秋分至春分，尚多八日。若按杨光先所言，太阳之行无迟疾，春夏秋冬每日行一度，则新法差八日矣。然又何以新法所推节气、月亏月盈、日月交食等各项却丝毫不差也？等语。

据此，又经讯杨光先，则供称：按古法太阳一日行一度，节气及初一、十五日、日月交食等项分毫不差。今汤若望新法自春分至秋分多八日者，自尧舜至今四千余年，从无多八日。由此可见，应以古法为是，而新法妄言，实不通理也。等语。

又讯汤若望：据尔所供自春分至秋分比秋分至春分多八日，云云。所谓多八日者何耶？

供称：太阳行中圈不一所致矣。何谓不一？则因圈之大半为春分至秋分，圈之小半为秋分至春分。太阳行大半，则多八日，太阳行小半，则少八日。等语。

讯汤若望：据杨光先所呈《摘谬论》载称，四谬夏至太阳行迟。太阳之行，原无迟疾，一昼夜实行一度。夏至太阳躔申宫参八度，参八出寅宫入戌宫，昼行地上度二百一十九度弱，故昼长。夜行地下度一百四十六度强，故夜短。苟因夏至之昼长而谓太阳之行迟，则夏至之夜短，太阳应行疾矣。迟于昼而疾于夜，有是理乎？冬至太阳躔寅宫箕三度，箕三出辰宫入申宫，昼行地上度一百四十六度强，故昼短，夜行地下度二百一十九度弱，故夜长。苟因冬至之昼短而谓太阳之行疾，则冬至之夜长，太阳应行迟矣。疾于昼而迟于夜，有此理乎？新法以夏至太阳之行迟故，将立秋压在后一日三时，以冬至太阳之行疾故，将立春趱在前一日六时三刻。总因不明太阳之行误之也，云云。此事怎讲？

汤若望供称：夏至昼长夜短，冬至昼短夜长者，皆与太阳之行迟疾有关，即与夏至太阳在地上所行轨道长，在地下所行轨道短有关。冬至反之，在地上所行轨道短，在地下所行轨道长。天下各省昼夜长短不一，北辰与各省相距亦不一。若按杨光先所言地为方者，则各省北辰高应为相同。诚然如此，各省昼夜长短亦为相同矣。历书之头一页，若按杨光先所言而写之，则皆谬而不可用也。杨光先言太阳入戌宫，行地上度二百一十九度。诚然如此，各省所见北辰皆为相同矣。岂有此理！杨光先所言冬至、夏至亦皆非矣。等语。

据此，经讯杨光先，则供称：其所谓夏至太阳之行迟，冬至太阳之行疾者,乃汤若望于顺治十四年向吴明炫解释之言,故而小的以夏至太阳之行不迟,而行地上度多,冬至太阳之行不疾,而行地下度寡之辞,诘难汤若望而已。今汤若望何以用小的诘难之辞而对之?等语。

讯汤若望:据尔之二谬前供内称,一月有三节气者,则因太阳行迟疾不一所致矣。冬日太阳行疾,夏日太阳行迟,云云。又四谬内供称,夏至昼长夜短,冬至昼短夜长者,与太阳之行迟疾有关,即与夏至太阳在地上所行轨道长,在地下所行轨道短有关,云云。此事怎讲?

汤若望供称:后供与前供并非不一,太阳行迟疾者,与太阳自西往东所行原轨道有关。冬至、夏至昼夜长短者,与太阳自东往西所行有关。虽夏至太阳自西往东行迟,终因自东往西之行地上轨道长,地下轨道短,故夏至昼长夜短,与冬至不一。太阳之行节气,与太阳自西往东行迟原轨道有关,迟疾亦不一。等语。

讯汤若望:据杨光先所呈《摘谬论》载称,五谬移寅宫箕三度入丑宫。查寅宫宿度,自尾三度入寅宫起,尾四、五、六、七、八、九、十、十一、十二、十三、十四、十五、十六、十七度,箕初、一、二、三、四、五、六、七、八度五十九分,斗初、一、二、三度,始入丑宫。今冬至之太阳,实躔寅宫之箕三度,而新法则移箕三入丑宫,是将天体移动十一度矣,云云。此事怎讲?

汤若望供称:所谓移箕三入丑宫者,乃恒星自行所致矣,在推恒星之诸书内,皆有记载矣。况恒星之自行,非始于新法,而古之观测各异,全可以元史为佐证。按杨光先之言,若谓新法所定宫宿次序有误,何以推算日月五星列于某宫宿之度分秒与天密合?所谓尾各度不入箕各度,又箕各度不入斗各度者,盖因满天之星所恒矣,并无互近互远互入互出者矣。惟众星天全移动,是自西往东行,非宗动天之宫宿自西往东移动矣。故众星天各星渐自西往东行而移动。今冬至之太阳不躔寅宫,而躔丑宫之箕三度。等语。

据此,经讯杨光先,则供称:恒星者,二十八宿之井也,随天西行,一日过一度,昼夜西行不止,故有岁差。经六十六年又八月之后,天反比太阳退一度。汤若望不明此理,故曰东行。若谓众星天逐渐自西往东而行,则自东往西昼夜行走之天,又何以转而东行?尧之冬至太阳躔子宫虚六度,故有书经曰日短星昴也。今我朝冬至太阳躔寅宫箕三度,故曰宵中星毕。若谓自寅宫箕三度移入丑宫,则再过九千年之后,午宫星日马亦将移入丑宫也!又岂有此理乎?等语。

讯汤若望:据尔前供,冬至之太阳不躔寅宫,而躔丑宫之箕三度,云云。

据杨光先供称，冬至太阳躔寅宫箕三度，云云。此事怎讲？

汤若望供称：寅宫位于丑宫之西，以新法言之，众星天自西往东行，而箕三度之分秒，古时位于寅宫，今已入丑宫。今之冬至太阳，已位于箕三度之分秒，故曰位于丑宫。杨光先言众星天不自西往东而行，箕三度之分秒亦在寅宫，故曰今之冬至太阳在寅宫，而不在丑宫。等语。

杨光先供称：箕三度在寅宫，箕四、五、六、七、八度，斗初、一、二、三度，亦皆在寅宫，当行至斗四度，始过丑宫。今之冬至太阳行箕三度，而西洋人不知宫度不移之理，故而每岁视冬至为可移动者，并移一分五十秒，列入丑宫初度初分。若按彼之法，万万年之冬至太阳皆躔丑宫初度初分矣。实非如此。等语。

讯汤若望：据杨光先所呈《摘谬论》载称，六谬更调觜、参二宿。四方七宿，俱以木、金、土、日、月、火、水为次序。今汤若望更调参水猿于前，觜火猴于后，古法火水更调矣。其南方七宿者，即井木犴、鬼金羊、柳土獐、星日马、张月鹿、翼火蛇、轸水蚓；东方七宿者，即角木蛟、亢金龙、氐土貉、房日兔、心月狐、尾火虎、箕水豹；北方七宿者，即斗木獬、牛金牛、女土蝠、虚日鼠、危月燕、室火猪、壁水貐；西方七宿者，即奎木狼、娄金狗、胃土雉、昴日鸡、毕月乌、觜火猴、参水猿。旧法如是，而新法更调参水猿于前，觜火猴于后，云云。此事怎讲？

汤若望供称：在《恒星历指》《新法表异》以及顺治十四年呈部解释一文内皆称，将火、水分为觜火猴、参水猿者，皆系人为定编次序矣。诸曜渐次东移，实行天度，自然于新法内定以参水猿在前，觜火猴在后。查诸考论，务必从天，每日抬头可见，全以为凭，无须多言。若按水火次序，不更调参水猿于前，觜火猴于后，则必不合于天。等语。

据此，经讯杨光先，则供称：古之圣人著书传人，必有一定不移之理。汤若望所供《恒星历指》《新法表异》诸书，皆系汤若望所编不通之书，何以摈弃羲和、尧舜之法？修历之士经察二十八宿度数之后，定某宿为某几星之距星。又按度之长短，以察觜、参二宿之距星。觜宿者，即三颗小明星，同在一处。参宿者，即七颗大明星，彼此分散而又相距较远。觜下西一星，可作距星。参宿中三星之西一星，可作距星。汤若望不知古之距星法，将参西之东一星作距星，以调参在前，觜在后，显然不知西方之火水与南、东、北三方之火水相颠倒次序矣。等语。

讯汤若望：据杨光先供称，觜宿者，即三颗小颗星，同在一处。参宿者，即七颗大明星，彼此分散而又相距较远。觜下西一星，可作距星，参宿中三星之西一星，可作距星。汤若望不知古之距星法，将参西之东一星作距星，以调参在前，觜在后，显然不知西方之火水与南、东、北三方之火水相颠倒次序矣，云云。此事怎讲？

供称：宿之距星者，即各星内之一颗星，即选各宿内之一星作距星，以定距度。自汉唐以来千年间，惟独距星永不变更，况顺治十四年若望指明吴明炫之谬时，曾以史载为凭，指出自汉宋元以来距星逐渐不一之事，但杨光先将此一句改为世代距星皆为不一。察其所供，非独欺天，亦欺千世万代。觜中之北一星作距星，参中三星之西一星作距星，是以觜后参前。等语。

讯杨光先：据尔供称，觜下西一星可作距星，参中三星之西一星可作距星，云云。据汤若望供称，觜中之北一星作距星，参中三星之西一星作距星，云云。尔二人所言其参中三星之西一星作距星者，则为相同。而其觜下西一星与觜中之北一星为距星者，自相抵触。此事怎讲？

杨光先供称：小的与汤若望争辩觜、参之前与后，即使争一年，亦难辩明，只要登台观测，即可得以明了。故应以觜下西一星作距星，参中西一星作距星。古之法载以觜火猴在西，参水猿在东。等语。

汤若望供称：二宿之距星，永不可改者矣。而杨光先所言二宿之距星，以为世代不一所致矣。故小的更调前后。觜有三星，而该三星皆位于参中三星之西一星迤东，杨光先虽任意定该三星中之一星为距星，但不言在前在后。顺治十四年八月二十七日礼部疏称，于九月间无须再测觜、参，等因具题。奉旨：依议。钦此。等语。

讯汤若望：据杨光先所呈《摘谬论》载称，七谬删除紫气。古无四余，汤若望亦云四余自隋唐始有。四余者，紫气、月孛、罗睺、计都也。如真见其为无，则四余应当尽削。若以隋唐宋历之为有，则四余应当尽存。何故存罗、计、月孛，而独删一紫气？苟以紫气为无体，则罗、计、月孛曷尝有体耶。若望之言，曰月孛是一片白气，在月之上。如果有白气在月上，则月孛一日应同月行十三度，二日四时过一宫。何故九月始过一宫耶？况月上之白气，有谁见耶？云云。此事怎讲？

汤若望供称：紫气一余，已于顺治十四年呈部说明矣。紫气于天上，欲测候，无象可明，欲推算，无数可定，欲论述，无理可据，明系前人妄增，后人传会。唐以前未闻有此，唐以后皆弃而不用，故于时宪历内不留。至于月孛、罗、计，皆言有理有数，故而留存，仅删无理无数之紫气一余，等语。

据此，经讯杨光先，则供称：原于天上无紫气、月孛、罗睺、计都四星，故而谓之为四余。罗、计二余，用以推算日月交食，故而留存。月孛、紫气二余，是由袁天纲、李淳风算出。汤若望若曰古无四余，应将月孛、紫气一并弃而不用可矣，何又留存月孛？若望之言，月孛为一片白气，在月之上。故而小的以此诘难之。等语。

讯汤若望：据杨光先供称，原于天上无紫气、月孛、罗睺、计都四星，故而谓之为四余。月孛、紫气二余，是由袁天纲、李淳风算出。汤若望若曰古无四余，应将月孛、紫气一并弃而不用可矣，何又留存月孛？云云。此事怎讲？

供称：虽罗、计无星象，但对日月交食大有可用，况天上自有原行宫度。月孛虽无星象，亦对月之行大有可用，况天上自有原行宫度。故于新法内留存此三余。惟紫气于天上无所可用，故而删除不用。等语。

讯杨光先：据汤若望供称，虽罗、计无星象，但对日月交食大有可用，况天上自有原行宫度。月孛虽无星象，亦对月之行大有可用，况天上自有原行宫度。故于新法内留存此三余。惟紫气于天上无所可用，故而删除不用，云云。紫气留存，可有益处乎？删之，可有害处乎？

供称：四余至关祸福，更甚于五星。夫紫气者，乃东方木旺之气。万历丙辰岁，东方现出一道白气，直冲紫微垣，经观测后，方知紫气所为。故经具疏，由明神宗委员以祈祷之。良久，太祖兴兵，不过三十年，世祖皇帝进京，统一万邦。可见，紫气乃我朝创业之吉祥征兆矣。而汤若望独删除四余内一紫气，不知欲何为？

讯汤若望：据杨光先所呈《摘谬论》载称，八谬颠倒罗、计。罗、计自隋唐始有，而新法以罗为计，以计为罗。但不知若望何以知隋唐之罗是计，计是罗耶？罗属火，计属地，火土异用，生克制化各有不同，令民何所适从？云云。此事怎讲？

汤若望供称：顺治十四年曾将此事已呈部说明矣。罗睺、计都之名，原所有之，实因月之交行所致，故又称为正交、中交，亦有称为龙首、龙尾，或天首、天尾。盖以初宫为首，月行而交，谓为正交矣。以六宫为尾，月行而交，谓为中交矣。罗睺一星自初宫起计算，而计都一星自六宫起计算，首尾分明，正中成次矣。杨光先何以妄言罗计颠倒？若光先言罗属火，计属土，则天上象体数理必无凭可稽也！等语。

据此，经讯杨光先，则供称：古之法以罗为火，以计为土，世人皆知，且正交中交，天首天尾，亦自古皆用之，非汤若望之新法也。其天首之戌，谓为罗睺，天尾之辰，谓为计都。今汤若望以罗为计，以计为罗，不知依凭何理而改之？等语。

讯汤若望：据尔供称，以初宫为首，日行而交，谓为正交矣。以六宫为尾，月行而交，谓为中交矣。罗睺一星自初宫起计算，而计都一星自六宫起计算，首尾分明，正中成次矣。杨光先何以妄言罗计颠倒？云云。此事怎讲？

汤若望供称：太阳所行之道与月亮所行之道上下相交，上交则月行黄道之北，下交则月行黄道之南，其上交点曰罗，又曰天之首。其下交点曰计，又曰天之尾。月亮自南往北行，自下往上行，而罗则上交、北交，计则下交、南交。上则在上，下则在下，南则在南，北则在北，此乃自然之理，并无颠倒。等语。

讯杨光先：据汤若望供称，罗、计并无颠倒，云云。据尔供称，汤若望以罗为计，以计为罗，不知依凭何理而改之，云云。此事怎讲？

杨光先供称：在新法七政历内，将旧法七政历之罗计颠倒。罗、计次序，在历代七政历内皆有记载，全可核查，岂容抵赖？等语。

讯汤若望：据杨光先所呈《摘谬论》载称，九谬黄道算节气。按节气当从赤道十二宫匀分，每一节气该一十五日二时五刻一十七秒七十微八十三纤。今新法以黄道阔狭之宫算节气，故有十六日、十五日、十四日一节气之差，所以置闰立春皆错，云云。此事怎讲？

汤若望供称：按黄道算节气，于太阳行、月行、五经度、恒星等诸书中皆有明白记载，今人皆知。太阳之行度，皆在黄道，恒星自行，亦在黄道，南北经度之远近永不更改，实与赤道不一。若平分节气，则必不合于天。等语。

据此，经讯杨光先，则供称：夫黄道者，乃太阳行度之宫，阔狭不一。夫节气者，乃天象之赤道，每宫有三十度四十三分余。是以每月为三十日五时二刻余。除扣除三十日之外，又余有五时二刻，故谓为气盈。汤若望不知气盈旧法，误以为十四日有一节气，且又曰平分不合于天。由此可见，汤若望不懂历法矣。等语。

讯汤若望：据尔供称，可按太阳所行黄道算节气，云云。此事怎讲？

供称：太阳在黄道不离南北，每宫自初度行至十五度，即过一节气，又自十五度行至三十度，即过一中气，故按太阳所行黄道之宫度算节气。等语。

讯杨光先：据尔供称，按天象之赤道算节气，云云。此事怎讲？

供称：按赤道算节气，即为平分旧法矣。赤道每宫为三十度四十三分六十八秒七十五微，故一月为三十日五时二刻余。此三十日，即一月之满数，而五时二刻者，则为节气之盈数。气盈，则为闰月。按新法以二十八日为一节气一中气，非但不能气盈，反成为朔虚矣。是以，推闰不实。一节气实为十五日二时五刻余，应自顺治十八年冬至之刻寅宫箕三度起计算。等语。

讯汤若望：据杨光先所呈《摘谬论》载称，十谬历止二百年。孟子云，千岁之日至，可坐而致。太宗皇帝仁武而不嗜杀，天故笃生皇上，冲龄而为一代开辟之主。皇上又英明仁武而不好杀，天将笃祜皇家，享无疆之历祚。而若望进二百年之历，其罪曷可胜诛，云云。此事怎讲？

汤若望供称：以新法所推之历，不仅二百年，亦有无疆年表。前四千年，后四千年，共八千年之后，又可按新法推步之。此事全以算未来无疆表为凭据。等语。

据此，经讯杨光先，则供称：为臣者，应进万年无疆之历，方可谓为忠君之臣子，恤国之血诚矣。而若望止进二百年表，怎可谓之为臣子？后虽有四千年，八千年之表，亦不足以蔽前二百年表之辜。等语。

讯汤若望：据尔供称，以新法所推之历，不仅二百年，亦有无疆年表，前四千年，后四千年，共八千年之后，又可按新法推步之。此事全以算未来无疆表为凭据，云云。如此许多历表，可否与二百年表一同呈进？或另呈进？

供称：日月五星皆按新法推有各无疆表，惟历书分有前后二百年表，纯属便当起见而为。历书前后二百年表，又称为二百年恒表。至二百年表、恒表，均已一同呈进矣。等语。

臣等遵旨将顺治十八年闰七闰十、中星说、立春刻分之差、杨光先摘汤若望十谬等案，俱行研鞫，而伊等皆言以己为是。伊等所供推算之历，虽按旧法推之，但历代皆有修正。至于新法，则自顺治二年起施行。天文精微，至关重大，臣等未敢擅便，为此谨具密题。请旨。康熙三年十二月十七日题。本月十九日奉旨：着尔部议拟具奏。文内清字年字遗漏，着添加饬行。钦此。钦遵。康熙三年十二月十九日密封到部。

臣等议得，推历一案，经研讯汤若望、杨光先，皆言以己为是。天文精微，且又至关重大，臣等难以悬拟。请敕直隶各省督抚寻访熟通天文历法之士，不分官民，皆速驿送臣部，以便审阅汤若望、杨光先之供词，核拟是非，再行议奏。至于云南、贵州、广东、广西、四川五省，路途遥远，用时不少，拟不咨行。

臣等未敢擅便，谨具密题。请旨。

康熙四年正月十三日具题，本月十六日奉旨：着议政王、贝勒、大臣、九卿、科、道会同酌议具奏。钦此。钦遵。

讯汤若望：据尔供称，按旧法一昼一夜为一百刻，而新法可分为九十六刻，每时八刻，云云。其余之四刻，是否补入每时八刻之分秒内？

供称：其余之四刻，不在昼夜之内，亦不在一时八刻分秒之内。等语。

讯汤若望：据尔前供，一昼一夜，按旧法将一百刻分为十二时，尚有余数，极为纷繁，难于计算。按新法将九十六刻分为十二时，每时八刻，并无余数，易于计算，云云。今尔又称，所余四刻，不在昼夜之内，亦不在一时八刻分秒之内，云云。尔之前后所供各异，此为何耶？

供称：前后所供并非各异。按新法可将一昼一夜分为十二时，每时为八刻，并无余数，故称所余四刻不在昼夜之内。按旧法计算，因有余数，难于计算。等语。

讯杨光先：据汤若望推算康熙四年历书所载，二月初四日辰时头初刻十二分春分，昼四十八刻，夜四十八刻，云云。按旧法推算，以何日为春分？

供称：二月初六日午时头三刻四十九秒余即春分，昼五十刻，夜五十刻，此乃旧法。等语。

讯汤若望、杨光先：据汤若望所推历书所载，二月初四日辰时头初刻十二分即春分，昼四十八刻，夜四十八刻，云云。据杨光先供称，二月初六日午时头三刻四十九秒余即春分，昼五十刻，夜五十刻，云云。尔二人孰是孰非，必行测验，尔等可有何供？

汤若望供称：二月初四日春分，届时可以测验便知。春分之日正午时，太阳位于离地五十度处，孰是孰非，可以观测。等语。

杨光先供称：自春分至秋分，应为一百八十二日七时半。此乃尧舜之法，传有数千年。按袁天纲、李淳风所厘定古法，则于二月初六日午时至春分是实。若按新法，自春分至秋分为一百八十日半，自秋分至春分为一百七十八日半，从无如此长短不均之理！节气时刻，皆用算盘计算，并非登台观象。若测节气，必至候气室内观测芦管吹灰，方合于候气之事。等语。

臣等会议得，经传汤若望、杨光先当面质讯，皆言以己为是。天文精微，孰是孰非，难以悬议。查历代之法，皆用百刻之历，并无减百刻为九十六刻之法。自尧舜至今，历代皆用旧法，拟应施行按旧法推算之历。

臣等未敢擅便，谨具密题。请旨。

康熙四年正月二十九日具题。二月初二日奉旨：览奏。尔等仅议施行按旧法推算之历，而对文内各款并无详细研审。夫议政王、贝勒、大臣者，皆为国家信任之王、贝勒、大臣矣，然而以如此重大案件，都不核议，率行议奏，殊甚不当。着加饬行，逐款核查，分别议奏。钦此。钦遵。经逐款详讯汤若望、杨光先，仍与前供同。

据此，又讯汤若望：据尔供称，所谓子、午、卯、酉四宫，则为不动者矣，星、房、虚、昴四宿，则为可动者矣。动则不在原处焉！历代史册亦有记载，全可核查，云云。尔所言该史册在何处？

供称：可以查阅现有《元史志》卷第四章五十二册。至于其他历代史册，因小的年迈有疾，不甚记得。等语。

据此，经查阅汤若望所言元史，所载恒星度数与历代观测不一，即行讯问何以不一，则供称：古人观测或有不周之处，皆因古用管窥所致矣，而今已用浑天球观测。两种观测，其度数分秒与古代不一，今开列于后。据汉洛下闳观测，角十二度，亢九度，氐十五度，房五度，心五度，尾十八度，箕十一度，东方七十五度；斗二十六度二分，牛八度，女十二度，虚十度，危十七度，室十六度，壁九度，北方九十八度二分；奎十六度，娄十二度，胃十四度，昴十一度，毕十六度，觜二度，参九度，西方八十度；井三十三度，鬼四度，柳十五度，星七度，张十八度，翼十八度，轸十七度，南方一百一十二度。日躔。唐僧一行观测，斗二十六度，虚十度强，室十六度，北方九十八度二十五分；毕十七度，觜一度，参十度，西方八十一度；鬼三度，南方一百一十一度。宋白望佑（音）观测，氐十六度，心六度，尾十九度，箕十度，东方七十七度；斗二十五度，牛七度，女十一度，危十六度，室十七度，北方九十五度二十五分；胃十五度，毕十八度，西方八十三度；鬼二度，柳十四度，南方一百一十度。元丰年间观测，房六度，箕十一度，东方七十九度；虚九度强，北方九十四度二十五分；毕十七度，西方八十二度；张十七度，翼十九度，南方一百一十度。崇宁年间观测，亢九度弱，房五度强，心六度弱，尾十九度弱，箕十度半，东方七十八度；牛七度弱，女十一度强，危十五度半，壁八度余，北方九十四度七十五分；奎十六度半，昴十一度弱，毕十七度弱，觜半度，参十度半，西方八十三度；井三十三度弱，鬼二度半，柳十三度余，星六度余，张十七度弱，翼十八度余，南方一百九十度二十五分。至元年间观测，角十二度十分，亢九度二十分，氐十六度三十分，房五度六十分，心六度五十分，尾十九度十分，箕十度四十分，东方七十九度二十分；斗二十五度二十分，牛七度二十分，女十一度三十五分，虚八度九十五分，危十五度四十分，室十七度十分，壁八度六十分，北方九十三度八十分强；奎十六度六十分，娄十一度八十分，胃十五度六十分，昴十一度三十分，毕十七度四十分，觜五分，参十一度十分，西方八十三度八十五分；井三十三度三十分，鬼二度二十分，柳十三度三十分，星六度三十分，张十七度二十五分，翼十八度七十五分，轸十七度三十分，南方一百八十度四十分。等语。

讯汤若望：据尔供称，每月有节气、中气，因太阳行迟疾不一，或十四日，或十五日，或十六日行一节气。若无中气之月，则置以为闰，云云。尔何以谓为节气、中气？书中载否？或曾见否？

供称：节气、中气，可载于日行诸书内。凡推日月交食，必先推太阳在何一节气、何一中气之度、分、秒。历年日月交食，皆合于天，分毫不差，均已眼见。由此观之，太阳每日所行，均在某一节气，某一中气之内，并无差池。此外，凡节气、中气之度、分、秒，与地面离有几度，亦有定数，且日影亦有一定之长短，皆合于天，亦可目睹。等语。

讯杨光先：据尔供称，常月之历，一月有一节气，有一中气，而闰月之历，一月有节气，而无中气。此乃自古一定不移之规律，云云。尔何以谓为节气、中气？书中载否？或曾见否？

供称：夫节气者，即于候气室内观测所推葭灰飞节气合与否，犹如天上之星，非肉眼所能见。夫历法者，即一年分十二月，每月三十日，即以三百六十日为一年之常数。一月之气，即以三十日五时三刻为一月节气，而三十日为定数。至每月所余五时三刻，则谓为气盈。十二个月之气盈，共计五日半，可以积而为闰。每月以三十日为定数，而其所余之五时半，可谓为朔虚。十二个月之朔虚，共计五日半，可以积而为闰。是以，经过十九年之后，其气盈朔虚共计二百一十一日，可以置为七个闰月。今之新法以二十八日定有节气，如此而推，其应盈之气不盈而虚，应虚之朔不虚而盈矣。是以，自秋分之日至春分之日，恰少八日。自春分之日至秋分之日，又多八日。岂有此理？汤若望因不知气盈朔虚之理，于十八年置有二闰，七月有节气而无中气，乃闰月之正历，十二月有节气而无中气，不可置为常月之历。气盈朔虚之事，载于书经，可以查阅。夫书经者，乃中国书籍之本，岂有尧舜虞汤文武周公孔子及汉宋元儒士反不及汤若望之理乎？等语。

讯杨光先：据汤若望供称，一月亦有三节气之事，云云。据尔供称，一月有一节气一中气，自古并无一月有三节气之历，云云。一月无三节气，可以何为凭据？

供称：一月只有一节气一中气，并无三节气。一月有三节气者，乃西洋之历法，纯属无稽之谈。据此观之，彼之法无不舛谬，亦不足为奇，更无一年内有二闰之法。等语。

讯杨光先：据尔供称，一月有一节气，有一中气，云云。据查明朝历法，三月之内只有一中气。尔之所言一月有二节气者何耶？

供称：若有节气而无中气，则可置闰。若有中气而无节气，则不置闰，因为该月已有中气。一月有一中气者颇多。小的此前未供一月有一中气，所供不全。等语。

讯杨光先：据尔供称，每十五日有一节气，并无十四日、十六日有一节气之法，云云。据查明朝历书所载，并无十六日有一节气之历，此事怎讲？

供称：据旧法载，二月小，二十九日未时正三刻清明，三月节。三月十五日戌时正初刻谷雨，三月分，云云。自二月二十九日未时正三刻至三月十五日戌时正初刻止，共为十五日矣。等语。

讯杨光先：据汤若望供称，太阳行中圈不一，其圈之大半为春分至秋分，圈之小半为秋分至春分。太阳行大半，则多八日，太阳行小半，则少八日，云云。此事怎讲？

供称：太阳行黄道，并非行黄道之南北。春、秋二分之日，太阳行至赤、黄二道之交接处，西洋人谓此为同心环，而古法则称为赤、黄二道交接处。该交接处东西平均，长短均等。故而古法自春分之日至秋分之日是为一百八十二日七时半弱，自秋分之日至春分之日亦为一百八十二日七时半弱，昼为五十刻，夜为十五刻。按汤若望新法，自春分之日至秋分之日多八日，自秋分之日至春分之日少八日。既然如此，其昼夜时刻应为长短不一，然又何以昼为四十八刻，夜亦四十八刻？由此可见，彼之法舛谬矣。夫历法者，数也。国朝之历，应增其数，而何以减少四刻？应问以何罪？等语。

讯杨光先：据尔供称，按旧法一昼夜为一百刻，云云。一刻又分为几多分秒微纤。

供称：一刻为一百秒，一百秒为一分，一时为一百三十三秒三十三微三十三纤。等语。

讯汤若望：据尔所修之历内载，一昼夜为九十六刻，云云，一刻又分几多分秒微纤？供称：一刻为十五分，并无余数。等语。

讯汤若望：据杨光先供称，新法更调参水猿于前，觜火猴于后，云云。按旧法该二宿中何星在前，何星在后？尔以何为凭而更调次序？

供称：何星在前，何星在后，可以观测其在天上所行之度，此为其一。众星均自西往东缓缓移动，此事明载于新法《恒星历指》各书，此为其二。顺治十四年，曾将此事已呈部声明，并谕曰不再观测参、觜二宿。因见旧法舛错，与天不合，故于新法内更调次序。等语。

讯汤若望：据杨光先供称，夫紫气者，乃东方木生之气，万历丙辰年东方显现一道白气，直冲紫微垣，经观测后，方得知为紫气所变。故经具疏，明万历帝委员祈祷，云云。此事怎讲？

供称：该一道白气，小的亦曾见到，确为彗星在空中，非在天上，数月之后即散，切不可言其紫气。杨光先所言紫气在天上，有度数者，谬也。明万历年间曾否祭祀，小的不知。等语。

讯汤若望：据尔供称，日月五星皆按新法惟有各无疆表、二百年表、恒表，均已一同呈进，云云。尔于何年呈进此历表？

供称：不记年份。等语。

讯汤若望：据尔供称，二月初四日辰时，春分，当日之太阳在正午时，则位于离地面五十度之处，云云。观测此事，以何为凭？

汤若望供称：观象台设有古制观测仪，欲知孰是孰非，全可测试春分日圭表日影之长短。我二人事先所推春分日之正午时，可以观看圭表日影之长短为几尺几寸几分。再，历年春分日之正午时，太阳有一定高度，而圭表上日影亦有一定长度，此永不变更。杨光先前供管吹葭灰以测春分者，实为紊乱历法矣。此事证据颇多，可以观测。此外，在观象台上测试古人所定子午圈某日某时刻为春分日时刻，可以根据圭表之影以断定某日某时刻为春分。且春分后之数日内，仍可以测试。等语。

讯汤若望：据尔供称，观象台设有古制观测仪，欲知孰是孰非，全可测试春分日圭表日影之长短，云云。该圭表日影之长短又如何讲？测试时众人前去观看可乎？

供称：一年之内，圭表之影每日各异，圭表之下盘上刻有尺寸，众人可以观看，日圭表之影，亦有尺寸，一旦春分临近，其冬至之日至夏至之日，亦甚明显，务必先观查圭表之高低尺寸。圭表之高低尺寸知道之后，才能推算出圭表影尺寸之长短。等语。

讯杨光先：据汤若望供称，观象台上设有古制观测仪，欲知孰是孰非，全可测试春分日圭表日影之长短，云云。对此，尔可有何言？

供称：节气之刻数，经九日之后，才增减一刻。若以象仪测节气，在此九日之内,圭表影长短皆同,又何以区分节气?若按汤若望之言而为,则古之圣人不该设候气室也!冬至日影长一丈三尺,夏至日影长一尺三寸,此二至测影之法,即测其中最长、最短二项。倘若二分之长短不足,则不作凭据。等语。

讯杨光先:据尔供称,欲测节气,务必在候气室内先观测管吹葭灰,方合于观测节气之事,云云。如果预先设管观测春分日之葭灰可乎?

杨光先供称:漏刻科派员观测律管葭灰。春分节气时,初四日可以观测,初六日亦可以观测。测气之法,乃漏刻科之专职,至于其中之规矩,小的不知。等语。

讯杨光先:据尔供称,测气之法,乃漏刻科之专职,至于其中之规矩,小的不知。云云。尔所言者即指不知葭灰之法乎?或不知制作规矩乎?尔可曾观测乎?

杨光先供称:此法从伏羲、尧舜起相传至今,今钦天监仍用此法。小的虽未观测葭灰之法,但可以查阅史册、律历。至于其中规格、置设律管之法,小的不知。等语。

讯漏刻科官员欧吉武等:据杨光先供称,观测葭灰,乃尔等之专职,云云。尔等如何观测葭灰?一年观测几次?

漏刻科官员欧吉武等供称:每年立春,由监正派历科一员、漏刻科一员,在立春前五日至顺天府会同司晨、县吏等观测立春一次,其余节气,则不观测。等语。

讯杨光先:据漏刻科欧吉武等供称,每年仅观测立春一次,其余节气,则不观测,云云。尔之所言可以观测春分日者何耶?

杨光先供称:每年十二个月,分有二十四个节气,皆以律葭灰法观测,此乃定理。今所言仅测立春一次者,则为漏刻科之失职也。等语。

据此,又将杨光先此供给与漏刻科博士欧吉武等阅看,并经再次审讯,欧吉武等供称:自受委派以来,每年仅在立春时,由监正派历科一员、漏刻科一员至顺天府会同司晨及县吏等,仅观测律管葭灰一次,不曾为其余节气而奉派前去,此乃旧制。等语。

讯杨光先:据尔供称,每年十二个月,分有二十四个节气,皆以律管葭灰观测,此乃定理。但小的不知,云云。今若尔知此事,能否观测?

供称:小的不会观测。等语。

讯欧吉武等:据尔等供称,每年立春时,仅以律管葭灰观测,云云。尔等何人曾赴观测?

欧吉武供称：小的与周世泰曾赴一次，又有司尔珪与周世泰亦曾赴一次，其余尚有何人去与否，小的不知。等语。

历科博士周世泰供称：小的与欧吉武、司尔珪曾赴二次。等语。

又讯欧吉武、周世泰：据尔等供称，曾观测律管葭灰，云云。尔等曾否呈报所观测之律管葭灰时日与所推历法时日合与不合情形？

欧吉武、周世泰等供称：每年立春时，均经本监题请后，即派二科官员提前五日去置管观测，于立春前一日起管，由司晨呈报葭灰全飞、稍飞情形，而职等即按所报呈堂。原来从不测时，旧例于立春前一日返回具呈，至此奉差事毕。至于是否具题，小的们不知。等语。

讯汤若望：据尔前供，飞灰一项，置而不用久矣。再者，地有硬软干湿不平现象，实难求其吻合，云云。今据欧吉武供称，每年立春，由监正派历科一员、漏刻科一员，在立春前五日至顺天府会同司晨及县吏等观测立春，云云。尔所言不用律管葭灰已久者何耶？

供称：小的前供不用葭灰者，即不用律管葭灰以观测春分节气矣。若论律管葭灰，则另有用途。所谓立春之日，由监正派历科一员者，即观察该省当日之律管葭灰升飞及该省丰裕情形，此事归于漏刻科办理，与天文历法无涉。等语。

讯汤若望：据尔供称，观察律管葭灰升飞及该省丰裕情形，云云。既然如此，何不在十五省置设十五个律管以观察，而仅设十二个律管以观察？

供称：小的掌印之前，只知设有十二省之律管，并不知可设十五省律管以观察之事。等语。

讯汤若望：据尔供称，观察律管葭灰升飞及该省丰裕情形，云云。尔可曾据此题报乎？

供称：已不记得。等语。

又讯汤若望：尔于每年立春前即派钦天监两名官员前去观察，岂可巧供为不记得？如实招供！

供称：小的若曾记得，即供记得，若不记得，即供不记得。小的今已身患重病有一年，许多事情，已经不记得，曾否题报，委实不记得。每年立春前即派钦天监二员前去观察是实。等语。

讯汤若望：据尔前供，立春之日观察该省律管葭灰升飞及该省丰裕情形，云云。康熙三年正月初八日，据尔具疏，正月初八日立春，候至其时，春气已应，云云。又康熙三年十二月十九日，据张其淳具疏，为立春事。自赴顺天府候至其时，春气已应，等因具疏。尔之前供及具疏本内皆有舛误，对此事怎讲？

汤若望供称：小的具疏及张其淳具疏，皆无舛误。至于前供各省丰裕情形一词，则因年迈有疾，所供有误。等语。

据此，臣等会议得，顺治十八年应置闰十月，而置闰七月者谬一款，又立春之日，按新法提前两日之一款，又论中四星一款，又二谬内一月无三节气之一款，又三谬内冬至夏至之长短一款，又四谬内太阳之行原无迟疾一款，又五谬内移寅宫箕三度入丑宫一款，又八谬内颠倒罗、计一款，又九谬内应按赤道算节气一款，以上九款复经逐款详讯，因其中之理精微，难以议拟。但汤若望供称，按旧法以原将一百刻分为十二时，因有余数，极为烦琐，难以推算。按新法将九十六刻分为十二时，每时八刻，易于推算。无论以一百刻推算，或以九十六刻推算，均不增减，云云。后审讯时，又供称，所余四刻，既不在昼夜之内，亦不在一时八刻之内，此四刻根本无有，等因巧供。自古至今，凡是推历，皆以一百刻为一昼夜，此乃世代沿循之旧例，但汤若望改一百刻为九十六刻，而少四刻，此为其一。

汤若望前供，飞灰一项，置而不用久矣。再者，地有硬软干湿不平观象，实难求其吻合，云云。漏刻科官员欧吉武等供称，每年立春，监正派历科一员、漏刻科一员，在立春前五日至顺天府会同司晨及县吏等观测立春，云云。汤若望亦供称，每年立春之日，所以派该衙门两名官员者，则观察该省当日之律管葭灰升飞及该省丰裕情形，云云。康熙三年正月初八日，汤若望疏称，为立春事。候至其时，春气已应，云云。又康熙三年十二月十九日，张其淳具疏内称，为立春事。自至顺天府候至其事，春气已应，等因具疏。即经质审汤若望才供认其前供内所谓观察各省丰裕情形者有误，等因，供认巧饰。虽然如此，又欧吉武等人供称，按旧例置管观测立春时，立春前日起管返回呈堂，从不测时，云云。而汤若望根据所派官员呈报情形，却妄疏候至其时，春气已应，此为其二。

据杨光先呈称，汤若望新法更调参水猿于前，觜火猴于后，云云。据汤若望供称，将火、水分为觜火猴、参水猿者，皆系人为定编次序矣。诸曜渐次东移，谁前谁后，可以观测其实行天度，每日抬头可见。旧历舛谬，不合于天，故于新法内更调次序，云云。但自古推历之士，皆按先圣所定二十八宿次序推算已久，而汤若望擅自更调次序，殊甚不当，此为其三。

据杨光先呈称，四余者，即紫气、月孛、罗睺、计都也。汤若望如真不见其为无，则四余应当尽削。若以隋唐宋历之为有，则四余应当尽消。何故存罗、计、月孛，而独删一紫气？云云。据汤若望供称，月孛、罗睺、计都三余，虽无星象，但对日月交食、月之行，皆大有可用，故于新法内存此三余。至于紫气一余，天上无象，又无理可议，无数可算，无处可用，故而删消。至一道白气者，小的亦曾目睹，乃彗星也，实在空中，非在天上，数月之后即散，故不可谓之为紫气。明万历年间，是否存有紫气，小的不知，云云。据杨光先供称，夫紫气者，乃东方木旺之气。万历丙辰年东方显现一道白气，直冲紫微垣，经观测后，方知紫气所为，故已具疏。不久，太祖兴后，不过三十年，世祖皇帝进京，统一万邦。紫气乃我朝创业之吉祥征兆矣。汤若望独删四余内紫气一余，不知意欲何为耶？云云。经查旧历，该紫气、月孛、罗睺、计都四余皆有。汤若望将自古即有之紫气、月孛、罗睺、计都四余，在彼所修历法内仅存月孛、罗、计三余，而擅自删消紫气一余者，殊甚不当，此为其四。

据杨光先呈称，天将笃祐皇家，享无疆之历祚。而若望进二百年之历，其罪曷不胜诛，云云。据汤若望供称，以新法所推之历，不仅二百年，而前四千年，后四千年，共八千年之后，又可按新法推步。日月五星，皆按新法各有无疆表。惟历法分有二百年表者，乃为简便起见矣。故只进二百年恒表、日月五星表，云云。但汤若望不记为何年所进，理应呈进万年无疆历表。汤若望可以呈进日月五星历无疆表，而历只进二百年表者，殊甚不当，此为其五。

由于以上五款，拟将汤若望仍交刑部议罪。

再者，百刻之历，自尧舜至今，历代沿用已久，嗣后理应仍施行以百刻推步之历。至该本内所有各款，拟照旧例施行之。

再，已废回回科一案，经查系钦命废之。今既议行百刻之历，亦应仍照旧例恢复回回科。

再，钦天监衙门派往候气官员，均于立春前日起管禀报，而掌印官张其淳亦妄疏春气已应，故拟交礼部另行议复。

臣等未敢擅便，谨具密题。请旨。

[批红]：康熙三年正月初八日，汤若望疏称，为立春事。正月初八日立春，候至其时，春气已应。十二月十九日，张其淳疏称，为立春事，自赴顺天府候至其时，春气已应。又欧吉武供称，按旧例每年立春置管候气，皆于立春前日起管返回，具文呈堂，从不测时，云云。如此言之，并未核实立春时分者显见也。每当具报节气，宜报当年之丰歉，民生之休戚情形。此事至关重大，诚若先期起管，其立春时分、春气已应情形，又以何为凭验？应对此事彻底穷诘。着再复核议奏。

选译自“满文密本档”卷150

14.康亲王杰书等题为审讯汤若望等立春前日起管案等事密本

康熙四年二月二十四日

和硕康亲王杰书等谨具密题,为奉旨会议事。

前臣等为本案会同具疏,准礼部与吏部会题,为奉旨质审具题事。

臣部曾与吏部会同为前事疏称,讯汤若望:据杨光先《正国体呈》载称,一月之内有一节气,有一中气,此常月之法也。有一节气而无中气,则以上半月为上月之中气,下半月为后月之节气,此置闰之法,夫人而尽知也。新法于十八年闰七月十四日酉时正初刻,交白露,八月节。十四日以前作七月用,十四日以后作八月用,此有节气而无中气之为闰,此法之正也。忽又于十二月十五日申时正三刻,交立春,正月节。此月有节气而无中气,与闰七月之法同,是一岁而有两闰月之法矣。且实闰十月,而新法谬闰七月,云云。此事怎讲?

供称:某月中气若见于下月内,则某月无中气,仍属下月之中气,故置上月为闰。顺治十八年七月之后一月,应为八月,但八月之中气仅见于下月初,是以置七月之后一月为闰七月。至十二月之中气,既见于十一月三十日,又怎可以置十一月为闰?所谓中气者,即进入宫宿矣。每月皆有各自宫宿,不可有误。十一月之后一月,已入十二月宫宿,而七月之后一月,尚未进入八月宫宿。是以,置七月为闰月者,无所质疑矣。杨光先所言以十月为闰者谬也。等语。

又经讯钦天监监副周胤,以及历法上署名官员春官正宋可成,夏官正李祖白,中官正刘有泰,秋官正宋发,冬官正朱光显,五官保章正尹凯、张文明,五官灵台郎张其淳,五官挈壶正杨宏量,五官司历戈继文、鲍英齐等人,据周胤、宋可成、李祖白、刘有泰、宋发、朱光显、张文明、尹凯供称:顺治十八年闰七月,乃有中气而未入中气,是以置闰。十一月三十日,已入有十二月中气,是以不置闰。由此可见,十月不可置闰。小的们皆系已入天主教之人。等语。

戈继文、鲍英齐供称:小的们仅按式样制版,至推历法之是与非,则不得而知。等语。

张其淳供称:小的隶属天文科,仅观测天象而已。至推历法,各有职守,从不过问。等语。

杨宏量供称:小的隶属漏刻科,职任占验山陵风山。至推历法,小的不晓得。等语。

讯汤若望:据杨光先《正国体呈》载称,一月有三节气,则又更异于有闰不闰之法矣。至于冬至之刻至立春之刻,应有四十五日八时弱,而新法止四十四日一时三刻,将立春之刻躐在前一日六时三刻,是不应立春之日而立春,应立春之日而不立春,云云。此事怎讲?

供称:旧法平分节气,以十五日为限,此与天数不合。新法则按天度推算,或十四日、或十五日、或十六日置一节气,多寡不一。杨光先所言自冬至之刻至立春之刻,应有四十五日八时弱者,乃平分而不合天数之旧法矣。伊之所谓应立春之日,恰为不应立春之日。诚若新法有误,日月交食又何以吻合?又节气日数多寡不一,一月有三节气者,则因十四日恰遇一节气所致矣。几经考之,一月内有三节气者甚多,譬如某月初十日进一节气,二十五日又进一节气,此即二节气矣,自初一日至初九日,仍非上月之节气乎?如此推之,仍为三节气矣。等语。

又经讯周胤、宋可成、李祖白、刘有泰、宋发、朱光显、张文明、尹凯等人,则供称:新法按天行之度推算,而天行迟疾不一,故节气有十四日者,有十五日者,有十六日者。一月有三节气者,则因十四日有一节气所致矣。等语。

据此,又经讯杨光先,则供称:历法者,一定不移矣,不得任意侵紊。常月之历,一月有一节气,有一中气。闰月之历,一月有一节气,而无中气。此乃自古一定不移之规律。就当今时宪历而论,顺治十八年闰七月一月内,有节气而无中气,于十二月一月内,亦有节气而无中气。如此言之,此岂非一年内有二闰之法乎?自尧舜至今,从无一月之内有三节气之法,可问制作羲和历法之人,自古有无此法。历来制作历法,莫过于唐袁天纲、李淳风、僧一行。伊等均按尧舜旧法,一月置一节气,置一中气,分归六段,每一段计为五日七刻二十八秒十二微五十纤。半月分为三段,计为十五日二时五刻十七秒七十微八十三纤。一月分为六段,计为三十日五时二刻八微三十三纤。此乃万世不变之常规。汤若望并不知按赤道定节气,仅用黄道太阳躔宫之法而定节气。故其所谓十四、十五、十六日有一节气者,不通矣。按平行古法定节气,自然以十月为闰月矣。立春较之新法可提前二日,此仅其中之梗概情形而已。光先谓汤若望不通,而汤若望则自以为是,虽邀赴考三千进士，亦难断定其中是与非。请传曾制作历书各官前来，讯问其自宋元以来可用十五日二时五刻之法，或用十四、十五、十六日有一节气之法，便可明了。简言之，制作历书各官慑服于汤若望之淫威，谁人敢言其非？如今研鞫，仍有惧而不言者，足见其威并非一般。尧舜羲知旧法，从无舛错，然汤若望谓之为有误，又有何人敢言？再过五六年，当知晓尧舜历法之人死去后，旧法必将绝迹矣。等语。

据此，又饬令钦天监之周胤、宋可成、刘有泰将按平行旧法推算人员俱行带来，旋即带算平行旧法博士何其毅、周世泰、薛文秉、臧文宪、左之登、薛文华、张光祥、周彤、何洛叔、周世瑞等前来。

讯何其毅等十人：旧法可用十五日二时五刻之法，或用十四、十五、十六日之法？

供称：按旧法平分节气，杨光先即用旧法推算。新法以十四、十五、十六日为一节气，皆由五官官员所为。小的们每年仅观察星宿，以照圭尺测算而已，他事概不知晓。再，刘有泰、朱光显、戈继文亦系推算旧法之人。等语。

又讯：既然如此，顺治十八年以七月为闰者是与否？

供称：按旧法推之，顺治十八年以十月为闰者是。新法以七月为闰者是与否，皆系五官官员之事，小的们并不知道。等语。

讯戈继文：据何其毅等供称，尔系推算旧法之人，顺治十八年以七月为闰者是与否？

供称：按旧法推之，顺治十八年以十月为闰。小的不曾推算新法。等语。

讯刘有泰、朱光显：据何其毅等供称，按旧法推之，顺治十八年以十月为闰者是。又供称尔等亦曾推算旧法。据尔等前供，以十月为闰者否。此事怎讲？

刘有泰供称：按新法推之，以七月为闰。至旧法，小的不曾推算。可否以十月为闰，小的亦不知。小的原为明朝博士。等语。

朱光显供称：按新法推之，以七月为闰。按旧法推之，以十月为闰。小的不曾经历此事。等语。

据此，又质讯何其毅等十人，据何其毅等供称：刘有泰、朱光显原为推算旧法之人，却供不知旧法，可乎？此二人皆知旧法是实。等语。

讯刘有泰：曾饬令尔带推算旧法之人前来，但尔明知旧法，却不禀报，又不带朱光显、戈继文前来。据尔供称，曾为博士，但不知以十月为闰。以此观之，顺治十八年闰七月者必有谬误，故行掩饰巧供。如实招供！

供称：曾饬令周胤、宋可成、刘有泰等带推算旧法之人前来，故由周胤传朱光显、戈继文前来。伊等是否前来，小的不知。小的与推算旧法之十人一同前来。小的因传伊等前来，故未开列小的姓名。至于以七月为闰者，皆按西洋新法推算而得之，但不知新法中之道理，并非巧饰。周胤亦为推算旧法之人。等语。

讯周胤：据刘有泰供称，尔亦为推算旧法之人，云云。顺治十八年七月为闰者是与否？

供称：按新法推之，顺治十八年以七月为闰者是与否，小的不知，皆为五官官员所为。按旧法以十月为闰者是。小的原为推算旧法之人。等语。

讯周胤：曾饬令尔等带推算旧法之人前来，但尔明知旧法而不行禀报，亦不开送刘有泰、朱光显、戈继文姓名前来。由此观之，顺治十八年以七月为闰者，必有谬误，故行巧饰属实。如实招供！

供称：前因饬令小的带推算旧法之人前来，故小的即传伊等前来。至该三人来与否，小的不知。小的患疾难行，故而未来。小的曾掌管制作历书，现今亦掌管制作历书，不管推算之事。新法以七月为闰者是与否，小的不知。按旧法以十月为闰者是。小的年迈有疾，岂能隐瞒，实无巧饰。等语。

讯周胤：据尔前供，顺治十八年闰七月有节气，而无中气，故而置以闰月，十月不可置为闰月。小的系入教之人，云云。今又供称，顺治十八年以七月为闰者是与否，小的不知。按旧法以十月为闰者是，云云。此事怎讲？

供称：小的前供俱按五官官员所言而供之。小的年已七十有三，且又昏聩，未能听清，故按伊等所言而供之。小的委实不知新法，又何以置何月为闰？按旧法以十月为闰者是实。等语。

臣等会议得，杨光先所作《正国体呈》载称，顺治十八年实闰十月，而新法谬闰七月，云云。汤若望等供称，顺治十八年应置闰七月，所谓应闰十月者，乃杨光先之谬也，云云。杨光先称，按旧法应闰十月为是，可问推算旧法之人便知，云云。经讯问推算旧法之周胤等人，则称，按旧法应闰十月，云云。经讯问推算新法之李祖白等人，则称，以七月为闰者无误矣，云云。据此，今即颁行新法，拟无庸议，等因，于康熙三年十一月十一日密题。本月十九日奉旨：依议。钦此。钦遵在案。

又于康熙三年十一月二十五日，侍郎布颜、扎布海，主事穆展、富德等奉旨：杨光先指控顺治十八年历法实闰十月，谬闰为七月一案，又中星说一案，杨光先与汤若望对质，孰是孰非，研鞫具奏。钦此。钦遵。

又讯汤若望、杨光先：尔等前供，据杨光先言顺治十八年应闰十月，而汤若望言应闰七月。此事怎讲？

汤若望供称：每月皆有节气、中气，因太阳行迟疾不一，或十四日、或十五日、或十六日行一节气。若无中气之月，则置以为闰。按新法推之，八月无中气，故置闰七月。至十一月，按新法推之，仍有中气，故不置闰十月。等语。

杨光先供称：按旧法推之，一月内一节气为十五日二时五刻余，一中气为十五日二时五刻余，故十八年置闰十月。新法以十四日为一节气，十五日为一节气，十六日为一节气，且其气盈不合理，故曰谬也。等语。

讯汤若望：据尔前供，所谓中气者，即指进入宫宿矣。每月皆有各自宫宿，不可有误。十一月之后一月，已入十二月宫宿，而七月之后一月，尚未进入八月宫宿，是以置闰七月者，无可质疑矣，云云。何谓宫宿进入与否？

供称：太阳即为日，可自此宫进入彼宫，每月皆有节气、中气。若无中气之月，则置为闰月。顺治十八年七月之后一月，太阳未入八月宫宿，故置为闰七月。十一月之后一月，太阳已入十二月宫宿，故不置为闰月。八月，太阳不在八月中气之内，故八月无中气。十二月，太阳已在十二月中气之内，故十二月有中气。等语。

质讯汤若望、杨光先：据杨光先前供，自冬至之刻至立春之刻，应有四十五日八时弱，而新法止四十四日一时三刻，将立春之刻躐在前一日六时三刻，是不应立春之日而立春，应立春之日而不立春，云云。据尔前供，新法则按天度推算，或十四日、或十五日、或十六日置一节气，多寡不一。杨光先所言自冬至之刻至立春之刻，应有四十五日八时弱者，乃平分而不合天数之旧法矣。伊之所谓立春之日，恰为不应立春之日，云云。此事怎讲？

杨光先供称：平分古法者，乃羲和、尧舜所立之法，后有孔孟核定，又有汉、宋、元朝之士袁天纲、李淳风等众人厘正之。自冬至之刻至立春之刻，应有四十五日八时，自古沿用已有数千年，其节气交替等皆合于理。今汤若望不仅以新法紊乱上国之道统，且又不甚合于节气。等语。

汤若望供称：新法所定立春等节气，实合于天理，可查新法所定春分、秋分便知。在春分、秋分之日，太阳恰在赤道之上，天下昼夜一样。春分正午，太阳位于京城地面东五十度。今新法所定春分、秋分之日，太阳委实在赤道之上，天下昼夜一样，正午时刻之太阳，确实位于京城地面东五十度。等语。

讯汤若望：据尔供称，杨光先所言自冬至之刻至立春之刻，应有四十五日八时弱者，乃平分而不合天数之旧法矣，云云。那么，平分而不合天数之缘由为何耶？

供称：太阳所行轨道与黄道中不一，故推春分至秋分，较之秋分至春分多七八日。此乃太阳在天上自春分至秋分比自秋分至春分，其所行之度多所致矣。总之，杨光先将黄道春分至秋分与秋分至春分行度，俱行平分为一样多，故与天数不合。等语。

讯汤若望：推算历法与日月交食法同否？

供称：推日月五星者，即推其位于天上之经纬度分，而推日食时，不仅推算上下交差、时间交差、节气交差。除此三交差外，又推算与之有关各项数据，即推算食之多与寡，以及食之时刻等项，殊异于推历法。等语。

讯汤若望：据尔供称，推日月交食，殊异于推历法，云云。然尔前供，杨光先所谓立春之日，恰为不应立春之日，诚若新法有误，日月交食又何以吻合？云云。此事怎讲？

供称：推算历法、七政历，即推日月五星在天上所行经纬度分。而推日月交食，亦必先推天上所行经纬度分。就此而言，推日月交食与推历法同。是以言称若于历法内节气经纬度分有误，则又日月交食经纬度分何以吻合？除推经纬度分外，又推日月交食、初亏、复圆等项，名目繁多，不同于推历法，故而又称殊异。等语。

讯杨光先：推算历法与日月交食同否？

供称：小的仅知旧法而已，不知日月交食法，故不敢妄言。等语。

讯汤若望：按西洋法推历始于何年？此前于中国可有按西洋法所推之历？

供称：按西洋法推历，始于顺治元年，二年颁行。此前在中国无有按西洋法所推之历。如一昼夜，按旧法将一百刻分为十二时，尚有余数，极为纷繁，难以计算。按新法将九十六刻分为十二时，每时八刻，并无余数，不难计算。太阳行一昼夜，或以百刻计算，或以九十六刻计算，均不增减，而在于计算之难易。等语。

讯汤若望：据尔供称，原用百刻计算，今新法改用九十六刻计算，则为便于计算起见，或用百刻，或用九十六刻计算，均为一样，并不增减，云云。自古有否将百刻减少为九十六刻之例？

供称：自古西洋法皆用九十六刻，至中国算法曾否用九十六刻，小的不知。等语。

讯汤若望:自古推算历法,年代久远之后,可有再推算之例?

供称:自尧舜至明崇祯二年,曾修历法达七十次。所以修正,则因算法与天行不合而为矣。等语。

讯杨光先:按西洋法推历,始于何年?此前于中国可有按西洋法所推之历?

供称:明万历之前,在中国无西洋人,亦未曾用其历。我朝自顺治三年始才用其历。按旧法一日为百刻,分为十二时,每时为八刻三十三秒三十三微三十三纤三芒。新法不知算秒、微、纤等数,故将一时改为八刻。一日为九十六刻者,乃彼之法矣。等语。

又讯杨光先:既然如此,自古可有使用九十六刻之例乎?以九十六刻计算时,日夜天数可否减少?

供称:自古不用九十六刻,而用百刻计算。伊等用九十六刻计算,仅为便于计算而已,日夜天数并不增减。等语。

讯杨光先:自古所推之历,年代久远之后,可有再推之例?

供称:历书经过六十六年又八月之后,务必修正一次。此乃经过六十六年又八月之后岁差一度之故矣。自尧舜至元郭守敬修正历书,已修五十余次。因黄道之宫经过六七十年之后,其宽窄不一,节气与赤道不甚相吻,故而经过六七十年之后必修正一次。修正之法,皆以历书为主。自元郭守敬修正以来,直至明朝曾否修正,不见书传,故不敢妄供。等语。

讯汤若望:据杨光先所作《中星说》载称,以太阳之宿,居于四正宫之中,星日马宿列于午宫之中,房日兔宿列于卯宫之中,虚日鼠宿列于子宫之中,昴日鸡宿列于酉宫之中,此尧典之所记载,历代遵守四千余年,莫之或议可云不足法乎?今西洋人汤若望尽更羲和之掌故而废黜之,云云。此事怎讲?

汤若望供称:宗动天自东往西移动,上列十二宫,皆自古不变者矣。众星天自西往东移动,只其移动甚迟,每岁各行五十一秒,渐渐日久,方有感觉。各星宿在向东移动,久而久之,自然与宗动天错开,故曰岁差。此天理矣,自然如此,非人能主宰者矣。查恒星历法,其中道理与羲和之法全可相辅,怎可谓之为非矣!明末礼部尚书顾希筹赐匾褒扬有辅羲和法之功,足可以此为证。所谓子、午、卯、酉四宫,则为不动者矣。星、房、虚、昴四宿,则为可动者矣,动则不在原处焉!历代史册亦有记载,全可核查。等语。

讯杨光先:据尔所作《中星说》内称,将羲和所定星、房、虚、昴四宿,汤若望尽更而废黜之，云云。经讯汤若望，则供称，子、午、卯、酉四宫，则为不动者矣。星、房、虚、昴四宿，则为可动者矣，动则不在原处焉！历代史册亦有记载，全可核查，云云。尔之所言尽更者何耶？

供称：满天星宿皆拱天而不动，惟独七政日、月、金、木、水、火、土可动。若言二十八宿动而不在原处，则足见伊不知天象矣。二十八宿动与否，可问推算旧法官员，或验测浑天仪便知。等语。

质讯汤若望：据尔供称，宗动天自东往西移动，众星天自西往动移动，只其移动甚迟，每岁各行五十一秒，渐渐日久，方有感觉。各宿在向东移动，久而久之，自然与宗动天错开。星、房、虚、昴四宿，则为可动者矣，动则不在原处焉！云云。据杨光先供称，星、房、虚、昴四宿，则为拱天而不动者矣，云云。此事怎讲？

汤若望供称：倘若各宿不往东移动，每岁不行五十一秒，何以尧时冬至太阳在虚，今时冬至太阳在箕，而虚东移五十度？

杨光先供称：二十八宿及群星皆随天而行，一日过一度，久而久之，即为三百六十五日三时弱，比较太阳差一分五十秒，此岁差矣。又经过六十六年又八月之后，天比太阳退一度。西洋人不知此理，故言天东行甚迟，人所不懂。伊等不知太阳与人君相当，尧时太阳在子宫虚七度，时至我大清国，太阳在寅宫箕三度，此乃天退五十余度之缘由，并非天东行。再过八九千年，冬至太阳可在午宫星日马度上行走，岂入丑宫初度初分耶？并无此理！等语。

据此，又讯推旧法博士何其毅、左云登、周彤、薛文秉、周世瑞、何洛叔、周世泰、司历戈继文等：星、房、虚、昴中四宿可随天而动乎？或与七政一同自西往东移动乎？

供称：二十八宿内星、房、虚、昴中四宿在天不动，天动则动。七政日月五星，自西往东移动。等语。

讯推新法博士孙佑本、焦应举、贾文英、宋科力、鲍英华、刘应昌、徐瑚、臧文宣、张广祥等：星、房、虚、昴中四宿可随天而动乎？或与七政一同自西往东移动乎？

供称：据新法表内载，日月五星之度分，每年加五十一秒而推之，向东稍移。等语。

讯杨光先：尔之《正国体呈》内载称，所以著《摘谬论》，以证其谬历，云云。尔可否按旧法推而谓之为谬乎？或按新法推而谓之为谬？

供称:按旧法推而谓新法之谬矣。《摘谬论》今在,可以一阅。等语。

据此,览阅该论,其《摘谬论》内称,一谬不用诸科校正。从来治历,以数推之,以象测之,以漏考之,以气验之。盖推算者,主数而不主象,恐推算与天象不合,故用回回科之太阴五星凌犯以校之。又恐推算、凌犯二家与天象不合,故用天文科台官之测验以考之。三科之校正,精矣,当矣。而犹曰此数象之事,非气候时刻分秒事也,故用漏刻科考订一日百刻之漏,布律管于候气之室,验葭灰飞之时刻分秒,以知推算之时刻分秒与天地之节气合与不合。此四科分设之意,从古已然。今惟一己之推算,竟废古制之诸科,禁回回科之凌犯而不许其进呈,进自著之凌犯以掩其推算之失,置天文科之台官而不使其报象,废漏刻科之律管而不考其飞灰。综气候违于室中,行度舛于天上,谁则敢言?此若望所以能尽聋聩世之人,得成其为新法也。二谬一月有三节气。按历法每月一节气一中气,此定法也,亦定理也。顺治三年十一月大癸卯,初一日癸卯卯初一刻大雪,十一月节。十五日丁巳亥正初刻冬至,十一月节。三十日壬申未初一刻小塞,十二月节。此是一月之内有两月之节气矣,自开天辟地至今,未闻有此法也。三谬二至二分长短。按至分之数时刻均齐,无长短不一之差。冬至至夏至,古法一百八十二日七时半弱,新法一百八十二日二时。夏至至冬至,古法一百八十二日七时半弱,新法一百八十三日一时弱。四谬夏至太阳行迟。太阳之行,原无迟疾,一昼夜实行一度。夏至太阳躔申宫参八度,参八出寅宫入戌宫,昼行地上度二百一十九度弱,故昼长,夜行地下度一百四十六度强,故夜短。苟因夏至之夜长而谓太阳之行迟,则夏至之夜短,太阳应行疾矣。迟于昼而疾于夜,有是理乎?冬至太阳躔寅宫箕三度,箕三出辰宫入申宫,昼行地上度一百四十六度强,故昼短。夜行地下度二百一十九度弱,故夜长。苟因冬至之昼短而谓太阳之行疾,则冬至之夜长,太阳应行迟矣。疾于昼而迟于夜,有是理乎?新法以夏至太阳之行迟故,将立秋压在后一日三时,以冬至太阳之行疾故,将立春躐在前一日六时三刻。总因不明太阳之行误之也。五谬移寅宫箕三度入丑宫。查寅宫宿度,自尾三度入寅宫起,尾四、五、六、七、八、九、十、十一、十二、十三、十四、十五、十六、十七度,箕初、一、二、三、四、五、六、七、八度五十九分,斗初、一、二、三度,始入丑宫,今冬至之太阳,实躔寅宫之箕三度。而新法则移箕三入丑宫,是将天体移动十一度矣。六谬更调觜、参二宿。四方七宿,俱以木、金、土、日、月、火、水为次序。今汤若望更调参水猿于前,觜火猴于后,古法火水更调矣。其南方七宿者,即井木犴、鬼金羊、柳土獐、星日马、张月鹿、翼火蛇、轸水蚓;东方七宿者,即角木蛟、亢金龙、氐土貉、房日兔、心月狐、尾火虎、箕水豹;北方七宿者,即斗木獬、牛金牛、女土蝠、虚日鼠、危月燕、室火猪、壁水貐;西方七宿者,即奎木狼、娄金狗、胃土雉、昴日鸡、毕月乌、觜火猴、参水猿。旧法如是,而新法更调参水猿于前,觜火猴于后。七谬删除紫气。古无四余,汤若望亦云四余自隋唐始有。四余者,紫气、月孛、罗睺、计都也。如真见其为无,则四余应当尽消。若以隋唐宋历之为有,则四余应当尽存。何故存罗、计、月孛,而独删一紫气?苟以紫气为无体,则罗、计、月孛曷尝有体耶。若望之言,曰月孛是一片白气,在月之上。如果有白气在月上,则月孛一日应同月行十三度,二日四时过一宫,何故九月始过一宫耶?况月上之白气,有谁见耶?八谬颠倒罗、计。罗、计自隋唐始有,而新法以罗为计,以计为罗。但不知若望何以知隋唐之罗是计、计是罗耶?罗属火,计属土,火土异用,生克制化各有不同,令民何所适从?九谬黄道算节气。按节气当从赤道十二宫均分,每一节气该一十五日二时五刻一十七秒七十微八十三纤。今新法以黄道阔狭之宫算节气,故有十六日、十五日、十四日一节气之差,所以置闰立春皆错。十谬历止二百年。孟子云,千岁之日至,可坐而致。太宗皇帝仁武而不嗜杀,天故笃生皇上,冲龄而为一代开辟之主。皇上又英明仁武而不好杀,天将笃祜皇家,享无疆之历祚。而若望进二百年之历,其罪曷可胜诛。等语。

据此,讯汤若望:据杨光先所呈《摘谬论》载称,一谬不用诸科校正。从来治历,以数推之,以象测之,以漏考之,以气验之。盖推算者,主数而不主象,恐推算与天象不合,故用回回科之太阴五星凌犯以校之。又恐推算、凌犯二家与天象不合,故用天文科台官之测验以考之。三科之校正,精矣,当矣。而犹曰此数象之事,非气候时刻分秒事也,故用漏刻科考订一日百刻之漏,布律管于候气之室,验葭灰飞之时刻分秒,以知推算之时刻分秒与天地之节气合与不合。此四科分设之意,从古已然。今惟凭一己之推算,竟废古制之诸科,禁回回科之凌犯而不许其进呈,进自著之凌犯以掩其推算之失,置天文科之台官而不使其报象,废漏刻科之律管而不考其飞灰。综气候违于室中,行度舛于天上,谁则敢言?此若望所以能尽聋瞶一世之人,得成其为新法也,云云。此事怎讲?

供称:我朝回回术之舛误,则指顺治元年八月初一日之日食矣。十四年八月二十四日,因水星事,禁其历不用。元年十月,惟恐紊乱新法,降旨不准回回科报日食。三年五月,降旨不用回回科凌犯历。九年五月,降旨再不准回回科报夏季天象。十四年八月，该部因见水星出现，吴明炫误，一应推算皆误，等因议奏。奉旨，依议。钦此。可见，不用回回历，皆由上载，与小的何干？再，天文科在外台测验，漏刻科在内室验时，皆与历科同，恪尽职守，每日观测之后，即报小的。倘若所报关系重大，小的即行具题。所谓惟凭一己之推算，竟废诸科者，不知为何也？飞灰一项，置而不用久矣，全可以明朝李天经解释葭灰本章为佐证。顺治元年八月日食，伊等言食四分强，未时初刻，小的言食三分弱，午时正初刻。又十四年八月之水星，伊等言可见，小的言不见，实则果然不见，抬头观看便知。当时之日月交食，以及水星情形，若谓伊等于地上置设律管测验，并依次作记录，则伊等之观测何与天不合？等语。

据此，经讯杨光先，则供称：历法以观测天象为主，并非一日一事一人所定者矣。自隋唐至今一千余年，皆用四科校正之。总因恐有舛误，故而较正，此乃至诚之心，且为国求历精微之意。若因一事之误而废弃不用，则袁天纲、李淳风、敬守敬等人何不废弃，回回科凌犯历而传至于今？由此可见，汤若望实不忠也。汤若望言候气之室干湿不一，难求吻合。诚若如此，羲和、尧舜及袁、李、郭各历官，不应建此候气之室，亦不应传授于后人。等语。

查汤若望所进观测日食一案，部档册不载。查汤若望记录册，则内开，顺治元年八月奉旨：该监旧法年久自差，非官生推算之误。嗣后宜勤学新法，勿致怠玩。着礼部知道。钦此。

查汤若望于顺治元年十月所进日食一案，部档册不载。查汤若望记录册，则内开，奉旨：再不许回回科报日食，以免侵紊新法。钦此。

查汤若望新法不致紊乱，于顺治三年五月奉旨不用回回科凌犯历一案，部档册不载。查汤若望记录册，则内开，顺治三年五月奉旨：勿用回回科凌犯历。钦此。

查汤若望于顺治九年五月奉旨不用回回科报夏季天象一案，部档册不载。查汤若望记录册，则内开，顺治九年五月奉旨：再不许回回科报夏季天象。钦此。

查汤若望于顺治十四年八月所进水星缘由而不用彼历一案，案查水星出一事，系吴明炫之误，可见伊之一应推算皆误，故于九月间亦不许伊观测觜参。等因具奏。奉旨：依议。钦此。

讯汤若望：据杨光先所呈《摘谬论》载称，二谬一月有三节气。按历法每月一节气一中气，此定法，亦定理也。顺治三年十一月大癸卯，初一日癸卯卯初一刻大雪，十一月节。十五日丁巳亥正初刻冬至，十一月节。三十日壬申未初一刻小寒，十二月节。此是一月之内有两月之节气矣，自开天辟地至今，未闻有此法也，云云。此事怎讲？

汤若望供称：一月有三节气者，则因太阳行迟疾不一所致矣。一节气为十五度，一中气亦为十五度，共为三十度。今日太阳冬行疾，一月可行三十余度，即行两节气。此外，三节气之初度，如顺治三年十一月大，即有三节气。夏日太阳行迟，一月行不足三十度，故于一月内行一节气行一中气，仍为不盈。杨光先何以谓为一月有一节气有一中气，且此为定法定理也？等语。

据此，经讯杨光先，则供称：太阳不分冬夏，一日行一度，故平分三十日五时三刻余为一节气一中气。自古并无一月有三节气之历。等语。

讯汤若望：据杨光先所呈《摘谬论》载称，三谬二至二分长短。按至分之数，时刻均齐，无长短不一之差。冬至至夏至，古法一百八十二日七时半弱，新法一百八十二日二时。夏至至冬至，古法一百八十二日七时半弱，新法一百八十三日一时弱，云云。此事怎讲？

汤若望供称：此乃太阳行中圈不一所致矣。自春分至夏至，比夏至至秋分，所行度、分、秒少，故置时刻分秒亦少。自春分至秋分，比秋分至春分，尚多八日。若按杨光先所言，太阳之行无迟疾，春夏秋冬每日行一度，则新法差八日矣。然又何以新法所推节气、月亏月盈、日月交食等各项却丝毫不差也？等语。

据此，又经讯杨光先，则供称：按古法太阳一日行一度，节气及初一、十五日、日月交食等项分毫不差。今汤若望新法自春分至秋分多八日者，自尧舜至今四千余年，从无多八日。由此可见，应以古法为是，而新法妄言，实不通理也。等语。

又讯汤若望：据尔所供自春分至秋分，比秋分至春分多八日，云云。所谓多八日者何耶？

供称：太阳行中圈不一所致矣。何谓不一？则因圈之大半为春分至秋分，圈之小半为秋分至春分。太阳行大半，则多八日，太阳行小半，则少八日。等语。

讯汤若望：据杨光先所呈《摘谬论》载称，四谬夏至太阳行迟。太阳之行，原无迟疾，一昼夜实行一度。夏至太阳躔申宫参八度，参八出寅宫入戌宫，昼行地上度二百一十九度弱，故昼长。夜行地下度一百四十六度强，故夜短。苟因夏至之昼长而谓太阳之行迟，则夏至之夜短，太阳应行疾矣。迟于昼而疾于夜，有是理乎？冬至太阳躔寅宫箕三度，箕三出辰宫入申宫，昼行地上度一百四十六度强，故昼短，夜行地下度二百一十九度弱，故夜长。苟因冬至之昼短而谓太阳之行疾，则冬至之夜长，太阳应行迟矣。疾于昼而迟于夜，有此理乎？新法以夏至太阳之行迟故，将立秋压在后一日三时，以冬至太阳之行疾故，将立春趱在前一日六时三刻。总因不明太阳之行误之也，云云。此事怎讲？

汤若望供称：夏至昼长夜短，冬至昼短夜长者，皆与太阳之行迟疾有关，即与夏至太阳在地上所行轨道长，在地下所行轨道短有关。冬至反之，在地上所行轨道短，在地下所行轨道长。大卜各省昼夜长短不一，北辰与各省相距亦不一。若按杨光先所言地为方者，则各省北辰高应为相同。诚然如此，各省昼夜长短亦为相同矣。历书之头一页，若按杨光先所言而写之，则皆谬而不可用也。杨光先言太阳入戌宫，行地上度二百一十九度。诚然如此，各省所见北辰皆为相同矣。岂有此理！杨光先所言冬至、夏至亦皆非矣。等语。

据此，经讯杨光先，则供称：其所谓夏至太阳之行迟，冬至太阳之行疾者，乃汤若望于顺治十四年向吴明炫解释之言，故而小的以夏至太阳之行不迟，而行地上度多，冬至太阳之行不疾，而行地下度寡之辞，诘难汤若望而已。今汤若望何以用小的诘难之辞而对之？等语。

讯汤若望：据尔之二谬前供内称，一月有三节气者，则因太阳行迟疾不一所致矣。冬日太阳行疾，夏日太阳行迟，云云。又四谬内供称，夏至昼长夜短，冬至昼短夜长者，与太阳之行迟疾有关，即与夏至太阳在地上所行轨道长，在地下所行轨道短有关，云云。此事怎讲？

汤若望供称：后供与前供并非不一，太阳行迟疾者，与太阳自西往东所行原轨道有关。冬至、夏至昼夜长短者，与太阳自东往西所行有关。虽夏至太阳自西往东之行迟，终因自东往西之行地上轨道长，地下轨道短，故夏至昼长夜短，与冬至不一。太阳之行节气，与太阳自西往东之行原轨道有关，迟疾亦不一。等语。

讯汤若望：据杨光先所呈《摘谬论》载称，五谬移寅宫箕三度入丑宫。查寅宫宿度，自尾三度入寅宫起，尾四、五、六、七、八、九、十、十一、十二、十三、十四、十五、十六、十七度，箕初、一、二、三、四、五、六、七、八度五十九分，斗初、一、二、三度，始入丑宫。今冬至之太阳，实躔寅宫之箕三度。而新法则移箕三入丑宫，是将天体移动十一度矣，云云。此事怎讲？

汤若望供称：所谓移箕三入丑宫者，乃恒星自行所致矣，在推恒星之诸书内，皆有明载矣。况恒星之自行，非始于新法，而古之观测各异，全可以元史为佐证。按杨光先之言，若谓新法所定宫宿次序有误，何以推算日月五星列于某宫宿之度分秒与天密合？所谓尾各度不入箕各度，又箕各度不入斗各度者，盖因满天之星所恒矣，并无互近互远互入互出者矣。惟众星天全移动，是自西往东行，非宗动天之宫宿自西往东移动矣。故众星天各星渐自西往东行而移动。今冬至之太阳不躔寅宫，而躔丑宫之箕三度。等语。

据此，经讯杨光先，则供称：恒星者，二十八宿之井也，随天西行，一日过一度，昼夜西行不止，故有岁差。经六十六年又八月之后，天反比太阳退一度。汤若望不明此理，故曰东行。若谓众星天逐渐自西往东而行，则自东往西昼夜行走之天，又何以转而东行？尧之冬至太阳躔子宫虚六度，故有书经曰日短星昴也。今我朝冬至太阳躔寅宫箕三度，故曰宵中星毕。若谓自寅宫箕三度移入丑宫，则再过九千年之后，午宫星日马亦将移入丑宫也！又岂有此理乎？等语。

讯汤若望：据尔前供，冬至之太阳不躔寅宫，而躔丑宫之箕三度，云云。据杨光先供称，冬至太阳躔寅宫箕三度，云云。此事怎讲？

汤若望供称：寅宫位于丑宫之西，以新法言之，众星天自西往东行，而箕三度之分秒，古时位于寅宫，今已入丑宫。今之冬至太阳，已位于箕三度之分秒，故曰位于丑宫。杨光先言众星天不自西往东而行，箕三度之分秒亦在寅宫，故曰今之冬至太阳在寅宫，而不在丑宫。等语。

杨光先供称：箕三度在寅宫，箕四、五、六、七、八度，斗初、一、二、三度，亦皆在寅宫，当行至斗四度，始过丑宫。今之冬至太阳行箕三度，而西洋人不知宫度不移之理，故而每岁视冬至为可移动者，并移一分五十秒，列入丑宫初度初分。若按彼之法，万万年之冬至太阳皆躔丑宫初度初分矣。实非如此。等语。

讯汤若望：据杨光先所呈《摘谬论》载称，六谬更调觜、参二宿。四方七宿，俱以木、金、土、日、月、火、水为次序。今汤若望更调参水猿于前，觜火猴于后，古法火水更调矣。其南方七宿者，即井木犴、鬼金羊、柳土獐、星日马、张月鹿、翼火蛇、轸水蚓；东方七宿者，即角木蛟、亢金龙、氐土貉、房日兔、心月狐、尾火虎、箕水豹；北方七宿者，即斗木獬、牛金牛、女土蝠、虚日鼠、危月燕、室火猪、壁水貐；西方七宿者，即奎木狼、娄金狗、胃土雉、昴日鸡、毕月乌、觜火猴、参水猿。旧法如是，而新法更调参水猿于前，觜火猴于后，云云。此事怎讲？

汤若望供称：在《恒星历指》《新法表异》以及顺治十四年呈部解释一文内皆称，将火、水分为觜火猴、参水猿者，皆系人为定编次序矣。诸曜渐次东移，实行天度，自然于新法内定以参水猿在前，觜火猴在后。查诸考论，务必从天，每日抬头可见，全以为凭，无须多言。若按水、火次序，不更调参水猿于前，觜火猴于后，则必不合于天。等语。

据此，经讯杨光先，则供称：古之圣人著书传人，必有一定不移之理。汤若望所供《恒星历指》《新法表异》诸书，皆系汤若望所编不通之书，何以摈弃羲和、尧舜之法？修历之士经察二十八宿度数之后，定某宿为某几星之距星。又按度之长短，以察觜、参二宿之距星。觜宿者，即三颗小明星，同在一处。参宿者，即七颗大明星，彼此分散而又相距较远。觜下西一星，可作距星；参宿中三星之西一星，可作距星。汤若望不知古之距星法，将参西之东一星作距星，以调参在前，觜在后，显然不知西方之火水与南、东、北三方之火水相颠倒次序矣。等语。

讯汤若望：据杨光先供称，觜宿者，即三颗小明星，同在一处。参宿者，即七颗大明星，彼此分散而又相距较远。觜下西一星，可作距星；参宿中三星之西一星，可作距星。汤若望不知古之距星法，将参西之东一星作距星，以调参在前，觜在后，显然不知西方之火水与南、东、北三方之火水相颠倒次序矣，云云。此事怎讲？

供称：宿之距星者，即各星内之一颗星，即选各宿内之一星作距星，以定距度。自汉唐以来千年间，惟独距星永不变更，况顺治十四年若望指明吴明炫之谬时，曾以史载为凭，指出自汉宋元以来距星逐渐不一之事，但杨光先将此一句改为世代距星皆为不一。察其所供，非独欺天，亦欺千世万代。觜中之北一星作距星，参中三星之西一星作距星，是以觜后参前。等语。

讯杨光先：据尔供称，觜下西一星可作距星，参中三星之西一星可作距星，云云。据汤若望供称，觜中之北一星作距星，参中三星之西一星作距星，云云。尔二人所言其参中三星之西一星作距星者，则为相同。而其觜下西一星与觜中之北一星为距星者，则相抵触。此事怎讲？

杨光先供称：小的与汤若望争辩觜、参之前与后，即争一年，亦难辩明，只要登台观测，即可得以明了。故应觜下西一星作距星，参中西一星作距星。古之法载以觜火猴在西，参水猿在东。等语。

汤若望供称：二宿之距星，永不可改者矣。而杨光先所言二宿之距星，以为世代不一所致矣。故小的更调前后。觜有三星，而该三星皆位于参中三星之西一星迤东，杨光先虽任意定该三星中之一星为距星，但不言在前在后。顺治十四年八月二十七日礼部疏称，于九月间无须再测觜、参，等因具题。奉旨：依议。钦此。等语。

讯汤若望：据杨光先所呈《摘谬论》载称，七谬删除紫气。古无四余，汤若望亦云四余自隋唐始有。四余者，紫气、月孛、罗睺、计都也。如真见其为无，则四余应当尽消。若以隋唐宋历之为有，则四余应当尽存。何故存罗、计、月孛，而独删一紫气？苟以紫气为无体，则罗、计、月孛曷尝有体耶。若望之言，曰月孛是一片白气，在月之上。如果有白气在月上，则月孛一日应同月行十三度，二日四时过一宫。何故九月始过一宫耶？况月上之白气，有谁见耶？云云。此事怎讲？

汤若望供称：紫气一余已于顺治十四年呈部说明矣。紫气于天上，欲测候，无象可明，欲推算，无数可定，欲论述，无理可据，明系前人妄增，后人传会。唐以前未闻有此，唐以后皆弃而不用，故于时宪历内不留。至月孛、罗、计，皆言有理有数，故而留存，仅删无理无数之紫气一余。等语。

据此，经讯杨光先，则供称：原于天上无紫气、月孛、罗睺、计都四星，故而谓之为四余。罗、计二余，用以推算日月交食，故而留存。月孛、紫气二余，是由袁天纲、李淳风算出。汤若望若曰古无四余，应将月孛、紫气一并弃而不用可矣，何又留存月孛？若望之言，月孛为一片白气，在月之上。故而小的以此诘难之。等语。

讯汤若望：据杨光先供称，原于天上无紫气、月孛、罗睺、计都四星，故而谓之为四余。月孛、紫气二余，是由袁天纲、李淳风算出。汤若望若曰古无四余，应将月孛、紫气一并弃而不用可矣，何又留存月孛？云云。此事怎讲？

供称：虽罗、计无星象，但对日月交食大有可用，况天上自有原行宫度。月孛虽无星象，亦对月之行大有可用，况天上自有原行宫度。故于新法内留存此三余。惟紫气于天上无所可用，故而删除不用。等语。

讯杨光先：据汤若望供称，虽罗、计无星象，但对日月交食大有可用，况天上自有原行宫度。月孛虽无星象，亦对月之行大有可用，况天上自有原行宫度。故于新法内留存此三余。惟紫气于天上无所可用，故而删除不用，云云。紫气留存，可有益处乎？删之，可有害处乎？

供称：四余至关祸福，更甚于五星。夫紫气者，乃东方木旺之气。万历丙辰岁，东方现出一道白气，直冲紫微垣，经观测后，方知紫气所为。故经具疏，由明神宗委员以祈祷之。良久，太祖兴兵，不过三十年，世祖皇帝进京，统一万邦。可见，紫气乃我朝创业之吉祥征兆矣。而汤若望独删除四余内一紫气，不知欲何为？

讯汤若望：据杨光先所呈《摘谬论》载称，八谬颠倒罗、计。罗、计自隋唐始有，而新法以罗为计，以计为罗。但不知若望何以知隋唐之罗是计，计是罗耶？罗属火，计属土，火土异用，生克制化各有不同，令民何所适从？云云。此事怎讲？

汤若望供称：顺治十四年曾将此事已呈部说明矣。罗睺、计都之名，原所有之，实因月之交行所致，故又称为正交、中交，亦有称为龙首、龙尾，或天首、天尾。盖以初宫为首，月行而交，谓为正交矣。以六宫为尾，月行而交，谓为中交矣。罗睺一星自初宫起计算，而计都一星自六宫起计算，首尾分明，正中成次矣。杨光先何以妄言罗、计颠倒？若光先言罗属火，计属土，则天上象体数理必无凭可稽也！等语。

据此，经讯杨光先，则供称：古之法以罗为火，计为土，世人皆知。且正交中交，天首天尾，亦自古皆用之，非汤若望之新法也。其天首之戌，谓为罗睺；天尾之辰，谓为计都。今汤若望以罗为计，以计为罗，不知依凭何理而改之？等语。

讯汤若望：据尔供称，以初宫为首，日行而交，谓为正交矣。以六宫为尾，月行而交，谓为中交矣。罗睺一星自初宫起计算，而计都一星自六宫起计算，首尾分明，正中成次矣。杨光先何以妄言罗、计颠倒？云云。此事怎讲？

汤若望供称：太阳所行之道与月亮所行之道上下相交，上交则月行黄道之北，下交则月行黄道之南。其上交点曰罗，又曰天之首。其下交点曰计，又曰天之尾。月亮自南往北行，自下往上行。而罗则上交、北交，计则下交、南交。上则在上，下则在下，南则在南，北则在北，此乃自然之理，并无颠倒。等语。

讯杨光先：据汤若望供称，罗、计并无颠倒，云云。据尔供称，汤若望以罗为计，以计为罗，不知依凭何理而改之，云云。此事怎讲？

杨光先供称：在新法七政历内，将旧法七政历之罗、计颠倒。罗、计次序，在历代七政历内皆有记载，全可核查，岂容抵赖？等语。

讯汤若望：据杨光先所呈《摘谬论》载称，九谬黄道算节气，按节气当从赤道十二宫均分,每一节气该一十五日二时五刻一十七秒七十微八十三纤。今新法以黄道阔狭之宫算节气,故有十六日、十五日、十四日一节气之差,所以置闰立春皆错,云云。此事怎讲?

汤若望供称:按黄道算节气,于太阳行、月行、五经度、恒星等诸书中皆有明白记载,今人皆知。太阳之行度,皆在黄道,恒星自行,亦在黄道,南北经度之远近永不更改,实与赤道不一。若平分节气,则必不合于天。等语。

据此,经讯杨光先,则供称:夫黄道者,乃太阳行度之宫,阔狭不一。夫节气者,乃天象之赤道,每宫有三十度四十三分余。是以每月为三十日五时二刻余。除扣除三十日之外,又余有五时二刻,故谓为气盈。汤若望不知气盈旧法,误以为十四日有一节气,且又曰平分不合于天。由此可见,汤若望不懂历法矣。等语。

讯汤若望:据尔供称,可按太阳所行黄道算节气,云云。此事怎讲?

供称:太阳在黄道不离南北,每宫自初度行至十五度,即过一节气,又自十五度行至三十度,即过一中气,故按太阳所行黄道之宫度算节气。等语。

讯杨光先:据尔供称,按天象之赤道算节气,云云。此事怎讲?

供称:按赤道算节气,即为平分旧法矣。赤道每宫为三十度四十三分六十八秒七十五微,故一月为三十日五时二刻余。此三十日,即一月之满数,而五时二刻者,则为节气之盈数。气盈,则为闰月。按新法以二十八日为一节气一中气,非但不能气盈,乃成为朔虚矣。是以,推闰不实。一节气实为十五日二时五刻余,应自顺治十八年冬至之刻寅宫箕三度起计算。等语。

讯汤若望:据杨光先所呈《摘谬论》载称,十谬历止二百年。孟子云,千岁之日至,可坐而致。太宗皇帝仁武而不嗜杀,天故笃生皇上,冲龄而为一代开辟之主。皇上又英明仁武而不好杀,天将笃祜皇家,享无疆之历祚。而若望进二百年之历,其罪曷可胜诛,云云。此事怎讲?

汤若望供称:以新法推之历,不仅二百年,亦有无疆年表。前四千年,后四千年,共八千年之后,又可按新法推步之。此事全以算未来无疆表为凭据。等语。

据此,经讯杨光先,则供称:为臣者,应进万年无疆之历,方可谓为忠君之臣子,恤国之血诚矣。而若望止进二百年表,怎可谓之为臣子?后虽有四千年、八千年之表,亦不足以蔽前二百年表之辜。等语。

讯汤若望:据尔供称,以新法所推之历,不仅二百年,亦有无疆年表。前四千年,后四千年,共八千年之后,又可按新法推步之。此事全以算未来无疆表为凭据，云云。如此许多历表，可否与二百年表一同呈进？或另呈进？

供称：日月五星皆按新法推有各无疆表，惟历书分有前后二百年表，纯属便当起见而为。历书前后二百年表，又称为二百年恒表。至二百年表、恒表，均已一同呈进矣。等语。

臣等遵旨将顺治十八年闰七闰十、中星说、立春刻分之差、杨光先摘汤若望十谬等案，俱行研鞫，而伊等皆言以己为是。伊等所供推算之历，虽按旧法推之，但历代皆有修正。至于新法，则自顺治二年起施行。天文精微，至关重大，臣等未敢擅便，为此谨具密题。请旨。康熙三年十二月十七日题。本月十九日奉旨：着尔部议拟具奏。文内清字年字遗漏，着添加饬行。钦此。钦遵。康熙三年十二月十九日密封到部。

臣等议得，推历一案，经研讯汤若望、杨光先，皆言以己为是。天文精微，且又至关重大，臣等难以悬拟。请敕直隶各省督抚寻访熟通天文历法之士，不分官民，皆速驿送臣部，以便审阅汤若望、杨光先之供词，核拟是非，再行议奏。至于云南、贵州、广东、广西、四川五省，路途遥远，用时不少，拟不咨行。

臣等未敢擅便，谨具密题。请旨。

康熙四年正月十三日具题，本月十六日奉旨：着议政王、贝勒、大臣、九卿、科、道会同酌议具奏。钦此。钦遵。

讯汤若望：据尔供称，按旧法一昼一夜为一百刻，而新法可分为九十六刻，每时八刻，云云。其余之四刻，是否补入每时八刻之分秒内？

供称：其余之四刻，不在昼夜之内，亦不在一时八刻分秒之内。等语。

讯汤若望：据尔前供，一昼一夜，按旧法将一百刻分为十二时，尚有余数，极为纷繁，难于计算。按新法将九十六刻分为十二时，每时八刻，并无余数，易于计算，云云。今尔又称，所余四刻，不在昼夜之内，亦不在一时八刻分秒之内，云云。尔之前后所供各异，此为何耶？

供称：前后所供并非各异。按新法可将一昼一夜分为十二时，每时为八刻，并无余数，故称所余四刻不在昼夜之内。按旧法计算，因有余数，难于计算。等语。

讯杨光先：据汤若望推算康熙四年历书所载，二月初四日辰时头初刻十二分春分，昼四十八刻，夜四十八刻，云云。按旧法推算，以何日为春分？

供称：二月初六日午时头三刻四十九秒余即春分，昼五十刻，夜五十刻，此乃旧法。等语。

讯汤若望、杨光先：据汤若望所推历书所载，二月初四日辰时头初刻十二分即春分，昼四十八刻，夜四十八刻，云云。据杨光先供称，二月初六日午时头三刻四十九秒余即春分，昼五十刻，夜五十刻，云云。尔二人孰是孰非，必行测验，尔等可有何供？

汤若望供称：二月初四日春分，届时可以测验便知。春分之日正午时，太阳位于离地五十度处，孰是孰非，可以观测。等语。

杨光先供称：自春分至秋分，应为一百八十二日七时半。此乃尧舜之法，传有数千年。按袁天纲、李淳风所厘定古法，则于二月初六日午时至春分是实。若按新法，自春分至秋分为一百八十日半，自秋分至春分为一百七十八日半，从无如此长短不均之理！节气时刻，皆用算盘计算，并非登台观象。若测节气，必至候气室内观测芦管吹灰，方合于候气之事。等语。

臣等会议得，经传汤若望、杨光先当面质讯，皆言以己为是。天文精微，孰是孰非，难以悬议。查历代之法，皆用百刻之历，并无减百刻为九十六刻之法。自尧舜至今，历代皆用旧法，拟应施行按旧法推算之历。

臣等未敢擅便，谨具密题。请旨。

康熙四年正月二十九日具题。二月初二日奉旨：览奏。尔等仅议施行按旧法推算之历，而对文内各款并无详细研审。夫议政王、贝勒、大臣者，皆为国家信任之王、贝勒、大臣矣，然而以如此重大案件，都不核议，率行议奏，殊甚不当。着加饬行，逐款核查，分别议奏。钦此。钦遵，经详讯汤若望、杨光先，仍与前供同。

据此，又讯汤若望：据尔供称，所谓子、午、卯、酉四宫，则为不动者矣，星、房、虚、昴四宿，则为可动者矣。动则不在原处焉！历代史册亦有记载，全可核查，云云。尔所言该史册在何处？

供称：可以查阅现有《元史志》卷第四章五十二册，至于其他历代史册，因小的年迈有疾，不甚记得。等语。

据此，经查阅汤若望所言历史，所载距星度数与历代观测不一，即行讯问何以不一，则供称：古人观测或有不周之处，皆因古用管窥所致矣，而今已用浑天球观测。两种观测，其度数分秒与古代不一，今开列于后。据汉洛下闳观测，角十二度，亢九度，氐十五度，房五度，心五度，尾十八度，箕十一度，东方七十五度；斗二十六度二分，牛八度，女十二度，虚十度，危十七度，室十六度，壁九度，北方九十八度二分；奎十六度，娄十二度，胃十四度，昴十一度，毕十六度，觜二度，参九度，西方八十度；井三十三度，鬼四度，柳十五度，星七度，张十八度，翼十八度，轸十七度，南方一百一十二度，日躔。唐僧一行观测，斗二十六度，虚十度强，室十六度，北方九十八度二十五分；毕十七度，觜一度，参十度，西方八十一度；鬼三度，南方一百一十一度。宋白望佑（音）观测，氐十六度，心六度，尾十九度，箕十度，东方七十七度；斗二十五度，牛七度，女十一度，危十六度，室十七度，北方九十五度二十五分；胃十五度，毕十八度，西方八十三度；鬼二度，柳十四度，南方一百一十度。元丰年间观测，房六度，箕十一度，东方七十九度；虚九度强，北方九十四度二十五分；毕十七度，西方八十二度；张十七度，翼十九度，南方一百一十度。崇宁年间观测，亢九度弱，房五度强，心六度弱，尾十九度弱，箕十度半，东方七十八度；牛七度弱，女十一度强，危十五度半，壁八度余，北方九十四度七十五分；奎十六度半，昴十一度弱，毕十七年弱，觜半度，参十度半，西方八十三度；井三十三度弱，鬼二度半，柳十三度余，星六度余，张十七度弱，翼十八度余，南方一百九十度二十五分。至元年间观测，角十二度十分，亢九度二十分，氐十六度三十分，房五度六十分，心六度五十分，尾十九度十分，箕十度四十分，东方七十九度二十分；斗二十五度二十分，牛七度二十分，女十一度三十五分，虚八度九十五分，危十五度四十分，室十七度十分，壁八度六十分，北方九十三度八十分强；奎十六度六十分，娄十一度八十分，胃十五度六十分，昴十一度三十分，毕十七度四十分，觜五分，参十一度十分，西方八十三度八十五分；井三十三度三十分，鬼二度二十分，柳十三度三十分，星六度三十分，张十七度二十五分，翼十八度七十五分，轸十七度三十分，南方一百八十度四十分。等语。

讯汤若望：据尔供称，每月有节气、中气，因太阳行迟疾不一，或十四日、或十五日、或十六日行一节气。若无中气之月，则置以为闰，云云。尔何以谓为节气、中气？书中载否？或曾见否？

供称：节气、中气，可载于日行诸书内。凡推日月交食，必先推太阳在何一节气、何一中气之度、分、秒。历年日月交食，皆合于天，分毫不差，均已眼见。由此观之，太阳每日所行，均在某一节气、某一中气之内，并无差池。此外，凡节气、中气之度分秒，与地面离有几度，亦有定数，且日影亦有一定之长短，皆合于天，亦可目睹。等语。

讯杨光先：据尔供称，常月之历，一月有一节气、有一中气，而闰月之历，一月有节气，而无中气。此乃自古一定不移之规律，云云。尔何以谓为节气、中气？书中载否？或曾见否？

供称：夫节气者，即于候气室内观测所推葭灰飞节气是与否，犹如天上之星，非肉眼所能见。夫历法者，即一年分十二月，每月三十日，以三百六十日为一年之常数。一月之气，以三十日五时三刻为一月节气，而三十日为定数。至每月所余五时三刻，则谓为气盈。十二个月之气盈，共计五日半，可以积而为闰。每月以三十日为定数，而其所余之五时半，可谓为朔虚。十二个月之朔虚，共计五日半，可以积而为闰。是以，经过十九年之后，其气盈朔虚共计二百一十一日，可以置为七个闰月。今之新法以二十八日定有节气，如此而推，其应盈之气不盈而虚，应虚之朔不虚而盈矣。是以，自秋分之日至春分之日，恰少八日。自春分之日至秋分之日，又多八日。岂有此理？汤若望因不知气盈朔虚之理，于十八年置有二闰，七月有节气而无中气，乃闰月之正历，十二月有节气而无中气，不可置为常月之历。气盈朔虚之事，载于《书经》，可以查阅。夫《书经》者，乃中国书籍之本，岂有尧舜禹、汤文武、周公、孔子及汉宋元儒士反不及汤若望之理乎？等语。

讯杨光先：据汤若望供称，一月亦有三节气之事，云云。据尔供称，一月有一节气一中气，自古并无一月有三节气之历，云云。一月无三节气，可以何为凭据？

供称：一月只有一节气一中气，并无三节气。一月有三节气者，乃西洋之历法，纯属无稽之谈。据此观之，彼之法无不舛谬，亦不足为奇，更无一年内有二闰之法。等语。

讯杨光先：据尔供称，一月有一节气，有一中气，云云。据查明朝历法，三月之内只有一中气。尔之所言一月有二节气者何耶？

供称：若有节气而无中气，则可置闰。若有中气而无节气，则不置闰，因为该月已有中气。一月有一中气者颇多。小的此前未供一月有一中气，所供不全。等语。

讯杨光先：据尔供称，每十五日有一节气，并无十四日、十六日有一节气之法，云云。据查明朝历书所载，并无十六日有一节气之历，此事怎讲？

供称：据旧法载，二月小，二十九日未时正三刻清明，三月节。三月十五日戌时正初刻谷雨，三月分，云云。自二月二十九日未时正三刻至三月十五日戌时正初刻止，其为十五日矣。等语。

讯杨光先：据汤若望供称，太阳行中圈不一，其圈之大半为春分至秋分，圈之小半为秋分至春分。太阳行大半，则多八日，太阳行小半，则少八日，云云。此事怎讲？

供称：太阳行黄道，并非行黄道之南北。春、秋二分之日，太阳行至赤、黄二道之交接处，西洋人谓此为同心环，而古法则称为赤、黄二道交接处。该交接处东西平均，长短均等。故而古法自春分之日至秋分之日为一百八十二日七时半弱，自秋分之日至春分之日亦为一百八十二日七时半弱，昼为五十刻，夜为五十刻。按汤若望新法，自春分之日至秋分之日多八日，自秋分之日至春分之日少八日。既然如此，其昼夜时刻应为长短不一，然又何以昼为四十八刻，夜亦四十八刻？由此可见，彼之法舛谬矣。夫历法者，数也。国朝之历，应增其数，而何以减少四刻？应问以何罪？等语。

讯杨光先：据尔供称，按旧法一昼夜为一百刻，云云。一刻又分为几多分、秒、微、纤？

供称：一刻为一百秒，一百秒为一分，一时为一百三十三秒三十三微三十三纤。等语。

讯汤若望：据尔所修之历内载，一昼夜为九十六刻，云云。一刻又分几多分、秒、微、纤？

供称：一刻为十五分，并无余数。等语。

讯汤若望：据杨光先供称，亲法更调参水猿于前，觜火猴于后，云云。按旧法该二宿中何星在前，何星在后？尔以何为凭而更调次序？

供称：何星在前，何星在后，可以观测其在天上所行之度，此为其一。众星均自西往东缓缓移动，此事明载于新法《恒星历指》各书，此为其二。顺治十四年，曾将此事已呈部声明，并谕曰不再观测参、觜二宿。因见旧法舛错，与天不合，故于新法内更调次序。等语。

讯汤若望：据杨光先供称，夫紫气者，乃东方木生之气，万历丙辰年东方显现一道白气，直冲紫微垣，经观测后，方得知为紫气所变。故经具疏，明万历帝委员祈祷，云云。此事怎讲？

供称：该一道白气，小的亦曾见到，确为彗星在空中，非在天上，数月之后即散，切不可言其紫气。杨光先所言紫气在天上，有度数者，谬也。明万历年间曾否祭祀，小的不知。等语。

讯汤若望：据尔供称，日月五星皆按新法推有各无疆表，二百年表、恒表，均已一同呈进，云云。尔于何年呈进此历表？

供称：不记年份。等语。

讯汤若望：据尔供称，二月初四日辰时春分，当日之太阳在正午时，则位于离地面五十度之处，云云。观测此事，以何为凭？

汤若望供称:观象台设有古制观测仪,欲知孰是孰非,全可测试春分日圭表日影之长短。我二人事先所推春分日之正午时,可以观看圭表日影之长短为几尺几寸几分。再,历年春分日之正午时,太阳有一定高度,而圭表上日影亦有一定长度,此永不变更。杨光先前供管吹葭灰以测春分者,实为紊乱历法矣。此事证据颇多,可以观测。此外,在观象台上测试古人所定子午圈某时该春分日时刻,可以根据圭表之影以断定某日某时刻为春分。且春分后之数日内,仍可以测试。等语。

讯汤若望:据尔供称,观象台设有古制观测仪,欲知孰是孰非,全可测试春分日圭表日影之长短,云云。该圭表日影之长短又如何讲?测试时众人前去观看可乎?

供称:一年之内,圭表之影每日各异。圭表之下盘上刻有尺、寸、分,众人可以观看。圭表之影,亦有尺寸,一旦春分临近,其冬至之日至夏至之日,亦甚明显,务必先观察圭表之高低尺寸。圭表高低尺寸知道之后,才能推算出圭表影尺寸之长短。等语。

讯杨光先:据汤若望供称,观象台上设有古制观测仪,欲知孰是孰非,全可测试春分日圭表日影之长短,云云。对此,尔可有何言?

供称:节气之刻数,经九日之后,才增减一刻。若以象仪测节气,在此九日之内,圭表影之长短皆同,又何以区分节气?若按汤若望之言而为,则古之圣人不该设候气室也!冬至日影长一丈三尺,夏至日影长一尺三寸,此二至测影之法,即测其中最长、最短二项。倘若二分之长短不足,则不作凭据。等语。

讯杨光先:据尔供称,欲测节气,务必在候气室内先观测管吹葭灰,方合于观测节气之事,云云。如果预先设管观测春分日之葭灰,可乎?

杨光先供称:漏刻科派员观测律管葭灰、春分节气时,初四日可以观测,初六日亦可观测。测气之法,乃漏刻科之专职,至于其中之观矩,小的不知。等语。

讯杨光先:据尔供称,测气之法,乃漏刻科之专职,至于其中之规矩,小的不知,云云。尔所言者乃不知葭灰之法乎?或不知制作规矩乎?尔可曾观测乎?

杨光先供称:此法从伏羲、尧舜起相传至今,今钦天监仍用此法。小的虽未观测葭灰之法,但可以查阅史册、律历。至于其中规格、置设律管之法,小的不知。等语。

讯漏刻科官员欧吉武等:据杨光先供称,观测葭灰乃尔等之专职,云云。尔等如何观测葭灰?一年观测几次?

漏刻科官员欧吉武等供称:每年立春,由监正派历科一员、漏刻科一员,在立春前五日至顺天府会同司晨、县吏等观测立春一次,其余节气则不观测。等语。

讯杨光先:据漏刻科欧吉武等供称,每年仅观测立春一次,其余节气则不观测,云云。尔之所言可以观测春分日者何耶?

杨光先供称:每年十二个月,分有二十四个节气,皆以律管葭灰法观测,此乃定理。今所言仅测立春一次者,则为漏刻科之失职也。等语。

据此,又将杨光先此供给予漏刻科博士欧吉武等阅看,并经再次审讯,欧吉武等供称:自受委派以来,每年仅在立春时,由监正派历科一员、漏刻科一员至顺天府会同司晨及县吏等,仅观测律管葭灰一次,不曾为其余节气而奉派前去,此乃旧制。等语。

讯杨光先:据尔供称,每年十二个月,分有二十四个节气,皆以律管葭灰观测,此乃定理。但小的不知,云云。今若尔知此事,能否观测?

供称:小的不会观测。等语。

讯欧吉武等:据尔等供称,每年立春时,仅以律管葭灰观测,云云。尔等何人曾赴观测?

欧吉武供称:小的与周世泰曾赴一次,又有司尔珪与周世泰曾赴一次,其余尚有何人去与否,小的不知。等语。

历科博士周世泰供称:小的与欧吉武、司尔珪曾赴二次。等语。

又讯欧吉武、周世泰:据尔等供称,曾赴观测律管葭灰,云云。尔等曾否呈报所观测之律管葭灰时日与所推历法时日合与不合情形?

欧吉武、周世泰等供称:每年立春时,均经本监题请后,即派二科官员提前五日去置管观测,于立春前一日起管,由司晨呈报葭灰全飞、稍飞情形,而职等即按所报呈堂。原来从不测时,旧例于立春前一日返回具呈,至此奉差事毕。至于是否具题,小的们不知。等语。

讯汤若望:据尔前供,飞灰一项,置而不用久矣。再者,地有硬软干湿不平现象,实难求其吻合,云云。今据欧吉武供称,每年立春,由监正派历科一员、漏刻科一员,在立春前五日至顺天府会同司晨及县吏等观测立春,云云。尔所言不用律管葭灰已久者何耶?

供称:小的前供不用葭灰者,即不用律管葭灰以观测春分节气矣。若论律管葭灰，则另有用途。所谓立春之日，由监正派历科一员者，即去观察该省当日之律管葭灰升飞及该省丰裕情形，此事归于漏刻科办理，与天文历法无涉。等语。

讯汤若望：据尔供称，观察律管葭灰升飞及该省丰裕情形，云云。既然如此，何不在十五省置设十五个律管以观察，而仅设十二个律管以观察？

供称：小的掌印之前，只知设有十二省之律管，并不知可设十五省律管以观察之事。等语。

讯汤若望：据尔供称，观察律管葭灰升飞及该省丰裕情形，云云。尔可曾据此题报乎？

供称：已不记得。等语。

又讯若望：尔于每年立春前即派钦天监（此处缺约 300 字。）供有误。等语。

据此，臣等会议得，顺治十八年应置闰十月，而置闰七月者谬一款，又立春之日，按新法提前两日之一款，又论中四星一款，又二谬内一月无三节气之一款，又三谬内冬至、夏至之长短一款，又四谬内太阳之行原无迟疾一款，又五谬内移寅、宫、箕三度入丑宫一款，又八谬内颠倒罗、计一款，又九谬内应按赤道算节气一款，以上九款，复经逐款详讯，因其中之理精微，难以议拟。但汤若望供称，按旧法原将一百刻分为十二时，因有余数，极为烦琐，难以推算。按新法将九十六刻分为十二时，每时八刻，易于推算。无论以一百刻推算，或以九十六刻推算，均不增减，云云。后审讯时，又供称，所余四刻，既不在昼夜之内，亦不在一时八刻之内，此四刻根本无有，等因巧供。自古至今，凡是推历，皆以一百刻为一昼夜，此乃世代沿循之旧例，但汤若望改一百刻为九十六刻，而少四刻，此为其一。

汤若望前供，飞灰一项，置而不用久矣。再者，地有硬软干湿不平现象，实难求其吻合，云云。漏刻科官员欧吉武等供称，每年立春，监正派历科一员、漏刻科一员，在立春前五日至顺天府会同司晨及县吏观测，云云。汤若望亦供称，每年立春之日，所以派衙门两名官员者，则去观察该省当日之律管葭灰升飞及该省丰裕情形，云云。康熙三年正月初八日，汤若望疏称，为立春事。候至其时，春气已应，云云。又康熙三年十二月十九日，张其淳具疏内称，为立春事。自至顺天府候至其事，春气已应，等因具疏。即质审汤若望才供认其前供内所谓观察各省丰裕情形者有误，等因，供认巧饰。虽然如此，又欧吉武等人供称，按旧例置管观测立春时，立春前日起管返回呈堂，从不测时，云云。而汤若望根据所派官员呈报情形，却妄疏候至其时，春气已应，此为其二。

据杨光先呈称，汤若望新法更调参水猿于前，觜火猴于后。云云。据汤若望供称，将火、水分为觜火猴、参水猿者，皆系人为定编次序矣。诸曜渐次东移，谁前谁后，可以观测其实行天度，每日抬头可见，旧历舛谬，不合于天，故于新法内更调次序，云云。但自古推历之士，皆按先圣所定二十八宿次序推算已久，而汤若望擅自更调次序，殊甚不当，此为其三。

据杨光先呈称，四余者，即紫气、月孛、罗睺、计都也。汤若望如真不见其为无，则四余应当尽消。若以隋唐宋历之为有，则四余应当尽存。何故存罗、计、月孛，而独删一紫气？云云。据汤若望供称，月孛、罗睺、计都三余，虽无星象，但对日月交食、月之行，皆大有可用，故于新法内存此三余。至于紫气一余，天上无象，又无理可议，无数可算，无处可用，故而删消。至该一道白气者，小的亦曾目睹，乃彗星也，实在空中，非在天上，数月之后即散，故不可谓之为紫气。明万历年间，是否存有紫气，小的不知，云云。据杨光先供称，夫紫气者，乃东方木旺之气。万历丙辰年东方显现一道白气，直冲紫微垣，经观测后，方知紫气所为，故已具疏。不久，太祖兴兵，不过三十年，世祖皇帝进京，统一万邦。紫气乃我朝创业之吉祥征兆矣。汤若望独删四余内紫气一余，不知意欲何为耶？云云。经查旧历，该紫气、月孛、罗睺、计都四余皆有。汤若望将自古即有之紫气、月孛、罗、计四余，在彼所修历法内仅存月孛、罗、计三余，而擅自删消紫气一余者，殊甚不当，此为其四。

据杨光先呈称，天将笃祐皇家，享无疆之历祚。而若望进二百年之历，其罪曷不胜诛，云云。据汤若望供称，以新法所推之历，不仅二百年，而前四千年，后四千年，共八千年之后，又可按新法推步。日月五星，皆按新法各有无疆表。惟历法分有二百年表者，乃为简便起见矣。故只进二百年恒表、日月五星表，云云。但汤若望不记为何年所进，理应呈进万年无疆历表。汤若望可以呈进日月五星历无疆表，而历只进二百年表者，殊甚不当，此为其五。

由于以上五款，拟将汤若望仍交刑部议罪。

再者，百刻之历，自尧舜至今，历代沿用已久，嗣后理应仍施行以百刻推步之历。至该本内所有各款，拟照旧例施行之。

再，已废回回科一案，经查系钦命废之。今既议行百刻之历，亦应仍照旧例恢复回回科。

再，钦天监衙门派往候气官员，均于立春前日起管禀报，而掌印官张其淳亦妄疏春气已应,故拟交礼部另行议复。

臣等未敢擅便,谨具密题。请旨。

康熙四年二月初九日具题。本月十一日奉旨:康熙三年正月初八日,汤若望疏称,为立春事。正月初八日立春,候至其时,春气已应。十二月十九日,张其淳疏称,自赴顺天府候至其时,春气已应。又欧吉武供称,按旧例每年立春置管候气,皆于立春前日起管返回,具文呈堂,从不测时。云云。如此言之,并未核实立春时分者显见也。每当具报节气,宜报当年之丰歉,民生之休戚情形。此事至关重大,诚若先期起管,其立春时分,春气已应情形,又以何为凭验?应对此事彻底穷诘。着再复核议奏。钦此。钦遵。

讯汤若望:康熙三年正月初八日,据尔疏称,为立春事。正月初八日立春,候至其时,春气已应,云云。据尔所派欧吉武供称,旧例每年立春置管候气,皆于立春前日起管返回,具文呈堂,从不测时,云云。初八日立春,初七日起管报于尔,而初七日仍属冬至节,尔何以疏称初八日春气已应?

供称:若论初七日太阳在天上行度,仍属于冬季。但于初八日之空中有不冷不热之地气,则见春气已应。此为何耶?因为在冬季里,大约立春前一日及立春后一日,在空中已有不冷不热之地气,可见春气已应。据此,所派官员具文呈报春气已应,故而小的亦据此题报。等语。

讯欧吉武、司尔珪、周世泰:据尔等供称,于立春前一日起管具呈,云云。据汤若望供称,因尔等具文呈报春气已应,故而小的亦据此题报,云云。此事怎讲?

供称:于立春前十日,本监按照旧例派一历科官员、一漏刻科官员,在立春前五日赴顺天府置管观测,于立春前一日,即行迎春。在起管时,经观察后起走。阴阳学官员经呈报全飞、略飞情形图册后,即将该图册立行呈堂。自呈堂后,该项奉派之事亦将结束。做官以来,旧例如是,况非小的们之专责,该堂指派何人,该人必去。至于有否定例,素不知晓。原于立春前一日起管时,经观察后起管禀报,从不测试节气应与否,亦不观察时分,旧例即如是。等语。

据此,又讯汤若望:据尔所派官员欧吉武等供称,旧例于立春前日起管,从不测试节气应与否,亦不观察时分,云云。而尔却谎供所派官员具文呈报春气已应,故而小的亦据此题报,云云。此事怎讲?

汤若望供称:春气已应一词,乃本内言辞是实。但此一词,是否小的所派官员欧吉武等呈文内之言辞,或天文科属观象台值班官员所呈文内之言辞，已不记得。欧吉武等之呈文，今在何处，亦不记得。等语。

又讯汤若望：据查司尔珪等呈报张其淳一文内，并无春气已应之言辞。伊等呈报尔之一文，可否与此文同？

供称：因时日久远，已不记得该文内言辞。等语。

讯汤若望：尔所派官员欧吉武等在立春前日，即初七日起管呈报时，尔应纠参伊等曰，历书于初八日立春，何以于立春前日，即初七日起管呈报耶？然而，尔不纠参，反而谎疏春气已应。此事怎讲？

供称：定例于立春前日起管。伊等所呈报春气已应者，并非历书上所推算出之天上春气，天上春气与太阳所行度分有关。伊等所报春气，则与律管有关，故不曾纠参伊等。伊等所呈报春气，与历书上所推春气不一样。等语。

讯汤若望：尔所修历书载，去年正月初八日立春。而尔所派官员于初七日返回后呈报。尔何以谓为不一样？

供称：历书上所载春气，乃依据于天象，而所派官员返回后呈报春气，乃指地气矣，二者不一样。等语。

讯汤若望：尔为掌印，观察立春之日，即观察气之应与否。尔曾疏报春气已应，今又供称两者不一样。据此观之，岂非谎报乎？

供称：小的沿循旧例将伊等返回后所呈报之情，均行题报，但不曾详察其中之情。等语。

讯张其淳：康熙三年十二月十九日，据尔疏称，为立春事。自赴顺天府候至其时，春气已应，云云。据尔所派司尔珪等供称，每年立春置管候气，皆于立春前日起管返回，具文呈堂，从不测时，云云。十九日立春，十八日起管禀报，而十八日仍属冬节矣。尔何以疏称十九日赴顺天府候至其时，春气已应耶？

供称：博士周世泰、司尔珪奉派前赴置管观察，皆奉杜如预派遣而去矣。伊等返回后具文呈报，而由小的承接是实。周世泰、司尔珪遵照旧例呈报春图册并全飞、略飞情形。所谓候至其时，春气已应之词，乃缮写于题本末尾之词语，是由天文科官员拟稿且后钤印题闻。自明朝至我朝，均照此例题报。自我朝定鼎二十余年来，亦均照此例题报。此事可查天象档册。等语。

讯天文科五官灵台郎李光宪、黄功：据张其淳供称，所谓候至其时，春气已应之词，乃缮写于题本末尾之词语，是由天文科官员拟稿且后钤印题闻，云云。尔等何以疏称候至其时，春气已应耶？

供称：我天文等各科官员，对历年之八节气，均经观察风后具疏。至立春、春分、立夏、夏至、立秋、秋分、立冬、冬至，均照历科官员所推算时刻至观象台候风核查具疏。至于先期起管一事，我天文科并不知。据立春日当班博士李光宏呈称，所谓博士周世泰、司尔珪二员起赴顺天府候气，候至其时，春气已应等词，皆载于疏稿、题疏内。等语。

讯博士李光宏：据李光宪等供称，立春日当班博士李光宏呈称，所谓博士周世泰、司尔珪二员赴顺天府候气，候至其时，春气已应等语，皆载于疏稿、题疏之内，云云。此事怎讲？

供称：小的系天文科观测风向之员，于康熙三年十二月十九日亲赴观象台观测风向，并将观测情形呈报掌管科务官员，而科务官员呈堂，堂尚具疏。至于置管候气之事，小的并不知。等语。

讯李光宪、黄功：据尔等供称，李光宏呈称，起赴顺天府候气，候至其时，春气已应，云云。据李光宏供称，至于置管候气之事，小的并不知，云云。尔等前供春气已应之词，则载于李光宏呈文内者何耶？何人缮拟题疏内春气已应之词？

李光宪、黄功供称：前将李光宏登观象台候风呈报之事，误供为李光宏置管候气呈报矣。每年立春，按旧例二员赴顺天府候气，经呈报全飞、略飞图册后，小的们在天象书之后面缮写时，即缮拟赴顺天府候气，候至其时，春气已应等言词，自明朝至我朝，皆照此例缮拟具疏。等语。

讯李光宪、黄功：据尔等供称，即缮拟赴顺天府候气，候至其时，春气已应，云云。尔等是否得知该所派官员赴顺天府观测天气与天象春气已应后，才缮拟为春气已应？或沿循旧例而如此缮拟？

供称：从不将在顺天府所观察之春气与天象春气相核对。援照旧例，由前赴顺天府观察立春官员，经呈报全飞、略飞情形之后，小的们在天象奏书末尾缮拟春气已应之司。等语。

讯汤若望：据李光宪等供称，从不将赴顺天府所观察之春气与天象春气相核对。由赴顺天府观察立春官员，经呈报全飞、略飞情形之后，小的们在天象奏书末尾缮写春气已应，云云。此事怎讲？

供称：旧例即如此，伊等所供是实。等语。

据此，将伊等所供同赴顺天府观察立春官员经呈报全飞、略飞情形之后，即在天象奏书末尾缮拟赴顺天府候至其时，春气已应一案，又经核查明弘治十四年十二月十九日，正德四年十二月十八日，嘉靖十年正月初十日、十二月二十一日立春，而其天象奏书之末尾皆缮拟赴顺天府候至其时，春气已应等词。自顺治二年至康熙三年之立春一事，皆于其天象奏书末尾缮拟赴顺天府候至其时，春气已应等词。又查旧例，其赴顺天府立春候气官员，在立春前一日起管具呈全飞、略飞之事，实无案可稽，又无明朝时如何施行之旧例。查顺治五年、七年、八年、十一年、十三年、十五年、十六年、十八年，康熙元年、三年赴顺天府立春候气官员之具呈，皆缮拟立春前日起管，已全飞、略飞等词。查会典载，每年立春前五日，经钦天监衙门官员会同具疏，派两名官员赴顺天府候气，当日回监具呈，照例具疏，云云。又载凡立春前日，由候气官员会同顺天府官员赴东直门外，以迎芒神、春牛引至顺天府，云云。

据此，又讯汤若望：查会典载，立春前五日，派两名官员赴顺天府候气，当日回监具呈，照例具疏，云云。以此观之，于立春日候气具呈，并非前一日起管。尔何以谓为先期起管？

供称：小的于顺治元年十一月接任，而此前皆照旧例可派二员赴顺天府候气，于立春前日起管具呈。小的接任之后，亦照旧例施行。至于会典上所载立春日起管等言辞，小的不记得，亦不曾阅览。等语。

讯张其淳：查会典载，立春前五日，派两名官员赴顺天府候气，当日回监具呈，照例具疏，云云。以此观之，于立春日候气具呈，并非前一日起管。尔何以谓为先期起管？

供称：小的掌印仅为一月有余，而先期起管者，乃皆照旧例而为矣。至于会典所载立春日起管等言辞，小的不曾阅览。等语。

讯欧吉武、司尔珪、周世泰：查会典载，立春前五日，派二名官员赴顺天府候气，当日回监具呈，照例具疏，云云。以此观之，于立春日候气具呈，并非前一日起管。尔等何以谓为照旧例应先期起管，呈堂全飞、略飞耶？

供称：凡迎春候气，由堂轮换派人。小的们自任职以来，若奉派差，即照旧例于立春前五日置管，先期迎春候气并起管。此例始于前任各官，而小的们仅照旧例奉行罢了，至于会典内所载之事，小的们不曾阅视，亦不知道。等语。

讯明朝原历科博士戈继文、张光祥、臧文宪、左云登、何奇毅、薛文秉、周世泰、薛文华、何洛叔、周世瑞、周彤，天文科博士李光宪：在明时立春候气，是否于立春日起管具疏，或立春前日起管具疏？

供称:在明朝时,小的们不曾奉差候时,故不知当时起管之事。等语。

又咨行顺天府查送明朝及我朝每年立春时所录置管灰飞记录。今据顺天府禀报,经查历年立春时置管起管之事,自奉到钦天监来文后,由本府率领司晨与钦天监所派官员一同置管起管,而不留存档册。又查明时旧档,自流贼作乱后弃而无存。等因到部。

臣等会议得,康熙三年正月初八日立春,于初七日起管具呈汤若望,而初七日仍属冬节矣。故讯汤若望何以疏称为初八日春气已应时,汤若望则供称定例于立春前日起管,又有奉差官员呈称为春气已应,故而具疏,此事不曾详核,云云。欧吉武等供称,旧例于立春前日起管具呈,至于节气应与否,则不行观测,亦不观察时刻,云云。查历年赴顺天府后具呈立春之事,亦仅缮拟全飞、略飞等言辞而已,并无春气已应之词。查明时旧例,亦无此事。查会典载,凡立春前五日,派两名官员赴顺天府候气,当日回监具呈,照例具疏,云云。并不载先期起管之事。以此观之,旧例于立春日候气具呈是实。但汤若望等不照会典旧例而行,每年先期起管,以充为立春日起管,谎疏春气已应,此为其一。

此前亦曾纠参五款,因此拟将汤若望仍交刑部议罪。

钦天监掌印张其淳供称,小的掌印仅为一年有余,而先期起管者,乃皆照旧例而为矣,云云。但张其淳身为掌印之官,当该衙门官员于立春前日即十八日起管具呈时,伊不查问何以于立春日不起管而先期起管情形,亦不纠参改正,反而充之为立春日即十九日起管,谎称自赴顺天府候至其时,春气已应。因此,拟将张其淳交吏部议罪。

漏刻科博士欧吉武等,又历科博士周世泰等供称,旧例于立春前日迎春起管,阴阳学官员报全飞、略飞图册,而后据此呈堂,云云。但查明时旧例,则无此事。查会典载,凡立春前五日,派两名官员赴顺天府候气,当日回监具呈,照例具疏,云云。以此观之,旧例于立春日候气具呈是实。但伊等不照会典所载于立春日起管具呈,而每年先期起管具呈。因此,拟将欧吉武、司尔珪、周世泰等前赴顺天府候气各官,及与欧吉武等候气之顺天府官员,均加议罪。查,其中有者在赦前,有者在赦后,俱应交吏部分别核议。

天文科博士李光宪等供称,在立春时,旧例可派二员赴顺天府候气,经呈送其全飞、略飞图册前来后,即于小的们所观测之风向、天象奏书末尾,由小的们缮拟赴顺天府候至其时、春气已应等词,云云。经查旧例,自明弘治十四年以来,皆于天象奏书末尾缮拟赴顺天府候至其时、春气已应等词。因此，拟将李光宪等毋庸查议。余均按前议。

臣等未敢擅便，谨具密题。请旨。

［批红］：依议。

选译自“满文密本档”卷150

15.广东总督陆崇俊题为香山澳西洋人去留事密本

康熙四年二月二十四日

总督广东等处地方军务兼理粮饷、兵部左侍郎兼都察院左副都御史降一级照旧管事丁优臣陆崇俊谨题,为职官谋叛本国,造传妖书惑众,邪教布党京省,邀结天下人心,逆形已成,厝火积薪,请乞早除,以清伏戎事。

康熙四年正月初九日,礼部密咨内开,该部与吏部合咨密题,上发江南惠州府歙县之民杨光先指控汤若望案情到部。经臣等会议得,据汤若望等供称,在省教堂之西洋人亦皆布教纳徒,云云。据此,密敕该督抚将西洋人拿解到京,以交刑部议拟。再,将汤若望所在天主堂亦应拆毁,然因钦赏银两与汤若望建堂、赐碑文,故拟准留该堂,仅毁天主画像。利类思等所在教堂,虽系钦派佟吉购房新建者,亦应将利类思所在教堂,以及阜城门外教堂,均交工部拆除。再,汤若望、利类思所在两座教堂内现有西洋教书籍、画像、《天学传概》书版,俱应焚毁。至于入教人员,既奉旨免以查议,则将其所发之铜像、锈袋、《教要》、《天学传概》等物及书籍,亦应行文收交礼部销毁。再,其在外流散者,应饬交各该督抚行文严查收缴以毁之。在省之天主堂、西洋教内之书籍、画像等,亦应饬交各该督抚查收毁之。再,居住香山澳之西洋人,久住中国后交纳钱粮者有之,又私入界地以往返行走者有之,是以可否再行准留之处,请一并密敕广东督抚合查议奏。时另议拟。等因具题,于康熙三年十一月十九日奉旨:杨光先指控邪教一事既为属实,着免交刑部。在省之西洋人,着免缉拿,可带至京城议奏。至天主堂之拆毁一案,俟本案议结时,着另请旨,余皆依议。书画等物并发。钦此。钦遵,密封到部,理合咨行。一俟该文到达,即行查照奏文内情,以转行该督抚将西洋人速送京城。至于天主堂、画像,暂勿销毁,可等候部文。该教内之书籍并发给教徒之会期、铜像、绣袋、《教要》《天学传概》等物,应加严行查收焚毁。其余皆照敕谕遵照施行。等因到臣。除将教堂内西洋人及书籍等物,已密咨广东巡抚查取、解送、焚毁外。至于居住香山澳西洋人之去留一案,经与抚臣会同密咨海盐道查议之。甫于康熙四年二月初九日海盐道副使苏琳禀称,据市泊司呈称,该查西洋邪教一案,不仅为各府州县之职守，亦系卑司所辖之事，惟香山澳纳税一事，则照上司咨交速行查议，以副上司所差。查部咨内开，居住香山澳之西洋人，久住中国后交纳钱粮者有之，云云。查澳之夷人，早在嘉靖年间即来此地。总督前为夷人去留事题请在案。昔日禁海以前，每有货物一到，即收船税地租。自禁海后，不曾征收，且此处亦划归于地界之外。部文又内开，西洋人私入界地以往返行走者亦有之，云云。查自香山澳至虎门，皆有台寨武弁防守。今因禁海，封固甚严。又内开，可否准留，云云。此事宜可商议。夷人仅知贸易，今既禁海，已无长远之计，不敢妄议准留。等因到道。据此，该道看得，西洋人久住中国后交纳钱粮者亦有之者，乃指香山、虎门也。自嘉靖以来，即住于此地，靠海贸易，交纳钱粮租银。后经禁海，该澳划归于界地之外，加之海船不通，故而不再交纳钱粮租银。此事已由前总督题报在案。又夷人私入界地，以往返行走者亦有之者，原设有关闸，以分为界地之内外，加以严行封闭，又设香山寨，以派官兵守御，不准私入行走。惟可否准留一案，该道再三深思，不敢妄议准留。夷人不稼不穑，禁海以来计口购米，而钱财少，终有穷竭之日，故不可准留。等因，禀报前来。据此，臣与抚臣卢兴祖会同看得，准部题复杨光先指控汤若望一案内称，居住香山澳之西洋人，久住中国后交纳钱粮者有之，又西洋人私入界地往返行走者亦有之，又可否准留等各事，请一并密敕广东督抚合察议奏，时另议拟。云云。经臣等查得，该居住香山澳之西洋人，乃故明嘉靖年间来此居住者矣。素以贸易为业，从此收其船税地租。部文所言久住中国后交纳钱粮者即指此矣。今已禁海立界，两度颁行法令，通商海船早已中断，因而亦无从过问钱粮之事。查此澳，乃滨海一岛，原归香山寨官兵就近管理，并设关闸，以利于防守。即为立界之前，亦仅准内地商人至澳贸易而已，从不准夷人越界行走。且自勘海立界之后，该澳孤悬于海外，加之关闸封闭，官兵严守，故不敢私入界地行走。惟来此澳居住之夷人，年代久远，生齿日繁，聚集渐众，查老幼男女已有五千六百余口。彼等不能耕作，除经商外，委实无力谋生。自从禁止海船以来，民不聊生。是以，臣等于康熙二年四月间，为奏请夷人去留事题复时，曾议宜当遣回原籍。后由部查复又题称，夷人自遐壤西洋而来，居住此地年久，拟仍准住，计口购米，以令其够用可矣。云云。故而准留至今。今又钦命查议，故经臣等再三深思，自从禁止海上贸易以来，夷人委实无力谋生，眼前虽可计口购粮，然而银两有限，岁月无穷尽也，终非长久之计，臣等仍以为不宜准留。如今或送至京城，或应遣回西洋，仅候部大臣议拟。

援照该道禀报，臣等谨具密题，伏乞敕部议复施行。

臣等未敢擅便，谨具密题。请旨。

[批红]：各部知道。

选译自"满文密本档"卷150

16.礼部尚书祁彻白等题为审讯佟国器捐银修天主堂事密本

康熙四年二月二十七日

礼部等衙门尚书臣祁彻白等谨具密题,为请旨事。

汤若望等授意所作《天学传概》一书内,专写佟国器之名,载称佟国器居官所到之处,捐输银两,修建教堂。对此一案,据汤若望等供称,佟国器虽未入教,但修教堂,云云。据此,亦请敕下该督速送佟国器来京城,以便质讯。等因,康熙三年十月十三日具题。当日奉旨:依议。钦此。钦遵。即行密咨该督臣。于康熙四年正月二十四日,江南总督郎廷佐解送佟国器到部。查原供载称,讯李祖白,据尔著书载称,中丞佟惠伯笃信至之,做官所到之处,捐输银两,修建教堂,供奉天主,俸禄不已用,而用于天主,云云。佟惠伯做官所到之处,捐银所建者,系为何处之堂?又为身居何职?今在何处?供称,佟惠伯者,乃佟国器矣。佟国器信教而未入教。伊原任巡抚,今已革职。伊曾捐输俸银给西洋人修教堂。以上情形,皆从利类思、安文思、南怀仁处听来。至于伊将银两送于何处教堂,小的不知,云云。讯利类思、安文思、南怀仁,据李祖白供称,佟国器捐输己银给西洋人修教堂,此事尔等知晓,云云。该官捐银所修者,皆为何处教堂?供称,佟国器未入教,闻得该官捐输己银给西洋人修建外教堂,但不知系何人所言,亦不知修建何处教堂。想必佟国器所捐修者为福建教堂矣,云云。讯汤若望,尔令李祖白所写该书载称,佟国器做官所到之处,捐输银两,修建教堂,供奉天主,云云。该官所捐修者为何处教堂?供称,佟国器捐助在闽之西洋人,以修建福建之教堂,但伊未入教,云云。讯汤若望、南怀仁、利类思、安文思,佟国器既未入尔之教,则于尔等令李祖白所写之《天学传概》一书中,何以书写佟国器之姓名?供称,佟国器虽不曾入我教,但伊捐助我西洋人修建教堂,故而书有伊之名。等语。

据此,审讯原巡抚佟国器:据汤若望等所著《天学传概》一书载称,中丞佟惠伯做官所到之处,捐输银两,修建教堂,供奉天主,俸禄不已用,而用于天主,云云。尔所修建者,究竟何省之教堂?

供称:小的于顺治十年四月任福建巡抚,八月接任。遇有贫穷僧道,即行施舍，又施舍与西洋人以二十两银者是实。顺治十一年，小的叔祖佟代出任浙闽总督，小的回避，即奉命调任南赣巡抚。伊等是否修建教堂，小的不知。再，该所著《天学传概》一书中写有小的姓名一事，小的亦不知。等语。

讯佟国器：据汤若望等供称：尔捐助在闽之西洋人，以修建福建之天主堂，云云。今尔供称仅给西洋人以二十两银，而未修建天主堂。此为何耶？尔除捐银修福建省天主堂之外，又捐建何省之堂？

供称：小的在福建施舍二十两银者是实，但未建堂，在其他地方亦未建堂，未施舍银两。等语。

讯佟国器：尔施舍二十两银与西洋人，但供以不知是否建堂者何耶。尔诚然未捐银建堂，何以于该书中专写尔之姓名，并载称做官所到之处，俸银不已用，而用于天主？以此观之，尔捐银建堂属实！

供称：小的施舍给二十两银是实。小的身为地方巡抚，凡遇穷苦之人，确曾略有施舍。但伊等是否用此建堂，小的委实不知。等语。

讯佟国器：据汤若望等授意所著《天学传概》一书载称，佟国器做官所到之处，俸禄不已用，而用于天主，云云。尔诚然不曾捐银修建他省之教堂，汤若望等何以书写尔之姓名，并载称尔做官所到之处，俸银不已用，而用于天主？尔所捐建者为何省教堂？如实招供！

佟国器供称：顺治十年职任福建巡抚时，曾施舍二十两银者是实。至于他者，不仅不曾施舍银两，亦未建堂。该《天学传概》一书内，何以书写小的姓名，小的并不知。此乃小的确供。等语。

质讯汤若望、利类思、安文思：据佟国器供称，在福建时，曾施舍西洋人以二十两银者是实，但未建堂，云云。而尔等何以谓为佟国器修建福建天主堂？

汤若望等供称：闻得佟国器捐银给西洋人修福州天主堂。至于施舍银两之事，小的们委实不知。等语。

佟国器供称：因西洋人索求，施舍二十两银是实。至于是否建堂，小的不知。等语。

讯汤若望、利类思、安文思：佟国器除捐银建福建天主堂之外，又建何省天主堂？福建天主堂建于何年？

汤若望、利类思、安文思供称：闻得佟国器捐银给西洋人修建福建之福州天主堂，但已不记于何年所闻，亦不知何年修建。此事可问佟国器便知。至于他省之天主堂，伊不曾修建。等语。

讯汤若望、利类思、安文思：据尔等授意所著《天学传概》一书载称，佟国器做官所到之处，俸银不己用，而用于天主，云云。以此观之，佟国器显然亦曾修建他省天主堂。今尔等声称佟国器仅建福建天主堂，而不曾建他省天主堂，如此巧供可乎？如实招供！

供称：该《天学传概》一书内所载佟国器做官所到之处，俸银不己用，而用于天主等言辞，乃该书内所用修饰之辞，实则仅施舍二十两银，以用于修建福建天主堂。此非巧供，委实不曾建他省天主堂。等语。

据此，臣等会议得，据佟国器供称，顺治十年职任福建巡抚时，因西洋人索求，施舍二十两银是实。顺治十一年，小的叔祖佟代出任浙闽总督后，小的回避，即奉命调任南赣巡抚。伊等是否修建天主堂，小的不知。至于他省，不曾施舍银两建堂，云云。据汤若望等供称，佟国器捐银给我在闽西洋人，以修建福建福州府天主堂，云云。又据汤若望等授意所著《天学传概》一书载称，佟国器捐银建堂，俸银不己用，而用于天主，云云。据此观之，佟国器捐银建天主堂属实。虽佟国器罪在赦前，但一无官布衣，拟交刑部议之。

臣等未敢擅便，谨具密题。请旨。

[批红]：依议。

选译自“满文密本档”卷150

17. 刑部尚书尼满等题为审讯汤若望等选择荣亲王葬期事密本

康熙四年二月二十九日

刑部尚书臣尼满等谨题，为请旨事。

准礼部等衙门密咨内开，臣部为前事具疏，经与吏部会议杨光先呈告汤若望一案时，杨光先又具呈一册，声言其为原呈。经阅该呈，则称：江南徽州府新安卫官生臣杨光先谨题，为历法至关一代大典事。窃惟，一代帝王升腾，必有一代帝王之大政，而加载于史册，以垂后世，以昭一代。修历明时，乃奉天以治天下之实事，故尧恭奉苍天而敬定人时，舜核浑天球而厘整七政。此事载于《书经》，可谓万世之典。自皇上入主中原，一统四海以来，国计民生，官箴吏治无不兴焉，惟敬天之政，尚欠完全。臣乃山野村夫，不避嫌憎，书写《摘谬论》一卷，摘彼十谬，又附《选择议》一卷，编辑成册，冒死具呈。伏乞玄夜备览，以悟得新法之谬误，并请迅速查访知法通理之贤儒，以修我朝一代之历法。诚能如此，非但皇上之敬天为民大政得以昭彰，且又得以垂存于史册，实与尧舜同比。臣不胜惶悚待命之至。为此具本，并同卷册呈请礼部转题闻。等语。

臣等披阅其《选择议》，则开：窃惟阴阳五行之理，惟视生克制化之用。用得其理，凶可化为吉，用违其理，则吉反变为凶，而斟酌权宜，非读书明理之人不能也。今天文地理时令三家，多是不读书之人借此以为衣食之资，其余阴阳五行之理，未融会贯通，以讹传讹，满口妄论，究至祸人之事恒多，而福人之事恒少。夫山有山之方位，命有命之五行，岁月有岁月之生死，详载“通书”，待人随理而变通之，故名其书曰通。通者，有变通之意。今庸术不能明理而变通之，反将变通之书以文其不通之术，鲜为不误人也者。凡阴阳二宅，以其人之本命为主，山向岁月俱要生扶本命，最忌克命。选择造命之理，要生扶之四柱，忌克泄之四柱。或三方不利，用事难缓，则用制杀化杀之月令，以化凶为吉。若月令生杀党杀，日时不良，则有凶而无吉。如荣亲王之命，丁酉年生，纳音属火，以水为杀，宜选二木生旺之月以生火，令水不克火而生木，此化难生恩之法也。忌水生旺之月以克火，忌金生旺之月以生杀,此定理也。查戊戌年,寅午戌三合火局,以北方为三杀,亥为劫杀,壬为伏兵,子为灾杀,癸为大祸,丑为岁杀。盖亥壬子癸为阴阳二水,临官帝旺之地,以水能灭火也。一说亥子丑为阴阳二火,墓绝之乡,火至北方而无气,其义与水克火同,此北方所以为寅午戌三合年之三杀也。又查山家变运,子午二山正五行属水,水墓在辰。戊戌年遁,得丙辰墓运,纳音属土。选用公月,用建辛酉,为庚金帝旺之乡,辛金临官之地,用官旺之金生水以克火,加之墓运属土,母顾子而不克水,反助金以生水。查壬辰日,干头透水,又纳音属水,众杀党聚,以克王命,何忌如之。且八月二十七日,实犯地空,"通书"忌埋葬,岂汤若望未之见也?查甲辰时,奇门法犯伏吟,经云课中伏吟为最凶。又云吉宿得奇门,万事皆凶不堪。使荣亲王之葬,年犯三杀,月犯生杀,日犯党杀,时犯伏吟,四柱无一吉者,不知其凭何书何理而选之也!幸用之以葬数月之王,若用之宦庶之家,其凶祸不可言矣。等语。

又阅其奏章内一文,则开:顺治十六年五月间,已不记为何日,礼部渥尚书、王尚书坐于后堂榻上,光先即呈该册,王尚书言此事非该部之事。光先言钦天监隶属礼部,何以言为非礼部之事?王尚书言,此文系奏章,而转呈奏章,乃通政使司之事,六部从不代人转呈,可去查看,若有此例,可以转呈,云云。光先言若为如此,可心服矣。时钦天监洋毕车器在旁叱曰,六部岂有代人转呈之例?光先亦高声曰,洋毕车器尔系汤若望之义子,与汤若望选择太子葬期何等之好?尔等不认罪,使致许多部员被刑毙,今尔又来呵斥,此处乃礼部,而尔何人,敢如此妄言也?以上一席之言,二位尚书大人皆已听闻。再,汤若望行文该部将洋毕车器之子为官,原文在部,可以查核。等语。此案殊异与前投诉案,臣部拟与吏部会议之。臣等未敢擅便,谨题。请旨。康熙三年十一月初五日题。当日奉旨:着会同吏部议奏。钦此。钦遵。

臣等会同吏部鞫汤若望:据杨光先前呈《选择议》载称,如荣亲王之命,丁酉年生,纳音属火,以水为杀,宜选二木生旺之月以生火,令水不克火而生木以化杀。忌水生旺之月以克火,忌金生旺之月以生杀。此定理也,云云。此事怎讲?

供称:小的仅知天文历法,其选择、地理、风水等,皆系漏刻科之杜如预、杨宏量所为。荣亲王之葬年月日时,俱经伊等选定之后,小的阅视钤印送部。选择之事,皆系伊等之职守,小的不曾为荣亲王之葬期选择矣。等语。

据此,审讯杜如预、杨宏量。

钦天监漏刻科监正兼理科务正四品又加一级杜如预供称:顺治十五年

八月二十七日安葬荣亲王，而小的于八月初即赴盛京移陵，于十月间返回。小的不知此事，况选择系历科之事。等语。

钦天监五官挈壶正加二级又加一级杨宏量供称：勘验荣亲王墓地系漏刻科之事，选择葬期系历科之事，小的实不知。等语。

讯汤若望：据杜如预等供称，选择日期系历科之事，云云。据尔供称，选择日期系漏刻科之事，云云。此事怎讲?

供称：勘验地理原为漏刻科之事，选择日期为历科之事。小的前供选择日期为漏刻之事者，则因年迈有疾而一时错供也。等语。

据此，又经讯历科官员，据原夏官正李祖白、春官正宋可成、秋官正宋发、冬官正朱光显、中官正刘有泰等供称：杨光先所言荣亲王于丁酉年生，纳音属火，宜选二木以生旺者是，小的们所选亦如此。小的们于顺治十五年七月间，与病故中官正贾良琦，漏刻科杜如预、杨宏量等选择之后，呈阅汤若望。又经详讯之后，钤印送部。等语。

讯杜如预：据李祖白等供称，于七月间与杜如预、杨宏量等选择之后，呈阅汤若望，云云。据尔供称，于八月间赴盛京移陵，小的不知，云云。此事怎讲?

供称：荣亲王之墓地，于十五年二月间踏勘后，即呈报汤若望。时踏勘墓穴山向为壬丙，由历科官员按此山向选择日期。再，历科官员选择日期时，小的有者知道，有者不知道。至所选葬埋日期，小的并不知。等语。

据此，又经一一质审，李祖白等供称：凡为大事，皆由二科共同选择，如葬埋荣亲王之如此大事，可谓为不曾会同选择者可乎? 我二科会同选择是实。等语。

杜如预则供称：不曾会同选择。等语。

又讯杨宏量：据李祖白等供称，七月间与杜如预、杨宏量等选择之后，呈阅汤若望，云云。据尔供称，选择荣亲王葬期系历科之事，小的不知，云云。此事怎讲?

供称：小的专看风水，而选择日期则非小的职守，亦不曾会同选择。等语。

据此，又经质审李祖白等，据李祖白供称：凡事皆由二科会同选择，况葬埋荣亲王之如此大事，岂有不会同选择之理? 且又职掌内明文规定会同选择也。与杨宏量一同选择是实。等语。

杨宏量供称：职掌内虽规定二科官员会同选择，但选择荣亲王之葬期时，小的患疾在家，伊等不曾派人来唤小的，确实不曾会同选择。等语。

讯杨宏量：尔患疾于何月何日？又痊愈于何月何日？何人知晓？

供称：移东京陵时需派员前赴办理，因小的患疾，阿尚书即传小的至其家中，因见确实患疾，即改派欧吉武同杜如预前去。因时日已久，实不记患疾痊愈日期。等语。

讯李祖白、宋可成、宋发、朱光显、刘有泰：据杨光先前呈《选择议》载称，查戊戌年山向子午，犯 yang du tian（音），此大忌墓穴也。戊戌年寅午戌三合火局，以北方为三杀。亥为劫杀，子为灾杀，丑为岁杀。盖亥子丑为壬癸二水，临官帝旺之地，以水能灭火也。一说亥子丑为阴阳二火，墓绝之乡，火至北方而无气。其义与水克火同。此北方所以为寅午戌三合年之三杀也，云云。此事怎讲？

供称：葬荣亲王以壬丙山向，并非子午。洪范五行以壬为水，火墓在戌，壬戌属水，而仅忌土之年月日。杨光先所言子午者误也。戊戌年山向壬丙，虽北方有众杀，并无犯正杀，无碍于葬埋。等语。

据此，经讯杨光先，则供称：北方为水，并非为火。北方若为亥，属阴之水，若为壬，属阳之水，若为子，亦属阳之水，若为癸，属阴之水，无论为壬为子，皆属阳之水。故寅午戌年，亥为劫杀，壬为伏兵，子为灾杀，癸为大祸，而丑为土，丑有癸水，故丑为岁杀。此于各种通书及历书上皆有明载，故寅午戌三合为火岁，北方亥壬子癸丑为墓绝之乡，因北方五水可克三合水，故宦庶之家皆避三杀岁。今李祖白等巧供洪范五行壬为火矣。夫洪范五行者，即唐丘延翰颠倒生死，编写五行，以哄蛮夷，是以谓为《灭蛮经》。“通书”载该书为背理而不可用也。自古选定北方为水，南方为火，今伊等用《灭蛮经》以壬水为火，葬埋荣亲王，足见其险恶用心。据《通书指要》“释疑”内载，所以编写洪范五行，则期望自中国传到外藩，使彼用而断绝后裔者矣，故谓为洪范五行。此事载于“通书”，全可核查。等语。

据此，经讯李祖白等人，则供称：杨光先所言为子者，乃伊援引洪范五行以佐证为水，可见伊亦用洪范五行矣。然又何以谓此为《灭蛮经》耶哉？至于山向，可问漏刻科便知。等语。

经讯漏刻科之杜如预、杨宏量，则供称：小的们踏勘荣亲王墓地之后，原选定以壬丙，令历科选择日期，选择日期之事，非漏刻科专职，其向为水为火，乃历科之专职，况于历书上记载甚为明了，非属漏刻科之地理执掌。等语。

于是，李祖白等供称：北方为水，壬以属火，火墓在戌，纳音壬戌属水，仅忌土之年月日。选择葬埋吉日，至关山向，何谓此事为历科之专职也。杜如预虽奉差在外，但与杨宏量踏勘属实。等语。

于是，杨宏量供称：七月初六日与工、兵、礼三部会同踏勘荣亲王墓地守兵之房址，并交工部营造。返回时行至蓟州后患病，三部大臣见小的病重，即留李通事伴住蓟州三日。七月十六日回家调理，八月十二日痊愈视事，并无一同选择日期之事，亦未曾来叫唤小的。等语。

讯李祖白、宋可成、宋发、朱光显、刘有泰等：据尔等供称，与杜如预、杨宏量等一同选择，云云。显而易见，尔等所以推诿，则因尔等所选日期必有不吉，是以巧供属实。尔等务必如实招供！

供称：葬期载于“通书”，何有不吉。与杜如预、杨宏量等一同选择是实。且选择墓地乃漏刻科之事，并无推诿。等语。

据此，又质讯杜如预、杨宏量，据杜如预、杨宏量供称：选择日期实为历科之职守，小的们并无一同选择荣亲王之葬期。等语。

李祖白等供称：选择荣亲王之葬期，实为漏刻科杜如预、杨宏量之职责，小的们协助伊等选择是实。等语。

讯杨光先：据李祖白等供称，杨光先所言为子者，乃伊援引洪范五行以佐证为水，可见伊亦用洪范五行矣。然又何以谓此为《灭蛮经》耶哉？云云。此事怎讲？

供称：子壬在正五行属水，小的仅知皇帝陵寝皆为子、午二山，在洪范五行亦以子为水，是以援引，并非专用洪范五行也。等语。

讯杨光先：据尔供称，洪范五行者，即唐丘延翰颠倒生死，编写五行，以哄蛮夷，是以谓为《灭蛮经》。所以编写洪范五行，则期望自中国传至外藩，使彼用而断绝后裔者矣，云云。此等言辞载于何书？供称：丘延翰所作洪范五行内言辞，载于《地理大全》，后人称之为《灭蛮经》。“通书”今在，可以阅览。等语。

又讯：该《地理大全》在何处？供称：该书之版在福建，而不在此地。该书又称洪范五行为《灭蛮经》，并非小的任意编造。等语。

讯李祖白、宋可成、宋发、朱光显、刘有泰等：据杨光先前呈《选择议》载称，又查山家变运，子山正五行属水，洪范五行亦属水，水墓在辰，纳音丙辰，墓运纳音属土。查选用八月，辛酉为庚金帝旺之乡，辛金兴旺之地，用官旺之金生水以克火，加之墓运属土，因顾子而不克水，反助金以生水，众杀党聚,以克王命,此宜大忌者矣,云云。此事怎讲?

供称:荣亲王于丁酉年生,纳音属火,戊戌年葬;纳音属木,以木生火。葬期为八月辛酉,王命属丁酉,而丁火生于鸡,虽辛金生水,亦难克火。杨光先所言墓运属土者,即按子、午二山而言,并非按壬、丙二山而言矣。等语。

据此,经讯杨光先,则供称:以地理占五行,各自用法不一,不可随意以彼饰此。三杀以三合五行推算,非以值年干支五行推算。三合以寅为火生,午为火旺,戌为火墓,此三合而为火岁,故北方亥壬子癸丑为水火三杀,此事载于历书上极为明白也。今李祖白等所言岁为本者巧辩矣。若北方之水非三杀,则北方之水即为生木之吉星也。若水生戊戌年之木,则于新法内应载称为北方三吉星也,又何以载称为北方三杀?可见伊之以彼饰此之咎显然也。又丁火生于酉者,则指始育生洗能壮强衰弱亡墓绝十二者矣,非指官杀之旺。金则秋旺,木则春旺,水则冬旺,火则夏旺,土则四季之末旺,旺则生子。是以,水秋月涨,而以旺金生水。此又哄骗谁人?等语。

据此,经讯李祖白等,则供称:葬期推延数月可乎?故部饬令自当年八月十五日至二十日选择葬期,因二十日之前皆为不吉,故选用二十七日辰时。所用年、月、日时皆选自"通书",若"通书"不载,何敢选用此葬期。今杨光先所言皆为异书之法者,自然与钦天监选择不合。等语。

讯李祖白、宋可成、宋发、朱光显、刘有泰等:据尔等供称,葬期推延数月可乎?云云。由此可见,尔等不行详查属实。如实招供!

供称:因事关重大,故由二科共同选择,岂可谓为不行详查?况所选之日,皆载于《通书大全》一书内,可以查阅。等语。

讯李祖白、宋可成、宋发、朱光显、刘有泰:据杨光先前呈《选择议》载称,查壬辰日,纳音属水,"通书"虽载可以选用,惟水、木可用于人,而火不可用于人,且八月二十七日实犯地空,"通书"忌理葬,岂汤若望未之见也,云云。此事怎讲?

供称:八月二十七日壬辰,太阴位于丁,面对山向。书曰,太阴为众吉之首,克凶化吉,云云。又查八月辰日,he yao(音)吉星临位,即有众杀,亦无所忌,虽有地空,亦所无碍。杨光先所言"通书"载壬辰日可以选用者属实。但其所谓惟水木可用于人,而火不可用于人者,并不见载于"通书"。等语。

据此,又讯杨光先,则供称:五行壬辰日,其壬者为水也,辰者亦为水也,纳音常流之水。此次选择,应算造命。此事何以匿而不报?可见其中有诈。又辰者,乃洩戌年之星,故曰壬辰日最凶。地空日忌埋葬,"通书"有载,可以查核。今以太阴、he yao(音)之辞,岂可掩饰以水克火之事?伊等所供壬辰日属火,不可用于人之辞,若不见载于“通书”,则该“通书”原专载五行生克之理,岂可妄言水克火之事?伊等所选之日吉与否,自有公论。等语。

据此,又讯李祖白等,则供称:壬辰纳音属水,在前供中已明白供吐,并无隐瞒。伊供若水克火,则年月二木皆生扶火,又丁火生于酉,火势最旺之日,何惧于水?且山向有太阴、he yao(音)吉星,故不忌众杀,而地空又有何所惧?等语。

又讯杨光先:据李祖白等供称,杨光先若言水克火,则年月二木皆生扶火,又丁火生于酉,火势最旺之日,何惧于水?云云。此事怎讲?

供称:选择之法,以择日为至要。月者,犹如总纲,辛酉之月干支皆金,阴木达于酉则绝,壬辰日天干即水,在地支内又有癸水,纳音常流之水,何以择为荣亲王火命之人葬期?若言其日不惧于水,则其水克火者至为显然也,岂可以骗人?倘若埋葬之日为丁火,则可谓为丁火生于丁酉也。等语。

讯李祖白、宋可成、宋发、朱光显、刘有泰:据杨光先前呈《选择议》载称,查甲辰时,据《奇门》选择书载,lu yi san(音)奇八门 ji(音)伏为总伏吟。经书云,课中伏吟为最凶。又云,假令吉宿得奇门,万事皆凶,不堪便用。荣亲王之葬年犯三杀,月犯生杀,日犯党杀,时犯伏吟,四柱无一吉者,不知其凭何书何理而选之也。幸用之以葬数月之王,若用之宦庶之家,其凶祸不可言矣,云云。此事怎讲?

供称:甲辰时者,乃甲辰黄道日福星贵人吉宿,此为大吉。钦天监选择之书,不同于外书。杨光先所言《奇门》一书,钦天监素不使用。荣亲王之墓地为壬,山向为丙,年则戊戌,纳音属木,而木生火。月则辛酉,纳音亦为木。王之本命为丁酉,而丁者为火,丁火生于酉。日则壬辰,纳音属水,但山向位于太阴,又有 he yao(音),无忌于众杀。时则甲辰,纳音属火,甲辰黄道,年月日时,皆为大吉。杨光先所言子午山向者谬也。子午山向,宜忌木属年月日时,而壬丙山向应忌土属年月日时。葬埋山向各异,而又土木不一,岂可并提而论。等语。

据此,经讯杨光先,则供称:凡盖房屋,以家主之生辰为主,营造墓穴,以亡者之本命为主,务必生扶亡者之山向本命。戊戌年三合火局,北方为壬阳之水,故有伏兵而克火也。荣亲王之命,丁酉年属火,而太岁亦属火壬水,且太岁为杀,可克荣亲王之命。夫“奇门”者,乃轩辕黄帝战蚩尤时所遗之法,在出兵行旅殡葬之时,无不用此。今伊等所谓钦天监素不用此者,则因伊等选择皆凶,故不招认,以此搪塞。由此可见,皆系伊等之奸诈也。再,伊等所谓戊戌年纳音属木,不犯三杀者,纯属巧供,竟不信皇上颁行天下之历法也。其旺金生水之月,若谎称为纳音属木生火,则岂有秋旺之金反生火之理?再,其壬辰日,则不言其之纳音,不知此为何意?既便山向丙子,皆属阳水,无所区别,只占其吉与否,是非自然明了。等语。

据此,经讯李祖白等,则供称:壬为属水属火,可问漏刻科便自然明了,钦天监不用《奇门》,则因不避 he dao(音)之故也。月则辛酉,纳音属木。年月二木生火,又丁火生于酉,故其辛金何忧之有?等语。

据此,经讯杜如预、杨宏量,则供称:壬则属水,而在选择日期时,仅查阅"通书",至其为属水属火,小的们不知。等语。

讯李祖白、宋可成、宋发、朱光显、刘有泰等:据尔等前供,壬丙山向,在洪范五行中属火,云云。后又供称,壬为属水属火,可问漏刻科便自然明了,云云。经讯杜如预、杨宏量,则供壬则属水,而在选择日期时,仅查阅"通书",至其为属水属火,小的们不知,云云。以此观之,尔等选择必有不吉,故而如此推诿巧供。务必如实招供!

李祖白、宋可成、刘有泰供称:壬则属水,而洪范五行山向择火,并非不吉,亦非推诿。等语。

朱光显、宋发供称:对选择而言,素由刘有庆、贾良琦、杜如预、杨宏量谙熟,而朱光显、宋发不过协助选择而已。至于选择墓穴之道理,小的们委实不通,确非推诿。等语。

刘有泰又供称:顺治十五年,小的曾为保章正,康熙元年十二月才题补为中官正,而选择之事,小的不知。等语。

据此,又讯刘有泰:诚然如此,何以在前审时尔之所供与李祖白等所供相同?

供称:在前审时,因小的一时不知所措,故与李祖白等所供相同。顺治十五年,小的曾任保章正,康熙元年十二月,补为中官正。荣亲王之葬期,小的委实不曾选择,确非保章正所掌之事。等语。

又为此事,再讯李祖白等,则供称:因时日久远,已不记姓名。据职掌内开,保章正亦参与选择之事。在升迁考内亦有此记载。既然职掌如此,何以谓为不曾选择?等语。

于是,又讯刘有泰,则供称:小的职任保章正是实,但非掌管选择之事,而皆为五官之事,况各有职守焉。虽于职掌内有载,但各有职守,在监各员皆知保章正不选择日期。荣亲王之葬期,确非小的选择。等语。

讯汤若望:据尔前供,荣亲王之葬埋年月日时,皆由杜如预、杨宏量选择,云云。尔又后供,由历科官员选择,云云。尔在当初派人选择时,曾派何人?又有花名册否?

供称:八月初五日,曾传杜如预、杨宏量、刘有庆、贾良琦、李祖白、宋可成、朱光显、宋发、刘有泰九人至小的跟前,令伊等共同选择,不曾传别人来,况别人亦不甚通懂。伊等选择之后,即行呈阅小的,小的复又详讯伊等,伊等皆言为吉,故小的钤印送部。选择之事,至关重大,故令伊等共同选择属实,然而伊等却供并无此事,纯属推诿。至于伊等之花名,不曾记录在案。等语。

于是,又经质讯伊等,由李祖白、宋可成、宋发、朱光显、刘有泰等供称:我等九人共同选择是实。等语。

杜如预供称:小的奉差在外,不曾共同选择日期。等语。

杨宏量供称:不曾有人前来传唤小的,小的不曾共同选择。等语。

汤若望供称:杜如预、杨宏量共同选择属实。等语。

讯杜如预、杨宏量:据杨光先前供,寅午戌年,亥为劫杀,壬为伏兵,子为灾杀,癸为大祸,丑为癸水,即岁杀,此事皆载于各"通书""历书"内。因有此五杀,不利阴、阳二宅,云云。尔等于戊戌年建盖荣亲王墓穴以壬丙山向者何耶?

供称:当时拟定壬丙山向之后,即行告知佟吉曰,今年南北不吉。而佟吉言称,小王无碍。等语。

据此又讯伊等:既然如此,可否将佟吉之言记录在案,或否另有旁人听闻此言?

供称:当日伊之所言,不曾记录在案。曾闻此言之人,亦因年久而不记其姓名。等语。

又讯:既然如此,曾否将当年南北不吉情形具呈于部?

杜如预供称:当时具呈选择情形时,已将当年南北山向不吉情形呈报于汤若望。等语。

杨宏量供称:当时选定墓地之后,由主管大臣等随时讯问,小的们随时解答,故而无暇呈文,不曾呈部。返回京城之后,又恐误事,故将山向情形具呈于汤若望。等语。

讯汤若望:据杜如预供称,曾经拟定荣亲王墓地以壬丙山向之后,即行呈报当年南北不吉情形,云云。尔曾否将此情报部,或有具呈?

供称:曾经拟定荣亲王墓地山向之后,确有呈文报小的,该文今在,可以查阅。至于南北不吉等情形,不曾呈报于小的。诚有此等情形,何不缮写于该呈文内。等语。

讯杜如预:据汤若望供称,至于南北不吉等情形,杜如预不曾呈报于汤若望。诚有此等情形,何不缮写于其拟定壬丙山向之呈文内,云云。尔为何谎供?

供称:在具呈该文时,曾将南北不吉情形亦呈报于汤若望。今日伊不供认,小的又有何言。等语。

讯杜如预、杨宏量:据尔等供称,曾由尔等选择山向。尔等当初选择时,曾由何部行文于尔等?而由尔等选择之后,呈称山向为吉。该原文今在何处?

供称:拟定荣亲王墓地以壬丙山向者,乃顺治十五年三月之事。当时由阿尚书率领踏勘,并无行文。至于小的们选择之后所拟一文,在汤若望处。等语。

据此,经查杜如预等选择墓地后呈报汤若望之一文,则称已选择黄花山吉地。该处地形龙胜而雄伟,脉精而潜,实属金星之首,四兽平和,故拟定为壬丙。此处虽不及丰台山,但倍胜于西山之势,果一吉地矣。等语。

讯李祖白、宋可成、宋发、朱光显、刘有泰等:据杨光先前供,寅午戌年,亥为劫杀,壬为伏兵,子为灾杀,癸为大祸,丑为癸水,即岁杀。此事皆载于各"通书""历书"内,因有此五杀,不利阴、阳二宅,云云。又据尔等供称,戊戌年北方虽有众杀,但并不犯正杀,云云。此事怎讲?

李祖白、宋可成、刘有泰供称:戊戌年北方虽有三杀,但无伏兵,既有三杀,不犯正杀。又埋葬时,不忌伏兵。等语。

朱光显供称:戊戌年北方虽有众杀,但并不犯正杀。以上言辞,小的在选择时不甚明白,均按宋可成之言而供之。等语。

宋发供称:寅午戌年及五杀不利阴、阳二宅之事,小的实不甚知晓。等语。

讯李祖白、宋可成、宋发、朱光显、刘有泰等:据杨光先前供,洪范五行者,即颠倒生死,以哄骗蛮夷者矣,云云。尔等何以用该哄骗蛮夷之洪范五行而选择耶?

李祖白、宋可成、刘有泰供称:"通书"载称,凡选择葬期,宜用洪范五行,云云。至于该哄骗蛮夷等言辞，小的们不知。等语。

朱光显供称：小的素不甚明白选择之事。至于洪范五行，实不知其中之道理，小的仅协助选择而已。等语。

宋发供称：洪范五行，乃漏刻科专用之书，确非《灭蛮经》。等语。

又讯朱光显、宋发：前经屡审，尔等所供与李祖白等相同，今又何以巧供为不甚明白、不甚知晓？

朱光显、宋发供称：小的们仅推历法，前因共同协助选择荣亲王葬期，故与李祖白等所供同。今既分别详审，因选择平平，不敢妄供。等语。

讯杜如预、杨宏量：据李祖白等供称，葬埋荣亲王以壬丙山向，而洪范五行载，壬则属火，"通书"载选择葬期宜用洪范五行，云云。据杨光先供称，洪范五行者，即唐丘延翰颠倒生死，以哄骗蛮夷，谓为《灭蛮经》。"通书"曰该书为背理而不可用也。又所以编写洪范五行，则期望自中国传至外藩，使彼用而断绝后裔者矣。今用《灭蛮经》选择，以壬水为火，葬埋荣亲王，足见其险恶用心，云云。尔等使用颠倒生死，哄骗蛮夷之洪范五行选择，拟定壬丙山向为火，而葬埋荣亲王，用意何耶？

杜如预供称：择勘山向，素以龙脉为本，以定山向，并非按照五行择定矣。历年潜龙变运，"通书"有载，此皆选择各官信守之职责。至洪范五行，小的不知。等语。

杨宏量供称：荣亲王之墓地，小的们经亲临踏勘，拟定为壬丙山向，并呈报钦天监，交由历科官员选择日期。再，历科官员所选日期，以及洪范五行一事，可以"历书""通书"为凭证。天下占士，皆以此理为本，并非独钦天监官员仅以此理为本矣。据丘延翰疏称，龙运本命合而用者，则无穷尽矣，云云。合而用者，各有所异，不敢多供。等语。

十一月二十六日，李祖白、宋可成、宋发、朱光显、刘有泰又供称：选择荣亲王墓地，乃由贾良琦、刘有庆、杜如预、杨宏量恭选，而以小的们为副陪同选择，即由二科共同选择矣，可以杨宏量、刘有庆之呈文为凭。历科官员，专为推步历法、日月交食而设矣。漏刻科官员，则为选择葬埋、盖房、嫁娶三事日期而设。其选择葬埋之事，更为漏刻科官员之职责。等语。

查杨宏量呈文内开，历学者，即天文地理矣，自古各有专人密传，非外人所能知者矣，又圣主所以应付缓急而权宜之大典也，非外人所能懂矣，焉能肆意訾议？葬埋荣亲王之事，岂与宦庶之家同论？宦庶之家死后，必行入殓，选择墓地，岁月久远之后，才按本命造一吉日葬埋。而荣亲王甫薨，即行奉旨选择墓地，则因不可停放多日之故也。更何况一应营造之事，均已延误矣。是以，即经详议得，王不过几月即薨，又无后嗣，故议拟当年八月二十七日辰时太阳有吉，而太阳者又众吉之本，能以化众凶，且墓穴亦非属子，而为壬丙山向，又洪范五行载可以选用。壬者为火，火潜于戌，忌土属年月日辰。等语。

又查刘有庆呈文内开，八月二十七日壬辰时，太阳位于辰宫，申子辰为三合，又太阴位于丙，此乃山向也。书曰太阳、太阴为众吉之本，能以化杀生全，极为大吉。此书觅得于李祖白家中。自见杨光先所著《选择议》一文后，汤若望即传选择人杨宏量前来缮拟一文。等语。

康熙三年十一月三十日，吏部咨开，为请旨事。臣部为前事疏称，杨光先呈告汤若望之选择一案，礼部经请旨后欲与臣部会议具疏。今汤若望既被革职，并交刑部议，但该项选择一案，乃礼部之专责，可否由礼部议，或奉照前旨与臣部会议，谨此请旨。等因，于康熙三年十一月二十九日具题。本日奉旨：该项选择一案，着礼部议。至本案内各员，仍着尔部议奏。钦此。等因到部。

讯杜如预、杨宏量：据宋可成等供称，选择荣亲王墓地，乃由贾良琦、刘有庆、杜如预、杨宏量恭选，而小的们仅陪同选择。选择葬埋、盖房之事，则为尔科之职责，云云。可见，尔等选择是实，但又何以谎供曾赴盛京、患疾耶？

杜如预供称：小的确实不曾共同选择荣亲王之葬期。等语。

杨宏量供称：不曾传呼小的前来选择日期是实。等语。

讯杨宏量：据宋可成等供称，为荣亲王葬期事，杨光先呈告礼部，汤若望即传选择人杨宏量前来缮拟一文，云云。此一文岂非尔所写者乎？何以巧供为不曾参与选择耶？

讯毕将该文出示于杨宏量。

供称：历科官员选择荣亲王之葬期后，具文呈部。顺治十六年，汤若望带来历科官员所选日期给小的看，并称杨光先已具告，令小的缮拟一件在理之文，以便与杨光先争辩。故小的及杜如预各拟写一文，留给汤若望。该文实属小的所作，是被逼而作。等语。

讯杨宏量：据尔供称，该文实属尔之所作。尔诚不曾共同选择，当杨光先呈告之后，尔何以缮拟该文给汤若望，以为备供？况汤若望供称尔共同选择属实。可见尔共同选择是实，然又巧供不曾共同选择者何耶？尔等选择必有不吉，故行巧供。今尔务必如实招供！

供称：历科官员选择日期时，小的不在场，亦不曾传呼小的是实。该项葬期已送部一年之后，才将葬期出示与小的及杜如预，并声称杨光先已呈告，令小的缮拟一文，欲与杨光先争辩。汤若望如此逼小的缮拟一文。小的诚然选择日期，何不署名签押？又以何为凭证？等语。

讯杨宏量：据尔所拟该文内称，宦庶之家死后，必行入殓，选择墓地，岁月久远之后，才按本命选一吉日葬埋。王不过几月即薨，又无后嗣，故议拟选用当年八月二十七日辰时，云云。经查尔所拟该文，荣亲王之葬埋年月日时必有不吉，务必如实招供！

供称：历官选择葬期确为中日，故令小的缮拟该文，小的确实不曾选择。等语。

讯汤若望：据尔供称，选择王之葬期为中日，云云。尔诚不曾共同选择葬期，又何以得知中日？以此观之，尔与李祖白等共同选择属实，今岂可巧供？如实招供！

供称：凡选择日期，向为历科之专责，且“历书”上载明某日为葬埋吉期者，亦为实事，并非与漏刻科共同拟定矣。由此可见，伊等妄行牵连者显然也。至于荣亲王之葬期，经选择报部数十日之后，小的方得知葬期为中吉日，确实不曾与历科官员共同选择王之葬期矣。等语。

讯杨宏量：据尔前供，确为中日，云云。今又何以巧供为中吉日？

供称：当日因为较晚，在匆促之间写中吉日为中日。等语。

讯杨宏量：据尔所拟该文内开，荣亲王甫薨，即行奉旨选择墓地，则因不可停放多日之故也。更何况一应营造之事，均已延误矣。是以，即经详议得，王不过几月即薨，又无后嗣，故议拟当年八月二十七日辰时为葬期，云云。以上均由何人议拟？可否记录在案？

供称：以上确非小的们议拟，而由选择大臣们在途中所拟者矣，亦无记录在案。时因人数众多，而又年月久远，不曾记得姓名。等语。

讯杨宏量：尔何以能记得大臣等在途中所有商议之事，而不记得大臣等之姓名？以此观之，尔必于汤若望家中商议后缮拟矣。如实招供！

杨宏量供称：当时仅记得伊等在途中所商议之事，而主管大臣等皆为面生，故不记姓名。小的确实不曾与众人商议之后拟矣。等语。

讯杜如预：据杨宏量供称，尔亦曾缮拟一文留给汤若望，云云。尔曾缮拟后留给汤若望者，究系何文？今在何处？

杜如预供称：顺治十六年，杨光先为荣亲王葬期一案呈告汤若望，汤若望即令小的缮拟一文，而小的确实不曾缮拟。等语。

讯杜如预：尔果不曾参与选择，岂有汤若望闻知杨光先呈告，即传尔前来缮拟备供之理？况杨宏量亦供尔曾缮拟一文，汤若望亦供尔曾参与选择。以此观之，尔与李祖白等共同选择者属实矣。尔等选择必有不吉之处，故行巧供开脱是实。如实招供！

供称：时因小的奉差在外，不曾共同选择荣亲王之葬期。后因汤若望得知杨光先呈告荣亲王葬期不吉，故而汤若望传小的们来拟写一文，小的不曾缮拟。汤若望知道小的不曾入彼教，故而言称小的亦曾共同选择。等语。

讯汤若望：顺治十六年，尔得知杨光先为荣亲王葬期事呈告尔，尔即传杜如预、杨宏量二人前来，令缮拟文书，以备对供。此事怎讲？杜如预所写之文在何处？

供称：由于杨光先呈告，所以传伊前来拟写一文，以作供词。至于杜如预曾否拟写一文留此，小的不记得。等语。

讯汤若望：据杨宏量供称，尔传伊前来拟写一文，云云。尔何以逼其拟写？

供称：自得知杨光先呈告，即传杨宏量来家中拟写，以作供词。伊来写该文时，并无逼迫之事。等语。

讯汤若望：尔令杨宏量所写该文内称，宦庶之家死后，必行入殓，选择墓地，岁月久远之后，才按本命选一吉日葬埋。而王不过几月即薨，又无后嗣，故议拟当年八月二十七日辰时葬埋，云云。按照尔令杨宏量所写该文而观之，选择荣亲王葬期必有不吉，故令其拟写该文者显然矣。务必如实招供！

供称：小的仅通天文历法，而选择非所习，伊等共同选定山向之后，言以为吉，故小的钤印送部。旋闻得杨光先呈告，小的即传伊等前来拟写该文，以作供词。等语。

讯杨宏量：据尔前供，曾去踏勘守陵官兵营址时，因患疾而于七月十六日返回家中调理，仍不见病愈。阿尚书传呼小的前去之后，见小的确实患疾，即改派欧吉武赴盛京，云云。尔患疾而能去尚书家中，岂有不参与选择荣亲王葬期之理？且汤若望等皆供尔曾共同选择属实，又尔与杜如预一同选择山向。自杨光先呈告之后，尔又拟写一文，以为备供。由此观之，尔曾共同选择属实，且又知道选择必有不吉，故尔巧供开脱。务必如实招供！

供称：小的曾去踏勘荣亲王墓地守兵营址，返回途中，在蓟州患疾，七月初到家，七月中旬进行调理。原奉差赴盛京者，则为杜如预、杨宏量也，又选择荣亲王墓地者，亦为杜如预、杨宏量也。但小的身患病疾，阿尚书传唤小的前去后，见有病疾，即改派欧吉武前赴盛京。至于选择荣亲王之葬期，汤若望不曾派人来传唤小的，且又非小的专责，选择葬期乃十五年之事，而拟写备供一文，则为十六年之事，小的委实不曾共同选择，并无巧供推诿是实。等语。

讯杜如预：据汤若望所录册子内载，自八月初五日起开始选择荣亲王葬期。据查部档册内载，于八月初八日具疏葬期。尔因赴盛京，亦于初八日由礼部咨行户部领取所需马料。由此可见，尔等选择在前，前赴盛京在后。况汤若望等供称，尔曾共同选择属实。杨宏量供称，尔曾拟写一文留给汤若望。尔亦供称，曾与杨宏量一同选择山向。当汤若望令尔拟写备供一文时，尔未曾拟写。今尔又供，曾因前赴盛京，不曾选择王之墓地，云云。显而易见，尔等选择必有不吉，故为开脱罪责而肆行巧供。务必如实招供！

供称：选择日期，确为历科之职责，而占验风水，则为漏刻科之专责，此事全以本监升遣条例为凭证。汤若望有事时，虽常传唤小的，但八月初五日选择葬期时，不曾传唤小的，况且亦非小的职责。当时，小的正在整备马鞍、衣物，确无闲暇。初八日，小的起赴盛京，实不知选择事。后因杨光先呈告，汤若望传唤小的讯问山向情形，小的曰当时呈文以壬丙山向，可查原呈。汤若望又令小的协助查找，小的又曰历科即按“通书”选择日期，则该“通书”今在，不用再查日期，云云。此乃确供，并无巧供。等语。

杨光先阅过《易见通书》内有一处夹有纸签，据载称，夫洪范者，即有八卦变通之理，又有五行变化之情，故分二十四类，其中变五行木为水，水为火，火为金，金为土，使致其本身皆相抵触矣。凡用此选择年月者，福尚不至，祸必先来。可见选择墓穴必用正五行，而用洪范五行实不足信矣，云云。又据闻浙江地方谙熟阴阳地理之士樊越凤曰，宗庙、紫微者，乃属洪范五行，误人匪浅。原由中国人所编写，期望传至外藩，使彼用而断根绝后者，乃《灭蛮经》也，云云。查钦天监衙门李祖白等所查阅之三种“通书”，其中一书亦名“易见通书”，该书与杨光先阅过“通书”同。

是以，臣部谨具密题，为请旨事。江南歙县民杨光先为选择和硕荣亲王葬埋年月日辰事，著《选择议》一文呈告。据钦天监选择人李祖白等供称，王之墓地，拟定为壬丙山向，洪范五行以壬为火，王命亦为火，戊戌年葬，纳音属木，以木生火，当年北方虽有众杀，但并无犯正杀。至月日辰，遇有太阴、

he yao(音)吉星，无忌众杀，无碍葬埋，云云。据杨光先供称，北方仅为属水，并非属火，戊戌年北方有众杀，不利阴、阳二宅，亦不利于葬埋月、日、时。况洪范五行者，即颠倒生死，编为五行，以哄蛮夷。此洪范五行，原中国人编写，期望传至外藩，使彼用而断根绝后矣，是以谓为《灭蛮经》。“通书”载称该书为背理而不可用也，全可一查，云云。据此，经查钦天监衙门官员用以选择之三种“通书”，其中一“通书”与杨光先所供同，皆载称该洪范五行不可用。再，据杜如预、杨宏量供称，当初选定壬丙山向后，已告知佟吉今年南北不吉。佟吉言称小王无碍。此事至关重大，除李祖白已被刑部在押外，拟将杜如预、杨宏量以监禁革职，宋可成、朱光显、宋发、刘有泰即行拿议。等因，康熙三年十二月初十日具题。当日奉旨：依议。钦此。钦遵。

又逐一审讯李祖白、宋可成、宋发、朱光显、刘有泰等：尔等用以查阅之三种“通书”内，有一《易见通书》，据该书内载，所谓洪范五行，即颠倒五行，以致其本身皆相矛盾。是以，用此选择年月者，福尚不至，祸必先来。选择墓地用洪范五行实不可信矣，云云。又载洪范误人匪浅，原先中国人编写，期望传至外藩，使彼用而断根绝后，此乃《灭蛮经》也，云云。尔等明知“通书”内有此不吉之言，却称壬丙山向在洪范五行属为火，即行葬埋亲王，欲以何为？

李祖白供称：当初选择葬期，亦有杜如预、杨宏量、刘有庆、贾良琦四人在场，伊等皆言选择葬期可用洪范五行，故而小的听从伊等之言，实不知《灭蛮经》即为洪范五行，可问杜如预、杨宏量便知。等语。

宋可成供称：葬埋荣亲王之年月日时，皆由杜如预、杨宏量、刘有庆、贾良琦等用官版《历法通书》而选定，小的们不过协助选择罢了，选定者实为伊等。据官版《历法通书》载以壬山为火，而洪范五行亦载以壬山为火。原先不用《易见通书》选择，而此书由杜如预在刘有庆家中查寻太阴时发现，故送老爷过目。小的们原本未见此书，亦不知载有如此内容。至于官版“通书”，乃贾良琦家中之书，而《选择丹书》乃刘有庆家中之书，我衙门内并无官版“通书”。等语。

朱光显供称：荣亲王之葬期，皆由刘有庆、贾良琦、杜如预、杨宏量四人为首选定。至杨光先所言《灭蛮经》，并于洪范五行内所载壬山为火等事，小的实不知其中道理，仅协助伊等选择而已。前审讯时，小的仅照李祖白、宋可成所供而供之。《历法通书》，乃贾良琦家中之书，《易见通书》及《选择丹书》皆为刘有泰家中之书，衙门内并无官版“通书”。等语。

宋发供称：小的本不知选择，仅会查用官版《历法通书》。至荣亲王之葬期，实由杜如预、杨宏量、刘有庆、贾良琦四人选定，小的们仅协助选择。该《易见通书》是由杜如预在刘有泰家中核查太阴壬向时发现，小的实不知书中所载内容。在衙门内并无官版“通书”。等语。

刘有泰供称：荣亲王之葬期，乃遵照《历法通书》《选择丹书》记载而选定矣，至于《灭蛮经》等言辞，小的不知有载。《易见通书》一书，由杜如预为查核太阴吉神而借去，小的实不知用此书选择。等语。

讯杜如预：据宋可成等供称，为查找太阴吉星，尔从刘有庆家中借去《易见通书》一书，后交给宋可成等，云云。尔诚不曾选择，何以为查找太阴吉星而借阅该书，并交给宋可成等？由此观之，尔曾选择属实。如实招供！

供称：小的从无至伊家中借书给宋可成等。太阴吉星之事，小的亦不知晓。等语。

据此，又经质讯宋可成、宋发、刘有泰等，则供称：杜如预在刘有庆家门口与刘有泰言称，前来欲借《易见通书》，以查太阴制化诸凶之事，时宋可成、宋发、朱光显均在场。且前供丙火生于酉者，亦系杜如预告知小的们之言，小的们皆在杜如预家中闻知此言。等语。

杜如预供称：并无在刘有泰家门口欲借《易见通书》之事。至于丙火生于酉者，系伊等所言，并非小的告知。等语。

讯杜如预：宋可成等与尔有仇否？

供称：无仇。等语。

讯汤若望：尔等所查阅之三种“通书”内，有《易见通书》一书，据载洪范五行，即五行颠倒，以致其本身皆相矛盾。是以，用此选择年月者，福尚不至，祸必先来。选择墓地用洪范五行者，实不可信矣。云云。又载洪范误人匪浅，原由中国人编写，期望传至外藩，使彼用而断根绝后，此乃《灭蛮经》也，云云。尔身为钦天监掌印，明知该书中有此不吉之言，却送到部，意欲何为？

供称：小的本不知中国人用“通书”选择，而由贾良琦、刘有庆、杜如预、杨宏量、宋可成、李祖白、宋发、朱光显、刘有泰等选定之后，呈送小的，小的即问伊等吉与否，伊等言以为吉。是以，小的钤印送部。至于“通书”内所载《灭蛮经》等言辞，小的不曾看见，亦不知能用否，此事皆由选择官员知晓。等语。

又逐一审讯宋可成、宋发、朱光显、刘有泰：据尔等前供丙火生于酉者，皆由杜如预告知尔等，云云。诚然杜如预如此而言，尔等何不在前审时供认？今又何以言此为杜如预所告知者耶？

宋可成供称：审理此案之前，杜如预来小的家中，言称其所拟该文断不可拿出，可以作为供词供吐，日后必将关照，云云。审讯时小的无供可吐，惟恐堕入伊计，故而如实供之。伊与杨宏量至汤若望家中拟写该文，以作备供。该丙火生于酉者，乃我四人曾闻伊所言。杜如预前拟该文今在，可作凭证。伊之该文及杨宏量所拟之文，俱在李祖白家中保存。等语。

宋发供称：该丙火生于酉者，乃杜如预教唆宋可成之辞，小的们曾在一起闻其所言。此前杜如预曾多次请求小的兄长宋可成不可拿出其所拟该文，小的亦未举揭。故小的前供与宋可成同。等语。

朱光显供称：该丙火生于酉者，乃杜如预教唆宋可成之辞。宋可成比小的们略有心眼，又因杜如预亲自指教，故前不曾拿出该文。小的们所供与宋可成同。等语。

刘有泰供称：审讯之前，曾闻得杜如预与宋可成言丙火生于酉，故小的们所供与宋可成同。等语。

据此，经查宋可成于十二月二十一日呈交杜如预所拟该文，则内称，葬荣亲王，乃壬丙山向，而非子午。洪范五行载，壬为属火，而火潜戌，壬戌纳音属水，仅忌土年月日时。已故王生于丁酉年，纳音属火，理应以木生火。戊戌年纳音属木，此非生扶者乎？所选八月者，乃太阳位于辰宫，五行壬子同宫，而申子辰三合在见，故而选用。书曰，太阳乃众吉之本，用则化杀为权，极福极威。此乃治化之权矣。况定以壬丙山向而葬埋，选用戊戌年辛酉月壬辰时，此皆载于“通书”之内，可以查考，并非无凭选择矣哉！等语。

讯李祖白：据宋可成等供称，顺治十六年，杨光先呈告后，即由刘有庆、杜如预、杨宏量三人在汤若望家中备供，伊等所拟之文皆存于尔家中，云云。此事果真与否？

李祖白供称：刘有庆、杜如预、杨宏量在汤若望家中为备供而所拟之文，今尚存于小的家中。等语。

讯杜如预：据宋可成等供称，该丙火生于酉之言，皆由尔在审讯前教唆宋可成供认，故伊即按尔言供之，云云。又宋可成供称，尔至宋可成家中言称，将其所拟该文断不可拿出，仅可以作为供词而供吐，日后必将关照，云云。故伊即按尔之该文而供之。又称当时尔与杨宏量至汤若望家中拟写该文，以作备供，可将该文作凭证，云云。据尔前供，汤若望令小的拟写一文，以作备供,但小的不曾拟写,等因巧供。又教唆宋可成等如此之言者何耶?此文非尔之所拟者乎?并将该文出示杜如预。

杜如预供称:伊等皆懂选择,何必小的指教?该丙火生于酉之事,谁人不知?小的不曾教唆。再,顺治十六年杨光先为荣亲王葬期事呈告,汤若望传唤小的拟写一文,以作备供,但小的不曾拟写。后来汤若望强令小的照杨宏量所拟之文再拟写一文,故小的即按照杨宏量文再拟写此文是实,已不记年份,并无请求宋可成之事。等语。

又经当面对质,宋可成供称:已不记为何日,有一夜晚,杜如预来至小的家中,言称其所拟该文断不可拿出,可以作为供词供之,则甚妥帖,日后必将关照,云云。此事是实。等语。

杜如预供称:小的署理钦天监印务,恐误上览凌犯历,即行呈文礼部题闻。奉旨:着伊等办理凌犯历,倘有舛误,务加重罪。钦此。是以,宋可成等与小的结仇,肆意编造谎言诬陷小的是实。等语。

宋可成供称:小的们系废员,荷蒙钦命小的们编制凌犯历,此乃小的们之莫大荣幸。今杜如预声言为呈文取凌犯历事,结有仇隙,编造谎言诬陷,云云。不知此为何意?伊之所言,显然巧饰之辞。等语。

讯汤若望:据杜如预供称,顺治十六年杨光先为荣亲王葬期事呈告,汤若望闻此,便令小的拟写一文,以作备供。当时,小的不曾拟写,后来汤若望强令小的按照杨宏量所拟之文再拟一文,故小的照杨宏量文拟写一文是实,云云。尔何以强令杜如预拟写一文,以作备供?

供称:小的不曾强令杜如预拟写该文,而伊自愿拟写矣。由于时间久远,杜如预或许忘记此事矣。等语。

讯宋可成、宋发、朱光显、刘有泰:该《易见通书》及载有洪范五行之《选择丹书》,是否为刘有庆家中之书,或刘有泰家中之书?

宋可成、宋发供称:该《易见通书》《选择丹书》,乃刘有庆家中之书,刘有庆与刘有泰家同门而各自分居。《选择丹书》虽分有正五行与洪范五行,但皆载山运、地理、风水。漏刻科之职责,小的不知,但每遇有婚嫁喜事、建造房屋等事,皆用《选择丹书》选择。此书藏于刘有庆家中。小的们自做官以来,仅知用此《选择丹书》选择。等语。

朱光显供称:该《易见通书》,乃刘有庆家中之书。杜如预为查太阴,即请向刘有泰借出该书。至于《选择丹书》所载洪范五行、正五行,由漏刻科选择葬期时是否亦用,小的不知。历科职责,即为占验选择。即便遇有喜事、大典，皆用《历法通书》选择。至于《选择丹书》，凡遇有娶媳嫁女、营建房屋，自明季以来皆由五官官员用此书选择。由于选择用，将此书存放于刘有泰家中。等语。

刘有泰供称：该《易见通书》，乃小的兄刘有庆之书，由于杜如预欲查太阴吉星而借去。原选择时，皆用《历法通书》《选择丹书》以选择日期。该《易见通书》刘有庆不常用，而《选择丹书》，则官用日久，在明季时即存于刘有庆家中，但归官用。该《选择丹书》内所载洪范五行，由漏刻科选择山运时用之，由历科选择国朝喜事、大典时用之。等语。

讯李祖白：该《易见通书》，载有洪范五行之《选择丹书》《历法通书》，皆为谁家之书？

供称：该《易见通书》，据宋可成言为刘有庆家中之书。《历法通书》一书，据宋可成言为贾良琦家中之书。在选择用时，仍用《选择丹书》一书，但不知为谁家之书。等语。

讯刘有庆子刘必远、刘奎：据宋可成等供称，该《选择丹书》一书，乃尔父存于家中而官用之书，云云。此书存于尔家中者何耶？

供称：小的们虽同住一院子，但已另分居。《选择丹书》是否存于小的父亲家中，小的们不知晓。等语。

讯宋可成、朱光显、宋发、刘有泰：据尔等供称，该《选择丹书》乃存于刘有庆家中而官用之书，云云。刘有庆子刘必远、刘奎可知道该书否？

供称：刘必远、刘奎与其父虽同住一院子，但已另分居，而该书存于刘有庆家中，刘必远、刘奎并不知。等语。

讯汤若望：钦天监衙门在选择时，可配备有《选择丹书》乎？

供称：钦天监衙门原将备用之《选择丹书》存放于一大柜内，至其中共有几册，小的不曾记得。等语。

据此，传令钦天监署印张其淳查送该衙门《选择丹书》前来。十二月二十一日，张其淳等率领科员查找该书，并无“通书”，故而具结前来。

讯汤若望：已传令钦天监署印张其淳查送该衙门所存《选择丹书》前来。于十二月二十一日张其淳等率领科员查找该书，并无“通书”，故而具结前来。据尔前供，该《选择丹书》存放于库柜内，云云。此事怎讲？

供称：小的前曾查找书籍，即问李姓司历，此为何书，彼称此书为《选择丹书》。小的在当时不曾翻阅该书，今此书尚在与否，小的亦不知。李姓司历已故去。等语。

讯李祖白、宋可成、宋发、刘有泰、朱光显：据尔等前供，选择荣亲王葬期为吉，云云。今又供称皆由杜如预、杨宏量和已故贾良琦、刘有庆选择，而尔等仅协助选择，且又不通选择，不甚明白，云云。由此看来，尔等选择必有不吉，故行巧供开脱属实。务必如实招供！

李祖白供称：小的选择平常，仅随杜如预、杨宏量、刘有庆、贾良琦等协助选择。前供葬期为皆吉者，则由伊等当初选择时即如此言之，因时日久而忘记矣。今本案到部后，宋可成又供系杜如预令伊等如此供吐，故而小的亦想起当初选择时之所言，是以如此供称是实，并无为开脱罪责而有意推诿情弊。等语。

宋可成供称：荣亲王葬期皆为吉者，系杜如预教唆之言，故小的们前供如此，并非推诿。等语。

宋发供称：选择荣亲王葬期时，杜如预与小的们如此而言，故小的们前供与宋可成同，小的们仅会推算，实不懂选择之理。小的们确实堕入杜如预之奸计，此并非推诿。等语。

朱光显供称：荣亲王之葬期，乃为历科及漏刻科二科共同选择之吉日矣。漏刻科专司选择地理者，乃杜如预、杨宏量所推诿之奸计矣。而历科则专司推算历法矣。至善于选择者，乃刘有庆、贾良琦二人矣，伊等俱已故去。小的们仅协助选择，况又不懂地理，岂敢推诿。小的前供，皆系杜如预教唆宋可成之言，故小的所供与宋可成同。等语。

刘有泰供称：顺治十五年八月选择荣亲王葬期时，小的不曾参与。康熙元年十二月，小的才补授为中官正。所谓前曾协助选择者，实则并无协助选择矣，且亦非小的职守，小的本系推算官员。小的委实不曾参与选择荣亲王之葬期。小的本为愚昧之人，故前供与宋可成同。小的所供与伊等同者，实不谬也。汤若望言小的协同选择，而实则不曾参与选择。汤若望为堂官，而小的为属员，有所惧怕，故不敢不供为参与选择矣，委实不曾参与选择。等语。

讯杜如预、杨宏量：据尔等供称，已选定荣亲王之墓地以壬丙山向，云云。据李祖白供称，当初选定葬期时，由杜如预、杨宏量、刘有庆、贾良琦四人为首选择，皆言选择葬期必用洪范五行，而小的们仅听从伊等所言，云云。宋可成等供称《选择丹书》内虽载有正五行、洪范五行，但皆载山运、地理、风水之事，乃漏刻科选择葬期时之专用书籍，小的们仅协同杜如预、杨宏量、刘有庆、贾良琦等选择而已，云云。据尔等所拟备供一文皆载，壬丙山向，在洪范五行属为火，云云。由此观之，尔等即照洪范五行拟定者属实矣。据尔等所用之三种书内《易见通书》载称，洪范五行者，即五行颠倒，以致本身皆相矛盾。是以，用此选择年月者，福尚不至，祸必先来。选择墓地用洪范五行实不可信矣，云云。又载洪范误人匪浅，原由中国人编写，期望传至外藩，使彼用而断根绝后者，此乃《灭蛮经》也，云云。尔等明知在"通书"内载有如此不吉之言，却曰壬丙山向在洪范五行内属为火，并葬埋荣亲王，意欲何为？

杜如预供称：拟定山向，以龙脉为本，并非按五行潜运以定山向。山运在一年内有变化，故此在选择时按运择日，不同于看风水，可以"通书"为凭。况选择实为历科之专责，何以言为不知山运、地理而推诿于漏刻科？已故刘有庆、贾良琦等，皆系历科选择之员，反开列于后，仅将漏刻科之员杜如预等开列于前，可见其奸计不攻自破矣。至于"通书"，原只见有《选择丹书》《历法通书》二部，而《易见通书》一书，原未曾见，亦未曾与李祖白等商议用洪范五行。荣亲王葬期，不曾共同选择矣。小的所拟该文，亦仅照《选择丹书》《历法通书》而拟写矣。伊等曾请小的讲解所选日期，因小的们非共同选择之人，故辞而不讲解，伊等迁怒于小的，与小的结仇是实。等语。

杨宏量供称：此次选择，乃根据山之方位、形势、左右相辅、南北对应情形，才选定为壬丙山向，并非按照洪范五行而定山向矣。返回京城之后，仅将山向呈报到堂。按理勘验事毕，应由该堂令历科官员选择日期，此事自古沿用日久，并非一日矣。至于《易见通书》一书，小的不曾见有。历科官员按照洪范五行择日，乃十五年之事，而拟文备供，则为十六年汤若望强令拟写之事。小的确实不曾共同选择王之葬期。等语。

讯杜如预：前审讯时，尔供称为无仇，今又巧供有仇，此事怎讲？

杜如预供称：当初供认时，因一时有所头晕，故而供以无仇是实。等语。

讯杨光先：尔前呈疏内开有《摘谬论》，以具陈其十谬。尔可否以新法推而谓其为谬，或以旧法推而谓其为谬？

供称：《摘谬论》者，即以旧法推而谓新法之谬。等语。

讯原尚书渥赫、王崇简：据尔等前供，杨光先曾为历法事呈疏，六部从不代人具疏，故而退回原呈。至于详情，已不记得，云云。据杨光先供称，为历法事、为《选择议》事，曾将册子及呈文并呈，云云。经阅其《选择议》一文，则议荣亲王之葬埋年月日时矣。尔等何以退回其《选择议》并呈文？

供称：当时杨光先为历法事呈疏前来，经查确为呈疏，即未详阅。六部从无代人具疏之例，故而退回呈疏。等语。

又讯:既然如此,可曾讯问具呈原委乎?

供称:因见确为呈疏,故未讯问原委。等语。

讯原尚书渥赫、王崇简:据杨光先具疏内称,小的杨光先呈疏之后,王尚书言,此文乃呈疏,六部从无代人具疏之例。时毕车器在一旁,亦如此呵斥。小的亦高声对曰,毕车器尔与汤若望选择太子葬期何等之好?小的此言,由两位尚书亦俱听焉,云云。尔等听闻杨光先所言之后,何不受理而退回?

供称:职等诚闻杨光先此言,岂有不受理而退回之理?只因该文确为具疏之文,故而未曾启阅,即曰六部从无代人具疏之例,言毕退回。至于毕车器在旁呵斥与否,因时日相隔较久远,不曾记得。等语。

讯杨光先:尔曾呈疏之后,毕车器呵斥曰,六部岂有代人具疏之理,尔亦高声对曰,毕车器尔与汤若望选择太子葬期何等之好?据尔供称,尔之所言,由两位尚书亦俱听焉,云云。据此,经讯原尚书渥赫、王崇简,则供称诚闻杨光先此言,岂有不受理而退回之理。至于毕车器在旁呵斥与否,因时日相隔较久远,不曾记得,云云。尔何以谓为两位尚书俱闻言?

供称:顺治十六年五月间,小的将《选择议》《摘谬论》二册卷于纸内,持在手中。当日尚有别人在旁,小的手持呈文,但未递呈。小的在别人呈文之前,先将本章递呈。汉尚书见小的所呈者为本章,即曰非该部之事。小的亦曰,钦天监隶属礼部,何以谓为非礼部之事?汉尚书曰,并非言此事为非礼部之事,而本章归通政使司衙门受理,礼部岂可封奏?小的曰,此事至关天文,何以不能封奏?汉尚书曰,六部从无代人具疏之例。尔可前去查讯六部可有代人具疏之例。如若有之,可以照例代尔具疏。小的曰,如此言之,小的心服矣。言毕欲走,毕车器在旁呵斥曰,礼部从不代人具疏。小的即曰,尔与汤若望选择荣亲王葬期何等之好?当时满汉尚书正在受理别人呈文,并与呈文者议事,小的以为两位尚书必闻见小的与毕车器之间对语。两位尚书仍在阅呈问语,是否真听见,小的不知。等语。

讯杨光先:据尔呈称,曾递呈本章及册子之后,王尚书阅毕本章即曰,此非礼部之事,而归通政使司衙门受理,六部从无代人具疏之例,尔可去查,若有此例,可以照例代尔转奏。言毕退回,云云。据尔供称,将《选择议》《摘谬论》二册卷于纸内,持在手中,而先递呈本章。汉尚书曰,六部从无代人具疏之例,云云。尔之所呈本章,尚书阅毕后退回,或未阅即退回?而尔之手中所持册子,尚书是否阅览?

供称:小的先递呈本章,而汉尚书尚未阅毕即退回。至于小的手中所持册子，并未呈阅。前供阅毕者，乃一时之误供。等语。

讯钦天监衙门理事官加一级毕车器：据杨光先呈称，尔为汤若望之义子，与汤若望一起选择荣亲王之葬期。又汤若望专为尔之子而行文该部做官，云云。此事怎讲？

供称：小的职责乃专司翻译满洲、蒙古文历书。所谓选择荣亲王葬期之事，并非小的所为。小的从未认汤若望为父。再，叨蒙皇上眷悯之恩，小的从事翻译历法，并曾呈请汤若望允准小的之子亦进监学习翻译，以报宠恩。自经汤若望题请，该部议复，恩准小的之子在钦天监学习行走，并无官职，亦无钱粮。等语。

据此，又经讯杨光先，则供称：凡为人者，必先演习，而后进衙门视事，岂有先进衙门，而后演习之理？倘非汤若望之义子，岂可以将未习之人送部进监教授？虽未做官食俸，但确为衙门内办事之人。汤若望选择葬期时，毕车器恰为钦天监官员，故而称为一同选择矣。毕车器曾否参与选择，小的不知。等语。

讯毕车器：杨光先曾将其本章及册子递呈礼部时，尔在一旁呵斥曰，六部岂有代人具疏之理，于是杨光先亦高声对曰，毕车器尔与汤若望选择太子葬期何等之好？当时二位尚书亦曾听闻此言。对此有何可讲？

供称：杨光先何以呈疏，小的不知。至于六部岂有代人具疏之理等言辞，确为无稽之谈。等语。

讯杨光先：尔将该本章及册子具呈礼部时，毕车器在旁呵斥曰，六部岂有代人具疏之理？尔亦曾高声对曰，毕车器尔与汤若望选择太子葬期何等之好？将此事讯问毕车器时，则称杨光先何以呈告，小的不知。所谓呵斥者，确为无稽之谈，云云。对此事有何可讲？

杨光先供称：具呈该本章时，毕车器在旁呵斥小的，小的亦与之争吵。倘不呵斥小的，何以与之争吵？该呵斥小的、与之争吵二事属实，岂可任意抵赖？等语。

据此，又经质审，毕车器供称：小的不曾见过杨光先，所谓呵斥者，乃无稽之谈，皆属抵赖。等语。

杨光先供称：当日毕车器站立在串堂门内呵斥小的，是以小的与之争吵。今又何以抵赖不曾见过小的？小的与伊并无嫌隙，何以抵赖？等语。

又讯毕车器：杨光先与尔有何嫌隙？

供称：素无嫌隙。等语。

臣部题称，为请旨事。本月十九日奉旨：有无洪范五行一书？他人子弟是否在部院行走？着查！钦此。钦遵。

臣等查得，载有洪范五行之《选择丹书》一书，据宋可成等供称，原存于刘有庆家中，而归官用。今原监副刘有庆已死，其子刘必远系钦天监衙门博士，刘奎监生，刘有庆弟刘有泰，今已拿议。该载有洪范五行之《选择丹书》一书，既存在刘有庆家中，亦应将其子刘必远、刘奎拿禁。等因，于康熙三年十二月二十一日具题。当日奉旨：依议。钦此。

再，历法之十谬，又杨光先呈告顺治十八年置闰七月为误一案，既然并议，故不议外。

今臣部议得，杨光先所呈《选择议》载称，荣亲王之命，丁酉年生，纳音属火，以水为杀。今葬荣亲王以戊戌年子午山向，年犯三杀，月犯生杀，日犯党杀，时犯伏吟，四柱无一吉者，云云。对此，原钦天监选择官员李祖白、宋可成、朱光显、宋发供称，葬荣亲王以非子午山向，应以壬丙山向，而北方属水，王命以水为杀。洪范五行载，壬则属火。戊戌年北方虽有众杀，但葬壬丙山向，并不犯正杀，亦无碍于葬埋，况数月之王，葬埋岂能推延？是以选而葬之。八月为辛酉，而王命为丁酉，丁火生于酉，虽辛金生水，亦难克火。二十七日为壬辰，太阴在丁，况太阴为众吉之首，又遇有 he yao（音）吉星，虽有党杀，亦无所忌，日水何有所惧。甲辰时者，即为黄道吉日，福星、贵人皆为大吉。《奇门》一书，钦天监从来不用。云云。杨光先供称，北方为水，而非为火。造房屋，以房主本命为主；造墓穴，以亡者本命为主。王命为火，若北方之亥为癸，则属阴水，若为壬子，则属阳水，又寅火以生，午火以旺，戌火以潜，三合为火年。寅午戌年，北方有亥壬子癸丑之水，皆为火之众杀。此事载于“通书”“历法”之内，至为明白。故此，对阴阳二宅极为不利。所选择之八月为辛酉，而辛金生于水。其壬辰日，壬者为水，辰者亦为汇水之所，纳音常流之水。又辰日者，乃戌年之毁岁星，即地空日矣，“通书”忌葬埋，此事可以查考。今以太阴、he yao（音）之辞，岂可巧饰水克火之事？而其辰时，则遇奇门。《奇门》一书，用于出兵行旅或葬埋之事。伊等所谓从来不用者，则因伊等所选之日必有不吉，故而坚不供认。若曰戊戌年不犯三杀，则其颁行天下之历法不足信矣。伊等所选之日吉与否，自然有公论矣。云云。据此，臣等看得，选择之事精微，且伊等又各自为是，理合行文各省选送熟通选择之士，以便详验再议。又杨光先供称，该洪范五行者，即唐丘延翰颠倒生死，编为五行，以哄蛮夷，是以谓为《灭蛮经》。该书先由中国人编写，期望传至外藩，使彼用而断根绝后矣。“通书”载称此书不可用。此事可查“通书”。今用《灭蛮经》将壬水为火，以葬埋荣亲王，可见其用心险恶，云云。杨光先所阅《易见通书》内，有一处挟有纸签，据载所谓洪范者，即有八封变通之理，又有五行变化之情，故分二十四类，其中变五行木为水，水为火，火为金，金为土，以致其本身皆相矛盾矣。按此选择年月者，福尚不至，祸必先来。可见，选择墓穴，必用正五行，而用洪范五行，实不可信矣，云云。又据闽浙地方谙熟阴阳地理之士樊越凤曰，紫微、宗庙者，乃属洪范，误人匪浅。原由中国人编写，期望传至外藩，使彼用而断根绝后者，乃《灭蛮经》也，云云。又查钦天监衙门李祖白等所阅三种通书，其中一书名《易见通书》，与杨光先所阅签注通书同。在前审时，李祖白等虽供其选择皆吉，但后审时又供该选择荣亲王葬期，皆由杜如预、杨宏量和已故贾良琦、刘有泰为首选择，而小的们仅陪同选择而已，伊等素善选择，而小的们不通选择。前供丁火生于酉者，皆由杜如预授意小的们而供之。原先选择时，可查用《历法通书》《选择丹书》，而所谓《灭蛮经》，小的们不知。该《易见通书》一书，乃由杜如预为查太阴吉星而从刘有庆家中借出后，即给小的们，而小的们不知有此书，亦不曾查用此书，云云。诚然此书非尔等查阅之书，前令尔等拿出所阅之书时，则供此三种书为小的们查阅用书者何耶？李祖白等虽于初选墓穴为壬丙山向时不在场，又丁火生于酉等言辞，乃由杜如预授意而供之，但为葬埋荣亲王而选择墓穴时，尔等亦曾共同选择是实，等因，供认不讳。况杜如预、杨宏量供称，顺治十五年南北方不吉。杨宏量供称，所选日期为中日。杨光先供称，戊戌年葬埋荣亲王犯三杀，是年北方之亥壬子癸丑皆为火之众杀，此事载于“通书”“历法”之内，极为明白，对阴阳二宅不利。再，其壬辰日，壬者为水，辰者亦为汇水之所，纳音常流之水，以水克火，岂能巧饰，云云。尔等所用《选择丹书》内载有正五行及洪范五行，在《历法通书》内虽载以壬为火，但正五行内则载以壬为水，此事尔等必然明知矣。又顺治十五年南北方不吉，尔等不加详查，即引用洪范五行以壬为火，此事委实不当，并用载有洪范五行之《选择丹书》选择荣亲王之葬期。李祖白、宋可成、朱光显、宋发等人之罪，虽在赦前，但事关重大，在赦不宥。据此，拟将宋可成、朱光显、宋发并现正在刑部受审之李祖白，俱交刑部议之。

又刘有泰供称，选择荣亲王葬期时，小的职任保章正，职则内开可以共同选择，而小的实不曾共同选择。在前审时，因小的昏庸，所供与李祖白相同。后与汤若望质审时，因彼职居堂尚，亦供以共同选择，云云。但李祖白供称,保章正亦可参与选择,刘有泰曾参与选择矣。经讯汤若望,亦供刘有泰曾参与共同选择矣。诚然,刘有泰不曾参与共同选择,何不在前审时如实供认,而供与李祖白同?又质审汤若望之后,亦曾多次审讯,均供认陪同选择是实,等因供认。由此可见,刘有泰曾共同选择属实。刘有泰之罪,虽在赦前,但事关重大,在赦不宥。据此,拟将刘有泰交刑部议之。

汤若望供称,小的仅知天文历法,不知选择,皆由贾良琦、刘有庆、杜如预、杨宏量、李祖白、宋可成、朱光显、宋发、刘有泰九人选择之后,呈阅小的,小的讯问时,伊等皆曰为吉,故经钤印送部,云云。汤若望身为钦天监掌印,明知顺治十五年南北方不吉,却不核查,而将该衙门官员按照载有洪范五行之《选择丹书》所选葬期,即行送部。汤若望之罪,虽在赦前,但事关重大,在赦不宥。今刑部既然审议汤若望,拟将此事亦并交刑部议之。

又查,为葬埋荣亲王,有刘有庆、贾良琦、杜如预、杨宏量、李祖白、宋可成、朱光显、宋发、刘有泰九人选择日期,而汤若望不行核查,此事至关重大,拟将伊等之无官闲散子弟一并交刑部议之。

再,原监副贾良琦、刘有庆已故去,拟无庸议。

吏部议得,钦天监衙门漏刻科兼监正仍管科务事正四品又加一级杜如预供称,小的因赴盛京,不曾选择荣亲王之葬埋事宜,而选择日期乃历科之事,非漏刻科之专责。有时遇有事时,即来传唤小的,而选择荣亲王之葬期时,不曾传唤小的。等因,坚供不移。查汤若望所录档册,自八月初五日起开始选择荣亲王之葬期。又查部档册,于八月初八日具疏所选日期。而杜如预为赴盛京,亦于初八日咨行户部,以便领取马料。由此可见,选择日期在先,启赴盛京日期在后。据杨宏量供称,杨光先于顺治十六年为荣亲王之葬期事,呈告礼部,汤若望闻此便令杜如预拟写一文,以为备供,留在汤若望家中。杜如预虽供汤若望曾令其拟写备供一文,而未拟写。但宋可成等供称,丁火生于酉等言辞,皆为杜如预授意而所供之词,并与宋可成曰,该所拟备供一文,切不可拿出,而可以作为供词供之,日后必将关照之,等因,央求于宋可成。至于《易见通书》一书,亦系杜如预为查太阴吉星而从刘有庆家中借出后给于宋可成等。今有人供认杜如预所拟该文之后,杜如预才供有此事,但不曾授意于宋可成等,亦无央求宋可成不可拿出该文之事,而因汤若望强令其照杨宏量所拟备供一文缮写,故而照拟,此乃所拟之文,等因供认。然据杜如预供称,即按龙脉选定荣亲王墓穴以壬丙山向,历科官员亦按此选定日期,云云。据杜如预所拟备供一文内称,壬丙山向在洪范五行内属火，云云。该文内并无按照龙脉选定等言辞。据李祖白供称，杜如预曾共同选择属实。原由杜如预、杨宏量、刘有庆、贾良琦为首选择，而小的陪同伊等选择。选择葬期时，伊等曰可用洪范五行，云云。据宋可成等供称，由杜如预、贾良琦、刘有庆、杨宏量为首选择。又该选择用书内，虽有正五行、洪范五行，皆言山运、地理、风水之事，该书乃漏刻科官员用以选择葬埋之专书。小的们均陪同伊等四人选择。所谓丁火生于酉等言辞，即由杜如预授意小的们供之，云云。又据宋可成供称，杜如预曾央求小的不可拿出该所拟备供一文属实，云云。前审杜如预时，杜如预供与宋可成等素无嫌隙。据汤若望供称，由杜如预、刘有庆、贾良琦、杨宏量、李祖白、宋可成、朱光显、宋发、刘有泰儿人选择属实。该所拟备供一文，系杜如预自拟，并无强迫，云云。据杨宏量供称，所选日期为中日，云云。据杨光先供称，戊戌年葬埋荣亲王，即犯三杀。当年北方之亥壬子癸丑，皆为火之众杀，此事载于"通书""历法"者，极为明白，对阴阳二宅不利。至壬辰日，壬者则水，辰者亦为汇水之所，纳音常流之水，岂可谓为巧饰以水克火，云云。且据杜如预供称，顺治十五年，小的与杨宏量选定王之墓穴以壬丙山向，因当年南北方不吉，即告知佟吉，佟吉言小王无碍。小的返回之后，将南北方不吉情形告知汤若望，云云。但汤若望供称，杜如预不曾将南北方不吉情形告知于小的。诚有此事，何不缮写于其呈文内，云云。杜如预诚不曾参与选择，何以缮拟备供一文给汤若望？何以为查太阴吉星而将《易见通书》借出后给宋可成等？何以央求宋可成将该文不可拿出？何以授意宋可成等供认丁火生于酉？由此观之，杜如预与贾良琦等为首选择属实。又五官挈壶正加二级又加一级杨宏量供称，小的曾赴踏勘守陵官兵营址时，因身患病疾而回来。后阿尚书传唤小的前去，因见确属患疾，即改派欧吉武赴盛京。选择荣亲王葬期时，小的仍患病在身，而汤若望亦不曾传唤小的参与选择。职则内开，凡遇选择，二科官员共同选择。可见，选择非小的专责。小的所拟备供一文，乃汤若望强令小的而拟写之。等因，坚供不移。杨宏量诚有病，尚书家能去，而选择荣亲王之葬埋大事，岂有不同往选择之理？且据杨宏量供称，已按龙脉选定壬丙山向，而历科官员按此选择日期，云云。又杨宏量所拟备供一文内称，壬丙山向在洪范五行内属火，云云。该文内不曾缮写已按龙脉选定之词。据李祖白供称，杨宏量曾参与共同选择属实。原由杨宏量及杜如预、刘有庆、贾良琦为首选择，而小的陪同伊等选择。选择葬期时，杨宏量等曰可以用洪范五行，云云。据宋可成等供称，由杨宏量与贾良琦、刘有庆、杜如预为首选择。

又该选择用书内，虽有正五行、洪范五行，皆言山运、地理、风水之事，该书乃漏刻科官员用以选择葬埋之专书。小的们均陪同伊等四人选择，云云。据汤若望供称，由杨宏量及刘有庆、贾良琦、杜如预、李祖白、宋可成、朱光显、宋发、刘有泰等九人选择属实。该所拟备供一文，系杨宏量自拟，并无强迫，云云。据杨光先供称，戊戌年葬埋荣亲王，即犯三杀。当年北方之亥壬子癸丑，皆为火之众杀，此事载于"通书""历法"者，极为明白，对阴阳二宅不利。至壬辰日，壬者则水，辰者亦为汇水之所，纳音常流之水，岂可谓为巧饰以水克火，云云。且据杨宏量供称，顺治十五年拟定王之墓穴以壬丙山向，因当年南北方不吉，即告知佟吉，佟吉言小王无碍，云云。又称所选之日为中日，云云。由此观之，杨宏量与贾良琦等为首选择属实。再，据杨光先供称，洪范五行者，乃唐丘延翰颠倒生死，编写五行一书，以哄蛮夷，名曰《灭蛮经》。此书原由中国人编写，期望传至外藩，使彼用而断根绝后。"通书"载此书为悖理而不可用。此事可阅"通书"便知。今用《灭蛮经》以壬水为火，而葬埋荣亲王，足见其用心险恶，云云。又据杨光先所阅《易见通书》内挟有纸签处载称，所谓洪范者，即有八封变通之理，又有五行变化之情，故分二十四类，其中变五行木为水，水为火，火为金，金为土，以致其本身皆相抵触矣。是以，用此选择年月者，福尚不至，祸必先来。可见选择墓穴必用正五行，而用洪范五行实不可信矣，云云。又据闽浙地方谙熟阴阳地理之士樊越凤曰，紫微、宗庙者，乃属洪范五行，误人匪浅。原由中国人编写，期望传至外藩，使彼用而断根绝后者，乃《灭蛮经》也，云云。而杨宏量、杜如预等所用"通书"内，其正五行、洪范五行二者皆有之，但伊等不用正五行选择，明知顺治十五年南北方不吉，反而援引不当用之洪范五行以水为火，选定荣亲王墓穴，并按山向兴建阴阳二宅，择定葬期。伊等之罪，虽在赦前，但事关重大，在赦不宥。据此，拟将杜如预、杨宏量俱行革职，交刑部议之。

再，该载有洪范五行之《选择丹书》，据宋可成供称，原将此书存于刘有庆家中，以为官用，而其子刘必远、刘奎不知此事，云云。据刘必远、刘奎供称，该《选择丹书》曾否存于小的父亲家中，小的们不知，云云。该书虽非刘有庆著作，而伊等亦不知该书，但该不可用之书，却存放于刘有庆家中，以为官用，关系重大，故将刘有庆子博士刘必远拟以革职，将刘奎罢黜监生，俱行送交刑部议之。

此案关系重大，故又咨查礼部有无杜如预、杨宏量之子弟在阴生、监生上行走。准礼部咨复内开，查杜如预、杨宏量之子弟，并无人在阴生、监生上行走。又查已故监副贾良琦子贾文郁系监生，宋可成弟宋可礼系博士，等因前来。

准此，查已故原监到贾良琦，又钦天监官员现已革职宋可成，皆为选择官员，因事关重大，将贾良琦子贾文郁拟以罢黜监生，宋可成弟宋可礼拟以革去博士，俱行交刑部议之。

再，据杨光先具呈内开，为历法至关一代大典事。窃惟，一代帝王升腾，必有一代帝王之大政，而载于史册，以垂后世，以昭一代。修历明时，乃奉天以治天下之实事，故尧恭奉苍天而敬定人时，舜核浑天球而厘整七政，此事载于《书经》，可谓为万世之典。自皇上入主中原、一统四海以来，国计民生，官箴吏治，无不兴焉，惟敬天之政，尚欠完全。臣乃山野村夫，不避嫌憎，书写《摘谬论》一卷，摘彼十谬，又附《选择议》一卷，编辑成册，冒死俱呈。伏气玄夜备览，以悟得新法之谬误，并请迅速查访知法道理之贤儒，以修我朝一代之历法。诚能如此，非但皇上之敬天为民大政得以昭彰，且又得以垂存于史册，实与尧舜同比。臣不胜惶悚待命之至。为此具本，并同卷册呈请礼部转题闻。云云。据原尚书渥赫、王崇简供称，杨光先为历法事具呈臣部，经阅乃为本章，即未受理。职等曰，六部从无代人具疏之例。言毕将其原呈退回。至本内之情，亦未曾讯问。诚为荣亲王葬期，职等岂能不受理而退回？云云。据杨光先供称，当初将《选择议》《摘谬论》二册卷于纸内，持在手中，而先递呈本章，但未全阅，亦未接阅册子，即对曰，尔之此呈乃本章，六部从无代人具疏之例。言毕退回。小的与毕车器高声曰，尔等葬埋荣亲王何等之好？时尚书等议他事，是否听闻小的此言，亦不知道。云云。据此，尚书等若曾全阅毕杨光先之呈疏，又阅《选择议》一册，则在赦不宥，理应从重治罪。但杨光先供称，尚书未曾阅毕呈疏，而册子卷于纸内，持在手中，不曾呈阅大臣等。既然如此，则毋庸查议。杨光先为历法事呈告该部，该部不曾受理而退回，因此理应议罪原尚书渥赫、王崇简。查，为历法之谬而呈告一案，乃顺治十八年正月初九日赦前之事，拟以免议之。

钦天监理事官加一级毕车器供称，荣亲王之墓地，小的不曾选择，亦不曾认汤若望为义父。再，叨蒙皇上眷悯，小的专事历法，曾呈请汤若望准小的子亦进监学习翻译，以报宠恩。是以经汤若望题请，由部议复，允准小的子学习翻译，但并无官职，亦无钱粮。至杨光先其人，小的不曾见，亦不曾与杨光先言六部从无代人具疏之例，杨光先亦不曾与小的言葬荣亲王何等之好？云云。据杨光先供称，毕车器既为钦天监官员，或许亦曾一同选择矣。

毕车器是否参与选择,小的不知。再,毕车器若非汤若望义子,岂有准许伊子进监学习翻译之例?尚书言六部从无代人具疏之例后,毕车器亦在一旁如此呵斥,故小的与之曰,尔等葬埋荣亲王何等之好是实。小的与毕车器并无嫌隙,何以如此抵赖?云云。由此观之,所谓毕车器为汤若望义子之事,杨光先并不知实情,亦无人知道此情,经讯毕车器之子牛岱,系经汤若望题请,由部议复,准进钦天监学习翻译。查杨光先所言尔等葬埋荣亲王何等之好一事,若当初有人听闻此言,而毕车器亦曾参与选择荣亲王墓穴,则应在赦不宥,从重议罪。但据杨光先供称,毕车器既为钦天监官员,或许亦曾参与选择矣。毕车器是否参与选择,小的不知,云云。毕车器虽为钦天监官员,但系翻译历法之员,并无选择之责,故而不曾选择荣亲王墓穴,拟以免议之。

臣等未敢擅便,谨具密题。请旨。康熙四年正月二十日具题,本月二十二日奉旨:依议。钦此。于本月二十三日,已将案犯杜如预、杨宏量、宋可成、宋发、朱光显、刘有泰,已故刘有庆子刘必远、刘奎,贾良琦子贾文郁,以及宋可成弟宋可礼、子宋哲朴,李祖白子李实,又钦天监衙门所用《历法通书》十三本,尚缺三本,《选择丹书》三本、《易见通书》六本、杨光先所有《易见通书》六本,一并解送前来。等因,密咨到部。

讯汤若望:尔为钦天监掌印,明知顺治十五年南北方不吉,而行选择日期,并推诿于尔衙门之员杜如预等。尔如此巧供可乎?显而易见,尔率领属员选择葬期者属实。尔用载有洪范五行之《选择丹书》选择者何意?如实招供!

汤若望供称:伊等将顺治十五年南北方不吉情形是否告知于小的,不曾记得。选择乃杜如预等之职责,此非推诿巧供。伊等选择日期之后,便告知小的曰,即按此书选择吉日。小的不能不信伊等之言,亦不必登台占验。选择日期,亦为如此,伊等带来一选择用书,给小的阅看,小的不知该书可用不可用,亦不知系何名,伊等知晓。于黄花山葬埋日期吉与否,岂可归咎于小的?隶属钦天监有四科,各有专人负责,而掌印官来自何科,便熟知该科之事,此事全可以过去或目今掌印官为证。掌印官仅照科员所呈所报而钤盖印信,实难知晓素不习之事。小的原为修历之人,仅知天文历法,不知选择之理,只照选择官员所选日期钤印施行。等语。

讯杜如预、杨宏量:由吏、礼二部审得,据汤若望、李祖白供称,尔等共同选择属实。又据尔等写给汤若望之备供一文内称,当年八月二十七日辰时,太阳在临，必有吉兆，且其墓地，又非属子，而为壬丙山向，可用洪范五行。壬者属火，火潜于戌，忌于属土年月日时，可以不用龙运，云云。由此观之，尔等共同选择属实。尔等明知顺治十五年南北方不吉，反用载有洪范五行之《选择丹书》，此为何意？如实招供！

杜如预、杨宏量供称：汤若望前在礼部质审时供称，杜如预、杨宏量乃漏刻科风水官员，而选择葬期则归历科官员选定，等因在案。后经李祖白等商议，即牵涉小的们为共同选择，企图移花接木。历法上所载某日可以葬埋，某日可以动土，某日可以上房梁等事，曾否与地理官员共同编拟而记载乎？顺治十五年八月二十七日葬埋时，小的们实不曾共同选择矣。顺治十六年所拟备供一文，乃汤若望强令下所拟写者矣，并非当初共同选择后所拟之文。十五年因见山向不吉，曾告知主事官佟吉。该载有洪范五行之《选择丹书》及《历法通书》，乃选择用书，而非地理书也。此书是否可用，乃历法官员之事，非漏刻科之专责。等语。

讯李祖白、宋可成、宋发、朱光显：尔等皆为共同选择之员，但用不当用之洪范五行《选择丹书》选择者何耶？如实招供！

李祖白、宋可成、宋发、朱光显供称：前选择日期时，小的们亦曾共同选择，但选择地理，乃漏刻科之专责。至洪范五行之理，小的们不通，是否可用，亦不知者是实。等语。

讯刘有泰：由吏、礼二部审得，据汤若望、李祖白等供称，尔曾共同选择，云云。又前审时，尔供称皆与李祖白等同。经与汤若望质审后，屡审尔时，皆供称陪同选择是实。等因，供认不讳。由此观之，尔与杜如预等共同选择属实。尔用不当用之洪范五行《选择丹书》选择者何耶？如实招供！

刘有泰供称：顺治十五年小的职任保章正，而选择非保章正之职责，于康熙元年十二月才题补小的为中官正。小的不曾与李祖白等共同选择日期。等语。

据此，臣部谨题，为请旨事。准吏、礼二部密题咨开，汤若望系钦天监掌印，明知顺治十五年南北方不吉，又不核查，即将该衙门官员按照载有洪范五行之《选择丹书》所选葬期，即行送部。杜如预、杨宏量、李祖白、宋可成、宋发、朱光显、刘有泰等，明知正五行以壬为水，但不核查顺治十五年南北方不吉情形，而援引洪范五行以壬为火，即用不当用之洪范五行《选择丹书》选择并葬埋荣亲王。伊等之罪，虽在赦前，但事关重大，在赦不宥，俱拟交刑部议之，等因前来。准此，臣等看得，本案事关重大，拟将汤若望、杜如预、杨宏量、李祖白、宋可成、朱光显、宋发、刘有泰并已故刘有庆、贾良琦之亲祖父子孙兄弟，以及同居家人、亲伯叔兄弟子孙等，其在京城者，即行严加查拿议之。其家应俱行查封，并家口俱交该官看守之。至其在省者，亦加咨行该督抚严拿，查封家产，并家口亦加以看守之。等因，康熙四年二月初八日缮拟录头牌具题。当日奉旨：依议。钦此。钦遵，本月初十日咨行督察院转咨五城及湖广、直隶、浙江、福建四省督抚，去后。

臣等又质审得，汤若望虽供不曾选择，等因，坚供不移。但吏、礼二部疏称：据汤若望供称，小的仅知天文历法，不通选择，而由贾良琦、刘有庆、杜如预、杨宏量、李祖白、宋可成、朱光显、宋发、刘有泰九人选择之后，呈报小的，小的又经详讯，皆曰为吉，故钤印送部，云云。汤若望系钦天监掌印，明知顺治十五年南北方不吉，但不核查，而将衙门官员按照载有洪范五行之《选择丹书》所选日期，即行送部。等语。又汤若望亦供称，伊等带来一选择用书给小的阅看，小的不知该书当用不当用，亦不记系何书名，云云。汤若望身为钦天监掌印，当时阅看选择用书之后，岂有不知当用不当用之理？今案发之后，方知该书为不当用之书，进而巧供为不知者可乎？再，杜如预、杨宏量、刘有泰，虽供不曾选择，等因，坚供不认。又李祖白、宋可成、宋发、朱光显供称，小的们虽曾共同选择，实不通洪范五行之理，云云。但吏、礼二部疏称：杜如预供称，小的因赴盛京，不曾选择荣亲王之葬埋事宜，而选择日期乃历科之事，非漏刻科之专责。有时遇有事时，即来传唤小的，而选择荣亲王之葬期时，不曾传唤小的，等因，坚供不认。查汤若望所录档册，自八月初五日起开始选择荣亲王之葬期。又查部档册，于八月初五日具疏所选日期。而杜如预为赴盛京，亦于初八日咨行户部，以便领取马料。由此可见，选择日期在先，启赴盛京日期在后。据杨宏量供称，杨光先于顺治十六年为荣亲王之葬期事，呈告礼部，汤若望闻此便令杜如预拟写一文，以为备供，留在汤若望家中。杜如预虽供汤若望曾令其拟写备供一文，而未拟写。但宋可成等供称，丁火生于酉等言辞，皆为杜如预授意而所供之词。杜如预并与宋可成等曰，该所拟备供一文，切不可拿出，而可以作为供词供之，日后必将关照，等因，央求于宋可成。至于《易见通书》一书，亦系杜如预为查太阴吉星而从刘有庆家中借出后给予宋可成等。今有人供认杜如预所拟该文之后，杜如预才供有此事，但不曾授意于宋可成等，亦无央求宋可成不可拿出该文之事，而因汤若望强令其照杨宏量所拟备供一文缮写，故而照拟，此乃所拟之文，等因供认。然据杜如预供称，即按龙脉选定荣亲王墓穴以壬丙山向，历科官员亦按此选定日期，云云。据杜如预所拟备供一文内称，壬丙山向在洪范五行内属火，云云。该文内并无按照龙脉选定等言辞。据李祖白供称，杜如预曾共同选择属实。原由杜如预、杨宏量、刘有庆、贾良琦为首选择，而小的陪同伊等选择。选择葬期时，伊等曰可用洪范五行，云云。据宋可成等供称，由杜如预，贾良琦、刘有庆、杨宏量为首选择。又该选择用书内，虽有正五行、洪范五行，皆言山运、地理、风水之事，该书乃漏刻科官员用以选择葬埋之专书。小的们均陪同伊等四人选择。所谓丁火生于酉等言辞，即由杜如预授意小的们供之，云云。又据宋可成供称，杜如预曾央求小的不可拿出该所拟备供一文属实，云云。前审杜如预时，杜如预供与宋可成等素无嫌隙。据汤若望供称，由杜如预、刘有庆、贾良琦、杨宏量、李祖白、宋可成、朱光显、宋发、刘有泰九人选择属实。该所拟备供一文，系杜如预自拟，并无强迫，云云。据杨宏量供称，所选日期为中日，云云。据杨光先供称，戊戌年葬埋荣亲王，即犯三杀。当年北方之亥壬子癸丑，皆为火之众杀，此事载于“通书”“历法”者，极为明白，对阴阳二宅不利。至壬辰日，壬者则水，辰者亦为汇水之所，纳音常流之水，岂可谓为巧饰以水克火，云云。且据杜如预供称，顺治十五年，小的与杨宏量选定王之墓穴以壬丙山向，因当年南北言不吉，即告知佟吉，佟吉言小王无碍。小的返回之后，将南北不吉情形告知汤若望，云云。但汤若望供称，杜如预不曾将南北方不吉情形告知于小的。诚有此事，何不缮写于其呈文内，云云。杜如预诚不曾参与选择，何以缮拟备供一文给汤若望？何以为查太阴吉星而将《易见通书》借出后给予宋可成等？何以央求宋可成将该文不可拿出？何以授意宋可成等供认丁火生于酉？由此观之，杜如预与贾良琦等为首选择属实。又杨宏量供称，小的曾赴踏勘守陵官兵营地时，因身患病疾而回来。后阿尚书传唤小的前去，因见确属患疾，即改派欧吉武赴盛京。选择荣亲王葬期时，小的仍患病在身，而汤若望亦不曾传唤小的参与选择。职则内开，凡遇选择，二科官员共同选择。可见，选择非小的专责。小的所拟备供一文，乃汤若望强令小的而拟写之，等因，坚供不认。杨宏量诚有身疾，尚书家能去，而选择荣亲王之葬埋大事，岂有不同往选择之理？且据杨宏量供称，已按龙脉选定壬丙山向，而历科官员按此选择日期，云云。又杨宏量所拟备供一文内称，壬丙山向在洪范五行内属火，云云。在该文内不曾缮写已按龙脉选定之词。据李祖白供称，杨宏量曾参与共同选择属实。原由杨宏量及杜如预、刘有庆、贾良琦为首选择，而小的陪同伊等选择。选择葬期时，杨宏量等曰可以用洪范五行，云云。据宋可成等供称，由杨宏量与贾良琦、刘有庆、杜如预为首选择。又该选择用书内，虽有正五行、洪范五行，皆言山运、地理、风水之事，该书乃漏刻科官员用以选择葬埋之专书。小的们均陪等四人选择，云云。据汤若望供称，由杨宏量及刘有庆、贾良琦、杜如预、李祖白、宋可成、朱光显、宋发、刘有泰等九人选择属实。该所拟备供一文，系杨宏量自拟，并无强迫，云云。据杨光先供称，戊戌年葬埋荣亲王，即犯三杀。当年北方之亥壬子癸丑，皆为火之众杀，此事载于“通书”“历书”者，极为明白，对阴阳二宅不利。至壬辰日，壬者则水，辰者亦为汇水之所，纳音常流之水，岂可谓为巧饰以水克火，云云。且据杨宏量供称，顺治十五年拟定王之墓穴以壬丙山向，因当年南北方不吉，即告知佟吉，佟吉言小王无碍，云云。又称所选之日为中日，云云。由此观之，杨宏量与贾良琦等为首选择属实。再，据杨光先供称，洪范五行者，乃唐丘延翰颠倒生死，编写五行一书，期望传至外藩，使彼用而断根绝后。“通书”载此书为悖理而不可用。此事，可阅“通书”便知。今用《灭蛮经》以壬为火，而葬埋荣亲王，足见其用心险恶，云云。又据杨光先所阅《易见通书》内挟有纸签处载称，所谓洪范者，即有八卦变通之理，又有五行变化之情，故分二十四类，其中变五行木为水，水为火，火为金，金为土，以致其本身皆相抵触矣。是以，用此选择年月者，福尚不至，祸必先来。可见选择墓穴必用正五行，而用洪东五行实不可信矣，云云。又据闽浙地方谙熟阴阳地理之士樊越凤曰，紫微、宗庙者，乃属洪范五行，误人匪浅。原由中国人编写，期望传至外藩，使彼用而断根绝后者，乃《灭蛮经》也，云云。而杨宏量、杜如预等所用通书内，其正五行、洪范五行二者皆有之，但伊等不用正五行选择，明知顺治十五南北方不吉，反而援引不当用之洪范五行以壬为火，选定荣亲王墓穴，并按山向兴建阴阳二宅，择定葬期。又刘有泰供称，选择荣亲王葬期时，小的职任保章正，职则内开可以共同选择，而小的不曾共同选择。在前审时，因小的昏庸，所供与李祖白等相同。后质审汤若望时，因伊职居堂尚，故此供以共同选择，云云。但李祖白等供称，保章正亦可参与选择，刘有泰确曾参与选择。经讯汤若望，亦供称刘有泰曾参与共同选择。刘有泰诚不曾共同选择，何不在前审时供认，而供与李祖白等相同？又质审汤若望后，亦曾审讯多起，皆供以陪同选择是实，等因供认。由此可见，刘有泰曾参与共同选择属实。又李祖白、宋可成、宋发、朱光显等，据杨光先供称洪范五行者，乃唐丘延翰颠倒生死，编写五行一书，以哄蛮夷，名曰“灭蛮经”。此书原由中国人编写，期望传致外藩，使彼用而断根绝后。“通书”载此书为悖理而不可用。此事可阅“通书”便知。今用《灭蛮经》以壬为水,葬埋荣亲王,足见其用心险恶,云云。又据杨光先所阅《易见通书》内挟有纸签处载称,所谓洪范者,即有八卦变通之理,又有五行变化之情,故分二十四类,其中变五行木为水,水为火,火为金,金为土,以致其本身皆相抵触矣。是以,用此选择年月者,福尚不至,祸必先来。可见选择墓穴必用正五行,而用洪范五行实不足信矣,云云。又据闽浙地方谙熟阴阳地理之士樊越凤曰,紫微、宗庙者,乃属洪范五行,误人匪浅。原由中国人所编写,而传至外藩,使彼用而断根绝后者,乃《灭蛮经》也,云云。而钦天监衙门李祖白等所阅三种书中,其一书亦名《易见通书》,内容与杨光先挟有纸签“通书”完全相同,李祖白等在前审时供称其选择皆为吉,在后审时又供称葬埋荣亲王,皆由杜如预、杨宏量以及已故贾良琦、刘有庆为首选择,而小的们仅陪同选择,况伊等素善选择,而小的们选择不甚通。至于前供丁火生于酉等言辞,皆由杜如预等授意而供之。原选择时,皆用《历法通书》《选择丹书》,至于《灭蛮经》一事,小的们不知道。该《易见通书》一书,杜如预为查太阴吉星,从刘有庆家中供去,而后给予小的们,小的们不知有此书,亦不曾用此书,云云。诚然此书非李祖白等所阅之书,则于前令李祖白等,带来其所阅之书时,何以带来此三种书?李祖白等虽供初定王墓穴以壬丙山何时不在场,又丁火生于酉等言辞系杜如预授意而供之,但选择荣亲王葬期时,李祖白等确曾共同选择属实,等因供认。况且据杜如预、杨宏量供称,顺治十五年南北方不吉,云云。据杨宏量供称,所选之日为中日,云云。据杨光先供称,戊戌年葬埋荣亲王,即犯三杀。当年北方之亥壬子癸丑,皆为火之众杀,此事载于《历法通书》者,极为明白,对阴阳二宅不利。至壬辰日,壬者则水,辰者亦为汇水之所,纳音常流水,岂可谓为巧饰以水克火,云云。李祖白等原所用《选择丹书》内,其正五行及洪范五行二者皆有之,虽《历法通书》内载以壬为火,但伊等明知正五行内以壬为水,且又不行详查顺治十五年南北方不吉之情,即援引不当用之洪范五行以为火,而选择日期,葬埋荣亲王。等语。

据此观之,该汤若望、杜如预、杨宏量、李祖白、宋可成、宋发、朱光显、刘有泰,并已故刘有庆、贾良琦等,在葬埋和硕荣亲王时,伊等明知顺治十五年南北方不吉之情,却援引洪范五行以为火,并按照不当用之洪范五行《选择丹书》进行选择者属实。至于洪范五行,据杨光先所阅《易见通书》载称,洪范五行者,即颠倒以木为水,水为火,火为金,金为土矣。是以,用此选择年月者,福尚不至,祸必先来,云云。又据谙熟地理之士樊越凤曰,紫微、宗庙者，即洪范五行也，误人匪浅。原由中国人所编写，而传至外藩，使彼用而断根绝后者，及《灭蛮经》也，云云。可见，伊等罪戾重大。查刑律，大逆之罪，于主不利，其欲毁宗庙，祖坟及宫殿者，凡为同谋，不分首从，俱行凌迟处死。伊等之祖父子孙兄弟并同居一处之人，又伯叔兄弟子孙，或否开档分户，凡十六岁以上者，不论瞽目、跛足、残疾，俱行斩决处死。据此，拟将汤若望、杜如预、杨宏量、李祖白、宋可成、宋发、朱光显、刘有泰，按照刑律，俱行凌迟处死。刘有庆、贾良琦既已故去，拟无庸议。现有查获刘有庆子刘必远、刘奎，贾良琦子贾文郁，宋可成子宋哲朴，李祖白子李实，以及潘尽孝，潘尽孝虽为异姓人，但系汤若望义子，拟将伊等俱行斩决处死。至于汤若望、杜如预等人不及岁之子、妻室、家人、地亩、财物等，均交该员严查入官。又查吏、礼二部具疏，宋可礼为宋可成之弟，但未分晰为胞弟、族弟。又杜如预等之祖父子孙兄弟，并同居一处之人，又伯叔兄弟之子，已咨行五城及浙江等四省督抚详查缉拿，一俟详查到部，将与宋可礼一并核议题报。又钦天监衙门之《历法通书》十三本、《选择丹书》三本、《易见通书》六本，杨光先所阅《易见通书》六本，均已审交礼部。

臣等未敢擅便，谨题。请旨。

[批红]：着议政王、贝勒、大臣、九卿、科、道会同详拟具奏。文内清字误写先为详，着改饬行。

选译自“满文密本档”卷150

18.礼部尚书祁彻白等题为延期核查荣亲王墓地案事密本

康熙四年三月初三日

礼部等衙门尚书臣祁彻白等谨具密题,为延期事。

臣等二部前查和硕荣亲王葬地黄花山之后,已题报该处为好地,等因在案。至题报之所定山向,并不在案。此事关系重大,拟查总管内务府档册之后,再行题报。再,与杜如预等同往之大臣官员情形,亦经讯问杜如预之后,拟一并查议,等因,于康熙四年正月三十日具题,当日奉旨:依议。钦此。钦遵,因务须讯问前去查阅档册之大臣官员,宜应开除三日,于三月初三日期满,难于限内完结。为此谨具密题。

臣等未敢擅便。谨具密题。请旨。

[批红]:知道了。

选译自"满文密本档"卷151

19.礼部尚书祁彻白等题为将杜如预、杨宏量革职议罪事密本

康熙四年三月十二日

礼部尚书臣祁彻白等谨具密题,为请旨。

据江南歙县之民杨光先供称,戊戌年葬荣亲王,即犯三杀。当年北方之亥、壬、子、癸、丑,皆为火之众杀,此事载于"通书""历法"之中,至为明白,实对阴阳二宅不利,云云。据杜如预、杨宏量供称,顺治十五年选定荣亲王墓穴以壬丙山向,因当年南北方不吉,即将此事告知于佟吉,佟吉言小王无碍,云云。据伊等所拟备供一文内开,壬丙山向,于洪范五行内属火,云云。据杨光先供称,洪范五行者,即颠倒生死,编为五行一书,以哄蛮夷,名曰"灭蛮经"。此书原由中国人编写,期望传至外藩,使彼用而断根绝后。"通书"载称,此书为悖理而不可用。此事可阅"通书"便知。伊等今用《灭蛮经》以壬为火,葬埋荣亲王,足见其险恶用心,云云。据查伊等所阅《易见通书》,实与杨光先所供同。杜如预、杨宏量等明知当年南北方不吉,反选择壬丙山向以为属火者,委实不该。因用洪范五行而葬埋不该葬埋之年,拟将杜如预、杨宏量等俱行革职,并送交刑部议。当年乃阴阳二宅不可向南之年,但建造以向南而葬之。

此事关系重大,臣等未敢擅便。谨具密题。请旨。

[批红]:杨光先非呈告为风水不好,而告以戊戌年葬埋,即犯三杀。此事毋庸复议。

选译自"满文密本档"卷151

20.康亲王杰书等题为议拟汤若望等人以死罪事密本

康熙四年三月十三日

和硕康亲王杰书等谨题,为请旨事。

据密封发出红本内开,刑部为前事具题,准礼部等衙门密咨内开,臣部为前事具疏,经与吏部会议杨光先呈告汤若望一案时,杨光先又具呈一册,声言其为原呈,经阅该呈,则称:江南徽州府新安卫官生臣杨光先谨题,为历法至关一代大典事。窃惟,一代帝王升腾,必有一代帝王之大政,而加载于史册,以垂后世,以昭一代。修历明时,乃奉天以治天下之实事,故尧恭奉苍天而敬定人时,舜核浑天球而厘整七政。此事载于《书经》,可谓万世之典。自皇上入主中原、一统四海以来,国计民生,官箴吏治无不兴焉,惟敬天之政,尚欠完全。臣乃山野村夫,不避嫌憎,书写《摘谬论》一卷,摘彼十谬,又附《选择议》一卷,编辑成册,冒死具呈。伏乞玄夜备览,以悟得新法之谬误,并请迅速查访知法通理之贤儒,以修我朝一代之历法。诚能如此,非但皇上之敬天为民大政得以昭彰,且又得以垂存于史册,实与尧舜同比。臣不胜惶悚待命之至。为此具本,并同卷册呈请礼部转题闻。等语。臣等披阅其《选择议》,则开:窃惟阴阳五行之理,惟视生克制化之用。用得其理,凶可化为吉;用违其理,则吉反变为凶,而斟酌权宜,非读书明理之人不能也。今天文、地理、时令三家,多是不读书之人借此以为衣食之资,其余阴阳五行之理,原未融会贯通,以讹传讹,满口妄诞,究至祸人之事恒多,而福人之事恒少。夫山有山之方位,命有命之五行,岁月有岁月之生死,详载于“通书”,待人随理而变通之,故名其书曰通。通者,有变通之意。今庸术不能明理而变通之,反将变通之书以文其不通之术,鲜为不误人也者。凡阴阳二宅,以其人之本命为主,山向岁月俱要生扶本命,最忌克命。选择造命之理,要生扶之四柱,忌克泄之四柱。或三方不利,用事难缓,则用制杀化杀之月令,以化凶为吉。若月令生杀党杀,日时不良,则有凶而无吉。如荣亲王之命,丁酉年生,纳音属火,以水为杀,宜选二木生旺之月以生火,令水不克火而生木,此化难生恩之法也。忌水生旺之月以克火,忌金生旺之月以生杀,此定理也。查戊戌年,寅午戌三合火局,以北方为三杀,亥为劫杀,壬为伏兵,子为灾杀，癸为大祸，丑为岁杀。盖亥壬子癸为阴、阳二水，临官帝旺之地，以水能灭火也。一说亥子丑为阴、阳二火，墓绝之乡，火至北方而无气，其义与水克火同，此北方所以为寅、午、戌三合年之三杀也。又查山家变运，子、午二山正五行属水，水墓在辰。戊戌年遁，得丙辰墓运，纳音属土。选用公月，月建辛酉，为庚金帝旺之乡，辛金临官之地，用官旺之金生水以克火，加之墓运属土，母顾子而不克水，反助金以生水。查壬辰日，干头透水，又纳音属水，众杀党聚，以克王命，何忌如之。且八月二十七日，实犯地空，"通书"忌埋葬，岂汤若望未之见也？查甲辰时，奇门法犯伏吟，经云课中伏吟为最凶。又云吉宿得奇门，万事皆凶不堪。使荣亲王之葬，年犯三杀，月犯生杀，日犯党杀，时犯伏吟，四柱无一吉者，不知其凭何书何理而选之也！幸用之以葬数月之王，若用之宦庶之家，其凶祸不可言矣。等语。

又阅其奏章内一文，则开：顺治十六年五月间，已不记为何日，礼部渥尚书、王尚书坐于后堂榻上，光先即呈该册，王尚书言此事非该部之事。光先言钦天监隶属礼部，何以言为非礼部之事？王尚书言，此文系奏章，而转呈奏章，乃通政使司之事，六部从不代人转呈，可去查看，若有此例，可以转呈，云云。光先言若为如此，可心服矣。时钦天监洋毕车器在旁叱曰，六部岂有代人转呈之例？光先亦高声曰，洋毕车器尔系汤若望之义子，与汤若望选择太子葬期何等之好？尔等不认罪，致使许多部员被刑毙，今尔又来呵斥，此处乃礼部，而尔何人，敢如此妄言也。以上一席之言，二位尚书大人皆已听闻。再，汤若望行文该部使洋毕车器之子为官，原文在部，可以查核。等语。此案殊异于前投诉案，臣部拟与吏部会议之。臣等未敢擅便，谨题。请旨。康熙三年十一月初五日题。当日奉旨：着会同吏部议奏。钦此。钦遵。

臣等会同吏部鞫汤若望：据杨光先前呈《选择议》载称，如荣亲王之命，丁酉年生，纳音属火，以水为杀，宜选二木生旺之月以生火，令水不克火而生木以化杀。忌水生旺之月以克火，忌金生旺之月以生杀。此定理也，云云。此事怎讲？

供称：小的仅知天文历法，其选择地理、风水等，皆系漏刻科之杜如预、杨宏量所为。荣亲王之葬年月日时，俱经伊等选定之后，小的阅视钤印送部。选择之事，皆系伊等之职守，小的不曾为荣亲王之葬期选择矣。等语。

据此，审讯杜如预、杨宏量。

钦天监漏刻科监正兼理科务正四品又加一级杜如预供称：顺治十五年八月二十七日安葬荣亲王，而小的于八月初即赴盛京移陵，于十月间返回。

小的不知此事，况选择系历科之事。等语。

钦天监五官挈壶正加三级又加一级杨宏量供称：勘验荣亲王墓地系漏刻科之事，选择葬期系历科之事，小的实不知。等语。

讯汤若望：据杜如预等供称，选择日期系历科之事，云云。据尔供称，选择日期系漏刻科之事，云云。此事怎讲？

供称：勘验地理原为漏刻科之事，选择日期为历科之事。小的前供选择日期为漏刻科之事者，则因年迈有疾而一时错供也。等语。

据此，又经讯历科官员，据原夏官正李祖白、春官正宋可成、秋官正宋发、冬官正朱光显、中官正刘有泰等供称：杨光先所言荣亲王于丁酉年生，纳音属火，宜选二木以生旺者是，小的们所选亦如此。小的们于顺治十五年七月间，与病故中官正贾良琦，漏刻科杜如预、杨宏量等选择之后，呈阅汤若望，又经详讯之后钤印送部。等语。

讯杜如预：据李祖白等供称，于七月间与杜如预、杨宏量等选择之后，呈阅汤若望，云云。据尔供称，于八月间赴盛京移陵，小的不知，云云。此事怎讲？

供称：荣亲王之墓地，于十五年二月间踏勘后，即呈报汤若望。时踏勘墓穴山向为壬丙，由历科官员按此山向选择日期。再，历科官员选择日期时，小的有者知道，有者不知道。至于所选葬埋日期，小的并不知。等语。

据此，又经一一质审，李祖白等供称：凡为大事，皆由二科共同选择，如葬埋荣亲王之如此大事，可谓为不曾会同选择者可乎？我二科会同选择是实。等语。

杜如预则供称：不曾会同选择。等语。

又讯杨宏量：据李祖白等供称，七月间与杜如预、杨宏量等选择之后，呈阅汤若望，云云。据尔供称，选择荣亲王葬期系历科之事，小的不知，云云。此事怎讲？

供称：小的专看风水，而选择日期则非小的职守，亦不曾会同选择。等语。

据此，又经质审李祖白等，据李祖白供称：凡事皆由二科会同选择，况葬埋荣亲王之如此大事，岂有不会同选择之理？且又职掌内明文规定会同选择也。与杨宏量一同选择是实。等语。

杨宏量供称：职掌内虽规定二科官员会同选择，但选择荣亲王之葬期时，小的患疾在家，伊等不曾派人来唤小的，确实不曾会同选择。等语。

讯杨宏量:尔患疾于何月何日?又痊愈于何月何日?何人知晓?

供称:移东京陵时需派员前赴办理,因小的患疾,阿尚书即传小的至其家中,因见确实患疾,即改派欧吉武同杜如预前去。因时日已久,实不记患疾痊愈日期。等语。

讯李祖白、宋可成、宋发、朱光显、刘有泰:据杨光先前呈《选择议》载称,查戊戌年山向子午,犯 yang du tian(音),此大忌墓穴也。戊戌年寅午戌三合火局,以北方为三杀,亥为劫杀,子为灾杀,丑为岁杀。盖亥子丑为壬癸二水,临官帝旺之地,以水能灭火也。一说亥子丑为阴阳二火,墓绝之乡,火至北方而无气,其义与水克火同。此北方所以为寅午戌三合年之三杀也,云云。此事怎讲?

供称:葬荣亲王以壬丙山向,并非子午。洪范五行以壬为火,火墓在戌,壬戌属水,而仅忌土之年月日。杨光先所言子午者误也。戊戌年山向壬丙,虽北方有众杀,并无犯正杀,无碍于葬埋。等语。

据此,经讯杨光先,则供称:北方为水,并非为火。北方若为亥,属阴之水;若为壬,属阳之水;若为子,亦属阳之水;若为癸,属阴之水,无论为壬为子,皆属阳之水。故寅午戌年,亥为劫杀,壬为伏兵,子为灾杀,癸为大祸,而丑为土,丑有癸水,故丑为岁杀。此于各种通书及历书上皆有明载,故寅午戌三合为火岁,北方亥壬子癸丑为墓绝之乡,因北方五水可克三合水,故宦庶之家皆避三杀岁。今李祖白等巧供洪范五行壬为火矣。夫洪范五行者,即唐丘延翰颠倒生死,编写五行,以哄蛮夷,是以谓为《灭蛮经》。"通书"载该书为背理而不可用也。自古选定北方为水,南方为火,今伊等用《灭蛮经》以壬水为火,葬埋荣亲王,足见其险恶用心。据《通书指要》"释疑"内载,所以编写洪范五行,则期望自中国传至外藩,使彼用而断绝后裔者矣,故谓为洪范五行。此事载于"通书",全可核查。等语。

据此,经讯李祖白等人,则供称:杨光先所言为子者,乃伊援引洪范五行以佐证为水,可见伊亦用洪范五行矣。然又何以谓此为《灭蛮经》耶哉?至于山向,可问漏刻科便知。等语。

经讯漏刻科之杜如预、杨宏量,则供称:小的们踏勘荣亲王墓地之后,原选定以壬丙,令历科选择日期。选择日期之事,非漏刻科专职,其向为水为火,乃历科之专职,况于历书上记载甚为明了,非属漏刻科之地理执掌。等语。

于是,李祖白等供称:北方为水,壬以属火,火墓在戌,纳音壬戌属水,仅忌土之年月日。选择葬埋吉日,至关山向,何谓此事为历科之专职也。杜如预虽奉差在外,但与杨宏量踏勘属实。等语。

于是,杨宏量供称:七月初六日与工、兵、礼三部会同踏勘荣亲王墓地守兵之房址,并交工部营造。返回时行至蓟州后患病,三部大臣见小的病重,即留李通事伴住蓟州三日。七月十六日回家调理,八月十二日痊愈视事,并无一同选择日期之事,亦未曾来叫唤小的。等语。

讯李祖白、宋可成、宋发、朱光显、刘有泰等:据尔等供称,与杜如预、杨宏量等一同选择,云云。显而易见,尔等所以推诿,则因尔等所选日期必有不吉,是以巧供属实。尔等务必如实招供!

供称:葬期载于"通书",何有不吉?与杜如预、杨宏量等一同选择是实。且选择墓地乃漏刻科之事,并非推诿。等语。

据此,又质讯杜如预、杨宏量。据杜如预、杨宏量供称:选择日期实为历科之职守,小的们并无一同选择荣亲王之葬期。等语。

李祖白等供称:选择荣亲王之葬期,实为漏刻科杜如预、杨宏量之职责,小的们协助伊等选择是实。等语。

讯杨光先:据李祖白等供称,杨光先所言为子者,乃伊援引洪范五行以佐证为水,可见伊亦用洪范五行矣。然又何以谓此为《灭蛮经》耶哉?云云。此事怎讲?

供称:子壬在正五行属水,小的仅知皇帝陵寝皆为子、午二山。在洪范五行亦以子为水,是以援引,并非专用洪范五行也。等语。

讯杨光先:据尔供称,洪范五行者,即唐丘延翰颠倒生死,编写五行,以哄蛮夷,是以谓为《灭蛮经》。所以编写洪范五行,则期望自中国传至外藩,使彼用而断绝后裔者矣,云云。此等言辞载于何书?

供称:丘延翰所作洪范五行内言辞,载于《地理大全》,后人称之为《灭蛮经》。"通书"今在,可以阅览。等语。

又讯:该《地理大全》在何处?

供称:该书之版在福建而不在此地。该书又称洪范五行为《灭蛮经》,并非小的任意编造。等语。

讯李祖白、宋可成、宋发、宋光显、刘有泰等:据杨光先前呈《选择议》载称,又查山家变运,子山正五行属水,以洪范五行亦属水,水墓在辰,纳音丙辰,墓运纳音属土。查选用八月,辛酉为庚金帝旺之乡,辛金兴旺之地,用官旺之金生水以克火,加之墓运属土,母顾子而不克水,反助金以生水,众杀党聚，以克王命，此宜大忌者矣，云云。此事怎讲？

供称：荣亲王于丁酉年生，纳音属火，戊戌年葬，纳音属木，以木生火。葬期为八月辛酉，王命属丁酉，而丁火生于鸡，虽辛金生水，亦难克火。杨光先所言墓运属土者，即按子、午二山而言，并非按壬、丙二山而言矣。等语。

据此，经讯杨光先，则供称：以地理占五行，各自用法不一，不可随意以彼饰此。三杀以三合五行推算，非以值年干支五行推算。三合以寅为火生，午为火旺，戌丙火墓，此三合而为火岁，故北方亥壬子癸丑为水火三杀，此事载于历书上极为明白也。今李祖白等所言岁为本者巧辩矣。若北方之水非三杀，则北方之水即为生木之吉星也。若水生戊戌年之木，则于新法内应载称为北方三吉星也，又何以载称为北方三杀？可见伊等以彼饰此之咎显然也。又丁火生于酉者，则指始育生洗能壮强衰弱亡墓绝十二者矣，非指官杀之旺。金则秋旺，木则春旺，水则冬旺，火则夏旺，土则四季之末旺，旺则生子。是以，水秋月涨，而以旺金生水。此又哄骗谁人？等语。

据此，经讯李祖白等，则供称：葬期推延数月可乎？故部饬令自当年八月十五日至二十日选择葬期，因二十日之前皆为不吉，故选用二十七日辰时。所用年、月、日、时皆选自“通书”，若“通书”不载，何敢选用此葬期？今杨光先所言皆为异书之法者，自然与钦天监选择不合。等语。

讯李祖白、宋可成、宋发、朱光显、刘有泰等：据尔等供称，葬期推延数月可乎？云云。由此可见，尔等不行详查属实。如实招供！

供称：因事关重大，故由二科共同选择，岂可谓为不行详查？况所选之日，皆载于《通书大全》一书内，可以查阅。等语。

讯李祖白、宋可成、宋发、朱光显、刘有泰：据杨光先前呈《选择议》载称，查壬辰日，纳音属水，“通书”虽载可以选用，惟水木可用于人，而火不可用于人，且八月二十七日实犯地空，“通书”忌埋葬，岂汤若望未之见也？云云。此事怎讲？

供称：八月二十七日壬辰，太阴位于丁，座对山向。书曰，太阴为众吉之首，克凶化吉，云云。又查八月辰日，he yao（音）吉星临位，即有众杀，亦无所忌，虽有地空，亦无所碍。杨光先所言“通书”载壬辰日可以选用者属实。但其所谓惟水木可用于人，而火不可用于人者，并不见载于“通书”。等语。

据此，又讯杨光先，则供称：五行壬辰日，其壬者为水也，辰亦为水也，纳音常流之水。此次选择，应算造命。此事何以匿而不报？可见其中有诈。又辰日者，乃泄戊年之星，故曰壬辰日最凶。地空日忌埋葬，“通书”有载，可以查核。今以太阴、he yao（音）之辞，岂可掩饰以水克火之事？伊等所供壬辰日属火，不可用于人之辞，若不见载于“通书”，则该“通书”系专载五行生克之理，岂可妄言水克火之事？伊等所选之日吉与否，自有公论。等语。

据此，又讯李祖白等，则供称：壬辰纳音属水，在前供中已明白供吐，并无隐瞒。伊供若水克火，则年月二木皆生扶火，又丁火生于酉，火势最旺之日，何惧于水？且山向有太阴、he yao（音）吉星，故不忌众杀，而地空又有何所惧？等语。

又讯杨光先：据李祖白等供称，杨光先若言水克火，则年月二木皆生扶火，又丁火生于酉，火势最旺之日，何惧于水？云云。此事怎讲？

供称：选择之法，以择日为至要。月者，犹如总纲，辛酉之月干支皆金，阴木达于酉则绝，壬辰日天干即水，在地支内又有癸水，纳音常流之水，何以择为荣亲王火命之人葬期？若言其日不惧于水，则其水克火者至为显然也，岂可骗人？倘若埋葬之日为丁火，则可谓为丁火生于丁酉也。等语。

讯李祖白、宋可成、宋发、朱光显、刘有泰：据杨光先前呈《选择议》载称，查甲辰时，据《奇门》选择书载，lu yi san（音）奇八门 ji（音）伏为总伏吟。经书云，课中伏吟为最凶。又云，假令吉宿得奇门，万事皆凶，不堪使用。荣亲王之葬年犯三杀，月犯生杀，日犯党杀，时犯伏吟，四柱无一吉者，不知其凭何书何理而选之也。幸用之以葬数月之王，若用之宦庶之家，其凶祸不可言矣，云云。此事怎讲？

供称：甲辰时者，乃甲辰黄道日福星贵人吉宿，此为大吉。钦天监选择之书，不同于外书。杨光先所言《奇门》一书，钦天监素不使用。荣亲王之墓地为壬，山向为丙，年则戊戌，纳音属木，而木生火。月则辛酉，纳音亦为木。壬之本命为丁酉，而丁者为火，丁火生于酉。日则壬辰，纳音属水，但山向位于太阴，又有 he yao（音），无忌于众杀。时则甲辰，纳音属火，甲辰黄道，年月日时，皆为大吉。杨光先所言子午山向者谬也。子午山向，宜忌木属年月日时，而壬丙山向应忌土属年月日时。葬年山向各异，而又土木不一，岂可并提而论？等语。

据此，经讯杨光先，则供称：凡盖房屋，以家主之生辰为主；营造墓穴，以亡者之本命为主；务必生扶亡者之山向本命，而最忌克泄亡者之山向本命。戊戌年三合火局，北方为壬阳之水，故有伏兵而克火也。荣亲王之命，丁酉年属火，而太岁亦属火壬水，且太岁为杀，可克荣亲王之命。夫“奇门”者，乃轩辕黄帝战蚩尤时所遗之法，在出兵、行旅、殡葬之时，无不用此。今伊等所谓钦天监素不用此者,则因伊等选择皆凶,故不招认,以此搪塞。由此可见,皆伊等之奸诈也。再,伊等所谓戊戌年纳音属木,不犯三杀者,纯属巧供,竟敢不信皇上颁行天下之《历法》也。其旺金生水之月,若谎称为纳音属木生火,则岂有秋旺之金反生火之理? 再,其壬辰日,则不言其之纳音,不知此为何意。即便山向丙子,皆属阳水,无所区别,只占其吉与否,是非自然明了。等语。

据此,经讯李祖白等,则供称:壬为属水属火,可问漏刻科便自然明了。钦天监不用《奇门》,则因不避 he yao(音)之故也。月则辛酉,纳音属木。年月二木生火,又丁火生自酉,故其辛金何忧之有? 等语。

据此,经讯杜如预、杨宏量,则供称:壬则属水,而在选择日期时,仅查阅"通书",至于其为属水属火,小的们不知。等语。

讯李祖白、宋可成、宋发、朱光显、刘有泰等:据尔等前供,壬丙山向,在洪范五行中属火,云云。后又供称,壬为属水属火,可问漏刻科便自然明了,云云。经讯杜如预、杨宏量,则供壬则属水,而在选择日期时,仅查阅"通书",至于其为属水属火,小的们不知,云云。以此观之,尔等选择必有不吉,故而如此推诿巧供,务必如实招供!

李祖白、宋可成、刘有泰供称:壬则属水,而洪范五行山向择火,并非不吉,亦非推诿。等语。

朱光显、宋发供称:对选择而言,素由刘有庆、贾良琦、杜如预、杨宏量谙熟,而朱光显、宋发不过协助选择而已。至于选择墓穴之道理,小的们委实不通,确非推诿。等语。

刘有泰又供称:顺治十五年,小的曾为保章正,康熙元年十二月才题补为中官正,而选择之事,则为五官之职责。至于选择荣亲王葬期一事,小的不知。等语。

据此,又讯刘有泰:诚然如此,何以在前审时尔之所供与李祖白等所供相同?

供称:在前审时,因小的一时不知所措,故与李祖白等所供相同。顺治十五年,小的曾任保章正,康熙元年十二月,补为中官正。荣亲王之葬期,小的委实不曾选择,确非保章正所掌之事。等语。

又为此事,再讯李祖白等,则供称:因时日久远,已不记姓名。据职掌内开,保章正亦参与选择之事。在升迁考内亦有此记载。既然职掌如此,何以谓为不曾选择? 等语。

于是,又讯刘有泰,则供称:小的职任保章正是实,但非掌管选择之事,而皆为五官之事,况各有职守焉。虽于职掌内有载,但各有职守,在监各员皆知保章正不选择日期。荣亲王之葬期,确非小的选择。等语。

讯汤若望:据尔前供,荣亲王之葬埋年月日时,皆由杜如预、杨宏量选择,云云。尔又后供,由历科官员选择,云云。尔在当初派人选择时,曾派何人?又有花名册否?

供称:八月初五日,曾传杜如预、杨宏量、刘有庆、贾良琦、李祖白、宋可成、朱光显、朱发、刘有泰九人至小的跟前,令伊等共同选择,不曾传别人来,况别人亦不甚通懂。伊等选择之后,即行呈阅小的,小的复又详讯伊等,等皆言为吉,故小的钤印送部。选择之事,至关重大,故令伊等共同选择属实,然而伊等却供并无此事,纯属推诿。至于伊等之花名,不曾记录在案。等语。

于是,又经质讯伊等,李祖白、宋可成、宋发、朱光显、刘有泰等供称:我等九人共同选择是实。等语。

杜如预供称:小的奉差在外,不曾共同选择日期。等语。

杨宏量供称:不曾有人前来传唤小的,小的不曾共同选择。等语。

汤若望供称:杜如预、杨宏量共同选择属实。等语。

讯杜如预、杨宏量:据杨光先前供,寅午戌年,亥为劫杀,壬为伏兵,子为灾杀,癸为大祸,丑为癸水,即岁杀,此事皆载于各“通书”“历书”内。因有此五杀,不利阴阳二宅,云云。尔等于戊戌年建盖荣亲王墓穴以壬丙山向者何耶?

供称:当时拟定壬丙山向之后,即行告知佟吉曰今年南北不吉。而佟吉言称小王无碍。等语。

据此又讯伊等:既然如此,可否将佟吉之言记录在案?或否另有旁人听闻此言?

供称:当日伊之所言,不曾记录在案。曾闻此言之人,亦因年久而不记其姓名。等语。

又讯:既然如此,曾否将当年南北不吉情形具陈于部?

杜如预供称:当时具呈选择情形时,已将当年南北山向不吉情形呈报于汤若望。等语。

杨宏量供称:当时选定墓地之后,由主管大臣等随时讯问,小的们随时解答,故而无暇呈文,不曾呈部。返还京城之后,又恐误事,故将山向情形具呈于汤若望。等语。

讯汤若望:据杜如预供称,曾经拟定荣亲王墓地以壬丙山向之后,即行呈报当年南北不吉情形,云云。尔曾否将此情报部,或有具呈?

供称:曾经拟定荣亲王墓地山向之后,确有呈文报小的,该文今在,可以查阅。至于南北不吉等情形,不曾呈报于小的。诚有此等情形,何不缮拟于该呈文内?等语。

讯杜如预:据汤若望供称,至于南北不吉等情形,杜如预不曾呈报于汤若望。诚有此等情形,何不缮写于其拟定壬丙山向之呈文内?云云。尔为何谎供?

供称:在具呈该文时,曾将南北不吉情形亦呈报于汤若望。今日伊不供认,小的又有何言。等语。

讯杜如预、杨宏量:据尔等供称,曾由尔等选择山向。尔等当初选择时,曾由何部行文于尔等?而由尔等选择之后,呈称山向为吉。该原文今在何处?

供称:拟定荣亲王墓地以壬丙山向者,乃顺治十五年三月之事。当时由阿尚书率领踏勘,并无行文。至于小的们选择之后所拟一文,在汤若望处。等语。

据此,经查杜如预等选择墓地后呈报汤若望之一文,则称已选择黄花山吉地。该处地形龙胜而雄伟,脉精而潜,实属金星之首,四兽平和,故拟定为壬丙。此处虽不及丰台山,但倍胜于西山之势,果一吉地矣。等语。

讯李祖白、宋可成、宋发、朱光显、刘有泰等:据杨光先前供,寅午戌年,亥为劫杀,壬有伏兵,子为灾杀,癸为大祸,丑为癸水,即岁杀。此事皆载于各"通书""历书"内。因有此五杀,不利阴阳二宅,云云。又据尔等供称,戊戌年北方虽有众杀,但并不犯正杀,云云。此事怎讲?

李祖白、宋可成、刘有泰供称:戊戌年北方虽有三杀,但壬无伏兵,既有三杀,不犯正杀。又埋葬时,不忌伏兵。等语。

朱光显供称:戊戌年北方虽有众杀,但并不犯正杀。以上言辞,小的在选择时不甚明白,均按宋可成之言而供之。等语。

宋发供称:寅午戌年及五杀不利阴阳二宅之事,小的实不甚知晓。等语。

讯李祖白、宋可成、宋发、朱光显、刘有泰等:据杨光先前供,洪范五行者,即颠倒生死,以哄骗蛮夷者矣,云云。尔等何以用该哄骗蛮夷之洪范五行而选择耶?

李祖白、宋可成、刘有泰供称:“通书”载称,凡选择葬期,宜用洪范五行,云云。至于该哄骗蛮夷等言辞,小的们不知。等语。

朱光显供称:小的素不甚明白选择事。至于洪范五行,实不知其中之道理,小的仅协助选择而已。等语。

宋发供称:洪范五行,乃漏刻科专用之书,确非《灭蛮经》。等语。

又讯朱光显、宋发:前经屡审,尔等所供与李祖白等相同,今又何以巧供为不甚明白、不甚知晓?

朱光显、宋发供称:小的们仅推算历法,前因共同协助选择荣亲王葬期,故与李祖白等所供同。今既分别详审,因选择平平,不敢妄供。等语。

讯杜如预、杨宏量:据李祖白等供称,葬埋荣亲王以壬丙山向,而洪范五行载,壬则属火,“通书”载选择葬期宜用洪范五行,云云。据杨光先供称,洪范五行者,即唐丘延翰颠倒生死,以哄骗蛮夷,谓为《灭蛮经》。“通书”曰该书为背理而不可用也。又所以编写洪范五行,则期望自中国传至外藩,使彼用而断绝后裔者矣。今用《灭蛮经》选择,以壬水为火,葬埋荣亲王,足见其险恶用心,云云。尔等使用颠倒生死,用以哄骗蛮夷之洪范五行选择,拟定壬丙山向为火,而葬埋荣亲王,用意何耶?

杜如预供称:择勘山向,素以龙脉为本,以定山向,并非按照五行择定矣。历年潜龙变运,“通书”有载,此皆选择各官信守之职责。至洪范五行,小的不知。等语。

杨宏量供称:荣亲王之墓地,小的们经亲临踏勘,拟定为壬丙山向,并呈报钦天监,交由历科官员选择日期。再,历科官员所选日期,以及洪范五行一事,可以“历书”“通书”为凭证。天下占士,皆以此理为本,并非独钦天监官员仅以此理为本矣。据丘延翰疏称,龙运本命合而用者,则无穷尽矣。云云。合而用者,各有所异,不敢多供。等语。

十一月二十六日,李祖白、宋可成、宋发、朱光显、刘有泰又供称:选择荣亲王墓地,乃由贾良琦、刘有庆、杜如预、杨宏量恭选,而以小的们为副陪同选择,即由二科共同选择矣,可以杨宏量、刘有庆之呈文为凭。历科官员,专为推步历法、日月交食而设矣。漏刻科官员,则为选择葬埋、盖房、嫁娶三事日期而设。其选择葬埋之事,更为漏刻科官员之职责。等语。

查杨宏量呈文内开,历学者,即天文地理矣,自古各有专人密传,非外人所能知者矣,又圣主所以应付缓急而权宜之大典也,非外人所能懂矣,焉能肆意訾议？葬埋荣亲王之事，岂与宦庶之家同论？宦庶之家死后，必行入殓，选择墓地，岁月久远之后，才按本命选一吉日葬埋。而荣亲王甫薨，即行奉旨选择墓地，则因不可停放多日之故也。更何况一应营造之事，均已延误矣。是以，即经详议得，王不过几月即薨，又无后嗣，故议拟当年八月二十七日辰时太阳有吉，而太阳者又众吉之本，能以化众凶，且墓穴亦非属子，而为壬丙山向，又洪范五行载可以选用。壬者为火，火潜于戌，忌土属年月日辰。等语。

又查刘有庆呈文内开，八月二十七日壬辰时，太阳位于辰宫，甲子辰为三合，又太阴位于丙，此乃山向也。书曰太阳、太阴为众吉之本，能以化杀生全，极为大吉。此书觅得于李祖白家中。自见杨光先所著《选择议》一文后，汤若望即传选择人杨宏量前来缮拟一文。等语。

康熙三年十一月三十日，吏部咨开，为请旨事。臣部为前事疏称，杨光先呈告汤若望之选择一案，礼部经请旨后，欲与臣部会议具疏。今汤若望既被革职，并交刑部议，但该项选择一案，乃礼部之专责，可否由礼部议，或奉照前旨与臣部会议，谨此请旨。等因，于康熙三年十一月二十九日具题。本日奉旨：该项选择一案，着礼部议。至本案内各员，仍着尔部议奏。钦此。钦遵。等因到部。

讯杜如预、杨宏量：据宋可成等供称，选择荣亲王墓地，乃由贾良琦、刘有庆、杜如预、杨宏量恭选，而以小的们仅陪同选择。而选择葬埋、盖房之事，则为尔科之职责，云云。可见，尔等选择是实，但又何以谎供曾赴盛京、患疾耶？

杜如预供称：小的确实不曾共同选择荣亲王之葬期。等语。

杨宏量供称：不曾传呼小的前来选择日期是实。等语。

讯杨宏量：据宋可成等供称，为荣亲王葬期事，杨光先呈告礼部，汤若望即传选择人杨宏量前来缮拟一文，云云。此一文岂非尔所写者乎？何以巧供为不曾参与选择耶？

讯毕将该文出示于杨宏量。

供称：历科官员选择荣亲王之葬期后，具文呈部。顺治十六年，汤若望带来历科官员所选日期给小的看，并称杨光先已具告，令小的缮拟一件在理之文，以便与杨光先争辩。故小的及杜如预各拟写一文，留给汤若望。该文实属小的所作，是被逼而作。等语。

讯杨宏量：据尔供称，该文实属尔之所作。尔诚不曾共同选择，当杨光先呈告之后，尔何以缮拟该文给汤若望，以为备供？况汤若望供称尔共同选择属实。可见尔共同选择是实，然又巧供不曾共同选择者何耶？尔等选择必有不吉，故行巧供。今尔务必如实招供！

供称：历科官员选择日期时，小的不在场，亦不曾传呼小的是实。该项葬期已送部一年之后，才将葬期出示与小的及杜如预，并声称杨光先已呈告，令小的缮拟一文，欲与杨光先争辩。汤若望如此逼小的缮拟一文。小的诚然选择日期，何不署名签押？又以何为凭？等语。

讯杨宏量：据尔所拟该文内称，宦庶之家死后，必行入殓，选择墓地，岁月久远之后，才按本命选一吉日葬埋。王不过几月即薨，又无后嗣，故议拟选用当年八月二十七日辰时，云云。经查尔所拟该文，荣亲王之葬埋年月日时必有不吉，务必如实招供！

供称：历官选择葬期确为中日，故令小的缮拟该文，小的确实不曾选择。等语。

讯杨宏量：据尔供称，选择王之葬期为中日，云云。尔诚不曾共同选择葬期，又何以得知为中日？以此观之，尔与李祖白等共同选择属实，今岂可巧供？如实招供！

供称：凡选择日期，向为历科之专责，且“历书”上载明某日为葬埋吉期者，亦为实事，并非与漏刻科共同拟定矣。由此可见，伊等妄行牵连者显然也。至于荣亲王之葬期，经选择报部数十日之后，小的方得知葬期为中吉日，确实不曾与历科官员共同选择王之葬期矣。等语。

讯杨宏量：据尔前供，确为中日，云云。今又何以巧供为中吉日？

供称：当日因为较晚，在匆促之间写中吉日为中日。等语。

讯杨宏量：据尔所拟该文内开，荣亲王甫薨，即行奉旨选择墓地，则因不可停放多日之故也。更何况一应营造之事，均已延误矣。是以，即经详议得，王不过几月即薨，又无后嗣，故议拟当年八月二十七日辰时为葬期，云云。以上均由何人议拟？可否记录在案？

供称：以上确非小的们议拟，而由选择大臣们在途中所拟者矣，亦无记录在案。时因人数众多，而又年月久远，不曾记得姓名。等语。

讯杨宏量：尔何以能记得大臣等在途中所有商议之事，而不记得大臣等之姓名？以此观之，尔必于汤若望家中商议后缮拟矣。如实招供！

杨宏量供称：当时仅记得伊等在途中所商议之事，而主管大臣等皆为面生，故不记姓名。小的确实不曾与众人商议之后拟矣。等语。

讯杜如预：据杨宏量供称，尔亦曾缮拟一文留给汤若望，云云。尔曾缮拟后留给汤若望看，究系何文？今在何处？

杜如预供称：顺治十六年，杨光先为荣亲王葬期一案呈告汤若望，汤若望即令小的缮拟一文，而小的确实不曾缮拟。等语。

讯杜如预：尔果不曾参与选择，岂有汤若望闻知杨光先呈告，即传尔前来缮拟备供之理？况杨宏量亦供尔曾缮拟一文，汤若望亦供尔曾参与选择。以此观之，尔与李祖白等共同选择者属实矣。尔等选择必有不吉之处，故行巧供开脱是实。如实招供！

供称：时因小的奉差在外，不曾共同选择荣亲王之葬期。后因汤若望得知杨光先呈告荣亲王葬期不吉，故而汤若望传小的前来拟写一文，小的不曾缮拟。汤若望知道小的不曾入彼教，故而言称小的亦曾共同选择。等语。

讯汤若望：顺治十六年，尔得知杨光先为荣亲王葬期事呈告尔，尔即传杜如预、杨宏量二人前来，令缮拟文书，以备对供。此事怎讲？杜如预所写之文在何处？

供称：由于杨光先呈告，所以传伊前来拟写一文，以备作供词。至于杜如预曾否拟写一文留此，小的不记得。等语。

讯汤若望：据杨宏量供称，尔传伊前来拟写一文，云云。尔何以逼其拟写？

供称：自得知杨光先呈告，即传杨宏量来家中拟写，以备作供词。伊来写该文时，并无逼迫之事。等语。

讯汤若望：尔令杨宏量所写该文内称，宦庶之家死后，必行入殓，选择墓地，岁月久远之后，才按本命选一吉日葬埋。而王不过几月即薨，又无后嗣，故议拟当年八月二十七日辰时葬埋，云云。按照尔令杨宏量所写该文而观之，选择荣亲王葬期必有不吉，故令其拟写该文者显然矣。务必如实招供！

供称：小的仅通天文历法，而选择非所习，伊等共同选定山向之后，言以为吉，故小的钤印送部。旋闻得杨光先呈告，小的即传伊等前来拟写该文，以作供词。等语。

讯杨宏量：据尔前供，曾去踏勘守陵官兵营址时，因患疾而于七月十六日返回家中调理，仍不见病愈。阿尚书传呼小的前去之后，见小的确实患疾，即改派欧吉武赴盛京，云云。尔患疾而能去尚书家中，岂有不参与选择荣亲王葬期之理？且汤若望等皆供尔曾共同选择属实，又尔与杜如预一同选择山向。自杨光先呈告之后，尔又拟写一文，以为备供。由此观之，尔曾共同选择属实，且又知道选择必有不吉，故尔巧供开脱。务必如实招供！

供称：小的曾去踏勘荣亲王墓地守兵营址，返回途中，在蓟州患疾，七月初到家，七月中旬进行调理。原奉差赴盛京者，则为杜如预、杨宏量也，又选择荣亲王墓地者，亦为杜如预、杨宏量也。但小的身患病疾，阿尚书传唤小的前去后，见有病疾，即改派欧吉武赴盛京。至于选择荣亲王之葬期，汤若望不曾派人来传唤小的，且又非小的专责，选择葬期乃十五年之事，而拟写备供一文，则为十六年之事，小的委实不曾共同选择，并无巧供推诿是实。等语。

讯杜如预：据汤若望所录册子内载，自八月初五日起开始选择荣亲王葬期。据查部档册内载，于八月初八日具疏葬期。尔因赴盛京，亦于初八日由礼部咨行户部领取所需马料。由此可见，尔等选择在前，前赴盛京在后。况汤若望等供称，尔曾共同选择属实。杨宏量供称，尔曾拟写一文留给汤若望。尔亦供称，曾与杨宏量一同选择山向。当汤若望令尔拟写备供一文时，尔未曾拟写。今尔又供，曾因前赴盛京，不曾选择王之墓地，云云。显而易见，尔等选择必有不吉，故为开脱罪责而肆行巧供。务必如实招供！

供称：选择日期，确为历科之职责，而占验风水，则为漏刻科之专责，此事全以本监升遣条例为凭证。汤若望有事时，虽常传唤小的，但八月初五日选择葬期时，不曾传唤小的，况且亦非小的职责。当时，小的正在整备马鞍、衣物，确无闲暇。初八日，小的起赴盛京，实不知选择事。后因杨光先呈告，汤若望传唤小的讯问山向情形，小的曰当时呈文以壬丙山向，可查原呈。汤若望又令小的协助查找，小的又曰历科即按"通书"选择日期，而该《通书》今在，不用再查日期，云云。此乃确供，并无巧供。等语。

杨光先阅过《易见通书》内有一处夹有纸签，据载称，夫洪范者，即有八卦变通之理，又有五行变化之情，故分二十四类，其中变五行木为水，水为火，火为金，金为土，使致其本身皆相抵触矣。凡用此选择年月者，福尚不至，祸必先来。可见选择墓穴必用正五行，而用洪范五行实不足信矣，云云。又据闻浙江地方谙熟阴阳地理之士樊越凤曰，宗庙、紫微者，乃属洪范五行，误人匪浅。原由中国人所编写，期望传至外藩，使彼用而断根绝后者，乃《灭蛮经》也，云云。查钦天监衙门李祖白等所查阅之三种"通书"，其中一书亦名"易见通书"，该书与杨光先阅过"通书"同。

是以，臣部谨具密题，为请旨事。江南歙县民杨光先为选择和硕荣亲王葬埋年月日辰事，著《选择议》一文呈告。据钦天监选择人李祖白等供称，王墓地，拟定为壬丙山向，洪范五行以壬为火，王命亦为火，戊戌年葬，纳音属木，以木生火，当年北方虽有众杀，但并无犯正杀，至月日辰，遇有太阴、he yao（音）吉星，无忌众杀，无碍葬埋，云云。据杨光先供称，北方仅为属水，并非属火，戊戌年北方有众杀，不利阴阳二宅，亦不利于葬埋月日时。况洪范五行者，即颠倒生死，编为五行，以哄蛮夷。此洪范五行，原由中国人编写，期望传至外藩，使彼用而断根绝后矣，是以谓为《灭蛮经》。“通书”载称该书为背理而不可用也，全可一查，云云。据此，经查钦天监衙门官员用以选择之三种“通书”，其中一“通书”与杨光先所供同，皆载称该洪范五行不可用。再，据杜如预、杨宏量供称，当初选定壬丙山向后，已告知佟吉今年南北不吉。佟吉言称小王无碍。此事至关重大，除李祖白已被刑部在押外，拟将杜如预、杨宏量以监禁革职，宋可成、朱光显、宋发、刘有泰即行拿议。等因，康熙三年十二月初十日具题。当日奉旨：依议。钦此。钦遵。

又逐一审讯李祖白、宋可成、宋发、朱光显、刘有泰等：尔等用以查阅之三种“通书”内，有一《易见通书》，据该书内载，所谓洪范五行，即颠倒五行，以致其本身皆相矛盾。是以，用此选择年月者，福尚不至，祸必先来。选择墓地用洪范五行实不可信矣，云云。又载洪范误人匪浅，原先中国人编写，期望传至外藩，使彼用而断根绝后，此乃《灭蛮经》也，云云。尔等明知“通书”内有此不吉之言，却称壬丙山向在洪范五行属为火，即行葬埋亲王，欲以何为？

李祖白供给：当初选择葬期，亦有杜如预、杨宏量、刘有庆、贾良琦四人在场，伊等皆言选择葬期可用洪范五行，故而小的听从伊等之言，实不知《灭蛮经》即为洪范五行，可问杜如预、杨宏量便知。等语。

宋可成供称：葬埋荣亲王之年月日时，皆由杜如预、杨宏量、刘有庆、贾良琦等用官版《历法通书》而选定，小的们不过协助选择罢了，选定者实为伊等。据官版《历法通书》载，以壬山为火，而洪范五行亦载以壬山为火。原先不用《易见通书》选择，而此书由杜如预在刘有庆家中查寻太阴时发现，故送老爷过目。小的们原本未见此书，亦不知载有如此内容。至于官版《通书》，乃贾良琦家中之书，而《选择丹书》乃刘有庆家中之书，我衙门内并无官版《通书》。等语。

朱光先供称：荣亲王之葬期，皆由刘有庆、贾良琦、杜如预、杨宏量四人为首选定。至杨光先所言《灭蛮经》，并于洪范五行内所载壬山为火等事，小的实不知其中道理，仅协助伊等选择而已。前审讯时，小的仅照李祖白、宋可成所供而供之。《历法通书》乃贾良琦家中之书，《易见通书》及《选择丹书》皆为刘有泰家中之书，衙门内并无官版《通书》。等语。

宋发供称：小的本不知选择，仅会查官版《历法通书》。至荣亲王之葬期，实由杜如预、杨宏量、刘有庆、贾良琦四人选定，小的们仅协助选择。该《易见通书》，是由杜如预在刘有泰家中核查太阴壬向时发现，小的实不知书中所载内容。在衙门内并无官版《通书》。等语。

刘有泰供称：荣亲王之葬期，乃遵照《历法通书》《选择丹书》记载而选定矣，至于《灭蛮经》等言辞，小的不知有载。《易见通书》一书，由杜如预为查核太阴吉星而借去，小的实不知用此书选择。等语。

讯杜如预：据宋可成等供称，为查找太阴吉星，尔从刘有庆家中借去《易见通书》一书，后交给宋可成等，云云。尔诚不曾选择，何以为查找太阴吉星而借阅该书，并交给宋可成等？由此观之，尔曾选择属实。如实招供！

供称：小的从无到伊家中借书给宋可成等。太阴吉星之事，小的亦不知晓。等语。

据此，又经质讯宋可成、宋发、刘有泰等，则供称：杜如预在刘有庆家门口与刘有泰言称，前来欲借《易见通书》，以查太阴制化诸凶之事，时宋可成、宋发、朱光显均在场。且前供丙火生于酉者，亦系杜如预告知小的们之言，小的们皆在杜如预家中闻知此言。等语。

杜如预供称：并无在刘有泰家门口欲借《易见通书》之事。至于丙火生于酉者，系伊等所言，并非小的告知。等语。

讯杜如预：宋可成等与尔有仇否？

供称：无仇。等语。

讯汤若望：尔等所查阅之三种"通书"内，有《易见通书》一书，据载洪范五行，即五行颠倒，以致其本身皆相矛盾。是以，用此选择年月者，福尚不至，祸必先来。选择墓地用洪范五行者，实不可信矣。云云。又载洪范误人匪浅，原由中国人编写，期望传至外藩，使彼用而断根绝后，此乃《灭蛮经》也，云云。尔身为钦天监掌印，明知该书中有此不吉之言，却送到部，意欲何为？

供称：小的本不知中国人用"通书"选择，而由贾良琦、刘有庆、杜如预、杨宏量、宋可成、李祖白、宋发、朱光显、刘有泰等选定之后，呈送小的，小的即问伊等吉与否，伊等言以为吉。是以，小的钤印送部。至于"通书"内所载《灭蛮经》等言辞，小的不曾看见，亦不知能否用，此事皆由选择官员知晓。

等语。

又逐一审讯宋可成、宋发、朱光显、刘有泰：据尔等前供丙火生于酉者，皆由杜如预告知尔等，云云。诚然杜如预如此而言，尔等何不在前审时供认？今又何以言此为杜如预所告知者耶？

宋可成供称：审理此案之前，杜如预来小的家中，言称其所拟该文断不可拿出，可以作为供词供吐，日后必将关照，云云。审讯时小的无供可吐，惟恐堕入伊计，故而如实供之。伊与杨宏量至汤若望家中拟写该文，以作备供。该丙火生于酉者，乃我四人曾闻伊所言。杜如预前拟该文今在，可作凭证。伊之该文及杨宏量所拟之文，俱在李祖白家中保存。等语。

宋发供称：该丙火生于酉者，乃杜如预教唆宋可成之词，小的们曾在一起闻其所言。此前杜如预曾多次请求小的兄长宋可成不可拿出其所拟该文，小的亦未举揭。故小的前供与宋可成同。等语。

朱光显供称：该丙火生于酉者，乃杜如预教唆宋可成之词。宋可成比小的们略有心眼，又因杜如预亲自指教，故前不曾拿出该文。小的们所供与宋可成同。等语。

刘有泰供称：审讯之前，曾闻得杜如预与宋可成言丙火生于酉，故小的们所供与宋可成同。等语。

据此，经查宋可成于十二月二十一日呈交杜如预所拟该文，则内称，葬荣亲王，乃壬丙山向，而非子午。洪范五行载，壬为属火，而火潜戌，壬戌纳音属水，仅忌土年月日时。已故王生于丁酉年，纳音属火，理应以木生火。戊戌年纳音属木，此非生扶者乎？所选八月者，乃太阳位于辰宫，五行壬子同宫，而申子辰三合在见，故而选用。书曰，太阳乃众吉之本，用则化杀为权，极福极威。此乃治化之权矣，况定以壬丙山向而葬埋，选用戊戌年辛酉月壬辰时，此皆载于“通书”之内，可以查考，并非无凭选择矣哉！等语。

讯李祖白：据宋可成等供称，顺治十六年，杨光先呈告后，即由刘有庆、杜如预、杨宏量三人在汤若望家中备供，伊等所拟之文皆存于尔家中，云云。此事果真与否？

李祖白供称：刘有庆、杜如预、杨宏量在汤若望家中为备供而所拟之文，今尚存于小的家中。等语。

讯杜如预：据宋可成等供称，该丙火生于酉之言，皆由尔在审讯前教唆宋可成供认，故伊即按尔言供之，云云。又宋可成供称，尔至宋可成家中言称，将其所拟该文断不可拿出，仅可以作为供词而供吐，日后必将关照，云云。故伊即按尔之该文而供之。又称当时尔与杨宏量至汤若望家中拟写该文,以作备供,可将该文作凭证,云云。据尔前供,汤若望令小的拟写一文,以作备供,但小的不曾拟写,等因巧供。又教唆宋可成等如此之言者何耶?此文非尔之所拟者乎?并将该文出示杜如预。

杜如预供称:伊等皆懂选择,何必小的指教?该丙火生于酉之事,谁人不知?小的不曾教唆。再,顺治十六年杨光先为荣亲王葬期事呈告,汤若望传唤小的拟写一文,以作备供,但小的不曾拟写。后来汤若望强令小的照杨宏量所拟之文再拟写一文,故小的即按照杨宏量文再拟写此文是实,已不记年份,并无请求宋可成之事。等语。

又经当面对质,宋可成供称:已不记为何日,有一夜晚,杜如预来至小的家中,言称其所拟该文断不可拿出,可以作为供词供之,则甚妥帖,日后必将关照,云云。此事是实。等语。

杜如预供称:小的署理钦天监印务,恐误上览凌犯历,即行呈文礼部题闻。奉旨,着伊等办理凌犯历,倘有舛误,务加重罪。钦此。是以,宋可成等与小的结仇,肆意编造谎言诬陷小的是实。等语。

宋可成供称:小的们系废员,荷蒙钦命小的们编制凌犯历,此乃小的们之莫大荣幸。今杜如预声言为呈文取凌犯历事,结有仇隙,编造谎言诬陷,云云。不知此为何意?伊之所言,显然巧饰之辞。等语。

讯汤若望:据杜如预供称,顺治十六年杨光先为荣亲王葬期事呈告,汤若望闻此,便令小的拟写一文,以作备供。当时,小的不曾拟写,后来汤若望强令小的按照杨宏量所拟之文再拟一文,故小的照杨宏量文拟写一文是实,云云。尔何以强令杜如预拟写一文,以作备供?

供称:小的不曾强令杜如预拟写该文,而伊自愿拟写矣。由于时间久远,杜如预或许忘记此事矣。等语。

讯宋可成、宋发、朱光显、刘有泰:该《易见通书》及载有洪范五行之《选择丹书》,是否为刘有庆家中之书,或刘有泰家中之书?

宋可成、宋发供称:该《易见通书》《选择丹书》,乃刘有庆家中之书,刘有庆与刘有泰家同门而各自分居。《选择丹书》虽分有正五行与洪范五行,但皆载山运、地理、风水。漏刻科之职责,小的不知,但每遇有婚嫁喜事、建造房屋等事,皆用《选择丹书》选择。此书藏于刘有庆家中。小的们自做官以来,仅知用此《选择丹书》选择。等语。

朱光显供称:该《易见通书》,乃刘有庆家中之书。杜如预为查太阴,即请向刘有泰借出该书。至于《选择丹书》所载洪范五行、正五行，由漏刻科选择葬期时是否亦用，小的不知。历科职责，即为占验选择。即便遇有喜事、大典，皆用《历法通书》选择。至于《选择丹书》，凡遇有娶媳嫁女、营建房屋，自明季以来皆由五官官员用此书选择。由于选择用，将此书存放于刘有泰家中。等语。

刘有泰供称：该《易见通书》，乃小的兄刘有庆之书，由于杜如预欲查太阴吉星而借去。原选择时，皆用《历法通书》《选择丹书》以选择日期。该《易见通书》，刘有庆不常用，而《选择丹书》，则官用日久，在明季时即存于刘有庆家中，但归官用。该《选择丹书》内所载洪范五行，由漏刻科选择山运时用之，由历科选择国朝喜事、大典时用之。等语。

讯李祖白：该《易见通书》，载有洪范五行之《选择丹书》《历法通书》，皆为谁家之书？

供称：该《易见通书》，据宋可成言为刘有庆家中之书。《历法通书》一书，据宋可成言为贾良琦家中之书。在选择用时，仍用《选择丹书》一书，但不知为谁家之书。等语。

讯刘有庆子刘必远、刘奎：据宋可成等供称，该《选择丹书》一书，乃尔父存于家中而官用之书，云云。此书存于尔家中者何耶？

供称：小的们虽同住一院子，但已另分居。《选择丹书》是否存于小的父亲家中，小的们不知晓。等语。

讯宋可成、朱光显、宋发、刘有泰：据尔等供称，该《选择丹书》乃存于刘有庆家中而官用之书，云云。刘有庆子刘必远、刘奎可知道该书否？

供称：刘必远、刘奎与其父虽同住一院子，但已另分居，而该书存于刘有庆家中，刘必远、刘奎并不知。等语。

讯汤若望：钦天监衙门在选择时，可配备有“通书”乎？

供称：钦天监衙门原将备用之《选择丹书》存放于一大柜内，至于其中共有几册，小的不曾记得。等语。

据此，传令钦天监署印张其淳查送该衙门《选择丹书》前来。十二月二十一日，张其淳等率领科员查找该书，并无“通书”，故而具结前来。

讯汤若望：已传令钦天监署印张其淳查送该衙门年存《选择丹书》前来。于十二月二十一日张其淳等率领科员查找该书，并无“通书”，故而具结前来。据尔前供，该《选择丹书》存放于库柜内，云云。此事怎讲？

供称：小的前曾查找书籍，即问李姓司历，此为何书，彼称此书为《选择丹书》。小的在当时不曾翻阅该书，今此书尚在与否，小的亦不知。李姓司历已故去。等语。

讯李祖白、宋可成、宋发、刘有泰、朱光显：据尔等前供，选择荣亲王葬期为吉，云云。今又供称皆由杜如预、杨宏量和已故贾良琦、刘有庆选择，而尔等仅协助选择，且又不通选择，不甚明白，云云。由此看来，尔等选择必有不吉，故行巧供开脱属实。务必如实招供！

李祖白供称：小的选择平常，仅随杜如预、杨宏量、刘有庆、贾良琦等协助选择。前供葬期为皆吉者，则由伊等当初选择时即如此言之，因时日久而忘记矣。今本案到部后，宋可成又供系杜如预令伊等如此供吐，故而小的亦想起当初选择时之所言，是以如此供称是实，并无为开脱罪责而有意推诿情弊。等语。

宋可成供称：荣亲王葬期皆为吉者，系杜如预教唆之言，故小的们前供如此，并非推诿。等语。

宋发供称：选择荣亲王葬期时，杜如预与小的们如此而言，故小的们前供与宋可成同，小的们仅会推算，实不懂选择之理。小的们确实堕入杜如预之奸计，此并非推诿。等语。

朱光显供称：荣亲王之葬期，乃为历科及漏刻科二科共同选择之吉日矣。漏刻科专司选择地理者，乃杜如预、杨宏量所推诿之奸计矣。而历科则专司推算历法矣。至于善选择者，乃刘有庆、贾良琦二人矣，伊等俱已故去。小的们仅协助选择，况不懂地理，岂敢推诿。小的前供，皆系杜如预教唆宋可成之言，故小的所供与宋可成同。等语。

刘有泰供称：顺治十五年二月选择荣亲王葬期时，小的不曾参与。康熙元年十二月，小的才补援为中官正。所谓前曾协助选择者，实则并无协助选择矣，且亦非小的职守，小的本系推算官员。小的委实不曾参与选择荣亲王之葬期。小的本为愚昧之人，故前供与宋可成同。小的所供与伊等同者，实不谬也。汤若望言小的协同选择，而实则不曾参与选择。汤若望为堂官，而小的为属员，有所惧怕，故不敢不供为参与选择矣，委实不曾参与选择。等语。

讯杜如预、杨宏量：据尔等供称，已选定荣亲王之墓地以壬丙山向，云云。据李祖白供称，当初选定葬期时，由杜如预、杨宏量、刘有庆、贾良琦四人为首选择，皆言选择葬期必用洪范五行，而小的们仅听从伊等所言，云云。宋可成等供称《选择丹书》内虽载有正五行、洪范五行，但皆载山运、地理、风水之事，乃漏刻科选择葬期时之专用书籍，小的们仅协同杜如预、杨宏量、刘有庆、贾良琦等选择而已，云云。据尔等所拟备供一文皆载，壬丙山向，在洪范五行属为火，云云。由此观之，尔等即照洪范五行拟定者属实矣。据尔等所用之三种书内《易见通书》载称，洪范五行者，即五行颠倒，以致本身皆相矛盾。是以，用此选择年月者，福尚不至，祸必先来。选择墓地用洪范五行实不可信矣，云云。又载洪范误人匪浅，原由中国人编写，期望传至外藩，使彼用而断根绝后者，此乃《灭蛮经》也，云云。尔等明知在“通书”内载有如此不吉之言，却曰壬丙山向在洪范五行内属为火，并葬埋荣亲王，意欲何为？

杜如预供称：拟定山向，以龙脉为本，并非按五行潜运以定山向。山运在一年内有变化，故此在选择时按运择日，不同于看风水，可以“通书”为凭。况选择实为历科之专责，何以言为不知山运、地理而推诿于漏刻科？已故刘有庆、贾良琦等，皆系历科选择之员，反开列于后，仅将漏刻科之员杜如预等开列于前，可见其奸计不攻自破矣。至于“通书”，原只见有《选择丹书》《历法通书》二部，而《易见通书》一书，原未曾见，亦未曾与李祖白等商议用洪范五行。荣亲王葬期，不曾共同选择矣。小的所拟该文，亦仅照《选择丹书》《易见通书》而拟写矣。伊等曾请小的讲解所选日期，因小的们非共同选择之人，故辞而不讲解，伊等迁怒于小的，与小的结仇是实。等语。

杨宏量供称：此次选择，乃根据山之方位、形势、左右相辅、南北对应情形，才选定为壬丙山向，并非按照洪范五行而定山向矣。返回京城之后，仅将山向呈报到堂。按理勘验事毕，应由该堂令历科官员选择日期，此事自古沿用日久，并非一日矣。至《易见通书》一书，小的不曾见有。历科官员按照洪范五行择日，乃十五年之事，而拟文备供，则为十六年汤若望强令拟写之事。小的确实不曾共同选择王之葬期。等语。

讯杜如预：前审讯时，尔供称为无仇，今又巧供有仇，此事怎讲？

杜如预供称：当初供认时，因一时有所头晕，故而供以无仇是实。等语。

讯杨光先：尔前呈疏内开有《摘谬论》，以具陈其十谬。尔可否以新法推而谓其为谬？或以旧法推而谓其为谬？

供称：《摘谬论》者，即以旧法推而谓新法之谬。等语。

讯原尚书渥赫、王崇简：据尔等前供，杨光先曾为历法事呈疏，六部从不代人具疏，故而退回原呈。至于详情，已不记得，云云。据杨光先供称，为历法事、为选择议事，曾将册子及呈文并呈，云云。经阅其《选择议》一文，则议荣亲王之葬埋年月日时矣。尔等何以退回其《选择议》并呈文？

供称：当时杨光先为历法事呈疏前来，经查确为呈疏，即未详阅。由于六部并无代人具疏之例，故而退回呈疏。等语。

又讯：既然如此，可曾讯问具呈原委乎？

供称：因见确为呈疏，故未讯问原委。等语。

讯原尚书渥赫、王崇简：据杨光先具疏内称，小的杨光先呈疏之后，王尚书言，此文乃呈疏，六部从无代人具疏之例。时毕车器在一旁，亦如此呵斥。小的亦高声对曰，毕车器尔与汤若望选择太子葬期何等之好？小的此言，由二位尚书亦俱听焉，云云。尔等听闻杨光先所言之后，何不受理而退回？

供称：职等诚闻杨光先此言，岂有不受理而退回之理？只因该文确为具疏之文，故而未曾启阅，即曰六部从无代人具疏之例，言毕退回。至于毕车器在旁呵斥与否，因时日相隔较久远，不曾记得。等语。

讯杨光先：尔曾呈疏之后，毕车器呵斥曰，六部岂有代人具疏之理？尔亦高声对曰，毕车器尔与汤若望选择太子葬期何等之好？据尔供称，尔之所言，由二位尚书亦俱听焉，云云。据此，经讯原尚书渥赫、王崇简，则供称诚闻杨光先此言，岂有不受理而退回之理？至于毕车器在旁呵斥与否，因时日相隔较久远，不曾记得，云云。尔何以谓为二位尚书俱闻言？

供称：顺治十六年五月间，小的将《选择议》《摘谬论》二册卷于纸内，持在手中。当日尚有别人在旁，小的手持呈文，但未递呈。小的在别人呈文之前，先将本章递呈。汉尚书见小的所呈者为本章，即曰非该部之事。小的亦曰，钦天监隶属礼部，何以谓为非礼部之事？汉尚书曰，并非言此事为非礼部之事，而本章归通政使司衙门受理，礼部岂可封奏？小的曰，此事至关天文，何以不能封奏？汉尚书曰，六部从无代人具疏之例，尔可前去查询六部可有代人具疏之例？如若有之，可以照例代尔具疏。小的曰，如此言之，小的心服矣。言毕欲走，毕车器在旁呵斥曰，礼部从不代人具疏。小的即曰，尔与汤若望选择荣亲王葬期何等之好？当时满、汉尚书正在受理别人呈文，并与呈文者议事，小的以为二位尚书必闻见小的与毕车器之间对语。二位尚书仍在阅呈问语，是否真听见，小的不知。等语。

讯杨光先：据尔呈称，曾递呈本章及册子之后，王尚书阅毕本章即曰，此非礼部之事，而归通政使司衙门受理，六部从无代人具疏之例，尔可去查，若有此例，可以照例代尔封奏。言毕退回，云云。据尔供称，将《选择议》《摘谬论》二册卷于纸内，持在手中，而先递呈本章。汉尚书曰，六部从无代人具疏之例，云云。尔之所呈本章，尚书阅毕后退回？或未阅即退回？而尔之手中所持册子,尚书是否阅览?

供称:小的先递呈本章,而汉尚书尚未阅毕即退回。至于小的手中所持册子,并未呈阅。前供阅毕者,乃一时之误供。等语。

讯钦天监衙门理事官加一级毕车器:据杨光先呈称,尔为汤若望之义子,与汤若望一起选择荣亲王之葬期。又汤若望专为尔之子而行文该部做官,云云。此事怎讲?

供称:小的职责乃专司翻译满洲、蒙古文历书。所谓选择荣亲王葬期之事,并非小的所为。小的从未认汤若望为父。再,叨蒙皇上眷悯之恩,小的从事翻译历法,并曾呈请汤若望允准小的之子亦进监学习翻译,以报宠恩。自经汤若望题请,该部议复,恩准小的之子在钦天监学习行走,并无官职,亦无钱粮。等语。

据此,又经讯杨光先,则供称:凡为人者,必先演习,而后进衙门视事,岂有先进衙门,而后演习之理?倘非汤若望之义子,岂可以将未习之人送部进监教授?虽未做官食俸,但确为衙门内办事之人。汤若望选择葬期时,毕车器恰为钦天监官员,故而称为一同选择矣。毕车器曾否参与选择,小的不知。等语。

讯毕车器:杨光先曾将其本章及册子具呈礼部时,尔在一旁呵斥曰,六部岂有代人具疏之理?于是杨光先亦高声对曰,毕车器尔与汤若望选择太子葬期何等之好?当时二位尚书亦曾听闻此言。对此有何可讲?

供称:杨光先何以呈疏,小的不知。至于六部岂有代人具疏之理等言辞,确为无稽之谈。等语。

讯杨光先:尔将该本章及册子具呈礼部时,毕车器在旁呵斥曰,六部岂有代人具疏之理?尔亦曾高声曰,毕车器尔与汤若望选择太子葬期何等之好?将此事讯问毕车器时,则称杨光先何以呈告,小的不知。所谓呵斥者,确为无稽之谈,云云。对此事有何可讲?

杨光先供称:具呈该本章时,毕车器在旁呵斥小的,小的亦与之争吵。倘不呵斥小的,何以与之争吵?该呵斥小的,与之争吵之事属实,岂可任意抵赖?等语。

据此,又经质审,毕车器供称:小的不曾见过杨光先,所谓呵斥者,乃无稽之谈,皆属抵赖。等语。

杨光先供称:当日毕车器站立在串堂门内呵斥小的,是以小的与之争吵。今又何以抵赖不曾见过小的?小的与伊并无嫌隙,何以抵赖?等语。

又讯毕车器:杨光先与尔有何嫌隙?

供称:素无嫌隙。等语。

臣部题称,为请旨事。本月十六日奉旨:有无洪范五行一书?他人子弟是否在部院行走?着查!钦此。钦遵。

臣等查得,载有洪范五行之《选择丹书》一书,据宋可成等供称,原存于刘有庆家中,而归官用。今原监副刘有庆已死,其子刘必远系钦天监衙门博士,刘奎监生,刘有庆弟刘有泰,今已拿议。该载有洪范五行之《选择丹书》一书,即存在刘有庆家中,亦应将其子刘必远、刘奎拿禁。等因,于康熙三年十二月二十一日具题。当日奉旨:依议。钦此。

再,"历法"之十谬,又杨光先呈疏顺治十八年置闰七月为误一案,既然并议,故不议处。

今臣部议得,杨光先所呈《选择议》载称,荣亲王之命,丁酉年生,纳音属火,以水为杀。今葬荣亲王以戊戌年子午山向,年犯三杀,月犯生杀,日犯党杀,时犯伏吟,四柱无一吉者,云云。对此,原钦天监选择官员李祖白、宋可成、朱光显、宋发供称:葬荣亲王以非子午山向,应以壬丙山向,而北方属水,王命以水为杀。洪范五行载,壬则属火。戊戌年北方虽有众杀,但葬壬丙山向,并不犯正杀,亦无碍于葬埋,况数月之王,葬埋岂能推延?是以选而葬之。八月为辛酉,而王命为丁酉,丁火生于酉,虽辛金生水,亦难克火。二十七日为壬辰,太阴在丁,况太阴为众吉之首,又遇有 he yao(音)吉星,虽有党杀,亦无所忌,日水何有所惧。甲辰时者,即为黄道吉日,福星、贵人皆为大吉。《奇门》一书,钦天监从来不用。云云。杨光先供称,北方为水,而非为火。造房屋,以房主本命为主;造墓穴,以亡者本命为主。王命为火,若北方之亥为癸,则属阴水,若为壬子,则属阳水,又寅火以生,午火以旺,戌火以潜,三合为火年。寅午戌年,北方有亥壬子癸丑之水,皆为火之众杀。此事载于"通书""历法"之内,至为明白。故此,对阴阳二宅极为不利。所选择之八月为辛酉,而辛金生于水。其壬辰日,壬者为水,辰者亦为汇水之所,纳音常流之水。又辰日者,乃戊年之毁岁星,即地空日矣,"通书"忌葬埋,此事可以查考。今以太阴、he yao(音)之辞,岂可巧饰水克火之事?而其辰时,则遇奇门。《奇门》一书,用于出兵行旅,或葬埋之事。伊等所谓从来不用者,则因伊等所选之日必有不吉,故而坚不供认。若曰戊戌年不犯三杀,则其颁行天下之历法不足信矣。伊等所选之日吉与否,自然有公论矣。云云。据此,臣等看得,选择之事精微,且伊等又各自为是,理合行文各省选送熟通选择之士，以便详验再议。又杨光先供称，该洪范五行者，即唐丘延翰颠倒生死，编为五行，以哄蛮夷，是以谓为《灭蛮经》。该书先由中国人编写，期望传至外藩，使彼用而断根绝后矣。“通书”载称此书不可用。此事可查“通书”。今用《灭蛮经》将壬水为火，以葬埋荣亲王，可见其用心险恶，云云。杨光先所阅《易见通书》内，有一处夹有纸签，据载所谓洪范者，即有八卦变通之理，又有五行变化之情，故分二十四类，其中正五行木为水，水为火，火为金，金为土，以致其本身皆相矛盾矣。按此选择年月者，福尚不至，祸必先来。可见，选择墓穴，必用正五行，而用洪范五行，实不可信矣，云云。又据闽浙地方谙熟阴阳地理之士樊越凤曰，紫微、宗庙者，乃属洪范，误人匪浅。原由中国人编写，期望传至外藩，使彼用而断根绝后者，乃《灭蛮经》也，云云。又查钦天监衙门李祖白等所阅三种“通书”，其中一书名“易见通书”，与杨光先所阅《签注通书》同。在前审时，李祖白等虽供其选择皆吉，但后审时又供该选择荣亲王葬期，皆由杜如预、杨宏量和已故贾良琦、刘有泰为首选择，而小的们仅陪同选择而已，伊等素善选择，而小的们不通选择。前供丁火生于酉者，皆由杜如预授意小的们而供之。原先选择时，可查用《历法通书》《选择丹书》，而所谓《灭蛮经》，小的们不知。该《易见通书》一书，乃由杜如预为查太阴吉星而从刘有庆家中借出后，即给小的们，而小的们不知有此书，亦不曾查用此书，云云。诚然此书非尔等查阅之书，前令尔等拿出所阅之书时，则供此三种书为小的们查阅用书者何耶？李祖白等虽于初选墓穴为壬丙山向时不在场，又丁火生于酉等言辞，乃由杜如预授意而供之，但为葬埋荣亲王而选择墓穴时，尔等亦曾共同选择是实，等因，供认不讳。况杜如预、杨宏量供称，顺治十五年南北方不吉。杨宏量供称，所选日期为中日。杨光先供称，戊戌年葬埋荣亲王犯三杀，是年北方之亥壬子癸丑皆为火之众杀，此事载于“通书”“历法”之内，极为明白，对阴阳二宅不利。再，其壬辰日，壬者为水，辰者亦为汇水之所，纳音常流之水，以水克火，岂能巧饰，云云。尔等所用《选择丹书》内载有正五行及洪范五行，在《历法通书》内虽载以壬为火，但正五行内则载以壬为水，此事尔等必明知矣。又顺治十五年南北方不吉，尔等不加详查，即引用洪范五行以壬为火，此事委实不当，并用载有洪范五行之《选择丹书》选择荣亲王之葬期。李祖白、宋可成、朱光显、宋发等人之罪，虽在赦前，但事关重大，在赦不宥。据此，拟将宋可成、朱光显、宋发并现正在刑部受审之李祖白，俱交刑部议。

又刘有泰供称，选择荣亲王葬期时，小的职任保章正，职责内开可以共同选择，而小的实不曾共同选择。在前审时，因小的昏庸，所供与李祖白相同。后与汤若望质审时，因彼职居堂尚，亦供以共同选择，云云。但李祖白供称，保章正亦可参与选择，刘有泰曾参与选择矣。经讯汤若望，亦供刘有泰曾参与共同选择矣。诚然刘有泰不曾参与共同选择，何不在前审时如实供认，而供与李祖白同？又质审汤若望之后，亦曾多次审讯，均供认陪同选择是实，等因供认。由此可见，刘有泰曾共同选择属实。刘有泰之罪，虽在赦前，但事关重大，在赦不宥。据此，拟将刘有泰交刑部议。

汤若望供称，小的仅知天文历法，不知选择，皆由贾良琦、刘有庆、杜如预、杨宏量、李祖白、宋可成、朱光显、宋发、刘有泰九人选择之后，呈阅小的，小的讯问时，伊等皆曰为吉，故经钤印送部，云云。汤若望身为钦天监掌印，明知顺治十五年南北方不吉，却不核查，而将该衙门官员按照载有洪范五行之《选择丹书》所选葬期，即行送部。汤若望之罪，虽在赦前，但事关重大，在赦不宥。今刑部既然审议汤若望，拟将此事亦并交刑部议。

又查，为葬埋荣亲王，由刘有庆、贾良琦、杜如预、杨宏量、李祖白、宋可成、朱光显、宋发、刘有泰九人选择日期，而汤若望不行核查，此事至关重大，拟将伊等之无官闲散子弟一并交刑部议之。

再，原监副贾良琦、刘有庆已故去，拟无庸议。

吏部议得，钦天监衙门漏刻科兼监正仍管科务事正四品又加一级杜如预供称，小的因赴盛京，不曾选择荣亲王之葬埋事宜，而选择日期乃历科之事，非漏刻科之专责。有时遇有事时，即来传唤小的，而选择荣亲王之葬期时，不曾传唤小的。等因，坚供不认。查汤若望所录档册，自八月初五日起开始选择荣亲王之葬期。又查部档册，于八月初八日具疏所选日期。而杜如预为赴盛京，亦于初八日咨行户部，以便领取马料。由此可见，选择日期在先，启赴盛京日期在后。据杨宏量供称，杨光先于顺治十六年为荣亲王之葬期事，呈告礼部，汤若望闻此便令杜如预拟写一文，以为备供，留在汤若望家中。杜如预虽供汤若望曾令其拟写备供一文，而未拟写，但宋可成等供称，丁火生于酉等言辞，皆为杜如预授意而所供之辞，并与宋可成曰，该所拟备供一文，切不可拿出，而可以作为供词供之，日后必将关照之，等因，央求于宋可成。至于《易见通书》一书，亦系杜如预为查太阴吉星而从刘有庆家中借出后给宋可成等。今有人供认杜如预所拟该文之后，杜如预才供有此事，但不曾授意于宋可成等，亦无央求宋可成不可拿出该文之事，而因汤若望强令其照杨宏量所拟备供一文缮写，故而照拟，此乃所拟之文，等因供认。

然据杜如预供称，即按龙脉选定荣亲王墓穴以壬丙山向，历科官员亦按此选定日期，云云。据杜如预所拟备供一文内称，壬丙山向在洪范五行内属火，云云。该文内并无按照龙脉选定等言辞。据李祖白供称，杜如预曾共同选择属实。原由杜如预、杨宏量、刘有庆、贾良琦为首选择，而小的陪同伊等选择。选择葬期时，伊等曰可用洪范五行，云云。据宋可成等供称，由杜如预、贾良琦、刘有庆、杨宏量为首选择。又该选择用书内，虽有正五行、洪范五行，皆言山运、地理、风水之事，该书乃漏刻科官员用以选择葬埋之专书。小的们均陪同伊等四人选择。所谓丁火生于酉等言辞，即由杜如预授意小的们供之，云云。又据宋可成供称，杜如预曾央求小的不可拿出该所拟备供一文属实，云云。前审杜如预时，杜如预供与宋可成等素无嫌隙。据汤若望供称，由杜如预、刘有庆、贾良琦、杨宏量、李祖白、宋可成、朱光显、宋发、刘有泰九人选择属实。该所拟备供一文，系杜如预自拟，并无强迫，云云。据杨宏量供称，所选日期为中日，云云。据杨光先供称，戊戌年葬埋荣亲王，即犯三杀。当年北方之亥壬子癸丑，皆为火之众杀，此事载于"通书""历法"者，极为明白，对阴阳二宅不利。至壬辰日，壬者则水，辰者亦为汇水之所，纳音常流之水，岂可谓为巧饰以水克火，云云。且据杜如预供称，顺治十五年，小的与杨宏量选定王之墓穴以壬丙山向，因当年南北方不吉，即告知佟吉，佟吉言小王无碍。小的返回之后，将南北方不吉情形告知汤若望，云云。但汤若望供称，杜如预不曾将南北方不吉情形告知于小的。诚有此事，何不缮写于其呈文内，云云。杜如预诚不曾参与选择，何以缮拟备供一文给汤若望？何以为查太阴吉星而将《易见通书》借出后给宋可成等？何以央求宋可成将该文不可拿出？何以授意宋可成等供认丁火生于酉？由此观之，杜如预与贾良琦等为首选择属实。又五官挈壶正加二级又加一级杨宏量供称，小的曾赴踏勘守陵官兵营址时，因身患病疾而回来。后阿尚书传唤小的前去，因见确属患疾，即改派欧吉武赴盛京。选择荣亲王葬期时，小的仍患病在身，而汤若望亦不曾传唤小的参与选择。职责内开，凡遇选择，二科官员共同选择。可见，选择非小的专责。小的所拟备供一文，乃汤若望强令小的而拟写之。等因，坚供不认。杨宏量诚有身疾，尚书家能去，而选择荣亲王之葬埋大事，岂有不同往选择之理？且据杨宏量供称，已按龙脉选定壬丙山向，而历科官员按此选择日期，云云。又杨宏量所拟备供一文内称，壬丙山向在洪范五行内属火，云云。该文内不曾缮写已按龙脉选定之辞。据李祖白供称，杨宏量曾参与共同选择属实。原由杨宏量及杜如预、刘有庆、贾良琦为首选择，而小的陪同伊等选择。选择葬期时，杨宏量等曰可以用洪范五行，云云。据宋可成等供称，由杨宏量与贾良琦、刘有庆、杜如预为首选择。又该选择用书内，虽有正五行、洪范五行，皆言山运、地理、风水之事，该书乃漏刻科官员用以选择葬埋之专书。小的们均陪同伊等四人选择，云云。据汤若望供称，由杨宏量及刘有庆、贾良琦、杜如预、李祖白、宋可成、朱光显、宋发、刘有泰等九人选择属实。该所拟备供一文，系杨宏量自拟，并无强迫，云云。据杨光先供称，戊戌年葬埋荣亲王，即犯三杀。当年北方之亥壬子癸丑，皆为火之众杀，此事载于"通书""历法"者，极为明白，对阴阳二宅不利。至壬辰日，壬者则水，辰者亦为汇水之所，纳音常流之水，岂可谓为巧饰以水克火，云云。且据杨宏量供称，顺治十五年拟定王之墓穴以壬丙山向，因当年南北方不吉，即告知佟吉，佟吉言小王无碍，云云。又称所选之日为中日，云云。由此观之，杨宏量与贾良琦等为首选择属实。再，据杨光先供称，洪范五行者，乃唐丘延翰颠倒生死，编写五行一书，以哄蛮夷，名曰"灭蛮经"。此书原由中国人编写，期望传至外藩，使彼用而断根绝后。"通书"载此书为悖理而不可用。此事可阅"通书"便知。今用《灭蛮经》以壬水为火，而葬埋荣亲王，足见其用心险恶，云云。又据杨光先所阅《易见通书》内夹有纸签处载称，所谓洪范者，即有八卦变通之理，又有五行变化之情，故分二十四类，其中变五行木为水，水为火，火为金，金为土，以致其本身皆相抵触矣。是以，用此选择年月者，福尚不至，祸必先来。可见选择墓穴必用正五行，而用洪范五行实不可信矣，云云。又据闽浙地方谙熟阴阳地理之士樊越凤曰，紫微、宗庙者，乃属洪范五行，误人匪浅。原由中国人编写，期望传至外藩，使彼用而断根绝后者，乃《灭蛮经》也，云云。而杨宏量、杜如预等所用"通书"内，其正五行、洪范五行二者皆有之，但伊等不用正五行选择，明知顺治十五年南北方不吉，反而援引不当用之洪范五行以水为火，选定荣亲王墓穴，并按山向兴建阴阳二宅，择定葬期。伊等之罪，虽在赦前，但事关重大，在赦不宥。据此，拟将杜如预、杨宏量俱行革职，交刑部议。

再，该载有洪范五行之《选择丹书》，据宋可成供称，原将此书存于刘有庆家中，以为官用，而其子刘必远、刘奎不知此事，云云。据刘必远、刘奎供称，该《选择丹书》曾否存于小的父亲家中，小的们不知，云云。该书虽非刘有庆著作，而伊等亦不知该书，但该不可用之书，却存放于刘有庆家中，以为官用，关系重大，故将刘有庆子博士刘必远拟以革职，将刘奎罢黜监生，俱行送交刑部议。

此案关系重大，故又咨查礼部有无杜如预、杨宏量之子弟在阴生、监生上行走。准礼部咨复内开，查杜如预、杨宏量之子弟，并无人在阴生、监生上行走。又查已故监副贾良琦子贾文郁系监生，宋可成弟宋可礼系博士，等因前来。

准此，查已故原监副贾良琦，又钦天监官员，现已革职宋可成，皆为选择官员，因事关重大，将贾良琦子贾文郁拟以罢黜监生，宋可成弟宋可礼拟以革去博士，俱行交刑部议。

再，据杨光先具呈内开，为历法至关一代大典事。窃惟，一代帝王升腾，必有一代帝王之大政，而载于史册，以垂后世，以昭一代。修历明时，乃奉天以治天下之实事，故尧恭奉苍天而敬定人时，舜核浑天球而厘整七政。此事载于《书经》，可谓万世之典。自皇上入主中原、一统四海以来，国计民生，官箴吏治，无不兴焉，惟敬天之故，尚欠完全。臣乃山野村夫，不避嫌憎，书写《摘谬论》一卷，摘彼十谬，又附《选择议》一卷，编辑成册，冒死具呈。伏乞玄夜备览，以悟得新法之谬误，并请迅速查访知法通理之贤儒，以修我朝一代之历法。诚能如此，非但皇上之敬天为民大政得以昭彰，且又得以垂存于史册，实与尧舜同比。臣不胜惶悚待命之至。为此具本，并同卷册呈请礼部转题闻。云云。据原尚书渥赫、王崇简供称，杨光先为历法事具呈臣部，经阅乃为本章，即未受理。职等曰，六部从无代人具疏之例。言毕将其原呈退回。至本内之情，亦未曾讯问。诚为荣亲王葬期，职等岂能不受理而退回？云云。据杨光先供称，当初将《选择议》《摘谬论》二册卷于纸内，持在手中，而先递呈本章，但未全阅，亦未接阅册子，即对曰，尔之此呈乃本章，六部从无代人具疏之例。言毕退回。小的与毕车器高声曰，尔等葬埋荣亲王何等之好？时尚书等议他事，是否听闻小的此言，亦不知道。云云。据此，尚书等若曾全阅毕杨光先之呈疏，又阅《选择议》一册，则在赦不宥，理应从重治罪。但杨光先供称，尚书未曾阅毕呈疏，而册子卷于纸内，持在手中，不曾呈阅大臣等。既然如此，则无庸查议。杨光先为历法事呈告该部，该部不曾受理而退回，因此理应议罪原尚书渥赫、王崇简。查，为历法之谬而呈告一案，乃顺治十八年正月初九日赦前之事，拟以免议。

钦天监理事官加一级毕车器供称，荣亲王之墓地，小的不曾选择，亦不曾认汤若望为义父。再，叨蒙皇上眷悯，小的专事历法，曾呈请汤若望准小的子亦进监学习翻译，以报宠恩。是以，经汤若望题请，由部议复，允准小的子学习翻译，但并无官职，亦无钱粮。至杨光先其人，小的不曾见，亦不曾与杨光先言六部从无代人具疏之例,杨光先亦不曾与小的言葬荣亲王何等之好。云云。据杨光先供称,毕车器既为钦天监官员,或许亦曾一同选择矣。毕车器是否参与选择,小的不知。再,毕车器若非汤若望义子,岂有准许伊子进监学习翻译之理?尚书言六部从无代人具疏之例后,毕车器亦在一旁如此呵斥,故小的与之曰,尔等葬埋荣亲王何等之好是实。小的与毕车器并无嫌隙,何以如此抵赖?云云。由此观之,所谓毕车器为汤若望义子之事,杨光先并不知实情,亦无人知道此情,经讯毕车器,则称并无认汤若望为父。案查,毕车器之子牛岱,系经汤若望题请,由部议复,准进钦天监学习翻译。查杨光先所言尔等葬埋荣亲王何等之好一事,若当初有人听闻此言,而毕车器亦曾参与选择荣亲王墓穴,则应在赦不宥,从重议罪。但据杨光先供称,毕车器既为钦天监官员,或许亦曾参与选择矣,毕车器是否参与选矣,小的不知,云云。毕车器虽为钦天监官员,但系翻译历法之员,并无选择之责,故而不曾选择荣亲王墓穴,拟以免议。

臣等未敢擅便,谨具密题。请旨。

康熙四年正月二十日具题,本月二十二日奉旨:依议。钦此。于本月二十三日,已将案犯杜如预、杨宏量、宋可成、宋发、朱光显、刘有泰,已故刘有庆子刘必远、刘奎,贾良琦子贾文郁,以及宋可成弟宋可礼、子宋哲朴,李祖白子李实,又钦天监衙门所用《历法通书》十三本,尚缺三本,《选择丹书》三本、《易见通书》六本、杨光先所有《易见通书》六本,一并解送前来。等因,密咨到部。

讯汤若望:尔为钦天监掌印,明知顺治十五年南北方不吉,而行选择日期,并推诿于尔衙门之员杜如预等。尔如此巧供可乎?显而易见,尔率领属员选择葬期者属实。尔用载有洪范五行之《选择丹书》选择者何意?如实招供!

汤若望供称:伊等将顺治十五年南北方不吉情形是否告知于小的,不曾记得。选择乃杜如预等之职责,此非推诿巧供。伊等选择日期之后,便告知小的曰,即按此书选择吉日。小的不能不信伊等之言,亦不必登台占验。选择日期,亦为如此,伊等带来一选择用书,给小的阅看,小的不知该书可用不可用,亦不知系何名,伊等知晓。于黄花山葬埋日期吉与否,岂可归咎于小的?隶属钦天监有四科,各有专人负责,而掌印官来自何科,便熟知该科之事,此事全可以过去或目今掌印官为证。掌印官仅照科员所呈所报而钤盖印信,实难知晓素不习之事。小的原为修历之人,仅知天文历法,不知选择之理,只照选择官员所选日期钤印施行。等语。

讯杜预、杨宏量：由吏、礼二部审得，据汤若望、李祖白供称，尔等共同选择属实。又据尔等写给汤若望之备供一文内称，当年八月二十七日辰时，太阴在临，必有吉兆，且其墓地，又非属子，而为壬丙山向，可用洪范五行。壬者属火，火潜于戌，忌于属土年月日时，可以不用龙运，云云。由此观之，尔等共同选择属实。尔等明知顺治十五年南北方不吉，反用载有洪范五行之《选择丹书》，此为何意？如实招供！

杜如预、杨宏量供称：汤若望前在礼部质审时供称，杜如预、杨宏量乃漏刻科风水官员，而选择葬期则归历科官员选定，等因在案。后经李祖白等商议，即牵涉小的们为共同选择，企图移花接木。历法上所载某日可以葬埋、某日可以动土、某日可以上房梁等事，曾否与地理官员共同编拟而记载乎？顺治十五年八月二十七日葬埋时，小的们实不曾共同选择矣。顺治十六年所拟备供一文，乃于汤若望强令下所拟写者矣，并非当初共同选择后所拟之文。十五年因见山向不吉，曾告知主事官佟吉。该载有洪范五行之《选择丹书》及《历法通书》，乃选择用书，而非地理书也。此书是否可用，乃历法官员之事，非漏刻科之专责。等语。

讯李祖白、宋可成、宋发、朱光显：尔等皆为共同选择之员，但用不当用之洪范五行《选择丹书》选择者何耶？如实招供！

李祖白、宋可成、宋发、朱光显供称：前选择日期时，小的们亦曾共同选择，但选择地理乃漏刻科之专责。至洪范五行之理，小的们不通晓是否可用，亦不知者是实。等语。

讯刘有泰：同吏、礼二部审得，据汤若望、李祖白等供称，尔曾共同选择，云云。又前审时，尔供称皆与李祖白等同。经与汤若望质审后，屡审尔时，皆供称陪同选择是实。等因，供认不讳。由此观之，尔与杜如预等共同选择属实。尔用不当用之洪范五行《选择丹书》选择为何耶？如实招供！

刘有泰供称：顺治十五年小的职任保章正，而选择非保章正之职任，于康熙元年十二月才题补小的为中官正。小的不曾与李祖白等共同选择日期。等语。

据此，臣部谨题，为请旨事。准吏、礼二部密题咨开，汤若望系钦天监掌印，明知顺治十五年南北方不吉，又不核查，即将该衙门官员按照载有洪范五行之《选择丹书》所选葬期，即行送部。杜如预、杨宏量、李祖白、宋可成、宋发、朱光显、刘有泰等，明知正五行以壬为水，但不查顺治十五年南北方不吉情形，而援引洪范五行以壬为火，即用不当用之洪范五行《选择丹书》选择并葬埋荣亲王。伊等之罪，虽在赦前，但事关重大，在赦不宥，俱拟交刑部议之，等因前来。臣等看得，本案事关重大，拟将汤若望、杜如预、杨宏量、李祖白、宋可成、朱光显、宋发、刘有泰并已故刘有庆、贾良琦之祖父子孙兄弟，以及同居家人、亲伯叔兄弟子孙等，其在京城者，即行严加查拿议之。其家产俱行查封，并家口俱交该官看守之。至其在省者，亦加咨行该督抚严拿，查封家产，并家口亦加以看守之。等因，康熙四年二月初八日缮拟录头牌具题。当日奉旨：依议。钦此。钦遵。本月初十日咨行督察院。转咨五城及湖广、直隶、浙江、福建四省督抚，去后。

臣等又质审得，汤若望虽供不曾选择，等因，坚供不认，但吏、礼二部疏称：据汤若望供称，小的仅知天文历法，不通选择，而由贾良琦、刘有庆、杜如预、杨宏量、李祖白、宋可成、朱光显、宋发、刘有泰九人选择之后，呈报小的，小的又经详讯，皆曰为吉，故钤印送部，云云。汤若望系钦天监掌印，明知顺治十五年南北方不吉，但不核查，而将该衙门官员按照载有洪范五行之《选择丹书》所选日期，即行送部。又汤若望亦供称，伊等带来一选择用书给小的阅看，小的不知该书当用不当用，亦不记系何书名，云云。汤若望身为钦天监掌印，当时阅看选择用书之后，岂有不知当用不当用之理？今案发之后，方知该书为不当用之书，进而巧供为不知者可乎？再，杜如预、杨宏量、刘有泰，虽供不曾选择，等因，坚供不认，又李祖白、宋可成、宋发、朱光显供称，小的们虽共同选择，实不通洪范五行之理，云云，但吏、礼二部疏称：杜如预供称，小的因赴盛京，不曾选择荣亲王之葬埋事宜，而选择日期乃历科之事，非漏刻科之专责。有时遇有事时，即来传唤小的，而选择荣亲王之葬期时，不曾传唤小的，等因，坚供不认。查汤若望所录档册，自八月初五日起开始选择荣亲王之葬期。又查部档册，于八月初五日具疏所选日期，而杜如预为赴盛京，亦于初八日咨行户部，以便领取马料，由此可见，选择日期在先，启赴盛京日期在后。据杨宏量供称，杨光先于顺治十六年为荣亲王之葬期事，呈告礼部，汤若望闻此便令杜如预拟写一文，以为备供，留在汤若望家中。杜如预虽供汤若望曾令其拟写备供一文，而未拟写。但宋可成等供称，丁火生于酉等言辞，皆为杜如预授意而所供之辞。杜如预并与宋可成等曰，该所拟备供一文，切不可拿出，而可以作为供词供之，日后必将关照。等因，央求了宋可成。至于《易见通书》一书，亦系杜如预为查太阴吉星而从刘有庆家中借后给宋可成等。今有人供认杜如预所拟该文之后，杜如预才供有此事，但不曾授意宋可成等，亦无央求宋可成不可拿出该文之事，而因汤若望强令其照杨宏量所拟备供一文缮写，故而照拟，此乃所拟之文，等因供认。然据杜如预供称，即按龙脉选定荣亲王墓穴以壬丙山向，历科官员亦按此选定日期，云云。据杜如预所拟备供一文内称，壬丙山向在洪范五行内属火，云云。该文内并无按照龙脉选定等言辞。据李祖白供称，杜如预曾共同选择属实。原由杜如预、杨宏量、刘有庆、贾良琦为首选择，而小的陪同伊等选择。选择葬期时，伊等曰可用洪范五行，云云。据宋可成等供称，由杜如预、贾良琦、刘有庆、杨宏量为首选择。又，该选择用书内，有正五行、洪范五行，皆言山运、地理、风水之事，该书乃漏刻科官员用以选择葬埋之专书。小的们均陪同伊等四人选择。所谓丁火生于酉等言辞，即由杜如预授意小的们供之，云云。又据宋可成供称，杜如预曾央求小的不可拿出该所拟备供一文属实，云云。前审杜如预时，杜如预供与宋可成等素无嫌隙。据汤若望供称，由杜如预、刘有庆、贾良琦、杨宏量、李祖白、宋可成、朱光显、宋发、刘有泰九人选择属实。该所拟备供一文，系杜如预自拟，并无强迫，云云。据杨宏量供称，所选日期为中日，云云。据杨光先供称，戊戌年葬埋荣亲王，即犯三杀。当年北方之亥壬子癸丑，皆为火之众杀，此事载于"通书""历法"者，极为明白，对阴阳二宅不利。至壬辰日，壬者则水，辰者亦当汇水之所，纳音常流之水，岂可巧供为以水克火，云云。且据杜如预供称，顺治十五年，小的与杨宏量选定王之墓穴以壬丙山向，因当年南北方不吉，即告知佟吉，佟吉言小王无碍。小的返回之后，将南北不吉情形告知汤若望，云云。但汤若望供称，杜如预不曾将南北方不吉情形告知小的。诚有此事，何不缮写于呈文内，云云。杜如预诚不曾参与选择，何以缮拟备供一文给汤若望？何以为查太阴吉星而将《易见通书》供出后给宋可成等？何以央求宋可成将该文不可拿出？何以授意宋可成等供认丁火生于酉？由此观之，杜如预与贾良琦等为首选择属实。又杨宏量供称，小的曾赴踏勘守陵官兵营址时，因身患病疾而回来。后阿尚书传唤小的前去，因见确属患疾，即改派欧吉武赴盛京。选择荣亲王葬期时，小的仍患病在身，而汤若望亦不曾传唤小的参与选择。职责内开，凡遇选择，二科官员共同选择。可见，选择非小的专责。所拟备供一文，乃汤若望强令小的而拟写之，等因，坚供不认。杨宏量诚有身疾，尚书家能去，而选择荣亲王之葬埋大事，岂有不同往选择之理？且据杨宏量供称，已按龙脉选定壬丙山向，而历科官员按此选择日期，云云。又杨宏量所拟备供一文内称，壬丙山向在洪范五行内属火，云云。在该文内不曾缮写已按龙脉选定之辞。据李祖白供称，杨宏量曾参与共同选择属实。原由杨宏量及杜如预、刘有庆、贾良琦为首选择，而小的陪同伊等选择。选择葬期时，杨宏量等曰可以用洪范五行，云云。据宋可成等供称，由杨宏量与贾良琦、刘有庆、杜如预为首选择。又，该选择用书，有正五行、洪范五行，皆言山运、地理、风水之事，该书乃漏刻科官员用以选择葬期之专书。小的们均陪同伊等四人选择，云云。据汤若望供称，由杨宏量及刘有庆、贾良琦、杜如预、李祖白、宋可成、朱光显、宋发、刘有泰等九人选择属实。该所拟备供一文，系杨宏量自拟，并无强迫，云云。据杨光先供称，戊戌年葬埋荣亲王，即犯三杀。当年北方之亥壬子癸丑，皆为火之众杀，此事载于“通书”“历书”者，极为明白，对阴阳二宅不利。至壬辰日者，壬者则水，辰者亦为汇水之所，纳音常流之水，岂可谓为巧饰以水克火，云云。且据杨宏量供称，顺治十五年拟定之墓穴以壬丙山向，因当年南北方不吉，即告知佟吉，佟吉言小王无碍，云云。又称所选之日为中日，云云。由此观之，杨宏量与贾良琦等为首选择属实。再，据杨光先供称，洪范五行者，乃唐丘延翰颠倒生死，编写五行一书，期望传至外藩，使彼用而断根绝后。“通书”载此书为悖理而不可用。此事，可阅“通书”便知。今用《灭蛮经》以壬水为火，而葬埋荣亲王，足见其用心险恶，云云。又据杨光先所阅《易见通书》内夹有纸签处载称，所谓洪范者，即有八卦变通之理，又有五行变化之情，故分二十四类，其中变五行木为水，水为火，火为金，金为土，以致其本身皆相抵触矣。是以，用此选择年月者，福尚不至，祸必先来。可见选择墓穴必用正五行，而用洪范五行实不可信矣，云云。又据闽浙地方谙熟阴阳地理之士樊越凤曰，紫微、宗庙者，乃属洪范五行，误人匪浅。原由中国人编写，期望传至外藩，使彼用而断根绝后者，乃《灭蛮经》也，云云。而杨宏量、杜如预等所用通书内，其正五行、洪范五行二者皆有之，但伊等不用正五行选择，明知顺治十五年南北方不吉，反而援引不当用之洪范五行以壬为火，选定荣亲王墓穴，并按山向兴建阴阳二宅，择定葬期。又刘有泰供称，选择荣亲王葬期时，小的职任保章正，职责内开可以共同选择，而小的不曾共同选择。在前审时，因小的昏庸，所供与李祖白等相同。后质审汤若望时，因伊职居堂尚，故此供以共同选择，云云。但李祖白等供称，保章正亦可参与选择，刘有泰确曾参与选择。经讯汤若望，亦供称刘有泰曾参与共同选择。刘有泰诚不曾共同选择，何不在前审时供认，而供与李祖白等相同？又质审汤若望后，亦曾审讯多起，皆供以陪同选择是实，等因供认。由此可见，刘有泰曾参与共同选择属实。又李祖白、宋可成、宋发、朱光显等，据扬光先供称，洪范五行者，乃唐丘延翰颠倒生死，编写五行一书，以哄蛮夷，名曰“灭蛮经”。此书原由中国人编写，期望传到外藩，使彼用而断根绝后。“通书”载此书为悖理而不可用。此事可阅“通书”便知。今用《灭蛮经》以壬为水，葬埋荣亲王，足见其用心险恶，云云。又据杨光先所阅《易见通书》内夹有纸签处载称，所谓洪范者，即有八卦变通之理，又有五行变化之情，故分二十四类，其中变五行木为水，水为火，火为金，金为土，以致其本身皆相抵触矣。是以，用此选择年月者，福尚不至，祸必先来。可见选择墓穴必用正五行，而用洪范五行实不足信矣，云云。又据闽浙地方谙熟阴阳地理之士樊越凤曰，紫微、宗庙者，乃属洪范五行，误人匪浅。原由中国人所编写，而传至外藩，使彼用而断根绝后者，乃《灭蛮经》也，云云。而钦天监衙门李祖白等所阅三种书中，其一书亦名“易见通书”，内容与杨光生夹有纸签通书完全相同。李祖白等在前审时供称其选择皆为吉，在后审时又供称葬埋荣亲王，皆由杜如预、杨宏量以及已故贾良琦、刘有庆为首选择，而小的们仅陪同选择，况伊等素善选择，而小的们选择不甚通。至于前供丁火生于酉等言辞，皆由杜如预等授意而供之，原选择时，皆用《历法通书》《选择丹书》，至于《灭蛮经》一事，小的们不知道。该《易见通书》一书，杜如预为查太阴吉星，从刘有庆家中借去，而后给小的们，小的们不知有此书，亦不曾用此书，云云。诚然此书非李祖白等所阅之书，则于前令李祖白等带来其所阅之书时，何以带来此三种书？李祖白等虽供初定王墓穴以壬丙山向时不在场，又丁火生于酉等言辞，系杜如预授意而供之，但选择荣亲王葬期时，李祖白等确曾共同选择属实，等因供认。况且据杜如预、杨宏量供称，顺治十五年南北方不吉，云云。据杨宏量供称，所选之日为中日，云云。据杨光先供称，戊戌年葬埋荣亲王，即犯三杀。当年北方之亥壬子癸丑，皆为火之众杀，此事载于“通书”“历书”者，极为明白，对阴阳二宅不利。至壬辰日，壬者则水，辰者亦为汇水之所，纳音常流之水，岂可谓为巧饰以水克火，云云。李祖白等原所用《选择丹书》内，其正五行及洪范五行二者皆有之，虽《历法通书》内载以壬为火，但伊等明知正五行内以壬为水，且又不行详查顺治十五年南北方不吉之情，即援引不当用之洪范五行以为火，而选择日期，葬埋荣亲王。等语。

据此观之，该汤若望、杜如预、杨宏量、李祖白、宋可成、宋发、朱光显、刘有泰，并已故刘有庆、贾良琦等，在葬埋和硕荣亲王时，伊等明知顺治十五年南北方不吉之情，却援引洪范五行以为火，并按照不当用之载有洪范五行之《选择丹书》进行选择者属实。至于洪范五行，据杨光先所阅《易见通书》载称，洪范五行者，即颠倒以木为水，水为火，火为金，金为土矣。是以，用此选择年月者，福尚不至，祸必先来，云云。又据谙熟地理之士樊越凤曰，紫微、宗庙者，即洪范五行也，误人匪浅。原由中国人所编写，而传至外藩，使彼用而断根绝后者，乃《灭蛮经》也，云云。可见，伊等罪戾重大。查刑律，大逆之罪，于主不利，其欲毁宗庙、祖坟及宫殿者，凡为同谋，不分首从，俱行凌迟处死。伊等之祖父子孙兄弟并同居一处之人，又伯叔兄弟子孙，或否开档分户，凡为十六岁以上者，不论瞽目、跛足、残疾，俱行斩决处死。据此，拟将汤若望、杜如预、杨宏量、李祖白、宋可成、宋发、朱光显、刘有泰，按照刑律，俱行凌迟处死。刘有庆、贾良琦，既已故去，拟无庸议。现有查获刘有庆子刘必远、刘奎，贾良琦子贾文郁，宋可成子宋哲朴，李祖白子李实，以及潘尽孝，潘尽孝虽为异姓人，但系汤若望义子，拟将伊等俱行斩决处死。至于汤若望、杜如预等人不及岁之子、妻室、家人、地亩、财物等，均交该员严查入官。又查吏、礼二部具疏，宋可礼为宋可成之弟，但未分晰为胞弟、族弟。又杜如预等之祖父子孙兄弟，并同居一处之人，又伯叔兄弟之子，已咨行五城及浙江等四省督抚详查缉拿，一俟详查到部，将与宋可礼一并核议题报。又钦天监衙门之《历法通书》十三本、《选择丹书》三本、《易见通书》六本，杨光先所阅《易见通书》六本，均已审交礼部。

臣等未敢擅便，谨题。请旨。康熙四年二月二十九日具题，三月初二日奉旨：着议政王、贝勒、大臣、九卿、科、道会同详拟具题。文内清字误写先为详，着改饬行。钦此。本日密封到部。

臣等会同议得，葬埋荣亲王时，汤若望、杜如预、杨宏量、李祖白、宋可成、宋发、朱光显、刘有泰，以及已故之刘有庆、贾良琦等人，用载有洪范五行之《选择丹书》选择。据《易见通书》内载，洪范五行者，既有八卦变通之理，又有五行变化之情，故分二十四类，其中变五行木为水，水为火，火为金，金为土，使致其本身皆相抵触矣。凡用此选择年月者，福尚不至，祸必先来。可见选择墓穴必用正五行，而用洪范五行实不足信矣，云云。又据闽浙地方谙熟阴阳地理之士樊越凤曰，紫微、宗庙者，乃属洪范五行，误人匪浅。原由中国人所编写，期望传至外藩，使彼用而断根绝后者，乃《灭蛮经》也，云云。伊等所阅之《易见通书》内，既载有正五行，亦载有洪范五行，但伊等不用正五行选择，且明知顺治十五年南北方不吉，反而援引不当用之洪范五行，以壬为火，葬埋荣亲王。伊等罪戾重大。查刑律载，大逆之罪，凡为同谋，不分首从，俱行凌迟。其祖父子孙兄弟，以及同居一处之人，并伯叔兄弟子孙，或否开档分户，凡十六岁以上者，不论瞽目、跛足、残疾，俱行斩决处死。据此，拟将汤若望、杜如预、杨宏量、李祖白、宋可成、宋发、朱光显、刘有泰俱行凌迟处死。刘有庆、贾良琦既已死去，拟无庸议。现有查获刘有庆子刘必远、刘奎，贾良琦子贾文郁，宋可成子宋哲朴，李祖白子李实，以及汤若望义子潘尽孝，俱行斩决，其余皆与刑部前议同。

臣等未敢擅便，谨题。请旨。

［批红］：汤若望系掌印之官，于选择事情不加详审，辄尔钤印准行，本当依拟处死，但念专司天文，选择非其所习，且效力多年，又复衰老，着免死。杜如预、杨宏量本当依拟处死，但念永陵、福陵、昭陵、孝陵之风水，伊等勘定，曾经效力，亦着免死。汤若望、杜如预、杨宏量，并干连人等，又李祖白、宋可成、宋发、朱光显、刘有泰，并干连人等，应得何罪，仍着议政王、贝勒、大臣、九卿、科、道再加详复分别确议具奏。

选译自“满文密本档”卷151

21.礼部尚书祁彻白等题为审讯利安当、金尼阁等五名西洋人事密本

康熙四年三月十四日

礼部等衙门尚书臣祁彻白等谨具密题,为请旨事。

窃臣等二部将汤若望等人移交刑部议之一疏内称,在各省之西洋人传布天主教,收纳教徒,理应密饬各该督抚拿解西洋人到京,以交刑部议罪。等因具题,奉旨:在省之西洋人,着免缉拿,可带至京城议奏。钦此。钦遵,已密咨各省详查。今有山东总督祖泽溥送来西洋人利安当、汪儒望、郭多敏,郭多敏随从温孔山、杨玛尔古,山西总督白如梅送来西洋人金尼阁、恩理格等到部。伊等所有《天学传概》等书籍,已由地方有司查焚。所以逐一审讯西洋人利安当、汪儒望、金尼阁、恩理格、郭多敏及温孔山、杨玛尔古:据杨光先诉称,汤若望在各省教堂布设邪教同伙千余人,云云。汤若望于何年带尔等至内地安插?尔等与汤若望结伙,于内地建堂居住,从事传布邪教者何耶?要如实招供!

利安当供称:我于崇祯七年独自从西洋来至广东香山澳,顺治八年在山东济南府购房建堂居住,从无结伙。我非汤若望带来,亦不认识汤若望,我传布天主教属实。等语。

汪儒望供称:我于顺治八年独自从西洋来至香山澳,顺治十六年来到山东济南府购房建堂居住,并无结伙。我非汤若望带来,仅认识汤若望而已。我传布天主教属实。等语。

金尼阁供称:明崇祯三年,我等四人从西洋来至香山澳,其中二人已死去,一人住于江西,而我来至山西绛州旧堂居住,并无结伙。我来华时汤若望尚未来。传布天主教属实。等语。

恩理格供称:我于顺治十六年独自从西洋来至香山澳,康熙元年来至山西,与金尼阁同住于绛州旧堂,并无结伙。我非汤若望带来。我传布天主教属实。等语。

郭多敏供称:我于顺治十年独自来至香山澳,康熙三年来至山东济宁租房居住,并无建堂结伙。我非汤若望带来,亦不认识汤若望。我传布天主教

属实。等语。

温孔山供称：我非西洋人，而山东之民。我母亲去世后，西洋人郭多敏雇用我做活。有司言我与此案无关，但由于在西洋人家中做活，可以随同前去，云云。故此，我亦随同前来。等语。

杨玛尔古供称：我非西洋人，而福建之民，我曾至浙江贸易，由于银两耗尽，即被西洋人郭多敏雇用。郭多敏来山东，我亦随同来至山东。有司见我为郭多敏雇用之人，亦一同解送前来。等语。

讯郭多敏：该温孔山、杨玛尔古是否尔所雇用之人？

供称：温孔山、杨玛尔古二人乃我所雇用之人属实。等语。

讯利安当、汪儒望、金尼阁、恩理格、郭多敏：汤若望令他人撰写《天学传概》一书，是否汤若望寄送与尔等传播，或尔等从汤若望处带来传播？

利安当、汪儒望、郭多敏供称：该《天学传概》一书，并非汤若望寄送与我等，亦非我等亲去带来，而是于去年有一不知姓名之过路人经过我堂时，声言此书为在京城新撰之天主教书籍，亦不懂书内所言之事。等语。

金尼阁、恩理格供称：该《天学传概》一书，并非汤若望寄送与我等，亦非我等亲自去带回，而是于去年有一教徒路过我堂时，留给此书，并言此书为在京城新撰之天主教书籍。我等收此书后，不曾传播，亦不懂书内所言之事。等语。

讯利安当、汪儒望、金尼阁、恩理格、郭多敏：据与汤若望同堂之南怀仁前供，凡有人要去各省教堂，都要带去该《天学传概》一书，云云。据尔等供称，汤若望不曾带尔等前来，亦不曾寄送《天学传概》一书，云云。汤若望诚不曾带尔等来安插，何以将《天学传概》一书传播与尔等？据实招供！

利安当供称：汤若望实不曾带我来安插，亦不曾送给《天学传概》一书。等语。

汪儒望、金尼阁、恩理格、郭多敏所供，亦与利安当同。

讯利安当、汪儒望、金尼阁、恩理格、郭多敏：据与汤若望同堂之南怀仁前供，亦曾将《天学传概》一书寄送至山东济南府之教堂，云云。尔等今供汤若望不曾送给《天学传概》一书者，莫非于此书内有别情而如此巧饰乎？务必如实招供！

供称：该《天学传概》一书，并非南怀仁送给我等，而由过路人留在我堂是实。等语。

讯金尼阁、恩理格：据尔等供称，该《天学传概》一书，并非汤若望送给尔等，亦非尔等亲自带回，而是有教徒路过教堂时留给，云云。此书诚非汤若望送给尔等，则又有何人送给尔等？此书显然由汤若望送给尔等以传播矣，尔等何以巧供为非汤若望送给尔等？据实招供！

供称：该《天学传概》一书，并非汤若望送给我等，而是由我教内之人带给我等。当时不曾问及该书内情，亦不曾问及带书人姓名。等语。

讯利安当、汪儒望、金尼阁、恩理格、郭多敏：尔等是否传播铜像、绣袋、会期、《教要》一书，或是否奉汤若望之命而传播？一年有几人入尔教？

供称：并非奉汤若望之命传播，乃由我等私自传播矣。加入我教人数不定，一年或有四五十人入教，或有近百人入教。等语。

臣等会议，据利安当、汪儒望、郭多敏、金尼阁、恩理格等供称，汤若望不曾带伊等来，不曾送给《天学传概》一书，而伊等亦不曾从汤若望处带回该书，亦无结伙，云云。但伊等供称，该《天学传概》一书，系有过路人留给是实。至铜像、绣袋、会期、《教要》一书，亦非奉汤若望之命传播矣，乃由伊等私自传播。在彼教一年或有四五十人入教，或有近百人入教。伊等传布天主教是实。等因，供认不讳。据此观之，伊等传教惑众属实。故将西洋人利安当、汪儒望、郭多敏、金尼阁、恩理格拟交刑部议。至郭多敏雇用之温孔山、杨玛尔古，系为被雇用之人，拟毋庸议。

臣等未敢擅便，谨具密题。请旨。

[批红]：利安当、汪儒望、郭多敏、金尼阁、恩理格等，既遇恩赦，免交刑部。再，伊等西洋之人，经核查后如何豢养，着尔部议拟具奏。余依议。

选译自“满文密本档”卷151

22.礼部尚书祁彻白等题为继续审理误选荣亲王墓地案事密本

康熙四年三月二十三日

礼部等衙门尚书臣祁彻白等谨具密题，为请旨事。

臣部等衙门为前事疏称，选择荣亲王墓穴官员钦天监杜如预、杨宏量等，因用不当用之洪范五行而葬埋和硕荣亲王，故行革职，除交刑部议处。

窃查，原礼部尚书恩格德等，又原户部侍郎铿特、郝维讷等，又原工部侍郎林起龙、启心郎雷虎等，与杜如预、杨宏量等同至黄花山，勘验墓穴，具疏以好。此事载于礼部档册，但所定山向，并不载于档册。前曾踏勘之时，皆与内官监衙门官员同往。因事关重大，欲查阅总管内务府衙门档册。再，一经讯问与杜如预等同往踏勘各大臣官员，并杜如预等人之后，再行核拟具奏。为此，请旨。康熙四年正月三十日具题。当日奉旨：依议。钦此，钦遵。

为查和硕荣亲王墓穴以壬丙山向一事，由员外郎五十一、师文郁查礼部档册，则不载。又由礼部郎中拜虎、吏部员外郎金旋查总管内务府所存内官监档册，亦不载。

据此，讯原礼部尚书恩格德、原员外郎玛喇、员外郎伊尔舍尼、赞礼郎穆瑚里等：尔等皆系曾去踏勘和硕荣亲王墓穴之人，尔等如何拟定和硕荣亲王墓穴山向？

恩格德供称：据佟吉传旨曰，可照所奏安葬荣亲王，只因太后戒日未完，不便安葬，等因具疏，奉旨：着等候太后戒日结束。钦此。我已奉有密旨。至阿哥之安葬之事，可由尔礼部、户部、工部官员随同杜如预、杨宏量、郑斌前去西凤凰山至东三台营一带踏勘，择一优于金汗陵、明陵之地方，并差人报知我，我可前往详定，云云。故此，我等也同往。据踏勘人员言称，以丰台山地方为好地方，故由我三衙门各差一人去报知佟吉。旋由佟吉前来查勘丰台山一带地方，拟定在黄花山安葬阿哥。佟吉令我等在此等候，伊夤夜返回奏定。后伊又带领尚书孙塔、梁清标并科道官员前来，复又踏勘丰台山、黄花山一带地方。再，佟吉言称已奉有密旨，故伊与杜如预、杨宏量、郑斌商议勘定山向，不曾与我等商议。伊仅令我等记录圈地内寺庙数额，俟返还京城后奏请迁移。因此，我等仅记录圈地内寺庙在案。该所录档册,今尚在衙门内。等语。

经查该项档册,尚存,属实。

玛喇供称:我等与尚书同往是实。当时,我等与郎中刘邦柱筹备祭祀用品,其如何议定山向,委实不知。等语。

伊尔舍尼供称:尚书令小的同往是实。小的随从至怀柔县之后,得知拟差小的赴朝鲜。故而返还,其余各情,小的不知。等语。

穆瑚里供称:小的曾为鸿胪寺赞礼郎,因尚书令小的同往,遂同往是实。至于议定荣亲王墓地山向,小的不知。等语。

根据玛喇、伊尔舍尼、穆瑚里所供,再讯恩格德,则供称:我尚且不知,伊等岂能知晓。伊等所供属实。等语。

讯恩格德:据杜如预、杨宏量供称,拟定和硕荣亲王墓穴以壬丙山向者,乃顺治十五年三月之事。当时,由恩尚书率领众人勘定,云云。尔如何与杜如预、杨宏量勘定王之墓地?该拟定以壬丙山向之档册,今在何处?与尔同往者尚有何人?与何人同往踏勘?

恩格德供称:当踏勘大概情形时,我也曾随同前往是实,但议定墓穴以壬丙山向一事,我并不知。我诚然知晓,何不供以按杜如预、杨宏量、郑斌所言葬埋?我何以供称不知?佟吉自称奉有密旨,即与杜如预、杨宏量、郑斌商定后立木桩。诚与我等商定,岂不记录具奏在案?等语。

讯恩格德:时尔系礼部尚书,而今则供和硕荣亲王之墓地乃由佟吉与杜如预、杨宏量、郑斌商定之后立木桩者可乎?

供称:时我职任部院尚书,才与谙熟勘查、风水官员同往是实。佟吉与我言称,自从我出来以后,皇上又密饬佟吉办理阿哥之丧事、礼仪等事,故其山向、丈量诸事,均不曾与我商议。诚与我商议,我必供以与谙熟地理者商定,何敢供以不知。佟吉因奉钦命密旨,不与我商议,故而不知。再,杜如预、杨宏量、郑斌等,皆因踏勘黄花山有功,经佟吉具奏,各赏赐备有绣鞍马一匹。诚视我为部大臣而商议,我何不具疏赏赐?诚与我商议,我必将山向等情,讯问杜如预、杨宏量、郑斌等人后,逐一缮拟,亲自具疏皇上,并将记录在案。况汤若望、杨宏量纠参时,我何不亦纠参伊等?等语。

讯原户部侍郎铿特、郝维讷,郎中鄂莫会,员外郎雅思哈等:尔等同往踏勘和硕荣亲王墓地,曾如何勘定墓地山向?

铿特、郝维讷供称:小的们占验风水时同往是实。小的们前去之后,依照本部院职掌,在佟吉指定界内查点所有村落、田地、果木,并严禁在此界内伐木、刈草、种地，于三月间返还。至占验选择等事，并非本部院职掌，故不知如何议定山向，况与小的们亦不曾商议。等语。

鄂莫会供称：踏勘怀柔、密云等地时，因该地乃属我旗辖地，故而同往。踏勘完毕之后，小的即去协助雅思哈，并与侍郎一同返还。至于如何议定山向，小的不知。等语。

雅思哈供称：所定和硕荣亲王墓地地方，乃属我旗辖地。小的因系该旗章京，故而同往。小的按照本部院大臣指示，前去查点圈地内所有房屋、地亩、果木数额，并造回清册。至如何议定山向，小的不知。等语。

根据鄂莫会、雅思哈所供，又讯铿特、郝维讷，则供称：在划定圈地内之田地时，若有何旗之地，即行赔尝田地，故带该旗章京同去。鄂莫会、雅思哈所供属实。等语。

讯原工部启心郎雷虎，员外郎珠三、色勒布、喀尔图等：尔等同往踏勘和硕荣亲王墓地，曾如何勘定墓地山向？

雷虎供称：小的们占验风水时同往是实。小的同去之后，依照本部院职掌，其一应营造庭院等项，均照佟吉、杜如预等丈量立桩之地，进行建造。又封禁所有风水山。所需木、石、砖、灰等工料，已派章京等筹备。至占验风水，并不属于本部院职掌，亦不曾与小的们勘定山向。等语。

喀尔图、珠三、色勒布供称：小的们与侍郎林起龙、启心郎雷虎同往是实。小的们仅奉照大臣们差遣，张贴禁山告示，筹备木、砖、石、灰等工料。至如何勘定山向，小的们不知。等语。

讯兵部尚书梁清标、原工部尚书孙塔、原工部员外郎莽色、都给事中石标古、原都察院监察御史龙善：据恩格德供称，尔等与佟吉同至黄花山踏勘，云云。尔等如何勘定和硕荣亲王墓地山向？

兵部尚书梁清标供称：曾赴丰台山、黄花山踏勘一次是实。该项封禁边塞隘口之事，乃属兵部职掌，故而同往。当时本职所到各处，均为别人业已勘定之地。至占验风水、山向等项，则非本职职守，并不知如何勘定。等语。

原工部尚书、固山额真孙塔供称：当初踏勘时，本职因赴盛京，并不在场。自盛京返回之后，闻得业已勘定墓地。因其一应营造事项，皆为本部院之事，故经题请之后，与佟吉等同往踏勘所定圈地处各界。再，营造和硕荣亲王之阴阳二宅，均照佟吉、杜如预等丈量立桩之地，饬交营建。又差章京等或封禁风水，或筹备所需木、石、砖、灰等工料。至如何勘定山向，不曾与我等商议，况择定墓地，亦非本部院职掌。等语。

莽色、石标古、龙善供称：营造陵寝所需钱粮颇多，例应科道同往，故而小的们先去踏勘丰台山、黄花山一带地方。后又与各员再去踏勘。至如何勘定山向，小的们不知。返还之后，复又前去查看营建情形是实。等语。

讯杜如预、杨宏量：据恩格德供称，和硕荣亲王墓地山向，皆由佟吉与杜如预、杨宏量、郑斌勘定，云云。此事怎讲？

供称：定以壬丙山向时，确由郑斌我三人勘验而定。等语。

讯杜如预、杨宏量：尔等拟定和硕荣亲王墓地以壬丙山向时，有何大臣与尔等勘定？

供称：择地时同往大臣甚多，已不记姓名。拟定以壬丙山向时，与内官监佟吉一同勘定。等语。

讯杜如预、杨宏量：据尔等前供，勘定和硕荣亲王墓地以壬丙山向时，由恩尚书率领各官勘验，云云。据恩格德供称，踏勘大概地形时，我等同往踏勘是实。至拟定墓地以壬丙山向，我等不知，均由佟吉与杜如预、杨宏量勘定，云云。尔等何以供由恩格德率领勘验？

供称：占验风水时，因尚书恩格德率领小的们占验，故供称先由恩尚书率领勘验。小的们拟定墓地以壬丙山向后，曾告知恩格德、佟吉，而由佟吉丈量、立桩。等语。

讯杜如预、杨宏量：据尔等前供，拟定墓地以壬丙山向时，与内官监佟吉一同勘定，云云。后又供称，小的们拟定墓地以壬丙山向后，曾告知恩格德、佟吉，云云。此事怎讲？

供称：小的们拟定墓地以壬丙山向后，曾告知恩格德、佟吉属实。等语。

讯恩格德：据杜如预、杨宏量供称，曾拟定和硕荣亲王墓地以壬丙山向后，已告知佟吉、恩格德，云云。据尔供称，由佟吉与杜如预、杨宏量勘定、立桩，我并不知，云云。此事怎讲？

供称：伊等诚言曾告知与我，言我知晓，何不在吏、礼、刑部多起审讯时举揭？伊等今知罪名重大，在赦不宥，改而谎供曾告知与我，如此可乎？诚杜如预、杨宏量曾告知与我，我亦必然照伊等所告而供，况我并非熟谙地理之人，岂敢言以不知？等语。

据此，又经质审，杜如预、杨宏量供称：当初各大臣均围坐一处，小的们将拟定墓地以壬丙山向情形，曾告知在座各大臣，因人众而又年代久远，已记不得姓名。恩老爷乃部院尚书，故知其名，故而前供曾告知恩老爷。至此次为首者，实乃佟吉也，各部院大臣等，凡事均按佟吉之意而为。等语。

恩格德供称：伊等前供曾告知此事与我一人，后又供各大臣同坐一处时，告知各大臣，其余人名，已不记得，云云。由此可见，伊等谎供者显然也。所供告知与我者，确无其事。等语。

佟吉已故去，除毋庸议处。

臣等会议得，查和硕荣亲王墓地以壬丙山向一案，在礼部及总管内务府衙门档册中均不载。经讯前去踏勘墓地者恩格德，则供佟吉选定黄花山之后，将我等留在该地，伊夤夜返还奏定，并声言奉有密旨，故与杜如预、杨宏量等勘定墓地山向，而不曾与我等商议。杜如预等诚将此事告知与我，我亦必按伊等所告而供之。我并非熟谙地理之人，岂敢供以不知。诚然杜如预等供称曾告知与我，我知晓此事，何不在吏、礼、刑部多起审讯时举揭？况汤若望、杨宏量纠参我，而我果然知晓，何不在当时相应纠参伊等？等语。据杜如预、杨宏量供称，在拟定和硕荣亲王墓地以壬丙山向时，由佟吉与小的们一同勘定。后又供称，小的们拟定墓地山向之后，曾告知佟吉、恩格德，而由佟吉丈量、立桩。等语。由此观之，该告知恩格德一案，虽系属实，但杜如预等勘定墓地山向之后，才告知恩格德，而恩格德并不知占验风水、山向吉凶等情，故拟毋庸议。

至铿特、郝维讷、梁清标、孙塔、雷虎、莽色、石标古、龙善等，伊等既非占验风水、熟谙地理之人，亦非伊等之职守，故拟毋庸议。

又玛喇、伊尔舍尼、穆瑚里、鄂莫会、雅思哈、喀尔图、色勒布、珠三等，伊等既随各部院大臣同往，亦拟毋庸查议。

又原工部侍郎林起龙、原礼部郎中刘邦柱等，伊等亦系同往踏勘人员，但铿特等既拟以毋庸查议，伊等亦拟以毋庸查议。

又郑斌，当用洪范五行《选择丹书》选择年月日时，以葬埋荣亲王时，并不在场，且又非钦天监官员。但据恩格德供称，佟吉与杜如预、杨宏量、郑斌勘定山向，云云。据杜如预、杨宏量供称，所定壬丙山向，乃郑斌等我三人勘定，云云。据此，当将郑斌拟以议罪，但郑斌已故去，拟毋庸议。

又郑斌与杜如预等曾踏勘丰台山地方，因此拟革去所赐郑斌子郑天俊之八品官，并追回所赏三百两银及十匹缎。

臣等未敢擅便，谨具密题。请旨。

［批红］：该勘验之地，并非不吉，又郑斌已死，所拟革去郑斌子郑天俊之官，并追回赏物等款，俱行着免。余依议。

选译自“满文密本档”卷151

23.礼部尚书祁彻白等题为处理天主堂、天主画像等事密本

康熙四年三月二十五日

礼部尚书臣祁彻白等谨具密题，为职官谋叛本国，造传妖书惑众，邪教布党京省，邀结天下人心，逆形已成，厝火积薪，请乞早除，以消伏戎事。

窃臣等衙门为前事密题汤若望一罪，前交刑部议拟一文内开，汤若望所住天主堂，应行拆毁，只因钦命赏银汤若望修堂，且又赐与碑文，故拟准留该堂，仅毁天主画像。又据利类思等供称，其所住之堂亦系钦派佟吉购房赐给，但伊等拆毁原赐之房，复又建堂，故拟将利类思所住之堂，又阜成门外之堂，并交工部拆毁。在省之天主堂，西洋教内画像、书籍等物，亦拟交各该督抚拆毁，等因具题。奉旨：该拆毁天主堂、画像等案，待本案议结之时，着再请旨。余依议。钦此。钦遵在案。今准刑部咨开，汤若望案内利类思、安文思、南怀仁、徐谦，因恭遇康熙四年三月初五日恩赦，俱行免罪开释，等因前来。前为本案已经具题，谕：拆毁天主堂、画像一案，待本案议结之时，着再请旨。钦此。

为此，臣等未敢擅便，谨具密题。请旨。

[批红]：汤若望等所供奉天主画像，不必焚毁，给还伊等，但不准供奉。利类思等所建之堂，又在省之堂，俱停拆毁，准许住人。余依前议。

选译自“满文密本档”卷151

24. 显亲王富绶等题为议处李祖白等五人以死刑等事密本

康熙四年三月二十七日

窃准密封发出红本内开，议政王等为前事具题，（译者注：以下与康熙四年二月二十九日刑部尚书尼满等题本同，故略不译）康熙四年二月二十九日具题，三月初三日奉旨：着议政王、贝勒、大臣、九卿、科、道会同详拟具题。文内清字误写先为详，着更改饬行，钦此，当日密封到部。

臣等会议得，葬埋荣亲王时，汤若望、杜如预、杨宏量、李祖白、宋可成、宋发、朱光显、刘有泰，以及已死刘有庆、贾良琦等人，用载有洪范五行《选择丹书》选择。据《易见通书》内载，洪范五行者，既有八卦变通之理，又有五行变化之情，故分二十四类，其中变五行木为水，水为火，火为金，金为土，致使其本身皆相抵触矣。凡用此选择年月者，福尚不至，祸必先来。可见选择墓穴必用正五行，而用洪范五行实不足信矣，云云。又据闽浙地方谙熟阴阳地理之士樊越凤曰，紫微、宗庙者，乃属洪范五行，误人匪浅。原由中国人所编写，期望传至外藩，使彼用而断根绝后者，乃《灭蛮经》也，云云。伊等所阅之《易见通书》内，既载有正五行，亦载有洪范五行，但伊等不用正五行选择，且明知顺治十五年南北方不吉，反而援引不当用之洪范五行，以壬为火，葬埋荣亲王。伊等罪戾重大，查刑律载，大逆之罪，凡为同谋，不分首从，俱行凌迟。其祖父子孙兄弟，以及同居一处之人，并伯叔兄弟子孙，或否开档分（此处缺约300字）。宋发、朱光显、刘有泰，并干连人等，应得何罪，仍着议政王、贝勒、大臣、九卿、科、道再加详复分别确议具奏。钦此。当日密封到部。

臣等会同复议，因汤若望专司天文，选择非其所习，杜如预、杨宏量勘定永陵、福陵、昭陵、孝陵风水，钦命免死。奉此，拟将汤若望、杜如预、杨宏量，俱行责打四十棍，其家口妻子一并流徙宁古塔。又李祖白、宋可成、宋发、朱光显、刘有泰，伊等专司选择，却援引不当用又颠倒五行之洪范一书进行选择。故前俱拟以凌迟处死。汤若望等，既着俱免死，则将李祖白、宋可成、宋发、朱光显、刘有泰，拟改以立斩。伊等妻室、不及岁之子，以及家人、房屋、田地、财物等，俱行入官。现有查获刘有庆子刘必远、刘奎，贾良琦子贾文郁，宋可成子宋哲朴，李祖白子李实，汤若望义子潘尽孝，皆系干连人等，拟俱免死，俱行责打四十棍，并其家口妻子一同流徙宁古塔。杜如预、杨宏量等人祖孙父子兄弟，以及同住之人，并伯叔兄弟子孙，一俟查送前来，亦将责打四十棍，流徙宁古塔。

又一半议得，汤若望、杜如预、杨宏量，并其家口妻子流徙宁古塔。为首三人，既已钦命免死，则将李祖白、宋可成、宋发、朱光显、刘有泰，亦拟以免死，俱行责打四十棍，并其家口妻子流徙宁古塔。又宋可成子宋哲朴、李祖白子李实、汤若望义子潘尽孝，伊等皆系干连人等，拟以免罪，俱行随同其父流徙。刘有庆、贾良琦已故，其妻子亦并流徙。又杜如预、杨宏量案内有干连之祖孙父子兄弟，及其同住之人，伯叔兄弟之子，拟俱免议查拿。

臣等未敢擅便，谨题。请旨。

［批红］：李祖白、宋可成、宋发、朱光显、刘有泰，俱着立即处斩。汤若望、杜如预、杨宏量责打流徙着免。伊等之罪既俱着免，其汤若望义子潘尽孝，及与杜如预、杨宏量干连族人责打流徙，亦着俱免。余依前所议。

选译自“满文密本档”卷151

25. 吏部尚书阿思哈等题为议处历年立春前日起管各官事密本

康熙四年四月初一日

吏部尚书加二级臣阿思哈等谨题，为遵旨会议事。

准礼部为前事密咨内开，和硕康亲王杰书等密题，（译者注：以下与康熙四年二月二十四日和硕康亲王杰书等题本同，故略不译）康熙四年二月二十四具题，本月二十六日奉旨：依议。钦此。钦遵。三月初三日密咨到部。旋咨礼部查钦天监衙门派赴顺天府候气各官，及与欧吉武等一同候气之顺天府官员职名。三月二十日，准礼部咨复内开，已相继咨查钦天监、顺天府衙门，今由钦天监咨复内称，顺治二年派赴二员，即博士朱光显、杜如预。三年派赴二员，即秋官正宋发、博士杨宏量。五年派赴二员，即春官正潘国祥、保章正刘有泰。又五年派赴二员，即博士朱廷舒、张光祥。六年派赴二员，即保章正宋可成、博士左云和。八年派赴二员，即夏官正李祖白、博士周世昌。又八年派赴二员，即博士周世瑞、灵台郎黄道隆。九年派赴二员，即博士周世泰、杨宏量。十年派赴二员，即春官正宋可成、博士司尔珪。十一年派赴二员，即博士杨宏量、徐虎。十三年派赴二员，即秋官正宋发、博士盛明。又十三年派赴二员，即博士周世泰、司尔珪。十五年派赴二员，即挈壶正杨宏量、博士徐虎。又十五年派赴二员，即博士司尔珪、徐虎。十六年派赴二员，即博士周世泰、欧吉武。十八年派赴二员，即挈壶正杨宏量、博士鲍英齐。康熙元年派赴二员，即博士司尔珪、周世泰。二年派赴二员，即博士周世泰、欧吉武。三年派赴二员，即博士司尔珪、周世泰。再，顺天府查复阴阳学正书加一级张卫应到部。因所有查送各官职名，未加区分其中革职、已故情形，实不便议，故又咨行礼部复核查送，去后。三月二十六日准礼部咨称：其革职者，即朱光显、杜如预、宋发、杨宏量、刘有泰、宋可成、李祖白。其故去者，即潘国祥、朱廷舒、张光祥、左云和、周世昌、黄道隆、盛明。其现任者，即周世瑞、周世泰、司尔珪、徐虎、欧吉武、鲍英齐，等因到部。

臣等议得，准礼部密咨内开，钦天监掌印张其淳，身为掌印之官，当该衙门官员于立春前日，即十八日起管具呈时，伊不核查何以立春日不起管，而先期起管情形，亦不纠参改正，反而充为立春日，即十九日起管，照例缮折具疏。因此，拟将张其淳交吏部议罪。漏刻科博士欧吉武，历科博士周世泰等，旧例应于立春日候气具呈，但伊等不照会典载立春日起管具呈，而每年先期起管具呈。因此，拟将赴顺天府各官，又与欧吉武等一同候气之顺天府各官，俱交吏部议罪。等语。

查钦天监掌印张其淳，当该衙门官员于立春前日即十八日起管具呈时，伊不核查何以立春日不起管，而先期起管情形，亦不纠参改正，反而充为立春日，即十九日起管，照例缮折具疏，罪不容恕。据此，应将张其淳革职交刑部议拟。

查顺治二年至康熙三年，前后有钦天监衙门官员潘国祥、朱廷舒、张光祥、左云和、周世昌、黄道隆、盛明等已经故去，拟毋庸议处。

又有朱光显、杜如预、宋发、杨宏量、刘有泰、宋可成、李祖白等，应将伊等革职交刑部议拟，但伊等已因别罪而革职交刑部，故不议处。

又有周世瑞、徐虎、鲍英齐、欧吉武、司尔珪、周世泰，阴阳学正书张卫应等，伊等不照会典所载立春日起管具呈，而每年先期起管具呈，故此，应将伊等革职交刑部议拟。但查伊等之罪，皆在康熙四年三月初五日赦前，俱拟免罪。俟臣部奉旨之日，再遵照施行之。

臣等未敢擅便，具题。请旨。

［批红］：依议。

选译自“满文密本档”卷152

26.刑部尚书尼满等题为会议时刻、候气、参觜、四余、进历等事密本

康熙四年四月十二日

刑部尚书尼满等谨题,为遵旨会议事。

准礼部密咨内开,准议政王、贝勒、大臣、九卿、科、道会议题疏,据汤若望供称,按旧法将一百刻分为十二时,尚有余数,极为纷繁,难以计算。按新法将九十六刻分为十二时,每时八刻,易于计算。无论以百刻计算,或以九十六刻计算,均不增减,云云。后来审讯时,则称所余四刻,既不在昼夜之内,亦不在每时八刻之分秒内,等因巧供。自古历算,皆以昼夜为百刻,世代沿用,而汤若望破此旧例而改为九十六刻,减少四刻,此为其一。据汤若望供称,飞灰一项,置而不用久矣。再者,地有硬软干湿不平现象,实难求其吻合,云云。据漏刻科官员欧吉武等供称,每年立春,由我衙门堂官具疏后,派出历科一员、漏刻科一员,在立春前五日至顺天府置管,与司晨及县吏二员共同观测,云云。汤若望又供称,于每年立春派我衙门二员者,乃于当日观测该省律管葭灰升起及该省丰裕情形,云云。康熙三年正月初八日,汤若望疏称,为观测立春事。正月初八日立春,候至其事,春气已应,云云。又康熙三年十二月十九日,张其淳疏称,为立春事。自赴顺天府候至其时,春气已应,云云。经讯,汤若望则供称,其前供观测各省丰裕情形者,乃谬供等因,供认其为巧供。但欧吉武等供称,按照旧例,每年置管观测,皆于立春先期起管,返回后具呈堂官,而从不候时,云云。据此观之,汤若望所派官员于立春先期起管,返回后具呈于汤若望,而汤若望阅后,即行谎奏候至其时,春气已应,此为其二。杨光先具呈内称,汤若望新法更调参水猿水星在前,觜火猴火星在后,云云。据汤若望供称,其水与火等项,以分觜火猴、参水猿者,皆系任意编成次序也。众星自西往东缓缓移行,谁前谁后,皆照其在天上所行度分而定,春日抬头可见。旧历皆为舛错,不合于天,故而新法更调次序,云云。自古历算各家所用二十八宿次序,皆由前人分定,沿用已久,但汤若望私将觜、参二宿更调前后,殊甚不当,此为其四。杨光先具呈内称,四余者,即紫气、月孛、罗睺、计都也。汤若望如真见其为无,应当尽削,若以唐宋

之历为其有，应当尽存，何故存月孛、罗睺、计都，而独删紫气？云云。汤若望供称，虽月孛、罗睺、计都无象，但对日月交食、月行，则有大用，故于新法内存此三余。紫气于天上无象，又无理可论，无数可算，天上实无所用，故而删去。至该一道白气，小的亦曾眼见，确为彗星在空中，非在天上，数月之后即散，故不可言其为紫气。明万历年间曾否祭祀，小的不知，云云。杨光先供称，夫紫气者，乃东方木生之气，万历丙辰年东方出现一道白气，直冲紫微垣，经观测后，奏以紫气所变。不久，太祖皇帝兴兵，不到三十年，世祖皇帝进入北京，一统万邦。紫气乃我朝创业之吉祥星宿，而汤若望将四余中独删去紫气一余，不知其为何意？云云。查旧历，其紫气、月孛、罗睺、计都四余，从来皆有之。自古即有紫气、月孛、罗睺、计都四余，而汤若望所作历书中，仅存月孛、罗睺、计都三余，私将紫气一余删去者，殊甚不当，此为其四。杨光先具呈内称，天将笃枯皇上享无疆之历祚，而汤若望进二百年之历，其罪曷可胜诛，云云。汤若望供称，按新法所推历表，不仅二百年，而前四千年，后四千年，共八千年之后，仍以新法推算。日月五星，皆按新法可推各无疆历表，而只分二百年历表者，乃易于推算矣。曾已恭进二百年表及日月五星表，云云。但汤若望不记得于何年呈进，理应恭进万年无疆历表。伊进日月五星无疆历表，而历书只进二百年表者，殊甚不当，此为其五。据此，拟将汤若望仍交刑部议罪，等因题疏。

查汤若望此罪，皆在康熙四年三月初五日恩赦之前，且前汤若望因荣亲王之墓地山向故，将其拟以处死具疏，钦命着免处死，是以拟将汤若望毋庸议。

臣等未敢擅便，谨题。请旨。

［批红］：依议。

选译自“满文密本档”卷 152

27.刑部尚书尼满等题为议免汤若望等传教士罪名事密本

康熙四年四月十五日

刑部尚书臣尼满等谨题,为请旨事。

臣部为前事密题,前由吏、礼二部题称,汤若望等布设邪教,造传新书属实,等因,交臣部议。臣部议得,汤若望、李祖白等布设邪教,造传新书惑众属实,将汤若望拟以凌迟处死,李祖白等拟以流徙,等因具题。奉旨:着三法司核拟具奏。钦此。钦遵。臣等正当会同都察院、大理寺议拟具疏之际,准礼部密题内称,汤若望系钦天监掌印,且明知顺治十五年南北方不吉,又该衙门官员援引不当用之洪范五行《选择丹书》选择日期,而汤若望不加详审,即行送部。汤若望之罪虽在赦前,但至关重大,在赦不宥。今刑部既议汤若望之罪,将此一并交刑部议之。又李祖白明知正五行以壬为火,且不详核顺治十五年南北方不吉情形,即援引洪范五行以壬为火,选用不当用之洪范五行《选择丹书》葬埋。李祖白之罪,虽在赦前,但至关重大,在赦不宥,拟交李祖白于刑部议之。等语。本案至关重大,现汤若望、李祖白正在质审之中,俟本案议结日,再将汤若望等布设邪教一案,由臣等会同都察院、大理寺议拟具疏。等因,于康熙四年二月初七日具题,初九日奉旨:依议。钦此。钦遵在案。

臣等会同都察院、大理寺议得,汤若望、李祖白、利类思、安文思、南怀仁、徐谦、潘尽孝等,共同布设邪教,造传新书惑众属实。是以,待议结汤若望等葬埋荣亲王一案之后,再行议拟本案。旋又恭遇康熙四年三月初五日恩赦,除将利类思、安文思、南怀仁、徐谦,已经请旨释放外,其汤若望、李祖白、潘尽孝等人,因葬埋荣亲王墓地故,经由议政王等会奏,钦命着免汤若望、潘尽孝之罪,而李祖白等已经正法。查汤若望、潘尽孝布邪教之罪,亦在康熙四年三月初五日赦前,故议俱免。

臣等未敢擅便,谨题。请旨。

[批红]:依议。

选译自"满文密本档"卷152

28.礼部尚书祁彻白等题为香山澳西洋人去留事密本

康熙四年五月初五日

礼部等衙门尚书臣祁彻白等谨具密题，为职官谋叛本国，造传妖书惑众，邪教布党京省，邀结天下人心，逆形已成，厝火积薪，请乞早除，以消伏戎事。

准总督广东等处地方军务兼理粮饷、兵部左侍郎兼都察院左副都御史降一级照旧管事丁忧臣陆崇俊密题，康熙四年正月初二日礼部密咨内开，该部与吏部合咨密题，上发江南徽州府歙县之民杨光先指控汤若望案情到部，经臣等会议得，据汤若望等供称，在省教堂之西洋人亦皆布教纳徒，云云。据此，密题该督抚将西洋人拿解到京，以交刑部议拟。再，汤若望所在天主堂亦应拆毁，然因钦赏银两与汤若望建堂，又赐碑文，故拟准留该堂，仅毁天主画像。利类思等所在教堂，虽系钦派佟吉购房建者，亦应将利类思所在教堂，以及阜成门外教堂均交工部拆除。再，汤若望、利类思所住二座教堂内现有西洋教书籍、画像、《天学传概》书板，俱应焚毁。至于入教人员，既奉旨免于查议，则其所发铜像、绣袋、《教要》《天学传概》等物及书籍，亦应行文收交礼部焚毁。再，其在外流散者，应饬交各该督抚行文严查收交以毁之。在省之天主堂、西洋教内书籍、画像等，亦应饬交各该督抚查收以毁之。再，居住香山澳之西洋人，久住中国后交纳钱粮者有之，又私入界地以往返行走者亦有之，是以可否再行准留之处，请一并密敕广东督抚合共核查议奏，时另议拟。等因，于康熙三年十一月十九日奉旨：杨光先指控邪教一案既为属实，着免交刑部。在省之西洋人，着免缉拿，可带至京城议奏。至天主堂之拆毁一案，俟本案议结时，着另请旨。余皆依议。书画等物并发。钦此。钦遵，密封到部，理合咨行。一俟该文到达，即行查照奏文内情，以转行该巡抚将西洋人速送京城。至天主堂、画像，暂勿销毁，可以等候部文。而教内之书籍，发给教徒之会期、铜像、绣袋、《教要》《天学传概》等物，应加严行查收焚毁，其余皆照敕谕遵照施行即可。等因到臣。除将教堂内西洋人及书籍等物，已密咨广东巡抚查取、解送、焚毁外，至居住香山澳西洋人之去留一案，经与抚臣会同密咨海盐道查议。甫于康熙四年二月初九日海盐道副使苏琳禀称，据市舶司呈称，该查西洋邪教一案，不仅为各府州县有司之职守，亦系卑司之所辖之事。惟香山澳纳税一事，则照上司咨文，理合速行查议，以复上司所差。查部咨开，居住香山澳之西洋人，久住中国后交纳钱粮者有之，云云。查澳之夷人，早在嘉靖年间即来此地。总督前为夷人去留事题请在案。昔日禁海以前，每有货物一到，即收船税地租。自禁海后，不曾征收，且此处亦划归地界之外。部文又开，西洋人私入界地以往返行走者亦有之，云云。查自香山澳至虎门，皆有台寨武弁防守。今因禁海，封固甚严。又曰，可否准留，云云。此事宜可商议。夷人仅知贸易，今既禁海，已无长远之计，不敢妄议准留。等因到道。据此，该道看得，西洋人久住中国后交纳钱粮者有之者，乃指香山澳门也。自嘉靖以来，即住于此地，靠海贸易，交纳钱粮租银。后经禁海，该澳划归于地界之外，加之海船不通，故而不再交纳钱粮租银。此事已由前总督题报在案。又夷人私入界地以往返行走者亦有之者，乃指原设有关闸，以分为地界之内外，加以严行封闭，又设香山寨，以派官兵守御，不准私入行走。惟可否准留一案，该道再三深思，不敢妄议准留。夷人不稼不穑，禁海以来计口购米，而钱财少，终有穷竭之日，故不可准留。等因，禀报前来。据此，臣与抚臣卢兴祖会同看得，准部题复杨光先指控汤若望一案内称，居住香山澳之西洋人，久住中国后交纳钱粮者有之，又夷人私入界地以往返行走者亦有之，可否准留等各事，请一并密敕广东督抚核查议奏，时另议拟，云云。今臣等查得，该居住香山澳之西洋人，乃故明嘉靖年间来此居住者矣，素以贸易为业，从此收其船税地租。部文所言久住中国后交纳钱粮者，即指此也。今已禁海立界，两度颁行法令以来，通商海船中断，因而亦无从过问钱粮之事。查此澳，乃滨海一岛，原归香山寨官兵就近管理，并设关闸，以易于防守。即为立界之前，亦仅准内地商人至澳门贸易而已，从不准夷人私自越界行走。且自勘海立界之后，该澳孤悬于海外，加之关闸封闭，官兵严守，故不敢私入界地行走。惟有来此澳居住之夷人，年代久远，生齿日繁，集聚渐众，查老幼男女已有五千六百余口。彼等不能耕作，除经商外，委实无力谋生。自从禁止海船以来，苦不聊生。是以，臣等于康熙二年四月间，为奏请夷人之去留事题复时，曾议理应遣回原籍。后由部查核复又题称，夷人自远土西洋而来，居住此地年久，拟仍准居，计口购米，以令其够用可也。云云，故而准留至今。今又钦命查议，故经臣等再三深思，自从禁止海上贸易以来，夷人委实无力谋生，眼前虽可计口购粮，臣等仍以为不宜准留。如今或送至京城，或应送回西洋，仅候部大臣议拟。援照该道禀报，臣等谨具密题，伏乞敕部议复施行。臣等未敢擅便，谨具密题。请旨。康熙四年四月二十四日题，四月初六日奉旨：各部知道。钦此。钦遵，密封到部，即行密咨兵部查核。

又准兵部咨开，查夷人，既自明嘉靖年间从西洋远道而来，居住有年，则拟仍准留住。至每日所需粮米，请敕下该督抚派道府等员核查夷人户口，准许按人购米，不准额外多供给。令住防官兵不时严查之。又税银等项，可准该部查议。等因，康熙三年二月二十日题，二十二日奉旨：依议。钦此。等因到部。

准此，文内其余各项，已由臣等二部前已议结。臣等会议得，经咨查兵部后，准兵部咨复内称，康熙三年二月间奏称，查夷人，既自明嘉靖年间从西洋远道而来，居住有年，则拟仍准留住。又广东督臣陆崇俊题称，已经禁海贸易，拟仍不准留住。且自立界之后，孤悬海外，又已封闭关闸，官兵严守，伊等不敢私自越界行走。如今或送至京城，或应遣回西洋，仅候部大臣议拟，云云。准此，前由兵部既然拟准留住，故今或准西洋人留住，或应遣回，仍请敕下该部议奏。臣等未敢擅便，谨具密题。请旨。

［批红］：依议。

选译自“满文密本档”卷153

29. 礼部尚书祁彻白等题为议拟将利安当等二十五名传教士送回广东安插事密本

康熙四年七月二十九日

礼部尚书祁彻白等谨具密题,为请旨事。

窃臣等二部将汤若望等人交刑部议之一疏内称,在各省之西洋人传布天主教,收纳教徒,理应密敕各该督抚拿解西洋人到京,以交刑部议罪,等因具题。奉旨:在省之西洋人,着免缉拿,可带至京城议奏。钦此。钦遵,已密咨各省详查去后。今有山东总督祖泽溥送来西洋人利安当、汪儒望、郭多敏、郭多敏随从温孔山及杨玛尔古,山西总督白如梅送来西洋人金尼阁、恩理格等到部。伊等所有《天学传概》等书籍,已由地方有司查焚。所以逐一审讯西洋人利安当、汪儒望、金尼阁、恩理格、郭多敏、温孔山、杨玛尔古:据杨光先诉称,汤若望在各省教堂内布设邪教同伙千余人,云云。汤若望于何年带尔等至内地安插?尔等与汤若望结伙,于内地建堂居住,从事传布邪教者何耶?要如实供称!

利安当供称:我于崇祯七年独自从西洋来至广东香山澳,顺治八年在山东济南府购房建堂居住,从无结伙。我非汤若望带来,亦不认识汤若望,我传布天主教属实。等语。

汪儒望供称:我于顺治八年独自从西洋来至香山澳,顺治十六年来至山东济南府购房建堂居住,从无结伙。我非汤若望带来,我仅认识汤若望而已。我传布天主教属实。等语。

金尼阁供称:明崇祯三年,我等四人从西洋来至香山澳,其中二人已死,一人住于江西,而我来至山西绛州,并无结伙。我来华时,汤若望尚未来。传布天主教属实。等语。

恩理格供称:我于顺治十六年独自从西洋来至香山澳,康熙元年来至山西,与金尼阁同住于绛州旧堂,并无结伙。我非汤若望带来。我传布天主教属实。等语。

郭多敏供称:我于顺治十年独自从西洋来至香山澳,康熙三年来至山东济宁租房居住,并无建堂结伙。我非汤若望带来,亦不认识汤若望。我传布天主教属实。等语。

温孔山供称:我非西洋人,而是山东之民。我母去世后,西洋人郭多敏雇用我做活。有司言我与此案无关,但由于在西洋人家中做活,可以随同前去,云云。故此,我亦随同前来。等语。

杨玛尔古供称:我非西洋人,而是福建之民。我曾至浙江贸易,由于银两耗尽,即被西洋人郭多敏雇用。郭多敏来山东,我亦随同来至山东。有司见我为郭多敏雇用之人,亦一同解送前来。等语。

讯郭多敏:该温孔山、杨玛尔吉是否尔雇用之人?供称:温孔山、杨玛尔古二人,乃我雇用之人属实。等语。

讯利安当、汪儒望、金尼阁、恩理格、郭多敏:汤若望令他人撰写《天学传概》一书,是否汤若望寄送与尔等传播,或尔等从汤若望处带来传播?

利安当、郭多敏、汪儒望供称:该《天学传概》一书,并非汤若望寄送与我等,亦非我等亲去带来,而是于去年有一不知姓名之过路人经过我堂时,声言此书为在京城新撰之天主教书籍,言毕即留此书。我等收书之后,不曾传播,亦不懂书内所言之事。等语。

金尼阁、恩理格供称:该《天学传概》一书,并非汤若望寄送与我等,亦非我等亲自去后带回来,而是于去年有一教徒路过我堂时,留给此书,并言此书为在京城新撰之天主教书籍。我等收此书后,不曾传播,亦不懂书内所言之事。等语。

讯利安当、汪儒望、金尼阁、恩理格、郭多敏:据与汤若望同堂之南怀仁前供,该《天学传概》一书,凡有人要去各省教堂,都要带去,云云。据尔等供称,汤若望不曾带尔等来,亦不曾寄送《天学传概》一书,云云。汤若望诚不曾带尔等来安插,何以将《天学传概》一书传播与尔等?据实招供!

利安当供称:汤若望实不曾带我来安插,亦不曾送给《天学传概》一书。等语。

汪儒望、金尼阁、恩理格、郭多敏所供,亦与利安当同。

讯利安当、汪儒望、金尼阁、恩理格、郭多敏:据与汤若望同堂之南怀仁前供,亦曾将《天学传概》一书寄送至山东济南府之教堂,云云。尔等今供汤若望不曾送给《天学传概》一书者,莫非于此书内另有别情而如此巧饰乎?务必如实招供!

供称:该《天学传概》一书,并非南怀仁送给我等,而是由过路人留在我堂是实。等语。

讯金尼阁、恩理格：据尔等供称，该《天学传概》一书，并非汤若望送给尔等，亦非尔等亲自带回，而是有教徒路过教堂时留给，云云。此书诚非汤若望送给尔等，则又有何人送给尔等？此书显然由汤若望送给尔等以传播矣，尔等何以巧供为非汤若望送给尔等？据实招供！

供称：该《天学传概》一书，并非汤若望送给我等，而是由我教内之人带给我等。当时不曾问及该书内情，亦不曾问及带书人姓名。等语。

讯利安当、汪儒望、金尼阁、恩理格、郭多敏：尔等是否私自传播铜像、绣袋、会期、《教要》一书，或是否奉汤若望之命而传播？一年有几人入尔教？

供称：并非奉汤若望之命而传播，乃由我等私自传播矣。加入我教人数不定，一年或有四五十人入教，或有近百人入教。等语。

据此，臣等会议得，据利安当、汪儒望、郭多敏、金尼阁、恩理格等供称，汤若望不曾带伊等来，不曾送给《天学传概》一书，而伊等亦不曾从汤若望家中带回该书，亦无结伙，云云。但伊等又供称，该《天学传概》一书，系有过路人留给是实。至于铜像、绣袋、会期、《教要》一书，亦非奉汤若望之命传播矣，乃由伊等私自传播。在彼教一年或有四五十人入教，或有近百人入教。伊等传播天主教是实。等因，供认不讳。以此观之，伊等传教惑众属实。故将西洋人利安当、汪儒望、郭多敏、金尼阁、恩理格拟交刑部议。至于郭多敏雇用之民温孔山、杨玛尔古，系为被雇用之人，拟毋庸议。臣等未敢擅便，谨具密题。请旨。康熙四年三月十四日具题。本月十六日奉旨：利安当、汪儒望、郭多敏、金尼阁、恩理格等，既遇恩赦，免交刑部。再，伊等西洋之人，经核查后如何豢养，着尔部议拟具奏。余依议。钦此。钦遵，于三月十六日密封到部。因郭多敏死去，拟不议。

臣等议得，为利类思、安文思、南怀仁、利安当、汪儒望、金尼阁、恩理格、杨玛尔古等人，每日供给食物，与利类思一同暂且留下，一俟咨取各省之西洋人已经全部送到之后，将如何豢养之处，拟再议奏。臣等未敢擅便，谨具密题。请旨。康熙四年四月初三日题。本月初五日奉旨：依议。钦此。钦遵，除直隶、河南、四川、广西四省来文称无西洋人之外，现有各省送来西洋人如下：

山东省送来之西洋人有：

利安当、汪儒望。

山西省送来之西洋人有：

金尼阁、恩理格。

江南省送来之西洋人有：

张玛诺、鲁日满、毕嘉、潘国光、刘迪我、成际理、伯应理。

湖广省送来之西洋人有：

穆迪我。

江西省送来之西洋人有：

聂仲迁、聂多伯、殷铎泽。

浙江省送来之西洋人有：

洪度贞、闵明我、费里白、巴道明。

福建省送来之西洋人有：

何大化、郭纳爵。

陕西省送来之西洋人有：

李方西、穆格我。

广东省送来之西洋人有：

瞿笃德、陆安德。

等等，均已到部。

臣等议得，前疏内称，拟将西洋人利安当等交刑部议，等因具疏，奉旨：利安当、汪儒望、郭多敏、金尼阁、恩理格等，既遇恩赦，免交刑部。再，伊等西洋之人，经核查之后如何豢养，着尔部议拟具奏。余依议。钦此。今有各省送来西洋人利安当等二十五人，若将伊等留养于此，则年久后又继续传布邪教之情，亦难预料。有鉴于此，拟将伊等西洋之人，仍交广东省驿送广东总督，待安插西洋人之后，亦将伊等西洋人一并安插之。利类思、安文思系出征四川时带来之人，并由部曾供钱粮米石以养之。南怀仁系因通历法，于顺治十五年经奏请后带来之人。再，汤若望、利类思、安文思、南怀仁等，亦拟一并遣回。

臣等未敢擅便，谨具密题。请旨。

［批红］：利安当等二十五人，着照所议送回广东。汤若望、利类思、安文思、南怀仁等，着免送回，仍留于此。其送回广东者，着该督抚不时严查。留于此地者，着尔部不时严查。恐彼仍传邪教行乱，亦加饬交继任各官防范。

选译自"满文密本档"卷 154

30.总管内务府为护送西洋医师鲍仲义至御营事行文兵部

康熙四十年十一月初四日

总管内务府行文兵部,为知会事。

现派出养心殿之噶尔玛将西洋医师鲍仲义护送至御营,请即刻给噶尔玛以所乘之骑一匹,并派出随从马夫一名。为此知会。

内务府大臣科岱咨行。

已将印文交给噶尔玛。

选译自"内务府行文档"卷21

31.赫世亨奏为安多等人赴俄罗斯馆索取地图未获事朱批奏折

（康熙四十一年）

赫世亨谨奏，为请旨事。

前有安多为地图事欲往俄罗斯馆，赫世亨即行奏请谕旨，谕曰：安多死心吧，彼俄罗斯人小气，决不会告诉安多，安多也决不能得到。钦此。赫世亨钦遵谕旨，已经晓谕于安多。时安多听毕甚为惊诧，不知其意，即曰：彼俄罗斯国人小气也罢，然无国不有地图，无人不知行程里数、山河地名，何以不能得到？等语。并将此事告知于闵明我等人。闵明我等闻此亦甚惊疑。于是，伊等共同商定：倘或猝至彼馆索取彼国地图，询问彼国地理、山河，则彼高傲不给，或不告知，亦未可知。我等先与彼闲谈，请吃各样佳肴、饽饽、果子，以示我等叨蒙圣恩而显贵高尚，丰衣足食。继而可告知中国何地产何物，何地长何物。此后问彼国产何物，长何谷、果。待彼告知之后，再问出产、生长之地名、寒暑、远近情形。又继续问彼为何地人、此为何处人，由彼处至此地需行几日等情形。如此定能得获，等情商定。于是，安多数次至彼馆，请吃美食，按照商定之事而行，非但未得地图，连一地名亦未问出来。于闰六月二十二日，闵明我、安多等来至赫世亨处，叹曰：我等几经深思熟虑，图以竭尽效力，竟用数语具奏期间，圣睿洞见，断定决不能得获。今日如同皇上圣谕，一无所获。所谓至圣者，果为皇上矣。等语。言毕拱手行礼，赞叹叩谢。

为此谨具奏闻。

［朱批］：朕躬安。由于地爽水美，气色甚好。所有来人亦均好。

选译自“满文朱批奏折”

32. 康熙皇帝借银万两给闵明我、徐日升、安多重建教堂事行文工部

康熙四十三年十月二十五日

总管内务府行文工部，为知照事。

本月二十四日，我衙门奉上谕：据闻得，闵明我、徐日升、安多等，因其所住之堂破裂，欲以重建，但至今未能重建。伊等皆为外国之人，除朕之外，又有何人照顾伊等？可以借给内库银万两，而不计息，限八年还清。再，可以允许用工部杉木，用完后如数交全。此项银两，或令今日全数领去，或以后陆续领去，则听伊等自便。着内务府大臣等传伊等前来，当面晓谕朕旨。钦此。

奉此，内务府大臣赫奕（音译，音 he yi）、赫硕色（音译，音 he shuo se）咨行，笔贴式常德（音译）送去后，交给员外郎德承（音译）。

选译自“内务府行文档”卷 24

33.赫世亨奏为是否允准教皇特使铎罗进京事朱批奏折

（康熙四十四年六月初三日）

赫世亨谨奏，为请旨事。

六月初二日送来奏折内奉有朱批谕：铎罗既为尔教王之重臣，来京后必将款待、体恤，在此一点无须多言。惟铎罗来华之目的、巡视之规模何也？西洋人来华已有二百余年，不曾闻有如此巡视之事。如今猝来巡视，或因传教士所作所为有异于此前？抑或另有耳闻？铎罗是否传教士，尚不清楚。来京之后，将尔等间之不和、是非，是否判明？若不判明，则其巡视之名虚矣。如若逐一查明，则有中国人从中挑拨、欺饰，亦未可知，时必更难办理。万一为此事而请旨，则不能不告诉朕所知之实情。倘若告诉，则朕四十五年来因尔等为外国人而所包容、体恤、豢养之心化为空。如今可言其中大概情形，凡入南堂之中国人，则骂入西堂之人，而入西堂之人，则骂入南堂之人。同一教而分为两支者，则因中国人不懂西洋语，不识西洋字所致。若判明伊等之成见、是非，不知以何为准？类此细小情节甚多。既然体恤、豢养尔等多年，待逐一详闻此等情事之后，再行定夺是否允许来京，亦为不迟。着详细具奏。钦此。钦遵谕后，即传闵明我、徐日升、安多、张诚等全部前来，当面展示谕旨，逐一解释，晓谕明白。闵明我等人含泪拱手行礼，并望阙叩称：圣主向来对我西洋人款待得体，恤养甚厚。此外，不禁止我教，准许传布。对我等之过失，竭尽宽容包涵，谆谆戒教，敦促和睦。凡此种种，闵明我等不胜枚举。今又聆听皇上圣谕之余，闵明我等思之，即便父母为子女起见，亦不能如此思虑周详。皇上之仁德，委实无以伦比。如今我等万难报答圣恩，但愿天主面前终日诵经，祷祝圣主延年益寿，使天下之人永远感戴圣主鸿恩。再，以我教之例，除西洋国外，为管理异国之各教会传教士，设一总管人去巡视传教士是否违背教规。若可以治理，务必按照教规进行治理。若难治理，则必驱出。该总管人返回之后，将巡视、治理情事报闻教皇，并行记录在案。虽有此例，但不曾闻有如铎罗这般重臣赴如中国这般大国巡视。该铎罗原系从小出家修道之人。如今大皇帝恤养我西洋人如同赤子，并为我教再三敕下圣旨，不准禁止传教。又我人员中稍有不和之事，圣虑周详，敦促和睦。因此，西洋人普遍赞叹圣德，不胜感戴无疆殊恩。我西洋人都愿铎罗等重臣前来叩谢皇恩。铎罗仰慕圣主救人之至仁，特带来经过选择之医师，并谢恩之际瞻仰圣颜。是以，我等共同请求皇上恩准铎罗进京。再，该铎罗乃查我等出家人是否违背教规之人，因而所到之处必查教规。至于我等之间事宜，大皇帝已经调停处理，且此事之原委，铎罗业已知晓。我等定将铭记圣主教诲于心，并将遵行。铎罗来京之后，必将遵行大皇帝之谕旨，决不轻信入我教之小人言。是否允准铎罗来京叩谢，是否给闵明我等脸面之恩泽，均出自于皇上。等语。言毕复又叩谢圣恩。（下略）

为此谨奏。

［朱批］：朕于此地亦问龙安国等人，伊等所言各异。虽然如此，铎罗乃修道之人，可以允准进京。至于如何进京，着尔等议奏。又其衣帽穿戴如何，着查明具奏。

选译自“满文朱批奏折”

34.赫世亨奏闻西洋传教士皆听皇上决定铎罗如何进京事朱批奏折

康熙四十四年六月？日

赫世亨谨奏，为请旨事。

本月初五日送来奏折内奉有朱批谕旨：至于如何进京，着奏闻。钦此。钦遵谕旨，即召集西洋众人。因徐日升腹泻、鲍仲义仍不便行动，故未前来。巴多明、杜德美、陆伯嘉在修钟表处，亦不前来。除此之外，有闵明我、安多、苏霖、张诚、白晋、纪理安、雷孝思、罗德先等均已前来，并聆听谕旨。伊等不胜欢忭，曰：皇上包容恤养我西洋人将近五十年外，又视我等为外国人，衣则赏貂裘，食则赐皇上食用品，行则选骑厩马，跪则进前赐褥，凡此种种殊恩礼遇，我西洋国人无不耳闻。且为我教起见，皇上费尽心血，叠沛隆恩，使我教得以传布于如是大国。是以，铎罗专程前来叩谢。如今敕谕铎罗进京，我等心甚快慰，不胜欢悦。再，即便不准铎罗进京，铎罗亦不敢（把责任）推到皇上，而我西洋人闻此后，亦必言我等因有过失或无脸面而不容铎罗而已。实则皇上从无歧视人，且我教全赖皇上而生存，如今我等何敢妄议铎罗如何进京之事。等语。观伊等之神态，确实以诚心恳请于皇上。

为此谨具奏闻。

［朱批］：知道了。

选译自"满文朱批奏折"

35.赫世亨奏为铎罗进京时是否穿彼西洋衣服或我此地衣服事朱批奏折

（康熙四十四年六月）

赫世亨谨奏，为请旨事。

本月初五日送来奏折内奉有朱批谕：朕于此地亦问龙安国等人，伊等所言各异。虽然如此，铎罗乃修道之人，可以允准进京。至于如何进京，着尔等议奏。又其衣帽穿戴如何，着查明具奏。钦此。钦遵谕旨，即召集闵明我等人，展示谕旨，晓谕明白。闵明我等言：铎罗抵达澳门之后，先有住澳门、广东传教士来函称，有一名铎罗者已到达，云云。该传教士来函匆促，未说清楚，且尚未收阅铎罗之信函，故而未曾奏报。龙安国等所言之事，闵明我等虽不知晓，但我等现在所奏之言，皆为铎罗信中之意。今圣主体谅我西洋众人，敕谕恩准铎罗进京，闵明我等不胜欢忭，而我西洋各国亦翘首以待，可以结队迎迓铎罗。当铎罗得以瞻仰圣颜，得以眼见圣主恤养殊恩时，犹如西洋各国众人躬行瞻仰，曷胜欣悦。此前皇上谕曰：铎罗来京后必将款待、体恤，对此无须多言。钦此。闵明我等见此谕旨，深受感动，今又何以妄议铎罗进京，铎罗如何进京之事。仍请皇上降旨指点。等语叩请。

再，铎罗职衔为教皇重臣。在西洋地方，见众人时，穿常人服饰，见教皇时，穿重臣礼服。该礼服长至脚面，犹如套衣而无衣襟，扣子很密，衣服外面披斗篷。斗篷长如衣服，而衣服、斗篷之颜色，皆为红青色发蓝，戴金十字架。右手无名指上，戴金刚石或镶宝石戒指。帽与靴，皆与众人同。其乘坐之车门上，绘有较大印信。骑用鞍屉上，亦绣有较大印信。如今，该铎罗已乘船来华，故其车、鞍均未带来。其见教皇时所穿之重臣礼服、斗篷等，是否带来，亦不知晓。铎罗本为返回之人，是否穿西洋衣服前来，或如我等穿此地衣服前来，仍请皇上一并饬教。

为此谨奏。

［朱批］：铎罗为修道之人，是前来修彼之教，并非西洋王等所差进贡之人，因而着穿我此地衣服。尔等行文总督、巡抚等加以款待，并拨给船夫，派人照顾，从速进京。将此谕给西洋人看，伊等有何可言！如此若为可妥，着

赫世亨即拟清字，饬交总督、巡抚子弟，一面速咨，一面奏闻。倘有别事，复奏候旨。

选译自“满文朱批奏折”

36.赫世亨奏为缮拟清汉字咨行广东督抚准铎罗进京事朱批奏折

（康熙四十四年六月）

赫世亨谨奏，为请旨事。

初八日送来奏折内奉有朱批谕：铎罗为修道之人，是前来修彼之教，并非西洋王等所差进贡之人，因而着穿我此地衣服，尔等行文总督、巡抚等加以款待，并拨给船夫，派人照顾，从速进京。将此谕给西洋人看，伊等有何可言！如此若为可妥，着赫世亨即拟清字，饬交总督、巡抚子弟，一面速送，一面奏闻。倘有别事，复奏候旨。钦此。钦遵此谕，将谕旨展示给西洋人。伊等见谕，不胜欢忭，叩谢圣恩，并言皇上此谕神奇至极，西洋人骑马多有宿疾，乘船前来甚好。我等除奉旨外，别无他事。等语。今日即传总督、巡抚子弟前来，遵照谕旨抄写清字。又详细缮写铎罗专门带来选中内科医师一名、外科医师一名，并带有土产药物等项，准备进献皇上叩恩。铎罗现已抵达广州府等情。将此交付与总督族侄郭朝宾，巡抚之子内阁中书希成额，饬令总督、巡抚遵照谕旨加以款待，拨给船夫，派人照顾，从速进京。等情。巡抚之子希成额言：明早初九日即咨行，现在值雨水季节，沿途泥泞，约行三十五六日后方抵广州府。来京时乘船而行，可行两个月许，往返共需百日，约于九月二十日前后抵达京城。等语。

为此谨具奏闻。

［朱批］：知道了。

选译自“满文朱批奏折”

37.闵明我等奏为铎罗已到广东拟于七月二十二日启程来京事朱批奏折

（康熙四十四年八月？日）

闵明我、张诚、赫世亨等谨奏，为叩请皇上万安事。

本月二十四日，接据铎罗自广东寄来信函内开：于七月十二日，铎罗在广东大臣处获知大皇帝所颁谕旨后，欢悦甚深，恨不能长出翅膀急飞至京师，以瞻仰圣颜为快。早已闻得中国富贵体统，大皇帝诸德俱全，视百姓如赤子，亲善好生，至仁至圣，且不禁止我教，对传教士款待有加。此事远播于西洋，人人感戴。故我教化王深受感动之余，传令在各国修道人员诵经祷祝大皇帝万寿无疆，永远抚恤万邦。因此，各传教士纷纷虔诚诵经祈祷之。自铎罗抵达广东之后，经察民众生计，果然地广民稠，家家丰裕。铎罗亲临多国，从未目睹如此热闹、升平，小民人人善良有礼。由此而知大皇帝之德文润及于天下，福泽善及于众生。更使铎罗喜出望外者，得以聆听圣谕，受到广东大臣款待，因此由衷感戴。但愿速抵京师，瞻仰大皇帝圣颜，逾格叩谢隆恩，以解我教化王之仰慕热忱。等语。此信写于七月十三日。

又，住广东天主堂之旧西洋人于七月十七日所写信函，亦与铎罗信函同时到达，该信内开：巡抚亲率各官已至天主堂。据称于七月二十二日启程。等语。

此次，总督、巡抚并未咨文前来，或于铎罗启程之日奏报，亦未可知。

为此谨具奏闻。

［朱批］：知道了。

选译自“满文朱批奏折”

38.赫世亨奏为铎罗患病无甚大碍并尚未提及巡视事朱批奏折

(康熙四十四年?月?日)

赫世亨谨奏,为请旨事。

铎罗患病后,为其送去食品,由三贝勒具奏此事。据铎罗言:外科医师于途中患病数月,来此地后病情加重,我带来之内科医师亦不能治愈。圣主体恤铎罗,为抢救外科医师生命,施恩赏赐适合于病情之名药,派出专治痢疾之医师治疗,此乃不仅已故外科医师,以及铎罗本人,而任何人均不能轻易遇见之隆恩。对我外科医师施以如此隆恩,何况我铎罗本人。大皇帝特念铎罗为遐壤外国之人,凡饮食、身上气血、患病原因等,均异于中国,而原医师熟知病情,若派此地医师治疗,一时难以用药,故而未派此地医师前来治疗。对于此事,铎罗业已知晓。今又派人前来抚慰铎罗宽心,期以早日康复。故而未派医师前来。大皇帝圣虑周详,敕谕明白,铎罗何德何能,何以接受此情,委实难以言表。赞叹之余,虔诚恭敬,做一名大皇帝之仆从子弟罢了,荷蒙大皇帝鸿福,铎罗之病无碍于寿命。近几日内,若能内劳缓解,外寒散去,便可痊愈。等语。据铎罗带来医师言,亦无大碍。等语。奴才观之,自觐见皇上之后,似有略微消瘦,气亦较弱。再,经询问张诚等人,铎罗尚未提及巡视之事。

为此一并谨具奏闻。

[朱批]:知道了。

选译自“满文朱批奏折”

39.总管内务府为给白晋等准备驿马船只到厦门出海赴欧洲事行文兵部

康熙四十四年十一月十八日

总管内务府行文兵部,为知会事。

本月十七日,据员外郎赫世亨、张常柱前来禀称:我等已奉有旨。谕曰,西洋人白晋、沙国祥均骑马有宿疾,可于尔等属下人内选派一人,沿途择取驿马给予骑乘。若不能骑马时,可以准换乘车。若乘船前往较快,则准换乘船。抵闽之后,若海船泊于金门、厦门等地,则将西洋人送至泊船之地,而后可以返京。钦此。钦遵此谕,于当日将养心殿笔帖式佛保、布尔赛,武英殿监造关保、常瑞、色楞、双丁、爱保、陶格、陈喜祥、高斌,南熏殿监造王凯、双玉、博和里、八十等人之名开列于单绿头牌奏览。奉旨:着养心殿笔帖式布尔赛去。着派兵部领催一人随同前去。钦此。钦遵。为给伊等签发勘合,先期准备驿马、车辆、船只,以期不误行程,特拟文咨行。

为此知会。

内务府大臣何硕色咨行。笔帖式杨洪成送去后,已交付员外郎杨琳收讫。

选译自"内务府行文档"卷25

40.总管内务府为白晋、沙国安奉命出使罗马并备有礼品事行文兵部

康熙四十四年十一月十九日

总管内务府行文兵部,为知会事。

本月十九日,据员外郎赫世亨、张常柱前来呈称:我等已具折奏称,倘若笔帖式布尔赛、西洋人白晋、沙国安(前文作沙国祥)抵闽时海船尚未启航,即送西洋人登船,而后布尔赛返回即可。倘若海船已经启航西去,则布尔赛或返回,或将西洋人送到广东之处,伏乞请旨。等因具奏。奉旨:若海船已启航,则送至广东之澳门。若于澳门尚有海船,即送登船,而后返回。倘若仍无返航之海船,于广州府既有天主堂,可将西洋人交给该巡抚,令住于天主堂,布尔赛可以返回。彼西洋人可于明年乘坐返回之船前去。至于西洋人何时启航,着该巡抚将消息寄送于尔等,钦此。查有赏赐西洋教化王之礼物,不计小件,仅缎、锦即有三十匹,需要驿马驮物。请将此一并准行。等语呈称。

据此,请尔部查照谕内之事转行该巡抚,并相应拨给驿马以驮用赏品即可。

为此知会。

包衣昂邦何硕色咨行,笔帖式萨尔格送去后,已交付员外郎杨琳收讫。

选译自"内务府行文档"卷25

41.赫世亨奏为铎罗寻觅活狼以治疗肠子绞痛之症事朱批奏折

（康熙四十四年十二月？日）

赫世亨谨奏，为请旨事。

本月二十五日，奴才带着送给铎罗之赏品至铎罗处探问病情，据铎罗言：今日比前几日有所好转。据我医师称，剖开活狼肚子后取出肠子，以裹于患者腹部配合治疗，可以治愈肠子绞痛。云云。我西洋地方很难觅得活狼，在此地试试看，若不觅得，再向大皇帝请求。我敢于如此冒渎向大皇帝再三请求者，亦全赖于大皇帝好生之德、恻隐之心。思之，大皇帝体恤我被病魔缠身，因而会宽恕冒渎之罪。大皇帝虽不嫌憎，但对大皇帝之隆恩，铎罗无不感戴至深至极。铎罗委实惧怕福寿折损。请尔暂勿奏闻，待至不能觅得时，再行乞请。等语。

张诚等人言称：铎罗尚未提及巡视之事。等语。

为此一并谨具奏闻。

［朱批］：我处狼甚多，圈养者亦有之，易于觅得。着取景山内所养狼一只，以彼之所求者而送之。

选译自“满文朱批奏折”

42.赫世亨奏为铎罗病情好转但尚未提及巡视之事事朱批奏折

（康熙四十五年正月？日）

赫世亨谨奏，为请旨事。

本月十一日，前往探视铎罗时询问其病情，据言称：如今手足骨节之酸疼又有好转。我病逐渐痊愈之中。看来，似乎因为皇恩浩荡，才使我身迅速康复。然而如何强健，惟皇恩至重至大，铎罗岂有全受之福分耶！等语。

徐日升、张诚等言称：铎罗尚未提及巡视之事。等语。

为此谨具奏闻。

［朱批］：知道了。

选译自“满文朱批奏折”

43.赫世亨奏为铎罗谈论康熙帝往事但不提及巡视一事事朱批奏折

（康熙四十五年？月？日）

赫世亨谨奏，为请旨事。

奴才前往探视铎罗时，铎罗甚为高兴，并对奴才诙谐地言称：尔何不完全告知大皇帝所行奇迹与我？比如大皇帝之神圣奇才，犹如无人不知天地之大、日月之明一般。全人皆知之事，何以隐瞒？大皇帝统领大军出征时，我西洋人张诚等随同前往目睹。据称行军至无水之地，大皇帝指定开挖之处，甘泉涌流，全军人畜全可足以饮用。若遇瀚海险岭，车辆难行受阻时，大皇帝指挥牵拉，犹如行走平川，须臾而过。兽多之地，大皇帝一日可杀三四百，赏给众人。地冻两尺之寒冬季节，大皇帝身穿棉衣服，头戴小帽子，仍不觉寒冷。此等之事，皆为自古以来之奇事。等语。于是奴才便言，我皇上一生之中奇事颇多，一时难以说完，而且文字记载，也多遗漏。言毕，铎罗又言称：大皇帝生来圣明，以哺育人为本，故而天主不时给予襄助。再者，自从将狼肠子围裹我肚子之后，就不怎么绞痛了。如此看来，或许我病已经痊愈。等语。

此次铎罗仍未提及巡察之事。为此一并奏闻。

［朱批］：知道了。

选译自“满文朱批奏折”

44.赫世亨奏为从铎罗处取回巧克力并打听其八种配料及饮用方法事朱批奏折

康熙四十五年五月二十四日

赫世亨谨奏,为请旨事。

本月二十二日奉旨:着赫世亨至铎罗处,倘若铎罗多带有“deriyaga”,可以索取。倘若所带无多,不必索取,俟抵广东觅得之后,寄来亦可。倘有“cokola”(巧克力),亦可索取。钦此。钦遵。奴才与铎罗言称:尔若多带有deriyaga,可否送与我?倘若无多,尔可留用,俟抵广东觅得之后,可以寄送与我。再,若带有cokola(巧克力),亦望送与我。等语。于是,铎罗送与我两只锡制小盒子deriyaga,计有四两五钱。又送与cokola(巧克力)有一百五十块。据铎罗言称,已留有够用之deriyaga,而cokola(巧克力)仅有一百五十块,眼下无甚可用之处,且从吕宋地方不久又要送来cokola(巧克力),一俟送来,即可多寄送与尔。再,我抵达广东之后,一经觅得deriyaga,即刻寄送与尔。等语。

又向鲍仲义询问制作cokola(巧克力)配方,据言性温而味甘苦,出产于ameriga(美洲)、吕宋等地。共用八种原料配制而成,其中肉桂、秦艽、沙糖三种原料,中国亦有,而gagao(可可)、waniliya、anis、ajuete、megajuoce此五种原料,此地不产。我仅知此八种原料,而不知八种原料之配量、调制配方。饮用cokola(巧克力)时,将cokola(巧克力)放入铜制罐子或银制罐子煮开之糖水中,以黄杨木捻子搅匀之后,可以饮用。此种搅匀后饮用方法,徐日升等人亦知晓。等语。西洋人所有煮cokola(巧克力)之罐子皆为红铜制,故特制银罐、黄杨木捻子后,装于木制匣子内,将五十块cokola(巧克力),放置于簸箩内(下略),一并呈送。其余cokola(巧克力)一百块,以及deriyaga,均送大内收存。至于是否陆续寄送cokola(巧克力)一事,一俟奉旨,即刻遵行。

为此谨奏。

[朱批]:知道了。鲍仲义言味甘苦而性温,但未言益于何种身体、治何种病,甚为欠妥。着再问。至于cokola(巧克力),毋庸寄来。

选译自“满文朱批奏折”卷160

45.赫世亨奏为cokoladi(巧克力)非药物而美洲地方之饮用品事朱批奏折

康熙四十五年五月二十七日

赫世亨谨奏,为请旨事。

二十五日送来奏折内奉有朱批谕旨:知道了。鲍仲义言味甘苦而性温,但未言益于何种身体、治何种病,甚为欠妥,着再问。至于cokoladi(巧克力,上文写作cokola),毋庸寄来。钦此。钦遵谕旨,再经询问,据鲍仲义言:cokoladi(巧克力)非药物,犹如ameriga(美洲)地方之茶叶,一日或一次或两次饮用。凡为老人,或胃功能弱者,又腹内有寒气者,腹泻者,消化不良者,均可饮用。尤其在增加胃热以消化食物方面,颇有益处。内热发烧者,患有痨病者,苏醒过来者,痔疮流血者,以及泻血者,均不宜饮用。等语。

再,二十七日将三阿哥交付之食品,已送给铎罗。时铎罗跪迎收受,不胜欢忭之至,并言称:前次皇上施恩,铎罗胃口大开,今又施以此恩,铎罗瘦弱之躯必会强壮发胖。等语。

为此,(下略)谨具奏闻。

[朱批]:知道了。

选译自"满文朱批奏折"卷160

46.赫世亨等奏为传旨铎罗、阎当、陈修等人事朱批奏折

康熙四十五年五月二十七日

赫世亨、赵昌谨奏，为请旨事。

二十五日，赵昌同赫世亨传旨于铎罗：尔于此前奏称，今夏大暑过后，于七八月间不等候皇上还宫，即欲回去。等因奏请。朕念尔为病人，即依尔意，回去也好。朕并未言尔速回，亦未阻止尔巡察中国各省教徒、小西洋教徒。此次巡察教徒之事，皆为尔之职守，与朕何干？留一年或二年，皆由尔自便，朕无从阻止。再，赵昌尔糊涂矣！自铎罗抵达之后，患病欠安，以至于今。铎罗服用医师高廷庸之药，以及饮食起居等项，皆问于高廷庸，而高廷庸不分昼夜，一步不离铎罗身边守候治疗。朕知此情，因而所有考虑均依于其病。倘或没有高廷庸，朕岂不派此地医师去医治乎？若经此地医师治疗罔效，病情仍不痊愈，朕亦必派该医师随从治疗直至广东地界，待起赴西洋后，该医师方可返回，岂可中途撤回该了解病情之医师？伊若奏请带去以治其病，或派？或留？朕将如何降旨？如今铎罗奏请留用医师，甚好，高廷庸即留之。一二年治疗其病，若有好转，必长期留用，若病加重，必将遣回矣。再，中国供奉牌位者，并非求牌位施以福祉，而尽恭敬之意者矣。此乃中国之一大习俗，至关甚要。譬如将朕所穿旧鞋赏给赵昌，尔必将恭敬置放于尔之衣帽之上。尔难道恭敬朕之鞋乎？非也。此乃专念朕之所赐而恭敬者矣。况且尔也不敢妄求于朕，难道求福于鞋可乎？再譬如铎罗将朕所赐之物带至西洋后，务必举捧着恭敬展示，并言此为皇上所赐之物。铎罗恭敬此物，难道求福于此物乎？非也。此乃亦念朕之所赐而自然尊敬者矣。由此而言，亦应明白所以恭敬祭拜之原因矣。钦此。

再，已告知铎罗，前日见尔食用皇上所送食品甚为有味，并言在此之前食物无谷物香味，今日送此食品，我胃口全已大开，云云。是以，皇上降旨三阿哥：照前所赐食品送之。钦此。再，尔如今不急于回去，据尔言称可将寄给教化王之信函写毕之后，欲呈览于皇上，云云。故我等待此函，并翻译后带去。等语。

再，皇上询问天主教中有何西洋人，奴才即奏称，有西洋人薄贤士新来。

等情具奏，并将此事告知于铎罗。

再，以赫世亨、赵昌之意与铎罗言称：我等皆为好友，全可尽心尽意提醒为好。皇上念尔为教化王所差之人，又来自遐壤，故而格外施恩，款待有加，尔之任何言辞，务必熟虑再三，方宜说出。倘或前后言辞不相一致，则此地人闻知后亦必不悦。等语。

铎罗闻旨，赞誉圣旨，无比欢忭，言称：铎罗病疾缠身，不甚领悟皇上谕旨。今奉此谕之后，方悟皇上所施格外殊恩，铎罗更难承受，委实感戴之至。皇上屡屡施以殊恩，皆为教化王之脸面起见，铎罗将此一一恭写于信札，以送与教化王。至皇上所需之人，可令寻找，不等铎罗返抵，可以随得随派信使护送前来，以谢圣恩。信内所写皇上敕谕甚多，一俟写完，必将奏览。又，前次降旨，均写汉字，故请此次降旨亦写汉字。等语。

再，又时阎当言，皇上阅览尔文之后笑而降旨：尔被此地所学浅薄之人蒙骗矣，错将儒教之人视为尔教之人，而在中国异于尔教，或不识尔教之人甚多，怎可斥责为异于尔教？着尔（指赵昌）以己身为例告知之，西洋人之例娶一妻，今我（赵昌）有二三房妻妾，且均有子女，如今将妻、子弃之乎？或如何而为之？再譬如，主人见仆从挨打，因为仆从有过，但主人不知情，却言打人者不对，被打者应去打打人者，以此相报。尔如劝导以打相报者矣。钦此。将退给尔之一文仍给与我，并将不符合于尔教之事均加补写于文内，我带去奏闻。等语。阎当聆听圣旨后，很为惊恐，将其文交与我，并叩称：阎当聆听圣旨之后，方悟得圣人之言无不包容，万物之理尽在其中。皇上洞悉阎当学问浅薄，不通中国礼仪。阎当委实无言可答。惟谨遵圣旨，叩请圣训。等语。

又问为阎当拟写该文之汉人陈修：西洋人乃为外国人，故而不知中国礼仪。尔身为中国人，又读过孔子书，却写为孔子之道有违于教义者何耶？陈修叩称：我从十岁起依靠天主堂西洋人长大，于去年随同铎罗来至京城。我不懂写文之理，仅识几字。因阎当不会写字，即令陈修写。陈修不知文内详情，只抄写阎当之文。至孔子之道与天主教义不相符等情事，陈修实不知晓。并无他情。等语。

又阎当叩称：陈修乃无知糊涂人。我不知文理，又不会写字，故令陈修代笔。此均阎当之过，与陈修无涉。阎当只叩请奏报皇上施恩恕罪。等语。

再，皇上敕谕赵昌：俟铎罗写完其寄给教化王之信札，即经翻译后带来。钦此。我即前去看得，铎罗有病，即问病情，据毕天祥言称：尔去奏闻之后，铎罗为阎当事心焦虑,夜不寐,食无味,腹又痛,甚为虚弱。自尔前来传旨后,铎罗心中稍觉宽慰。虽系如此,当给教化王写信时,将圣主多次教谕,所施无数恩泽,从头至尾全部详细缮写,故待铎罗身体稍微硬朗后才写。至于何时写完,难以悬拟时日。等语。铎罗所写信札较长,且今尚未动笔。俟写完信,并赫世亨翻译后,或驰报具奏,或由赵昌仍然等候之处,一俟奉旨,即可遵行。

为此谨奏。请旨。

[朱批]:着赵昌事竣后带来。余已览。

陈修系浙江衢州府西安县民,年四十九岁。

选译自“满文朱批奏批”卷 157

47.赫世亨奏为铎罗收受三阿哥交付送去之食品事朱批奏折

康熙四十五年六月初一日

赫世亨谨奏,为请旨事。

(上略)本月初一日,将三阿哥交付之食品送与铎罗。铎罗跪迎收受食品,并言称:圣主体恤铎罗为病人,特谕阿哥送来皇上食用之各样美味食品,铎罗每日换口味食用之。大皇帝隆恩有增无减,铎罗实难承受之至。

为此一并奏闻。

[朱批]:知道了。

选译自"满文朱批奏折"卷156

48.赫世亨奏为铎罗寄送教皇信札尚未写完事朱批奏折

康熙四十五年六月初四日

赫世亨谨奏,为请旨事。

(上略)薄贤士所写汉字文三页,俱行呈送外。于初四日,由赵昌、赫世亨将三阿哥交付之食品送与铎罗,铎罗收受。据铎罗言:我寄送与教化王之信札写完之后,要交付与随从我前来之汉人翻译成汉字。一经告竣,将西洋字信札,所译汉字文,均交付与二位。等语。

为此一并谨具奏闻。

[朱批]:铎罗信札告竣之后,着赵昌亲自带来。观阎当之论文,不全面,无头绪,仅以己之一见比较天主教而已。对于五伦、仁义等大处,何不赞赏一句为是?可见其浅而短见者,犹如我此地讼师拟讼状,只要能推倒,取胜,则为一大快事,从不考虑是非。如此狭窄之见,无足称道。无论如何,见后便可知道。以上所言,不可告知为谕旨,而谓为寄语,可告知我此地西洋人及毕天祥等人,毋得遗漏一字,伊等或许告知阎当矣。阎当闻此后,不知又有何言,着尔等探听奏闻。

选译自“满文朱批奏折”卷157

49.赫世亨奏为阎当闻旨愕然噤口并铎罗信札告竣已呈送事朱批奏折

康熙四十五年六月初七日

赫世亨、赵昌谨奏,为奏闻事。

本月初六日奉旨:铎罗信札告竣之后,着赵昌亲自带来。观阎当之论文,不全面,无头绪,仅以己之一见比较天主教而已。对于五伦、仁义等大处,何不赞赏一句为是?可见其浅而短见者,犹如我此地讼师拟讼状,只要能推倒,取胜,则为一大快事,从不考虑是非。如此狭窄之见,无足称道。无论如何,见后便可知道。以上所言,不可告知为谕旨,而谓为寄语,可告知我此地西洋人及毕天祥等人,毋得遗漏一字,伊等或许告知阎当矣。阎当闻此后,不知又有何言,着尔等探听奏闻。钦此。钦遵,即全告知与此地西洋人及毕天祥等人,张诚等赞叹之至,言称:皇上阅看阎当数行之文,便洞悉阎当之肺腹心思,臣下赞叹皇上圣德之余,难免怜悯阎当自取苦果。譬如阎当黑夜迷途,黎明知返。阎当原以为自己学问优于举人、进士,如今敕谕阎当将孔子之道与教义不符之处具奏解释时,因不能写而愧惕万分,但求无罪而完结。自皇上接见后,方知集我众西洋人所学也不及一秀才。如今阎当后悔莫及。现今将此谕旨告知之后,阎当愈加惭怍且又愕然噤口。等语。

再,铎罗信札告竣,赫世亨翻译至初六日夜完竣,于初七日晨赵昌携带起程。

为此一并谨具奏闻。

[朱批]:知道了。

选译自"满文朱批奏折"卷157

50. 赫世亨等奏为铎罗拟于八月间回去而不能前来觐见等事朱批奏折

康熙四十五年六月十三日

赫世亨、赵昌谨奏,为请旨事。

赵昌同赫世亨同往传旨与铎罗:尔若于七月间回去,则必雨水大,且又米船驶来之际,因而尔船前行较难,且又危险。尔或待朕入跸后于九月间回去,或八月间回去,则为甚妥。再,高廷庸是否留于此地?或仍带去治疗尔之病?再,经阅阎当所写一文,阎当决不能讲解明白中国史书,况且即住于此地之旧西洋众人,亦全不能讲解明白。可告知于铎罗,朕对所有西洋人,向来一视同仁,阎当亦无例外,并无凌辱。再,可于铎罗面前问毕天祥,天主教人所言"敬天主"一词,与中国人所言"敬天"一词,虽相各异,而意相同。况且中国之 feng be yu shi(音译)者,乃文人随意命名者矣。譬如此地人绘画神仙时,必画云彩,而西洋人绘画神仙时,必画翅膀,尔等果真以为天神如画般展翅飞翔乎?又譬如尔之名为毕天祥。尔何不遵照教义将名字改为毕天主慈祥乎?此皆因各国命名习惯所致矣。由于名词之故,即认为大道理亦不相同,如此可乎?钦此。铎罗聆听圣旨之后,叩请皇上躬安。铎罗言称:皇上念铎罗于雨水大而米船多时回去,恐有危险,故降此谕。铎罗更加感戴皇上殊恩。理应等候皇上入跸,瞻仰圣颜,叩谢圣恩,而后返回。但我此病,一遇天冷,即必发作,故于七月间准备返回。如今我遵照皇上谕旨,拟于八月间即行返回。再,我待皇上入跸之后,叩谢皇恩,然后回去,则为甚妥。且我远行陆路,理当与阎当等一同前往叩谢圣恩为是。只因铎罗不能坚持,为此深表遗憾。至于医师高廷庸,皇上已敕谕随往治疗铎罗之病。铎罗知此后,又何敢妄言去与留之事。或带,或留,愿按敕谕遵行。再,皇上念阎当恐有惧怕、焦虑之心,故降此谕。如今阎当有所放心,亦甚感激圣恩。铎罗依据皇上之至高仁德,浩荡鸿恩,早已预见到决不会凌辱阎当。今又聆听此谕,铎罗更加感激不尽。再,皇上以天神之翅膀,毕天祥之名字作此比喻。在铎罗看来,敕谕中语言虽少,但其中所揭示之大道理已明白无遗矣。等语。

再，据高廷庸言称：我此次来，并非为铎罗而来，专为效力大皇帝而来。今若大皇帝用我，我即留在京城，不随同铎罗回去。等语。

再，经察铎罗之言，并无觐见皇上之意。

再，赵昌于十二日夜到达，当夜下雨，至十三日仍未天晴。赫世亨、赵昌等待天晴之后，再带阎当等启程，时另行奏闻。

为此一并谨奏。

[朱批]：览奏。知道了。至高廷庸之事，待赫世亨、赵昌抵达后再定。

选译自“满文朱批奏折”卷157

51.赫世亨奏为带领西洋人安多、阎当等于十九日自京城启程事朱批奏折

康熙四十五年六月十六日

赫世亨、赵昌谨奏,为奏闻事。

本月十四日天晴,拟于十六日欲带西洋人前去,但自京城至三家店仍为泥路,车辆、轿子难行,而安多、阎当又不能骑马,只乘托轿而去。是以延迟至十九日方能启程。

为此谨具奏闻。

[朱批]:知道了。

选译自“满文朱批奏折”卷157

52.赫世亨奏为龙安国、薄贤士拟于初十日启程事朱批奏折

康熙四十五年九月初六日

赫世亨谨奏,为奏闻事。

(上略)闵明我等已聆听龙安国带来之谕旨。当听到谕旨内所言此地旧西洋人虽保证铎罗实属教化王所派使臣,但也不可多信铎罗等言语为是。是以传白晋、沙国安回来,着暂存赏赐之物,俟教化王所派真实使臣到来时,再验明后赏赐,亦为不迟。当听到此段话时,伊等均表露出欢悦之色,并用西洋语互相交流,摇头赞赏。奴才即问伊等欢悦赞赏原因时,伊等言:圣主为我等费尽心血,再三施以格外殊恩,因此无比欢忭,曷胜感戴。皇上之恩德,实难以言表,此次务必将所有敕谕,所有具奏事情,具行详尽寄送。等语。薄贤士言称:我来京城后尚未效力于皇上。如今从优擢用,视为可信之人,奉使前往。薄贤士感激圣恩之至。薄贤士虽不能报答圣恩于万一,但尽我所能,务必将此布告送达于众人。等语叩谢。龙安国、薄贤士原定于初七、八日启程,今已骑乘骡子兼程而去,若于本月初十日起赴,即便行走缓慢,亦于十月二十五日内能到达。所以已定于初十日启程。

为此一并奏闻。

[朱批]:知道了。

选译自“满文朱批奏折”卷158

53.赫世亨奏为布尔赛已带白晋、沙国安并赏赐物品回京事朱批奏折

康熙四十五年十二月初九日

赫世亨谨奏,为奏闻事。

布尔赛带西洋人白晋、沙国安及赏赐物品,于本月初八日夜回来,并将沙国安安置于徐日升所主教堂。初九日晨,布尔赛入内交付带回之赏赐物品,即行往迎皇上。

为此谨具奏闻。

[朱批]:知道了。

选译自"满文朱批奏折"卷157

54.赫世亨等奏为龙安国、薄贤士已乘英国船自广州启赴欧洲事朱批奏折

康熙四十六年二月十一日

赫世亨、赵昌谨奏,为奏闻事。闵明我等于本月初八日接到龙安国、薄贤士来信后,即将来信内情报称:龙安国、薄贤士乘海船启航时,跪请皇上万安。十一月三十日,我等乘海船自广州府启航,十二月十三日至海口,初四日赴西洋。此次前去,我等昼夜铭记皇上所施格外鸿恩,一俟抵达西洋,必将眼见身受之恩德,详尽告知于西洋人。愿所有信奉天主教之人,为皇上万安、万寿无疆、爱养天下人而在天主前祝祷。等语。又函告闵明我等,请不必为我等担忧。我等将搭乘昂格利亚国船前去。此船甚为坚固,而船上人员亦颇平和,待我等甚好。大约于本年七月前后可抵达西洋地方。等语。函告前来。

为此谨具奏闻。

[朱批]:知道了。

选译自“满文朱批奏折”

55.总管内务府为永不复回西洋之传教士签发信票事咨复礼部

康熙四十七年闰三月初一日

总管内务府行文礼部，为知会事。

准尔部来文内称，据前修历法之堂员呈称：西洋人孟尼等人已奉旨返回本国，而留于各天主堂之点香、供奉等人员，已令照常行走。倘若持有票文之西洋人前来，亦准居住。等语，呈文前来。据此，我部已行文该堂员查明是否奏请情形。今据闵明我咨复内称：康熙四十五年十一月间面奉上谕，嗣后可将住于各省之西洋人全部传来，引见于朕，朕给与伊等以信票后遣回各省。如此，该督抚等见朕所给信票，便自然会无事平安。着此普遍晓谕，随到随给。钦此。钦遵谕旨，已经咨行晓谕伊等前来京城，相继接见，签发票文。等因，咨行在案。故将此接见之后给发票文之谕旨，可查于内务府大臣衙门档案。等语。据此，咨行总管内务府衙门，一俟详查咨复前来，再行议之。等因前来。

准此查得，康熙四十五年十一月二十日，据员外郎赫世亨呈称，于本月十八日，由多罗直郡王、赫世亨、赵昌等奏称，王以仁，日耳玛尼亚国人，年五十六，系耶稣会人，来中国已经十七年，原住湖广，因患疾欲医治而来京城，幼年时曾学过 ge wu gong li、chao xing xue（音译）。高尚德，波尔托噶尔国人，年四十二，系耶稣会人，来中国已经十年，现住正定府，幼年时曾学过 ge wu gong li、chao xing xue（音译）。等因具奏。奉旨：为永不复回之西洋人，可以给与信票，钤盖内务府印。该票文内要写明西洋某国人某，某岁，系某会人，来中国已经某年，永不复回西洋，曾赴京都陛见，为此给与信票。要以清汉字写，以《千字文》编写序号，从头开始记录。着制作票文式样奏览。钦此。等因呈称，记录在案。

为此知会。

内务府大臣凌普、赫奕咨行。笔帖式宗杰送去后，已交付员外郎佛保收讫。

选译自“内务府行文档”卷 28

56.总管内务府为西洋人杨若翰已经领取信票事行文礼部

康熙四十七年闰三月十四日

总管内务府行文礼部,为知会事。

准尔部来文内称,广东总督赵宏灿来文内称,据布政使高必宏来文内开,于康熙四十六年九月二十日,有西洋人杨若翰来至教堂欲住,经讯问得,杨若翰则称:康熙四十六年五月三十日,已发给我钦颁钤印水字号信票。等语。当经验看,信票内开:西洋意大利亚国人杨若翰,年四十,系方济格会人,来中国已经八年,曾赴京都觐见,永不复回西洋,为此给与信票。等语。只因有新规定,故将此事详细开列送部,请予备案。等因到部。查得,为西洋人给与信票、降旨等事,均由总管内务府衙门记录在案。是以,将此行文总管内务府衙门,请查明西洋人杨若翰是否领取信票一事后,即行咨复我衙门,以便我部咨复该总督知会可矣。等因前来。

案查,西洋意大利亚国人杨若翰,四十岁,方济格会人,现住江西吉安府。等因在案。据此,我衙门给发钤印信票属实。

为此知会。

内务府大臣凌普、赫奕咨行。笔帖式买图送去后,已交付员外郎佛保收讫。

选译自"内务府行文档"卷28

57.总管内务府为部分在华西洋传教士已领取信票事行文山东巡抚

康熙四十七年三月二十二日

总管内务府行文山东巡抚,为知会事。

据尔来文内称,于康熙四十六年十二月二十一日由布政使呈称,康熙四十六年十一月十二日抚臣赵世显咨称,康熙四十六年十一月初八日礼部来文内称,据山东巡抚赵世显来文内称,康熙四十六年五月十三日直王传奉上谕:在中国之西洋人,凡持有清汉字信票者,则准留下,而无信票者,均不准留下。钦此。钦遵。查南怀德等八人,均持有清汉字信票。此项信票,是否由贵部签发?请予查行可也。等因咨文,已咨行到我部。查得,南怀德等八人,我部并未给发信票。是以,将各州县印结一并咨行。等因,咨行到巡抚。据此,即行咨查东昌、青州、兖州、济南各府。今据该司查咨内称,西洋人南怀德等八人所持信票系为何部给发一事,已饬交各府详查速报去后。今东昌府呈称,据康和子、伊大仁称,该项信票,乃从养心殿领取,为二张钤有总管内务府印之信票。等语。青州府呈称,据景明亮、巴琏仁称,于四十六年五月十三日前往迎接皇上时,由直王给此信票,但不知为何官何部所发。可以奏请便知道。等语。兖州府呈称,据卞述济称,于当年五月十三日,由直王在临清州给此信票,非部衙门给发。等语。济南府呈称,据郭纳璧称,于当年五月十三日在临清州迎接皇上时,由直王给此信票,非部衙门给发。等语。西洋人南怀德于本年十一月初九日前往广东天主堂领取盘缠,至今尚未归来;方全纪于本年九月初一日前往京城,至今尚未归来,因而无凭查核伊等所持信票。等因前来。该司查得,康和子、伊大仁称,其信票系为养心殿所给发,为二张钤有总管内务府印之信票。景明亮、巴琏仁称,由直王给此信票,但不知为何部所给发,奏请便可知道。卞述济称,由直王给此信票,非部给发。郭纳璧称,由直王给此信票,非部给发。南怀德、方全纪已去他处,至今尚未归来,无凭可查。请巡抚可详细咨文总管内务府、礼部衙门。等因,呈送到巡抚。据此,除咨查礼部外,该康和子、伊大仁所持有之钤印信票,是否贵衙门给发,请查行即可。等因前来。

查得,康熙四十五年十一月二十日,员外郎赫世亨呈称,于本月十八日,由多罗直郡王、赫世亨、赵昌奏称,王以仁,日耳玛尼亚国人,五十六岁,系耶稣会人,来中国已经十七年,原住湖广,因患疾欲医治而来京城。高尚德,波尔托噶尔国人,四十二岁,系耶稣会人,来中国已经十年,现住正定府。等因奏览。奉旨:为永不复回之西洋人,可以给发信票,钤盖内务府印。该票文内要写明西洋某国人某,某岁,系某会人,来中国已经某年,永不复回西洋,曾赴京都陛见,为此给发信票。要以清汉字写,以《千字文》编写序号,从头开始记录。着制作票文式样奏览。钦此。钦遵,已给发信票者如下:

康熙四十七年十一月十七日,西洋波尔托噶尔国人高尚德,四十二岁,耶稣会人,现住正定府。

同日,西洋日耳玛尼亚国人王以仁,五十岁,耶稣会人,原住湖广省武昌府,现住京城。

十二月二十七日,西洋意大利亚国人康和子,三十八岁,耶稣会人,现住山东省临清州。

同日,西洋意大利亚国人鲁保禄(罗),四十七岁,耶稣会人,现住河南省开封府。

四十六年正月十九日,西洋意大利亚国人伊大仁,六十二岁,方济格会人,现住山东省临清州。

二十日,西洋罗大领日亚国人汤尚贤,三十八岁,耶稣会人,现住山西省太原府。

同日,西洋意大利亚国人方全纪,三十九岁,耶稣会人,现住山东省济南府。

同日,西洋意大利亚国人艾若瑟,四十八岁,耶稣会人,现住山西省绛州府。

四月初四日,西洋意大利亚国人艾斯玎,五十二岁,耶稣会人,现住杭州府。

同日,西洋法郎西亚国人郭仲传,四十三岁,耶稣会人,现住宁波府。

同日,西洋法郎西亚国人龚当信,三十七岁,耶稣会人,现住绍兴府。

五月十三日,西洋伊斯巴尼亚国人郭纳璧,七十七岁,方济格会人,现住山东省泰安州。

同日,西洋伊斯巴尼亚国人卞述济,四十五岁,方济格会人,现住山东省济宁州。

同日，西洋伊斯巴尼亚国人景明亮，四十一岁，方济格会人，现住山东省青州府。

同日，西洋伊斯巴尼亚国人南怀德，三十九岁，方济格会人，现住山东省济南府。

同日，西洋伊斯巴尼亚国人巴琏仁，三十九岁，方济格会人，现住山东省临朐县。

四月二十六日，西洋法郎西亚国人方西满，四十六岁，耶稣会人，现住湖广武昌府。

同日，西洋法郎西亚国人殷弘绪，四十岁，耶稣会人，现住江西省饶州府。

同日，西洋法郎西亚国人马若瑟，四十四岁，耶稣会人，现住湖广省汉阳府。

同日，西洋法郎西亚国人庞克修，四十四岁，耶稣会人，现住江西省建昌府。

同日，西洋法郎西亚国人戈维理，三十九岁，耶稣会人，现住江西省抚州府。

同日，西洋法郎西亚国人聂若翰，三十八岁，耶稣会人，现住湖广省黄州府。

同日，西洋法郎西亚国人沙守信，三十七岁，耶稣会人，现住江西省抚州府。

同日，西洋法郎西亚国人赫苍璧，三十六岁，耶稣会人，现住湖广省黄州府。

同日，西洋法郎西亚国人冯秉正，三十六岁，耶稣会人，现住江西省九江府。

同日，西洋波尔托噶尔国人聂若望，三十五岁，耶稣会人，现住湖广省长沙府。

同日，西洋波尔托噶尔国人林安年（音），五十三岁，耶稣会人，现住江南江宁府。

同日，西洋波尔托噶尔国人孟由义，五十二岁，耶稣会人，现住上海县。

同日，西洋波尔托噶尔国人毕安，四十六岁，耶稣会人，现住上海县。

同日，西洋意大利亚国人利国安，四十一岁，耶稣会人，现住松江府。

同日，西洋波尔托噶尔国人马安能，三十七岁，耶稣会人，现住嘉定县。

同日，西洋波尔托噶尔国人阳若望，三十六岁，耶稣会人，现住苏州府。

同日，西洋法郎西亚国人隆盛，四十岁，耶稣会人，现住无锡县。

同日，西洋法郎西亚国人顾铎泽，四十岁，耶稣会人，现住贵阳府。

同日，西洋法郎西亚国人彭觉世，三十八岁，耶稣会人，现住崇明县。

同日，西洋波尔托噶尔国人张安多，二十九岁，耶稣会人，现住上海县。

同日，西洋波尔托噶尔国人金澄，四十三岁，耶稣会人，现住广东省廉州府。

同日，西洋波尔托噶尔国人德其善，三十三岁，耶稣会人，现住广东省雷州府。

五月十三日，西洋意大利亚国人梅述圣，三十九岁，方济格会人，现住陕西省西安府。

同日，西洋意大利亚国人叶崇贤，三十七岁，方济格会人，现住陕西省西安府。

二十八日，西洋法郎西亚国人卜嘉年，四十三岁，耶稣会人，现住陕西省汉中府。

同日，西洋法郎西亚国人孟正气，四十一岁，耶稣会人，现住陕西省西安府。

三十日，西洋意大利亚国人杨若翰，四十岁，方济格会人，现住江西省吉安府。

同日，西洋波尔托噶尔国人穆代来，三十二岁，耶稣会人，现住江西省南昌府。

十月二十六日，西洋法郎西亚国人傅圣泽，四十二岁，耶稣会人，现住江西省临江府。

为此知会。

总管内务府大臣凌普、赫奕咨行。

装有此文之封套，已交付兵部主事鸿泰收讫。

选译自“内务府行文档”卷28

58.总管内务府为转行西洋传教士何人领取信票何人未领取信票事行文礼部

康熙四十七年四月初十日

总管内务府行文礼部,为转行事。

多罗直郡王,武英殿监造、员外郎赫世亨,张常柱,养心殿监造赵昌等送交一文内称:我等于本月初七日奏称,据西洋人闵明我等呈称,为详陈下情,以请体恤事。闵明我等人员,皆为西土之粗人,然蒙皇上一视同仁之恩,留住传教。凡住各省之所有西洋人,均被允准进京陛见,给发信票,以期安心留住,此乃自古至今之圣主明君怀抱未来,柔远化迩之典,皇上无不思虑周详。闵明我等叨蒙天高地厚之鸿恩,衣食丰足,生活安逸,从不为他事而有所忧虑。然殊恩将至,即有不知情之外任大臣等,如山东、福建、湖广、江南等省,纷纷查考钤印信票之真伪,或咨询于部,而礼部将无凭可查情形,咨复于该省,并记录在案。于是,各外任大臣等更为疑虑,如福建浙江总督梁鼐发行直隶各省之文内只缮写仅准郭多禄一人住广东天主堂,其余俱行遣回本国之谕旨,而并无缮写给与信票,留于中国传教之谕旨。于是,有司官员仅仅遵照该发文内谕旨,以为信票不可信,每日反复盘问查考。闵明我等经再三访询之后,才得知各省总督、巡抚均以行文为凭据,此乃贵国之成例。倘若皇上览奏之后,将给发信票之情由,不行文与各省总督、巡抚,则有司官员终无查考之凭。闵明我等披阅来信,方知伊等确有苦衷,实有难言之处。是以,不得已而泣陈原委,伏乞皇上体恤成全,施恩准行。当有司官员得知钦颁钤印信票之后,必将确信不疑,留住西士。如此,遐壤之人普遍得以蒙受皇上所施养育恩泽。闵明我等不胜惶恐恭折呈送,恳请转奏皇上,以期睿鉴施行。等语,呈文前来。转奏该呈文时,我等奏称,凡住各省天主堂之布教西洋人,其持有内务府钤印信票者,可以不限制其住行。凡无信票者,不准住于任何一堂,即行驱逐至澳门。再,凡有新旧西洋人从任何一省来京领票者,不得阻止,但也不准久住于教堂,即速启程来京。嗣后,将所有已给信票,或未给信票者花名详细开列,送交内务府大臣,由内务府大臣咨行礼部,由礼部咨行各省。等因具奏。奉旨:依议。着交礼部。钦此。钦遵。嗣后凡有西洋人来京领取信票者，即给尔部行文外。现将此前西洋人来领取总管内务府钤印信票人数一并咨送。等情。

据此，嗣后凡有西洋人领取钤印信票者，可以留住任何一堂，不得驱逐至澳门。若有意来领取信票者，不得久留于该地，可速派往京城。现将曾给发钤印信票者、未给信票者花名开列并送，请尔部转行直隶各省知会可也。

内务府大臣凌普、赫奕咨行。

西洋波尔托噶尔国人高尚德，四十二岁，耶稣会人，现住正定府。

西洋日耳玛尼亚国人王以仁，五十岁，耶稣会人，原住湖广省武昌府，现住京城。

西洋意大利亚国人康和子，三十八岁，耶稣会人，现住山东省临清州。

西洋意大利亚国人鲁保禄，四十七岁，耶稣会人，现住河南省开封府。

西洋意大利亚国人伊大仁，六十二岁，方济格会人，现住山东省临清州。

西洋罗大领日亚国人汤尚贤，三十八岁，耶稣会人，现住山西省太原府。

西洋意大利亚国人方全纪，三十九岁，耶稣会人，现住山东省济南府。

西洋意大利亚国人艾若瑟，四十八岁，耶稣会人，现住山西省绛州府。

西洋意大利亚国人艾斯玎，五十二岁，耶稣会人，现住杭州府。

西洋法郎西亚国人郭仲传，四十三岁，耶稣会人，现住宁波府。

西洋法郎西亚国人龚当信，三十七岁，耶稣会人，现住绍兴府。

西洋伊斯巴尼亚国人郭纳璧，七十七岁，方济格会人，现住山东省泰安州。

西洋伊斯巴尼亚国人卞述济，四十五岁，方济格会人，现住山东省济宁州。

西洋伊斯巴尼亚国人景明亮，四十一岁，方济格会人，现住山东省青州府。

西洋伊斯巴尼亚国人南怀德，三十九岁，方济格会人，现住山东省济南府。

西洋伊斯巴尼亚国人巴琏仁，三十九岁，方济格会人，现住山东省临朐县。

西洋法郎西亚国人方西满，四十六岁，耶稣会人，现住湖广武昌府。

西洋法郎西亚国人殷弘绪，四十岁，耶稣会人，现住江西省饶州府。

西洋法郎西亚国人马若瑟，四十四岁，耶稣会人，现住湖广省汉阳府。

西洋法郎西亚国人宠克修，四十四岁，耶稣会人，现住江西省建昌府。

西洋法郎西亚国人戈维理，三十九岁，耶稣会人，现住江西省抚州府。

西洋法郎西亚国人聂若翰，三十八岁，耶稣会人，现住湖广省黄州府。

西洋法郎西亚国人沙守信，三十七岁，耶稣会人，现住江西省抚州府。

西洋法郎西亚国人赫苍璧，三十六岁，耶稣会人，现住湖广省黄州府。

西洋法郎西亚国人冯秉正，三十六岁，耶稣会人，现住江西省九江府。

西洋波尔托噶尔国人聂若望，三十五岁，耶稣会人，现住湖广省长沙府。

西洋波尔托噶尔国人林安年（音），五十三岁，耶稣会人，现住江南江宁府。

西洋波尔托噶尔国人孟由义，五十二岁，耶稣会人，现住上海县。

西洋波尔托噶尔国人毕安，四十六岁，耶稣会人，现住上海县。

西洋意大利亚国人利国安，四十一岁，耶稣会人，现住松江府。

西洋波尔托噶尔国人马安能，三十七岁，耶稣会人，现住嘉定县。

西洋波尔托噶尔国人阳若望，三十六岁，耶稣会人，现住苏州府。

西洋法郎西亚国人隆盛，四十岁，耶稣会人，现住无锡县。

西洋法郎西亚国人顾铎泽，四十岁，耶稣会人，现住贵阳府。

西洋法郎西亚国人彭觉世，三十八岁，耶稣会人，现住崇明县。

西洋波尔托噶尔国人张安多，二十九岁，耶稣会人，现住上海县。

西洋波尔托噶尔国人金澄，四十三岁，耶稣会人，现住广东省廉州府。

西洋波尔托噶尔国人德其善，三十三岁，耶稣会人，现住广东省雷州府。

西洋意大利亚国人梅述圣，三十九岁，方济格会人，现住陕西省西安府。

西洋意大利亚国人叶崇贤，三十七岁，方济格会人，现住陕西省西安府。

西洋法郎西亚国人卜嘉年，四十三岁，耶稣会人，现住陕西省汉中府。

西洋法郎西亚国人孟正气，四十一岁，耶稣会人，现住陕西省西安府。

西洋意大利亚国人杨若翰，四十岁，方济格会人，现住江西省吉安府。

西洋波尔托噶尔国人穆代来，三十二岁，耶稣会人，现住江西省南昌府。

西洋法郎西亚国人傅圣泽，四十二岁，耶稣会人，现住江西省临江府。

康熙四十七年闰三月十六日，西洋波尔托噶尔国人毕登庸，三十三岁，耶稣会人。

当日，西洋波罗尼亚国人白维翰，三十五岁，耶稣会人。

当日，西洋法郎西亚国所属阿尔萨斯亚人德玛诺，三十九岁，耶稣会人。

以上所列西洋人均已给发信票。

康熙四十六年三月初一日谕：西洋波尔托噶尔国人穆德我、南怀仁、李若瑟、瞿良士、苏诺五人，着住于广东一天主堂修道，俟龙安国、薄贤士返回之后，可以一同前来，时再拟定是否给发信票。在此期间，不得传教。钦此。

本月初八日谕：西洋法郎西亚国人孟尼、董莫爵，伊斯巴尼亚国人巴鲁茂、万多默、方济国、李明渊、罗森多、单若兰、艾玉翰、单若谷此十人，着驱逐至澳门。伊斯巴尼亚国人郭多禄，着住于广东天主堂。钦此。

四月初八日谕：西洋法郎西亚国人何宣、意大利亚国人石提仁，着交与江宁总督、巡抚，限五天之内送往澳门，与铎罗一同回西洋。倘若伊等逾限不走，着总督、巡抚即行索解至广东之澳门。钦此。

五月十三日谕：西洋意大利亚国人老洪纳，限五天内驱逐至澳门。钦此。

以上西洋人，未给发信票。

笔帖式张保珠送去后，已交付主事管住收讫。

选译自“内务府行文档”卷28

59.总管内务府为西洋传教士卜嘉已领取钤印信票事行文礼部

康熙四十七年四月十二日

总管内务府行文礼部,为知会事。

准贵部来文内称:据川陕总督博霁咨称,前西洋人卜嘉住于汉中府城固县。请将此人是否领取信票一事详细查核,一俟咨复前来,即行复文该总督矣。等因前来。准此查得,本衙门为该西洋人给发钤印信票是实。

为此知会。

内大臣凌普、赫奕咨行。笔帖式张保珠,使役七十四送去后,已交付主事管住收讫。

选译自“内务府行文档”卷28

60.赫世亨奏为龙安国等尚无音信并安多因病不能行走事朱批奏折

康熙四十七年七月十二日

赫世亨谨奏,为奏闻事。

本月十一日送来文内奉旨:自从出来至今未闻西洋人消息,亦未见西洋人请安折,是为何故?着问后具奏。钦此。钦遵谕旨问得,据闵明我等言称:我等从巴多明、庞嘉宾等信中多次得知,皇上恤悯西洋人之恩甚重,理当叩谢皇上隆恩,奏请皇上万安。只因实无机会,因此惶恐忍耐,一俟西洋地方来信之后,趁具奏之便再奏请皇上万安。等语。闵明我等眼含泪水,叩谢圣恩。又言称:至今仍未获得今年有船从西洋驶来广东之消息。我等思之,如今或有船抵达广东,其中或有龙安国等之信函,亦未可知。但必有我西洋地方朋友来信。等语。

再,安多病情有所好转。但仍不能行走,故而未来。

为此谨具奏闻。

[朱批]:知道了。

选译自"满文朱批奏折"卷155

61.总管内务府为西洋人巴多明所购房屋不应充公事行文刑部

康熙四十七年七月十六日

总管内务府行文刑部,为知会事。

据天主堂西洋进士巴多明呈称,为阐明房屋事。巴多明等仰慕圣主之文,自九万里之外,搭乘海船,来到中国。皇上悯恤体谅,施以无穷无尽之殊恩。凡天主堂内所需之香、蜡烛等项,均由皇上连年施恩赏赐,以为修道之需。康熙四十六年六月间,经中证人说合,以一千一百两银购得金照珏之二十间房屋,此房坐落于北城日南房司朴地方。购此房时,大兴县已纳税。如今由于金照珏及其叔父金景燕发生争执,诉讼到案,由部将金照珏房屋充公。闰三月二十九日,宛平县将我所购金照珏房屋俱行加封。我购房在先,金照珏争讼在后,我所购房屋与金照珏案无关,且充公之房亦非金照珏之房,何以充公我房?据部议得,已饬令地方官员向金照珏索取房银,以交付与买主。等语。时金照珏由于生计拮据而卖与我房屋,且将此房屋已充公,又以何物偿还我房价银?如今我房、银两空,委实无处伸冤。在律例中,亦并无将已购房屋充公之例。是以,恳请大臣等查核之后,将此房屋归还与我。等语,呈送前来。

看得,巴多明购金照珏之房在先,金照珏与金景燕争讼在后,且巴多明购得此房之后,大兴县又已纳过税。巴多明购房属实,理合援例归还可也。

为此知会。

内务府大臣凌普、委内务府大臣尚志杰咨行。

笔帖式华色送去后,已交付郎中伊克塔布收讫。

选译自“内务府行文档”卷28

62.总管内务府为西洋人领取信票并殷弘绪名字中之弘字误写为洪字事行文礼部

康熙四十七年七月二十二日

总管内务府行文礼部,为行文事。

多罗直郡王饬交一文内称,本年闰三月间,有西洋人徐日升等前来本王前叩称,圣主加以体恤,为住各省西洋人给发信票,并钤盖总管内务府之印,以为各省验看信票之凭证。如今各省官员正在验看信票之真伪,因而终日不得安宁,且又无凭可查。等因,咨行到部。乞请圣主降旨以明此事。只有如此,我西洋人方能得以蒙受皇上所施无穷无尽之恩泽。等语叩请。据此,本王即行转奏,奉旨:着饬交内务府大臣等开列此前领取信票之西洋人名单,以咨行该部转行各省晓谕。凡其持有信票者,地方官员不得阻止伊等之住行。再,其尚未领取信票之西洋人,若有愿往京城领取信票者,不得阻止。若有未给发信票者,即行驱逐。钦此。钦遵,业已咨行尔衙门行文交该部转行各省晓谕之。又有西洋人巴多明前来呈称,礼部为西洋人信票事咨行文书、皇上谕旨已达江西,而查该居住于江西省饶州府西洋人殷弘绪信票时,发现其年岁、地名均为相符,惟殷弘绪信票内所写汉字名之弘字,该部翻译有误,因而江西省地方官员质疑部文内之名字及信票内之弘字,至今尚未决断。等语,前来呈称。该给予西洋人之信票,至关圣旨,礼部转行时理应明确该字后咨行为是,然而并未如此,已误写弘字后咨行各省者,甚属不当。尔部将此转行礼部查议该拟文章京、笔帖式、书办等人员,并修改该字后再行咨文。等语。

奉此,尔部所咨西洋人殷弘绪名字中之弘字误写为洪字,将此即行改正后火速行文各省晓谕之。至误写该字之章京、笔帖式、书办等人员,亦应加以查办,并将伊等花名咨送我衙门即可。

为此咨行。

内务府大臣凌普、委内务府大臣尚志杰咨行。

笔帖式张保珠送去后,已交付员外郎齐达海收讫。

选译自“内务府行文档”卷28

63. 赫世亨奏为新造天球仪度数与八月初一日日食图吻合事朱批奏折

康熙四十七年七月二十七日

赫世亨谨奏，为奏闻事。

本月二十七日，闵明我前来我处，并令众人避开后，将寄给庞嘉宾之西洋字一文交与我，言称：今晨去查看新造天球仪度数是否均匀，以核对八月初一日之日食图。天球仪上所刻度数皆为均匀，与日食图吻合，但发现日食图上所刻一行字有误。该一行字应为本年八月初一日日食，申时正三刻七分，从西向南始偏亏。将此刻写为从东向北始偏亏。闵明我见此错误不胜惶悚之至。故将致错原因，我一人承担责任等情，写西洋字一文，以寄送庞嘉宾转奏。等语。

为此，现将寄给庞嘉宾之文札一并谨具奏闻。

[朱批]：此事理合公开从速认错，何以如此秘密！

选译自"满文朱批奏折"卷159

64. 赫世亨奏为白晋前往测量沿边地段途中坠下马已返回京城事朱批奏折

康熙四十七年八月初四日

赫世亨谨奏,为奏闻事。

本月初三日白晋返回来。初四日闵明我等前来叩称:我等自西洋来此地后,叨蒙皇上殊恩圣训枚不胜举,对我等之过失错误,皇上加以宽免包容,亦不胜枚举。我等对皇上恩德感激不尽,但又无处效劳以尽绵薄之力时,幸遇测量沿边地段一事,不幸白晋坠于马下,中途返回。我等惭惕甚深,且又烦劳地方,沿途准备座轿、马车,每日供给饮食物品,进行照顾,一直送到京城。对于皇上所施天高地厚之恩,我等众人更难说完。再,仍无西洋消息,或许最晚今年将要到达。等语。白晋气色如故,据称坠下马之后所疼痛地方,今已不痛。等语。

为此一并奏闻。

[朱批]:白晋原先即不愿去。若白晋气色如故,或许捏饰而回,亦未可知。若回家之后痊愈,伊为传教之人,而如此不顾脸面可乎?理当痊愈之日即以自力追上去,则伊之咎尚有可悯之处。如此而为,朕不明白众西洋人为何谢恩?尔如此含混转奏,理应即行革职并拿解慎刑司议罪。尔张嘴即讲道统礼仪,不知此事载于何书?

选译自“满文朱批奏折”卷155

65.李国屏奏为安多病重并附大夫茹璜所报病情汉字文事朱批奏折

康熙四十八年六月二十一日

李国屏谨奏,为奏闻事。

(上略)本月二十日,西洋人苏霖、纪理安言称,安多病情加重,请派大夫。等语。奴才即传大夫前去看病。据大夫茹璜称,安多病加重,拟服用"deriyaka"(德里鸦噶)、理中汤药医治。等语。故将大夫茹璜所奏汉字一并奏闻。

[朱批]:此折一达,着尔言称为谕旨,亲往探视安多。

选译自"满文朱批奏折"卷133

附件:

太医院大方(?)大夫臣茹璜谨奏,康熙四十八年六月二十日,员外郎李国屏传看西洋人安多病,系中气不足,脾胃虚损之症,以致时常呃逆,四肢厥冷,大便溏泻,肌肉消瘦,不思饮食,六脉虚细。其病重大,大夫臣讨圣药德里鸦噶兼用理中汤救治。谨此奏闻。

加减理中汤:

茯苓一钱五分、白术土炒二钱、诃子肉去核一钱五分、五味子一钱、炮姜八分、肉桂炭八分、附子六分、泽泻八分、木通一钱、莲子十枚去心、煨姜一片。

康熙四十八年六月二十日。

[朱批]:知道了。

66.李国屏奏为安多病故事朱批奏折

康熙四十八年六月二十四日

李国屏谨奏,为奏闻事。

本月二十二日晨,安多病故。二十三日夜奉到朱谕:此文一达,着尔亲往探视安多。钦此。奴才即至天主堂向西洋人传旨,苏霖等叩称:我等皆系遐壤如昆虫一般人,安多患病之后,圣虑难安,从御营专程驰报降旨,着人探视。对此恩典,不仅已故安多难以承受,我等现有众人亦感激不尽,虽尽犬马之劳,至死效力,亦难报答圣恩以万一。等语,叩谢圣恩。又言:安多生前写有一文,请予转奏。等语。

据此,将安多奏文、大夫茹璜为安多病故事所奏一文亦一并谨具奏闻。

[朱批]:安多自西洋来此后,为天文历法事颇为效力。今闻病逝,甚为眷念。着李国屏、王道化照徐日升例送之。

选译自"满文朱批奏折"卷133

67.李国屏等奏为安多病故后已照徐日升例办理事朱批奏折

康熙四十八年七月初三日

李国屏、王道化谨奏,为奏闻事。

本月初二日奉到朱谕:安多自西洋来此后,为天文历法事颇为效力。今闻病逝,甚为眷念。着李国屏、王道化照徐日升例送之。钦此。钦遵谕旨,由李国屏、王道化已照徐日升例送银二百两、绸缎十尺,及茶、酒等物,并传旨与苏霖等。苏霖等涕泣叩称:皇上豢养我西洋人,并施恩赏赐,此恩此德,不胜枚举,难以言表。今闻安多病故,皇上圣虑难安,眷念之至,特颁恩谕,仍照徐日升例赏赐。不仅已故安多显得尊贵,我现有西洋人亦甚为感激皇上殊恩,不知如何具奏为好。惟于天主面前祷祝皇上万万岁。等语。众人皆谢恩。

为此奏闻。

[朱批]:知道了。可有何西洋消息?

选译自“满文朱批奏折”卷133

68.王道化等奏为将皇上算法一张及闵明我等所算清汉字奏折具奏事朱批奏折

康熙五十年五月十九日

王道化、和素谨奏,为请旨事。

本月十六日所奏闵明我、纪理安、钦天监官员之事件,于十八日未时送到,文内奉有皇上朱批谕旨:伊等如何努力,亦为伊等之黄历。此次还要执拗否!驰报抵达后,当面验算,便可知道。钦此。钦遵。

奴才等伏思,闵明我、纪理安甚为执拗固执,竟然掩饰自己错误,委实卑鄙不堪。钦天监之人,前日照闵明我之法计算,如今又遵照皇上指教计算,方知皇上算法更为精妙神奇。奴才等对闵明我、纪理安言,尔等掩饰错误,此举甚为卑鄙!尔等可以欺骗我等,但能逃脱皇上睿鉴乎?等语。

谨将皇上手写算法一张,又闵明我、纪理安、钦天监人所算清汉字奏折二件恭敬具奏。

[朱批]:知道了。

选译自“满文朱批奏折”卷165

69. 和素等奏为白晋诠释《易经》务必删去其繁杂语句而写真情事朱批奏折

康熙五十年五月二十五日

和素、王道化谨奏，为请旨事。

本月二十二日具奏白晋所写有关《易经》之一折，于二十四日申时到来，该折内奉有皇上亲笔朱批谕旨：知道了。览白晋所写一文，其中引语多为繁杂。日后若有阎当、刘应一类人物出来，则必款款皆难解释。若不从今日起有所谨慎，朕亦无法解释或说明。所有西洋人应当共同商议为妥，决不可轻忽。钦此。钦遵，即传苏霖、纪理安、闵明我、鲍仲义、陆伯嘉、林济各等前来听旨。据苏霖、纪理安、闵明我等共同商议后言称，皇上事事体恤，不时教诲我西洋人。皇上见白晋所写一文内所引用语句甚为纷繁，即告诫日后若有阎当、刘应一类人物出来，则必责难于我等，因而不可轻忽，要共同商议。对于皇上殊恩，委实感激不尽。我等之意，嗣后白晋诠释《易经》，务必删去繁杂语句，只写真情，然后呈览。若所写大概如此，则可继续修书具奏。倘若所写不清楚并失实，则令停修。等语。

为此谨奏。

［朱批］：如此好。

选译自"满文朱批奏折"卷165

70. 和素奏为苏霖等不懂《易经》宜等傅圣泽抵京后再行核定事朱批奏折

康熙五十年六月初十日

和素谨奏，为奏闻事。

本月初七日所奏奏折内奉有皇上亲笔朱批谕旨：白晋诠释《易经》一文，着此谕旨下发之前具奏前来。该文内引语甚多，并有篇章、书名、前后、首尾、始终等各种条款。倘若选用一二句作为引证，则于和尚、道士、喇嘛等诸经中相似之词甚多，全可选用，且用之不竭，而现在亦可用。但万一在尔教内又议论纷嚣，以至牵混轇轕，并言其中一二句虽为贴切，但整体文章内论述各异。若为如此，日后解释则难，朕为此事实有多虑。是以，现将此文寄回，着尔等详尽商议具奏。钦此。钦遵，将此要寄回之一文有九款，图二张，已谨慎收受，并拟传苏霖、纪理安、白晋等前来，经详细询问后驰报具奏外，今又呈览白晋诠释《易经》一文共五张、图二张。于本月初九日戌时，驰报到来，奉旨：知道了。钦此。钦遵。据苏霖、纪理安、白晋等所写并伊等翻译之汉字内开：远臣苏霖、纪理安等跪读皇上谕旨，由于日后恐有我教内人议论白晋诠释《易经》引文，故将该文寄回来。臣等会同详议得，皇上睿鉴至为周详，皆为臣等起见，如此厚爱深虑，臣等感激不尽。惟臣等不懂《易经》，一俟前敕谕江西西洋人傅圣泽抵京时，即与白晋详细核定之。待皇上还京城后，再行奏呈御览。为此奏闻，祈请皇上教诲。等语。

再，王道化送来白晋诠释《易经》一文共五张、图一张，将此一并奏闻。

为此谨奏。

［朱批］：知道了。

选译自“满文朱批奏折”卷166

71.和素奏为西洋人傅圣泽不久几日内可抵京城事朱批奏折

康熙五十年六月二十二日

和素谨奏,为请旨事。

本月十九日西洋人苏霖等具奏请安折,于本月二十二日子时到来,已奉有皇上朱批谕旨:朕躬安。有何西洋消息。钦此。钦遵,传旨于苏霖等众人,并问可有西洋人消息否。苏霖等言称,仍未得到西洋消息。再,曾咨取江西省之西洋人傅圣泽,已由巡抚郎廷极家人护送至淮安,数日之内可抵京城。等语。如今已暂停驰报白晋诠释《易经》一文,俟皇上还宫之后,由白晋自己具奏。至傅圣泽抵达之后,或交与白晋,或暂住于郎廷极家中,请批示。

为此谨奏。

[朱批]:着交与白晋。伊抵达后,着尔等去看,去问伊有何言。

选译自"满文朱批奏折"卷165

72.和素奏为西洋人傅圣泽已抵京并与之交谈事朱批奏折

康熙五十年六月二十五日

和素谨奏,为奏闻事。

本月二十二日,仍未得到西洋消息,又据白晋言,西洋人傅圣泽已抵淮安,数日之内可达京城,傅圣泽抵达后交与白晋,或暂留于郎廷极家中事请旨一折,于本月二十五日五更到来,奉旨:着交与白晋。伊抵达后,着尔等去看,去问伊有何言。钦此。本月二十四日夜,据白晋言,西洋人傅圣泽已于昨日,即二十三日夜抵达。等语。我等对白晋言称,我等已奏请圣旨,可令傅圣泽另住候旨。等语。言毕,白晋回去。自奉旨之后,和素、王道化即传白晋、傅圣泽前来。察傅圣泽,颜面尚少,言有四十六岁,所说汉语,较白晋稍清楚。问伊来中国有几年,傅圣泽言,于康熙三十八年抵福建,住一年半,在江西住十一年,曾来京城领取信票。等语。又讯问如何学《易经》情况,傅圣泽言,在江西有闲暇时,即读中国书,已略读"五经"。其中《易经》为一部精微奇书,故而倍加攻读。如今仅为略懂而已。等语。又将此前退给之白晋诠释《易经》一文给傅圣泽看。傅圣泽言,此《易经》之意义极为深奥,我一时亦难看出是非。如今我腹泻,稍好些之后,再来细阅,时再告之。等语。

为此谨奏。

[朱批]:知道了。

选译自"满文朱批奏折"卷165

73.和素奏为苏霖、纪理安等陈述澳门商船返回迟早情形事朱批奏折

康熙五十年七月二十日

和素谨奏,为奏闻事。

本月十七日,(下略)具奏,本月二十日卯时到来,奉旨:知道了。有何西洋消息?钦此。钦遵,即问于西洋人苏霖、纪理安等,则称:仍未得到西洋消息。等语。问苏霖、纪理安:去年、前年均在此月份得到消息,而今年何以到如今尚无消息?苏霖、纪理安等言称:澳门商人每年冬季前往西洋、噶拉巴、吕宋等地贸易,待货物交易完毕,又遇顺风时,商船于当年返回来。此谓平安回来。倘若商人又往他处停留,且又遇逆风,则于该地住一年后,次年返回来。此谓早回来。前年去贸易之人,均于去年回来。于该地未住,故今年回来者均迟于往年。等语。

为此谨奏。

[朱批]:知道了。如今西洋人所言,竟然前后不相符,着尔等应加防范。

选译自“满文朱批奏折”卷165